La ville captivée

Affichage et publicité au XVIIIe siècle

LE PRÉSENT DE L'HISTOIRE
Collection dirigée par Antoine Lilti.

Laurent Cuvelier

La ville captivée

Affichage et publicité au XVIIIe siècle

Flammarion

CeTHiS
EA 6298

université de TOURS

ISBN : 978-2080-46403-3

À Esther

Introduction

Des murs de papier

« Une maison sans murs [reposant sur les] seules affiches, durcies par le temps [...] de manière qu'on pouvait dire que la maison était bâtie toute en esprit[1] »

Pour entrer dans la *ville captivée*, suivons le Cousin Jacques. Pseudonyme de Louis-Abel Beffroy de Reigny, il imagine en 1799, pour un journal dédié aux spectacles, ces rues étroites où les murs des maisons ont été remplacés par du papier. Le lecteur progresse entre les parois des immeubles bombées sous le poids des affiches et les façades recouvertes par un crépi d'imprimés déchirés. Produits jour et nuit, ces éphémères sont rédigés par toutes et tous, et rassemblent chaque matin l'ensemble des citadins attendant leur tour, absorbés par leur lecture, passant d'une affiche à l'autre dans une longue file qui s'étend dans toute la ville. Face à la profusion d'imprimés, le journaliste et poète satirique précise qu'« il était défendu sous des peines corporelles, de toucher à une affiche, soit pour la souiller, soit pour la lacérer ». Il raille ici l'impuissance des pouvoirs publics à encadrer la liberté d'expression et d'impression consacrée en 1789 et décrit un espace de la « malignité publique » animé par un média : les affiches[2]. Les murs, réels et virtuels, deviennent un espace exutoire propageant les rumeurs et les fausses nouvelles, faisant et défaisant les réputations, ravivant les querelles et les conflits de voisinage. Ce flux d'informations affichées, toujours renouvelé, entretient la curiosité insatiable de lectrices et de lecteurs avides de nouvelles, riant aux dépens les uns des autres, et l'auteur d'ajouter : « Les deux imprimeurs et le papetier riaient aux dépens de tout le monde. » À distance de la conception idéalisée de l'espace public au siècle des Lumières, la profusion d'affiches calomnieuses de la fin du XVIIIe évoque plutôt le flot de commentaires injurieux sur les réseaux sociaux du début du XXIe siècle [3].

Les considérations du Cousin Jacques sur le manque de modération des médias sont associées à une réflexion sur l'empreinte spatiale et visuelle des espaces d'affichage. La masse énorme d'affiches rétrécit les rues, elle empêche les voitures de circuler, et la lumière du jour pénètre avec peine dans les maisons. Pour le lecteur du XXIe siècle, cette ville-affiche évoque l'imaginaire urbain des mégalopoles contemporaines, où les écrans publicitaires se confondent avec les murs et entretiennent l'indistinction du jour et de la nuit, à l'image de *Times Square* ou de *Shinjuku*, ou encore des représentations de films de science-fiction, que ce soit Los Angeles dans *Blade Runner* ou Hong Kong dans *Ghost in the Shell* [4]. La question de l'encadrement de la publicité commerciale est au cœur des politiques publiques menées de nos jours par les municipalités [5]. Le plus souvent, les arguments sur la dilution de l'attention et les nuisances visuelles pèsent moins que les revenus générés par l'économie de l'affichage et le capitalisme de l'attention [6].

À partir de ces problématiques contemporaines, les affiches parisiennes au XVIIIe siècle permettent d'historiciser une expérience urbaine façonnée par une économie de l'attention conçue pour capter les regards et mobiliser les esprits. Elles révèlent une ville de plus en plus captive de logiques commerciales, où les murs servent à mettre en valeur les marchandises et les spectacles, où les citadins sont fascinés par ces éphémères et ses multiples usages : une *ville captivée*. Cette *ville captivée* est un territoire imaginaire qui symbolise l'essor de l'affichage dans la plupart des grands centres urbains d'Europe occidentale [7]. Les effets du capitalisme commercial et la naissance d'une société de consommation modifient profondément les modes de vie des années 1750 aux années 1820 [8]. Cet âge des « révolutions culturelles », selon l'expression de Colin Jones et Dror Wahrman [9], correspond à l'élévation des niveaux de vie contribuant à diversifier les objets consommés, à la commercialisation des loisirs, à l'essor de l'industrie et du commerce colonial, ou encore à l'apparition du tourisme [10].

Paris *ville captivée* signifie que le contexte parisien fait office de laboratoire de ces mutations urbaines. Paris est le premier centre de production d'imprimés en France, un pôle académique et universitaire, un carrefour savant, philosophique et littéraire [11]. Dans ce cadre unique, l'appétit de lecture de la population parisienne est croissant [12]. Elle lit un peu tous les jours, que ce soit dans les bibliothèques, les salons de lecture, les librairies, les collections privées, les cafés, et bien sûr dans les rues. Elle lit beaucoup par rapport aux ruraux, dans une ville où, à la veille de la Révolution, 90 % des hommes et 80 % des femmes sont alphabétisés [13]. Elle lit passionnément lorsqu'il s'agit de nouveautés, que ce soit des livres, mais aussi une multitude d'occasionnels, de chansonniers, de journaux dont le nombre et le rythme de publication s'accélèrent après la création du premier quotidien dans les années 1770 [14]. Et, selon l'écrivain Louis-Antoine Caraccioli, dans cette capitale des Lumières peuplée de lectrices et de lecteurs, « l'affiche qui annonce les Comédies, & les Opéras [est] l'ouvrage qui est le plus universellement lu [15] ».

Pierre-Louis Roederer, homme politique de la fin du XVIIIe siècle et théoricien des médias, nous aide à comprendre le succès de ces imprimés éphémères. Il identifie trois caractéristiques qui distinguent l'affiche du livre et du journal [16]. La première : elle est accessible pour le plus grand nombre, gratuite, courte et claire. Elle « n'est point une marchandise [et] ne coûte rien au lecteur [17] ». La deuxième : l'imprimé affiché « concerne ordinairement un intérêt très général ». L'affiche est ici liée à l'existence du public, au sens où l'analyse Gabriel Tarde, c'est-à-dire des lectrices et des lecteurs qui s'éprouvent en tant que groupe, en s'intéressant aux mêmes objets au même moment, en lisant et en observant les mêmes affiches [18]. Enfin, troisième et dernier élément : l'affiche influe sur la temporalité des nouvelles et génère une attente d'informations toujours renouvelées. Elle concerne selon Roederer un intérêt « très pressant », que ce soit pour changer à la dernière minute la distribution d'une pièce de théâtre ou pour répondre rapidement à un article publié dans un journal. L'affiche contribue à faire l'« actualité », entendu que « n'est pas "d'actualité" ce qui est récent, mais négligé actuellement par l'attention publique détournée ailleurs [19] ». Si l'on dit aujourd'hui ironiquement qu'une nouvelle chasse l'autre, déjà au XVIIIe siècle, Beffroy de Reigny assénait qu'« une affiche fait oublier l'autre [20] ».

Les affiches rassemblent le public, mais elles isolent également, en fonction de leurs objets, des groupes spécifiques : les amateurs de théâtre à la recherche de nouvelles pièces, les consommateurs soucieux de découvrir les innovations techniques, les curieux en quête des dernières publications à la mode, ou encore les citadins avides de trouver le dernier remède miracle. De ce fait, elles fabriquent et reconfigurent des publics de lecteurs, mais aussi de consommateurs, d'amateurs éclairés, de citoyens ou de militants [21]. Elles s'inscrivent plus globalement dans un système médiatique qui s'affirme dans la seconde moitié du siècle et permet la naissance de figures célèbres [22]. Caraccioli résume ainsi le rôle de ces éphémères qui influent sur les renommées littéraires : « Dès qu'à Paris on affiche un ouvrage, c'est le tocsin que l'on sonne sur luy [23]. » Symbole de cette proximité entre les affiches et l'invention de la célébrité, une nouvelle acception du verbe afficher apparaît dans la seconde moitié du XVIIIe siècle, signalée par Antoine Furetière : « On dit encore en badinant, et quand on menace de rendre une chose publique, qu'on la fera *afficher* [24]. »

Cette polysémie associée au sens des affiches rappelle qu'elles sont au cœur des ambivalences de la publicité [25]. Les murs sont à la fois des écrans de la ville marchande, des supports pour la présentation des marchandises, mais aussi des espaces privilégiés pour faire connaître les décisions politiques et les nouvelles lois. Ils rendent également visible une contre-culture urbaine subversive. Cette ambivalence se manifeste à travers plusieurs types d'imprimés en concurrence sur les murs parisiens du XVIIIe siècle. Les affiches officielles, diffusant les règlements et les lois, visibles et audibles dans l'espace urbain dès le XVe siècle au cours de « cérémonies de l'information », sont contestées par des affiches privées de plus en plus nombreuses [26]. Ces dernières sont des affiches de particuliers, notamment les placards séditieux [27]. Bien moins étudiées et donc moins mises en avant, ces affiches concernent aussi de multiples annonces du quotidien : objets perdus, recherches d'emploi, ventes ou locations, et, surtout, une multitude de placards signalant les décès aux proches et aux voisins. Enfin, les murs de Paris au XVIIIe siècle sont couverts d'affiches commerciales tout aussi abondantes dans l'espace urbain : des annonces de commerçants et de spéculateurs dont l'activité n'est pas encadrée par les règlements des métiers jurés, mais également une multitude d'affiches de spectacles et d'annonces de publications [28].

La prolifération des affiches au XVIIIe siècle traduit les bouleversements de l'expérience urbaine sous l'effet combiné de la commercialisation des loisirs, de l'accès à de nouveaux biens de consommation et des crises politiques révolutionnaires. Objets modestes mais omniprésents, les affiches sont au cœur de l'intensification de la vie nerveuse, pour reprendre l'expression du sociologue Georg Simmel, caractéristique de la condition urbaine moderne [29]. À partir de la seconde moitié du XVIIIe siècle, l'expérience sensible de la ville est non seulement façonnée par les sons et l'oralité, mais aussi de plus en plus par la vue et la capacité à attirer les regards, capter l'attention dans un environnement urbain aux sollicitations toujours renouvelées [30]. De ce fait, les murs de Paris témoignent du passage d'un territoire essentiellement structuré par les relations de voisinage à une métropole, marquée par l'anonymisation des échanges et pensée pour permettre une meilleure circulation des flux d'hommes, d'animaux et de marchandises.

L'expérience sensible de la ville moderne est celle d'un regard entraîné à trier, à sauvegarder, à mettre à jour, à partitionner ou à réinitialiser les informations [31]. L'œil saura distinguer sur un même coin de mur une annonce de réfection de la voirie, la promotion d'un spectacle, un appel à manifestation et une publicité pour une marque célèbre. À travers ces objets, les affiches touchent au quotidien de la vie en ville et, pour reprendre la formule de Georges Perec, concernent « l'évident, le commun, l'ordinaire, l'infra-ordinaire, le bruit de fond, l'habituel [32] ». Autant de « choses banales [33] » qui modifient profondément l'expérience urbaine à partir de la seconde moitié du XVIIIe siècle, à tel point que Baudelaire confiera de manière paroxystique, quelques décennies plus tard, son « immense nausée des affiches [34] ». Ce tourbillon de sollicitations qui saturent l'attention et lassent les regards contribue à l'émergence d'un discours critique vis-à-vis des affiches, identifiées à une pollution visuelle. Un siècle avant le poète, ce discours sur l'agression publicitaire et la surabondance d'imprimés sur les murs est déjà devenu un poncif intégré et réutilisé par les concepteurs d'annonces commerciales. En 1792, une affiche faisant la promotion d'un nouvel essai contre-révolutionnaire commence en moquant la plainte : « Ah ! nous sommes torturés, las, excédés de placards [35]. »

La *ville captivée* est à la fois proche de nos expériences urbaines et relativement lointaine. Si les imprimeurs et typographes orientent leurs productions pour attirer l'attention, les affiches du XVIIIe siècle sont la plupart du temps des documents aux textes denses, souvent dénués d'illustrations. C'est pourquoi les tableaux ou gravures représentant des lectures d'affiches montrent souvent des citadins seuls, absorbés par les murs, lisant minutieusement l'imprimé, à l'aide de monocles, de lunettes ou encore d'une loupe. Les affiches sont ici associées au livre et portent les espoirs d'une partie des philosophes et publicistes des Lumières pour éduquer la population. Cette pédagogie de l'affiche trouve son point d'orgue au cœur de la Révolution française, conférant une valeur didactique à l'affichage, censé donner accès aux lois, améliorer la transparence du débat public, et surtout inculquer aux citoyens les valeurs défendues par le pouvoir.

De fait, la Révolution correspond à un moment d'accélération de deux processus amorcés avant 1789 : l'attente de plus en plus marquée de nouvelles, mais aussi le recours à la publicité commerciale pour mettre en valeur les biens culturels et les marchandises. L'intensification de la vie urbaine se double d'une accélération des événements politiques qui nourrissent l'actualité, et aboutit à l'explosion du nombre de journaux, de brochures et bien sûr d'affiches [36]. La période révolutionnaire marque néanmoins une rupture dans l'histoire des affiches, révélant la place que celles-ci ont prise aux yeux de la population parisienne. Le 12 juillet 1789, au Palais-Royal, la première action d'une foule indignée, après avoir appris la mise à l'écart de Necker par le roi, est d'arracher toutes les affiches de spectacles « en criant "point de spectacles" [37] ». Plus qu'un geste iconoclaste, la remise en cause de l'ordre mural est une manière de contester le contrôle des murs et d'ouvrir une brèche dans un temps cadencé par les annonces de nouveaux spectacles et de nouveaux objets à vendre. La société du spectacle laisse place à l'insurrection. De plus, comme l'a souligné Carla Hesse, la Révolution française engendre de nouvelles réalités économiques et sociales pour les acteurs du monde de l'imprimé, en particulier après la disparition de la Chambre syndicale de la Librairie, institution en charge de la censure des imprimés, le 17 mars 1791 [38]. Cette même année constitue un moment pivot dans l'élaboration d'un droit d'affiche, associé au droit de pétition. La réforme est alors soucieuse de préserver le principe d'une liberté d'expression sans limite, inscrite dans l'article 11 de la *Déclaration des droits de l'homme et du citoyen* de 1789, tout en tentant de réguler la profusion de calomnies et d'empêcher les dégradations d'affiches officielles.

La période révolutionnaire rend également plus visibles les recours aux affiches comme porte-voix pour un « contre-public » qui ne peut s'exprimer à travers les formes classiques et codifiées de communication, telles que les livres, les journaux ou les libelles. Les affiches, peu chères, facilement rendues anonymes, et accessibles rapidement au plus grand nombre, deviennent alors le support de revendications et d'appels pour légitimer des positions minoritaires que ce soit sur le plan de la classe, de la race ou du genre [39]. Ainsi, en 1792, un imprimé titré « Réclamation des femmes » inscrit sur les murs la demande des « Épouses et des Mères d'un Peuple Libre, fatiguées de l'attente, [qui] veulent enfin que leur Association conjugale soit volontaire [40] ». Dans un autre registre, une affiche signée d'un « défenseur des esclaves américains » interpelle à chaque coin de rue les « Sans-Culottes de la France » et relaie une pétition en faveur de l'abolition de l'esclavage qui sera votée, peu après, par la Convention, le 4 février 1794 [41].

Si ces prises de position se multiplient au cours de la décennie révolutionnaire, l'écho de cette parole politique s'amenuise à mesure que les autorités améliorent la surveillance des murs, mais aussi que ces feuilles s'effacent et disparaissent sans être archivées. Très vite périmés, obsolètes, voir jugés inutiles, ces éphémères, ces « non-livres », ont été rarement conservés [42]. La collection du député Portiez de l'Oise, constituée d'affiches trouvées dans les rues parisiennes des années 1790, fait office d'exception [43]. Il faut attendre « l'affichomanie » de la seconde moitié du XIXe siècle pour voir se développer des fonds d'affiches typographiques d'Ancien Régime [44]. Le succès des affiches illustrées, devenues des icônes de la *Fin de siècle* et de la *Belle Époque*, contribue à la création de collections, de savoirs antiquaires et d'un marché des « vieux papiers »[45].

Ces éphémères de l'époque moderne sont mentionnés dans les premiers ouvrages d'histoire du livre[46] ou dans les travaux d'histoire politique centrés sur la notion de propagande[47]. C'est particulièrement le cas lorsqu'ils sont les protagonistes d'événements marquants tels que l'affaire des placards, d'après le nom de feuilles protestantes clouées clandestinement la nuit du 17 octobre 1534 jusque sur la porte de la chambre du roi François Ier[48]. Cependant, ces imprimés ont souvent été réduits à n'être qu'un « ancêtre du journal », de simples « affiches d'avant l'affiche », dans un récit encore enivré du triomphe de la presse papier au XIXe siècle, c'est-à-dire avant la numérisation des médias et l'essor des réseaux sociaux. Ce continent de papier a été récemment redécouvert à travers une série de travaux dédiés aux *cheap prints* et aux éphémères, poursuivant le chantier sur les pratiques urbaines de l'imprimé à l'époque moderne[49].

Outre les contributions de l'histoire urbaine de la consommation[50], l'étude des affiches mobilise les apports de l'histoire du livre et des pratiques de lecture, en analysant les caractéristiques matérielles de l'éphémère qui aménagent différentes réceptions et renvoient à des degrés d'attention inégaux vis-à-vis des affiches[51]. Elle s'inscrit également à la suite de travaux d'anthropologie culturelle qui réévaluent l'importance d'objets quotidiens[52], attentifs aux « écritures exposées » et aux écrits de maintenance façonnant l'expérience urbaine[53]. En ce sens, les affiches parisiennes constituent un objet d'histoire totale, interrogeant aussi bien les mutations socioculturelles de la condition citadine, la marchandisation des murs, que la place des affiches dans les répertoires d'actions contestataires, depuis les disputes ordinaires jusqu'aux conflits politiques[54].

Étudier les affiches à Paris au XVIIIe siècle, c'est refaire l'histoire d'une ville à partir de ses murs. À la manière de Robert Venturi, Denise Scott Brown et Steven Izenour analysant systématiquement les enseignes de Las Vegas, un premier enjeu a été de rassembler un corpus d'affiches à partir de fonds et de collections éclatés et disparates[55]. En effet, contrairement au *Strip* de Las Vegas, avenue centrale de la ville concentrant en une unité de lieu, de temps et de producteurs les inscriptions urbaines, l'étude des affiches parisiennes du XVIIIe siècle a nécessité la construction de ses archives.

Ce corpus de plus de 6 000 affiches ne délivre pas une photographie des murs parisiens, mais a constitué un point de départ pour identifier deux grandes tendances fondamentales qui s'affirment au cours du siècle : l'augmentation et la diversification des imprimés collés sur les murs [56].

Afin de pouvoir reconsidérer ces éphémères dans leur contexte urbain, ces affiches doivent être croisées avec différents corpus : les sources de fonctionnement des imprimeurs et afficheurs parisiens, les traités et dictionnaires de jurisprudence, les guides touristiques, ainsi que les archives de la pratique policière sous l'Ancien Régime et la Révolution française. Il faut ajouter à cet ensemble hétérogène une importante série de sources littéraires comprenant des mémoires, journaux d'événements, poèmes de circonstance, vaudevilles ou encore récits de voyages. Au-delà d'un usage platement documentaire de la littérature, se limitant à les considérer comme de simples réservoirs d'exemples, ces textes reflètent des façons de vivre et des savoirs citadins [57]. Ils documentent des manières de lire ou de ne pas lire les affiches, et retranscrivent parfois ces imprimés du quotidien. Cet ensemble littéraire a enfin été associé à un important corpus de sources iconographiques, dans la perspective d'une histoire visuelle de la ville au XVIIIe siècle reconstituant l'« imaginaire urbain » associé aux affiches de l'époque [58].

Le Cousin Jacques installe aux commandes de sa ville-affiche, non pas une entité politique ou policière, mais « deux imprimeurs et [un] papetier » qui tirent tous les bénéfices de la profusion d'imprimés bon marché. Ils symbolisent les travailleurs de l'affiche et sont accompagnés des afficheurs dont le métier se structure au cours du siècle. Ces véritables agents de maintenance de la *ville captivée* ont été longtemps invisibilisés. C'est par eux que nous commencerons ce parcours à travers les affiches du XVIIIe siècle (chapitre 1). L'économie de l'affiche, de plus en plus fondamentale pour les imprimeurs-libraires parisiens, s'inscrit dans une économie de l'attention dont l'objectif est de maintenir un « dialogue entre l'affiche et le passant ». Les innovations typographiques, le recours aux illustrations, la conception de nouveaux mobiliers urbains visent à attirer les regards et captiver « l'attention publique » (chapitre 2).

La profusion d'imprimés commerciaux et d'annonces de particuliers modifie durablement les paysages de la *ville captivée*, accumulant une masse de plus en plus importante de papier (chapitre 3). Ordre mural et ordre moral sont associés dans un discours liant la corruption des paysages à la dégradation morale des citadins. Sous les effets d'un capitalisme commercial en plein essor, certains quartiers et certains murs sont réorganisés afin de mettre en valeur les biens culturels devenus des objets marchands (chapitre 4).

Dans ce contexte, les autorités mettent au point un maintien de l'ordre mural pour réguler l'occupation des murs (chapitre 5). Cette police des affiches poursuit un double objectif répondant aux attentes du pouvoir mais aussi de la population : limiter l'emprise des publicités commerciales et modérer les écrits politiques, qui se multiplient à partir de 1789. Devenues un objet populaire, les affiches sont au cœur des contradictions qui caractérisent l'expérience urbaine au XVIIIe siècle : entre l'ambition pédagogique des Lumières et les prémices de la société du spectacle (chapitre 6). Enfin, cette marche dans les rues de la *ville captivée* se clôt en donnant la parole aux murs (chapitre 7). Le désordre mural ouvre alors sur des remises en question de l'ordre politique et social.

1

Les travailleurs de l'affiche

Entrons dans l'histoire sociale et culturelle des producteurs d'affiches par un conte. Le « Mémoire de Simon Collat, dit Placard, Maître afficheur, donneur d'avis, & juré-crieur des choses perdues [1] » est publié au milieu du XVIIIe siècle, dans un recueil attribué au graveur, collectionneur et académicien Anne Claude Philippe de Caylus [2]. Il relate les aventures de la famille Collat à travers les âges et les contrées d'Europe, et déploie une généalogie parodique des imprimeurs et afficheurs, des temps bibliques au XVIIIe siècle. Le premier représentant de la lignée est Caïn Collat, « homme de confiance de l'entrepreneur en chef de la tour de Babel », chargé d'afficher les règles de travail des ouvriers du bâtiment. Dès l'origine, l'affiche est considérée comme une image – permettant une communication silencieuse par signes : « Par des affiches hiéroglyphiques, qui s'expliquaient directement aux yeux & à l'esprit, sans passer par l'intervalle des sons, il enseigna aux nations stupéfaites l'art de se reconnaître toujours, & de converser encore ensemble sans se parler [3]. »

Des temps bibliques à l'Antiquité classique, les Collat s'installent dans le Péloponnèse, devenant des afficheurs renommés choisis pour l'annonce des Jeux olympiques. La période médiévale est à peine mentionnée : les Collat se rendent à Constantinople, où ils demeurent pendant plusieurs siècles en se spécialisant dans la confection de livres [4]. Après la prise de la capitale byzantine, ils se rendent à Florence, puis dans les territoires germaniques et, enfin, en France au début du XVIe siècle, où s'établissent Polycarpe Collat et ses quatre filles. La première se marie avec un imprimeur-libraire parisien, Jacques Colomb, la seconde avec un certain M. l'Affichard, et la troisième avec M. Pancartiers, tandis que la dernière, Barbe Collat, dite *Barba-Colle*, demeure célibataire. Au-delà du conte, l'histoire sociale des travailleurs de l'affiche précise les traits et l'activité quotidienne de Jacques Colomb, l'Affichard, Pancartier et Barba-Colle. Elle dessine les contours d'une économie de l'affichage qui se constitue au cours du XVIIIe siècle. Afficher sur les murs de la ville devient alors un enjeu économique aussi bien pour les imprimeurs parisiens que pour les colleurs qui sillonnent les rues dès l'aube.

L'impression des affiches, « objet de détail journalier et très important »

Au mitan du siècle, inquiète de se voir priver des bénéfices que rapporte l'impression d'affiches, la corporation des imprimeurs-libraires n'hésite pas à présenter cette activité comme un « objet de détail journalier et très important ». La production d'imprimés affichés constituerait pour une majorité d'entre eux la « principale occupation et la plus sûre ressource pour le soutien de leurs maisons et l'éducation de leurs familles [5] ». Dans un contexte marqué par la concurrence et l'encadrement policier, l'impression des affiches représente un volet croissant de leurs activités. Pour plonger dans le monde des typographes parisiens, on peut s'appuyer sur leurs documents de travail : listes et brevets d'imprimeurs, visites d'imprimeries, mémoires d'impressions, quittances, prospectus commerciaux, litiges juridiques et marchands entre communautés de métiers [6]. Ces sources de la pratique font apparaître l'importance croissante de l'affichage en termes de revenus. Elles soulignent également la part de plus en plus importante des affiches privées (annonces de spectacles, de cours, de ventes, de publications, mais aussi de mariages ou de décès). L'envol de la production de ces imprimés bon marché reflète alors la diversification des affiches qui recouvrent les murs de Paris.

Un privilège ?

Un document rare conservé dans la Collection Anisson-Duperron sur la Librairie et l'Imprimerie délivre un tableau pour l'année 1753 des principaux producteurs d'affiches à Paris. Cette liste précise les imprimeurs parisiens travaillant avec les institutions, corps et communautés qui commandent des affiches [7]. Ce premier tableau des imprimeurs officiels (bénéficiant d'un privilège leur accordant le monopole sur la production d'affiches d'une institution) met en avant l'importance des impressions réglementaires. La liste fait apparaître trois cercles : celui des institutions urbaines et monarchiques (Châtelet, Police, Grand Conseil, Parlement, loteries), religieuses (Archevêché, Clergé, Université) et scolaires (collège de droit, école de médecine, chirurgie). Elle ne donne cependant qu'un aperçu ponctuel – pour l'année 1753 – des imprimeurs bénéficiant du privilège d'impression des affiches et n'intègre pas toutes les cours souveraines susceptibles d'être amenées à afficher (il faut ajouter la Cour des aides, la Chambre des comptes et la Cour des monnaies). Cette liste de quinze imprimeurs peut être augmentée par une seconde, dressée un peu moins de vingt ans plus tard, en 1770. Celle-ci fait figurer dix-huit imprimeurs, dont sept sont liés à l'administration royale, indice, sinon d'une augmentation, tout du moins d'une spécialisation de la production d'affiches [8].

Parmi ces typographes officiels, les imprimeurs royaux forment une élite cohésive et puissante depuis le siècle précédent [9]. En tant qu'officiers royaux, en plus de bénéficier de l'exclusivité sur la production des affiches d'une large partie de l'administration royale, ils disposent d'honneurs et d'une influence certaine pour obtenir d'autres commandes [10]. L'imprimeur Anisson cité dans le tableau de 1753 en est un exemple fameux et bien particulier, puisqu'il descend de Jean Anisson, fils d'un imprimeur lyonnais, nommé à la fin du XVIIe siècle directeur de l'Imprimerie royale [11]. Les Anisson exercent dans le quartier du Louvre et cessent d'appartenir à la communauté des libraires dans les années 1740. La charge ne sort plus de la famille jusqu'à la Révolution, et, en 1789, son petit-fils Étienne-Alexandre-Jacques Anisson-Duperron augmente considérablement la taille et l'activité de l'Imprimerie royale en rachetant l'imprimerie de la veuve Hérissant à Versailles. L'ensemble passe alors de dix-sept presses en 1725 à quarante-quatre en 1790 (atelier du Louvre et succursale de Versailles) confortant son statut de plus grand atelier typographique de la capitale [12]. Par comparaison, Pierre-Guillaume Simon, imprimeur des affiches du Parlement à partir de 1741, dispose de huit presses, puis onze après avoir déménagé en 1769 de la rue de la Harpe au collège de Grandmont, rue Mignon [13]. La production des affiches officielles traduit non seulement une spécialisation en tant que typographe, mais également une influence et un réseau de soutiens pour obtenir différents privilèges d'impression.

La trajectoire d'Augustin-Martin Lottin illustre bien l'itinéraire d'un imprimeur parisien qui consacre une large partie de son activité à l'impression administrative, et en particulier à la production d'affiches. S'il accède en 1775 à l'office tant convoité d'imprimeur du roi, son ascension est facilitée par l'héritage familial (il est en effet fils de l'imprimeur parisien Philippe-Nicolas Lottin), ainsi que par sa relation privilégiée avec le roi (il enseigne la typographie au futur Louis XVI) [14]. Estimé par les autorités pour ses publications sur l'art de l'imprimerie, l'inspecteur de la Librairie Joseph d'Hémery écrit à cet égard sur sa fiche (rédigée par et pour lui-même) : « Jeune imprimeur, qui a les mœurs douces, du zèle pour sa profession, le talent d'écrire et des connaissances étendues, comme [on peut] s'en convaincre par trois ou quatre excellentes lettres de lui sur l'imprimerie qui ont paru successivement dans le *Mercure* [15] ». Lottin hérite en 1768 de son oncle Pierre-Gilles Le Mercier la charge d'imprimeur ordinaire de la Ville de Paris et obtient grâce à plusieurs recommandations des privilèges d'impression. Le moment décisif se situe en 1760 : il devient imprimeur-libraire du duc de Berry, qui devient en 1765 Monseigneur le Dauphin et en 1774 Louis XVI.

Cette concentration de la production des écrits et éphémères administratifs est cependant parfois remise en question, surtout lorsque la quantité d'imprimés à produire est trop importante. C'est le cas de Pierre-Guillaume Simon, qui devient imprimeur du Parlement de Paris et du clergé à partir de 1741, à la mort de son père. Encore mineur et sous la tutelle de son beau-père, l'imprimeur-libraire Louis-Denis Delatour, il est remplacé progressivement par Guillaume-Nicolas Desprez en tant que typographe du clergé. Ce dernier, imprimeur du roi à partir de 1740, écrit en 1747 à l'Assemblée du clergé afin d'obtenir un privilège exclusif, soulignant les difficultés de Simon : « La situation des affaires du Sieur Simon imprimeur ne lui permet pas de vendre ses services au clergé, avec l'assiduité qu'exige l'importance des affaires qui lui sont confiées [16]. » Un an plus tard, Pierre-Guillaume Simon fait faillite et doit vendre certaines de ses presses pour continuer à exercer [17]. Dans ce contexte de concurrence et de concentration de la production entre imprimeurs parisiens, la proportion des éphémères affichés dans l'ensemble des imprimés administratifs et réglementaires ne cesse d'augmenter.

Le *Mémoire des impressions* réalisé par l'imprimeur de la lieutenance générale de police Hippolyte-Louis Guérin en 1752 détaille les types d'imprimés produits sur une année [18]. Celui-ci succède alors à son frère, Jacques Guérin, et indique, à la demande du lieutenant général Berryer, la nature, le nombre d'exemplaires, ainsi que le prix des imprimés [19]. Le tableau récapitulatif des impressions échelonnées sur l'année précise le rythme de travail de Guérin et de ses ouvriers. L'imprimeur est surtout sollicité au début de l'année et pendant l'été, lorsqu'il faut renouveler certaines ordonnances (en juin, règlements estivaux sur la gestion de l'eau par exemple et, en janvier, règlements des foires, marchés et lanternes [20]). Dans ce calendrier de travail, les affiches représentent un peu plus d'un tiers de la production de Guérin, juste après les règlements publiés en livrets ou brochures et devant les imprimés de fonctionnement. En nombre absolu d'exemplaires imprimés, c'est un quart de sa production annuelle [21]. L'affiche est donc au cœur du travail de l'imprimeur officiel, et il s'agit même de sa principale source de revenus en tant qu'imprimeur de la lieutenance de police [22].

Cette activité est-elle cependant source sinon d'enrichissement, du moins de revenus stables et importants ? Bien que les imprimeurs officiels bénéficient de commandes régulières, le paiement des institutions peut s'avérer irrégulier, provoquant leur endettement. À nouveau, le cas de l'imprimeur Guérin est exemplaire : deux mémoires rédigés en 1758 et 1759 signalent l'ampleur des impayés de la police parisienne [23]. Ces documents manuscrits, qui semblent constituer des rapports internes pour signaler le problème au lieutenant général de police Berryer, soulignent l'inflation des imprimés administratifs produits à partir de la réorganisation de la police parisienne impulsée par le marquis d'Argenson à la fin du XVIIe siècle [24]. Dans cet historique des dépenses allouées aux imprimés de la police transparaissent l'inquiétude d'un administrateur confronté au gonflement de la paperasse administrative et les difficultés que rencontre l'institution pour absorber ces coûts de fonctionnement nouveaux [25]. Il faut ajouter à cela l'augmentation du salaire des ouvriers d'imprimerie et des prix du papier, ainsi que les abus d'un commis de l'intendant des Finances, le sieur Delpech, chargé de rémunérer l'imprimeur (« sa méthode familière est de retrancher sur les mémoires qui lui sont présentés, presque moitié par moitié. Il ne discute rien : c'est un jugement despotique [26] »). Naturellement, les imprimeurs officiels en pâtissent, et leurs revenus s'en retrouvent considérablement affectés : Pierre-Jean Mariette aurait perdu plus de 6 000 livres dans la décennie 1740, et Guérin a comptabilisé, de 1751 à 1758, 16 407 livres d'impayés [27].

Le butin des affiches privées

Ces difficultés, associées à l'essor de la demande d'affiches commerciales ou de particuliers, incitent alors les imprimeurs à diversifier leur production. Au tournant des décennies 1750-1760, les recettes de la maison Collombat font ainsi apparaître l'impression de billets à afficher ou distribuer pour annoncer mariages et enterrements [28]. De plus, les visites d'imprimeries effectuées dans la seconde moitié du XVIIIe siècle par les inspecteurs de la Librairie soulignent que la quasi-totalité des typographes bénéficiant de charges officielles impriment également des « ouvrages de ville [29] ». Ce terme renvoie aux multiples éphémères : affiches, billets, cartes de commerces, tickets à usage administratif ou commercial, également désignés par le terme générique de « bilboquet [30] ». En 1702, une note additionnelle en conclusion du procès-verbal de visite d'imprimeries, brève mais significative, rapporte : « Ne serait-il pas à propos d'obliger MM. les syndics et adjoints d'expliquer dans leurs procès-verbaux de visites en quoi consistent tous les ouvrages qu'ils se contentent de qualifier seulement du nom d'ouvrages de ville [31] ? » Cette catégorie équivoque rend cependant possible le repérage des imprimeurs qui consacrent une partie de leur activité aux commandes d'éphémères affichés. Trois visites de police pour contrôler l'activité des typographes ouvrent sur trois instantanés de l'imprimerie parisienne : en 1702, 1744 et 1770 [32]. Alors qu'au début du siècle, un peu plus de la moitié des imprimeurs reçoivent des commandes d'affiches, à partir de la seconde moitié du XVIIIe siècle, c'est la quasi-totalité des typographes parisiens qui en produit.

S'il est possible d'associer cette évolution au caractère lucratif de la fabrication d'affiches et, par prolongement, à l'essor de la demande, notons cependant que les imprimeurs qui se consacrent uniquement aux ouvrages de ville tendent à disparaître au cours du siècle. En effet, des quatorze typographes qui se consacrent uniquement à l'impression d'éphémères en 1702, il n'en reste plus que deux en 1770. L'une des causes du déclin de l'hyperspécialisation renvoie peut-être aux réformes menées à la fin du XVIIe et au début du XVIIIe siècle afin de réduire les ateliers d'impression sous-équipés ou produisant des imprimés de mauvaise qualité. Ces exigences imposées par la corporation concernent avant tout la bonne réputation des livres parisiens et rappellent que c'est souvent le double statut d'imprimeur et de libraire-éditeur qui assure la fortune des typographes. Cependant, cette restructuration des ateliers parisiens concerne aussi la production d'affiches. Une déclaration royale en 1713 exige ainsi que les typographes disposent au minimum de quatre presses et huit fontes de caractères, au lieu de deux presses et « bonnes fontes [33] ». Par conséquent, les imprimeurs dont l'activité se réduit aux ouvrages de ville ne bénéficiaient pas de commandes régulières, et la qualité de leurs imprimés souffrait souvent de l'usure des presses et du manque de main-d'œuvre. Dans la seconde moitié du XVIIIe siècle, les infrastructures tendent à se développer, et le nombre d'ouvriers d'imprimerie à se multiplier (ces derniers sont quatre fois plus nombreux en 1770 qu'en 1710 [34]). En 1770, la famille Valleyre, par exemple, qui produit des affiches depuis le milieu du siècle, compte vingt-deux presses et quarante à soixante ouvriers. Elle atteint alors la taille des plus grands ateliers européens produisant des éphémères (à l'exception des imprimeurs royaux). Par comparaison, l'un des plus grands imprimeurs londoniens, Tonson & Watts, compte une cinquantaine d'employés [35]. Cette demande croissante en éphémères affichés contribue à la rationalisation technique du travail des ateliers et à la rentabilisation de presses également utilisées pour produire des livres. Elle participe également à la dégradation des conditions de travail dans les ateliers, à une période où la division accrue des tâches et l'instauration du travail nocturne et dominical se généralisent [36].

La diversification de la production d'affiches s'inscrit également dans le contexte de l'essor de la presse d'annonces [37]. La famille Chardon, imprimeurs-libraires depuis trois générations à partir de Jean Chardon au XVIIe siècle, associe par exemple l'impression d'affiches et de périodiques spécialisés (Jean-François Chardon produit à partir de 1770 les *Annales historiques et périodiques* de Claude Renaudot, et les *Annales de chimie* à partir de 1789 [38]). Dans le même registre, Nicolas-François Moreau se spécialise selon les inspecteurs de la Librairie dans la « réimpression des gazettes étrangères et ouvrages de ville [39] ». De même, la veuve de Claude-Charles Thiboust se consacre à la diffusion d'éphémères en associant la production d'affiches administratives (en tant qu'imprimeur du roi et de l'université), mais également publicitaires (notamment des annonces de loteries [40]). Ces impressions d'affiches à visée commerciale recoupent celles qui annoncent la vente de nouveaux ouvrages, et ce, depuis le XVIe siècle [41]. Le statut de la librairie et de l'imprimerie de 1618 stipule ainsi que les auteurs d'ouvrages ne peuvent « afficher sous leur nom » (article VI) [42]. Ces éphémères sont progressivement associés au XVIIIe siècle aux prospectus décrivant les nouvelles éditions, fournis aux libraires par les ateliers typographiques [43]. Dès lors, s'il n'est pas possible de parler au XVIIIe siècle de mono-activité dans le domaine de l'affichage, les imprimeurs parisiens investissent néanmoins dans la production et le commerce florissant de ces éphémères. Ce processus s'accélère pendant la Révolution lorsque le nombre de commandes provenant de particuliers et de groupes politiques explose.

La disparition du régime de censure des imprimés et la déclaration de la liberté de la presse correspondent à un moment de bouleversement des structures de production. Entre 1789 et 1793, l'imprimerie parisienne est marquée par des dizaines de faillites et surtout la disparition de la corporation : le 17 mars 1791, la Chambre syndicale de la librairie et de l'imprimerie de Paris est abolie [44]. Ce passage « de la civilisation élitiste du livre vers la culture pamphlétaire démocratique [45] » se traduit par un essor des commandes et des tirages, et par prolongement par une accélération des rythmes de travail [46]. Les ateliers d'imprimerie se multiplient, et l'imprimeur Louis Bertrand-Quinquet résume en 1798 cette effervescence des premières années de la Révolution : « Paris a vu naître dans tous les coins des imprimeries [47]. » Dans ce contexte, les prix tendent à baisser, en particulier lorsque les commandes atteignent des milliers d'exemplaires. Entre 1790 et 1792, les partisans de Louis XVI commandent presque 200 000 affiches à différents imprimeurs, qu'ils soient reconnus (telle la famille Valade) ou qu'ils aient une courte existence [48]. Lorsque les tirages sont modestes (quelques centaines d'exemplaires), les prix pour cent affiches sont similaires à ceux pratiqués avant la Révolution, mais plus la commande est importante, plus l'imprimeur pratique des tarifs bas (jusqu'à 2 livres la centaine). Ces tirages à plus de deux mille exemplaires sont imprimés en petit format, c'est-à-dire sur une demi-feuille de papier d'environ 36 sur 25 cm. Ils coûtent alors 3 livres la centaine en moyenne, tandis que les grands formats – feuille pleine – oscillent entre 6 et 8 livres. La qualité du papier choisi joue également un rôle central dans le coût de l'éphémère, tout comme l'ajustement des prix entre imprimeurs concurrents et l'évolution du cours du papier [49]. Ainsi, à partir d'avril 1772, Delormel augmente la somme demandée tous les mois à la Comédie-Italienne pour l'impression de ses affiches, afin de prendre en compte l'augmentation du prix du papier liée à un nouvel impôt [50]. L'ensemble de ces tarifs, plus que le cours précis de l'affiche à la fin du XVIIIe siècle, fait apparaître une plus grande accessibilité de l'éphémère urbain. Cependant, ces mémoires d'impressions n'informent que sur l'activité des imprimeurs établis et reconnus. Pour compléter la cartographie des producteurs d'affiches, il faut associer à ce continent influent un archipel peuplé d'imprimeurs irréguliers, tolérés, voire clandestins et condamnés, mais aussi de communautés de métiers concurrentes qui animent le marché émergent de l'affichage.

À la recherche d'imprimeurs clandestins

Malesherbes, directeur de la Librairie de 1750 à 1763, souligne l'importance des presses clandestines et mentionne dans ses *Mémoires sur la librairie* plus de cent presses portatives chez des particuliers [51]. L'encadrement du nombre d'imprimeurs – strict maintien d'un *numerus clausus* – et la demande d'affiches en plein essor contribuent à l'émergence d'imprimeurs illégaux pas toujours réprimés par les autorités. De nombreuses professions sont impliquées : compagnons d'imprimerie, marchands papetiers, marchands d'encre, fondeurs de caractères, ou encore certains graveurs en taille-douce. Leur production est alors soit admise par les autorités de la Librairie, soit l'objet de contrôles policiers. Depuis la fin du XVIIe siècle, les fondeurs de caractères sont associés à la communauté des libraires parisiens et doivent travailler en priorité pour eux, disposition confirmée par un arrêt de 1723 [52]. Ils peuvent cependant allouer une partie de leur activité à la fabrication d'affiches, et cette pratique se maintient jusqu'au début du XIXe siècle. Dans sa parodie des récits de voyages où il fixe son cap sur le Pont-Neuf, Auguste Imbert fait visiter la boutique du fabricant de caractères d'imprimerie Récordon. Ce dernier produit des affiches pour des particuliers, notamment les « honnêtes usuriers qui, spéculant sur les dernières ressources de l'indigence, annoncent au public qu'ils dégagent les effets du Mont de Piété et les achètent [53] ». L'activité ponctuelle de Récordon et de ses prédécesseurs est en grande partie tolérée par les autorités car elle renvoie aux impressions épisodiques d'un très faible nombre d'affiches. Certains imprimeurs d'éphémères clandestins font cependant l'objet d'une surveillance plus accrue. Ce sont principalement les compagnons imprimeurs pour lesquels le statut socio-professionnel de maître est inaccessible, mais qui produisent parfois des affiches. Une enquête de police menée par le directeur de la Librairie, Antoine de Sartine, et l'inspecteur Joseph d'Hémery permet de retrouver les traces de ces imprimeurs clandestins.

Tout commence avec une carte de commerce qui annonce la vente d'éphémères (fig. 1) [54]. Le sieur Beauvais réside dans le quartier des imprimeurs – installé rue Saint-Jacques – et produirait des affiches de mariages et d'enterrements ainsi que des enseignes gravées. Sartine charge alors Hémery de « s'informer de qui il se sert pour les impressions qu'il annonce, et pourquoi il le fait sans avoir qualité [55] ». L'inspecteur se rend rue Saint-Jacques, « chez le Vinaigrier », où il rencontre la femme du sieur Beauvais. Cette dernière, interrogée par le représentant de police, et à la vue de la carte de commerce, accuse un autre imprimeur, Jean-Augustin

Grangé, installé sur le pont Notre-Dame. Ce dernier a déjà été poursuivi et emprisonné pour impressions prohibées. Mis en cause, il s'empresse d'écrire à Hémery en octobre 1771 et clame son innocence. Accompagné de son prote, l'ouvrier chargé de diriger son atelier, il aurait rendu visite à Beauvais et témoigne : « Il nous a dit que c'était lui qui l'avait faite et que sa femme avait eu tort de vous dire dimanche que c'était moi puisque dans le fait que je ne lui ai imprimé que des objets que je suis en droit de faire [56]. »

Après avoir enquêté dans les imprimeries de la rue Saint-Jacques et mobilisé son réseau d'informateurs, Hémery identifie le coupable : un alloué travaillant chez l'imprimeur de la police Louis-François Delatour [57]. Si les services de la Librairie mettent fin à l'activité du sieur Beauvais, celui-ci ne semble pas faire l'objet de plus de poursuites et accède même au statut de libraire en 1789 [58]. C'est que les agents de la lieutenance générale de police se concentrent alors davantage sur les affiches considérées comme subversives, à l'image de celles que l'on doit aux deux compagnons imprimeurs emprisonnés pendant plusieurs jours pour avoir pastiché une affiche royale [59]. Sartine et Hémery s'intéressent à la production clandestine d'éphémères non seulement pour des motifs politiques, mais aussi parce qu'elle peut être à l'origine de conflits entre différentes communautés de métiers.

Le business de la mort

En mai 1749, des cartes de commerce – à nouveau – circulent dans Paris faisant la promotion de l'imprimeur Jean-Baptiste Gonichon (fig. 2) [60]. Typographe expérimenté de 64 ans, celui-ci est installé en tant qu'imprimeur-libraire rue de la Huchette, à l'enseigne « Au sacrifice d'Abraham » qu'il a héritée de son père, lui-même imprimeur et marchand papetier. Malgré cette filiation et son mariage avec la fille d'un autre typographe, Guillaume-Amable Valleyre [61], son affaire reste précaire. À cette période, l'inspecteur Hémery écrit sur sa fiche : « C'est un homme qui a assez d'esprit, mais que l'ivrognerie a absorbé, ce qui l'a mis souvent dans le cas de faire des sottises. Il n'a point de prote [62] [...] » Les difficultés rencontrées par Gonichon justifieraient alors l'impression de cette carte-adresse, sur laquelle il annonce « imprime [r] et [faire] porter les

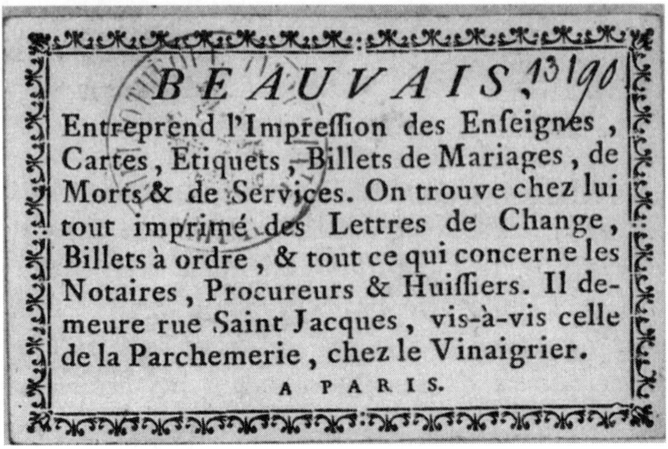

BEAUVAIS,

Entreprend l'Impreſſion des Enſeignes, Cartes, Etiquets, Billets de Mariages, de Morts & de Services. On trouve chez lui tout imprimé des Lettres de Change, Billets à ordre, & tout ce qui concerne les Notaires, Procureurs & Huiſſiers. Il demeure rue Saint Jacques, vis-à-vis celle de la Parchemerie, chez le Vinaigrier.

A PARIS.

Figure 1. Carte-adresse du sieur Beauvais, XVIIIe siècle, BNF Gallica

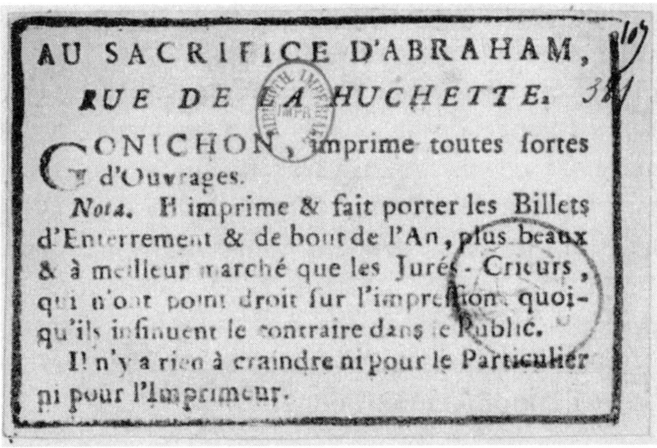

AU SACRIFICE D'ABRAHAM,

RUE DE LA HUCHETTE.

GONICHON, imprime toutes ſortes d'Ouvrages.

Nota. Il imprime & fait porter les Billets d'Enterrement & de bout de l'An, plus beaux & à meilleur marché que les Jurés-Crieurs, qui n'ont point droit ſur l'impreſſion, quoiqu'ils inſinuent le contraire dans le Public.

Il n'y a rien à craindre ni pour le Particulier ni pour l'Imprimeur.

Figure 2. À l'origine du litige : la carte de commerce de l'imprimeur Gonichon, XVIIIe siècle, BNF Gallica

Billets d'Enterrement & de bout de l'An, plus beaux et à meilleur marché que les Jurés-Crieurs ». Or ce petit billet publicitaire d'apparence si fragile remet en question trois siècles de quasi-monopole des jurés-crieurs parisiens sur l'impression des affiches et billets d'enterrement [63]. Ces éphémères sont collés dans les rues jusqu'au début du XIXe siècle et constituent les affiches commandées par des particuliers les plus conservées pour le XVIIIe siècle [64]. Ils sont progressivement associés aux avis de décès publiés dans la presse (que ce soit dans les *Affiches de Paris* à partir de 1745, ou dans le *Journal de Paris* à partir de 1777 [65]) et participent de la vogue autour de la publicité de la mort, qui trouve son point d'orgue avec un genre journalistique nouveau au XVIIIe siècle : la nécrologie [66]. Ces imprimés ne sont pas nécessairement affichés, et la plupart sont remis aux proches, parents et amis, pour avertir de la mort et les convier aux obsèques (ils sont donc collés ou distribués, selon les formats). Globalement, au cours du XVIIIe siècle, le corpus révèle un agrandissement et une standardisation progressive : on passe à des imprimés de 28 sur 40 cm ou de 50 sur 36 cm (fig. 3).

En ce qui concerne le contenu de ces éphémères, le texte demeure extrêmement standardisé. Comme l'illustre le placard de décès d'Agnès Regnier, veuve du lieutenant de robe longue au Parlement de Paris Cornu de Noyon, l'imprimé précise la date, l'heure et le lieu du convoi funéraire, et celui de l'enterrement [67]. Il est cependant intéressant de remarquer que, progressivement, la famille du défunt est nommée (mari, femme, gendres, enfants…), à l'image ici du gendre et de la fille de la défunte, dont les noms figurent en pied de l'in-plano. Autre évolution formelle, à partir des dernières décennies du XVIIIe siècle, la profession et même parfois le nom des parents sont mentionnés. Sur la composition typographique, les nom et titre du défunt apparaissent en majuscules, parfois en caractères gras, tandis que l'invocation finale est isolée. Cette dernière est une locution latine qui renvoie à des prières pour les défunts, tel « *Un de profundis* » ou « *Requiescat in pace* ». Elle est imprimée quelquefois en écriture scripte, rappelant alors une lecture à voix haute de l'éphémère. Ces placards et billets imprimés succèdent en effet à l'annonce orale (*invitation ad funebrem pompam* [68]), et leur distribution ou affichage sont censés être assurés par la communauté des jurés-crieurs de la ville et faubourgs de Paris.

Cette dernière est enregistrée en 1268, et ses membres annoncent dans les rues, à son de cloche, le vin à vendre durant la journée et les décès, ainsi que l'heure des obsèques le soir. Leur fonction est érigée en office par une ordonnance de Charles VI en 1415, « pour crier les vins & les tavernes, crier les corps des morts, aller quérir & rapporter les robes, manteaux & chaperons pour les obsèques & funérailles, crier les denrées à vendre & les choses perdues [69] », et à la fin du XVIIe siècle leur nombre dans la capitale est fixé à cinquante. S'ils ne doivent pas être confondus avec les jurés-crieurs ordinaires de la ville, ils occupent une position centrale dans le système urbain de diffusion de l'information. Dans le cadre des

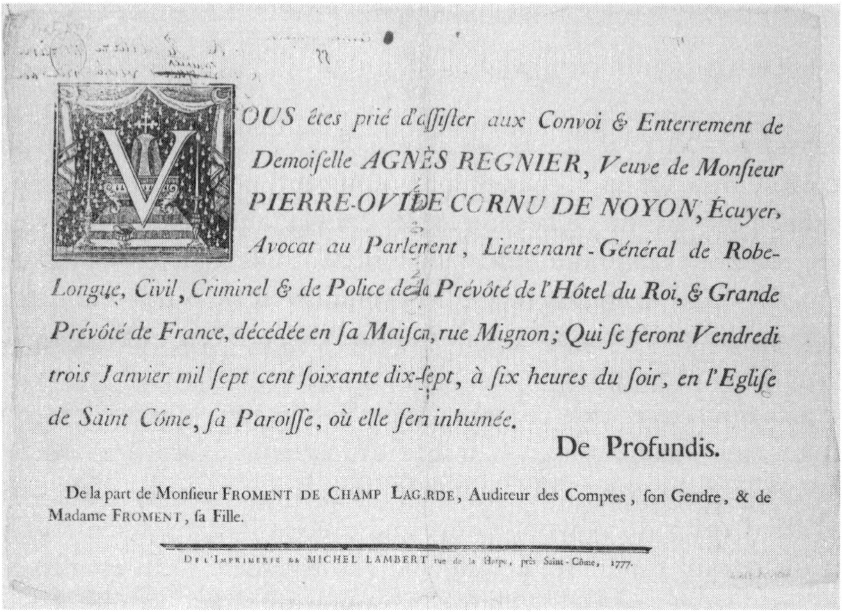

VOUS êtes prié d'aſſiſter aux Convoi & Enterrement de Demoiſelle AGNÈS REGNIER, Veuve de Monſieur PIERRE-OVIDE CORNU DE NOYON, Écuyer, Avocat au Parlement, Lieutenant-Général de Robe-Longue, Civil, Criminel & de Police de la Prévôté de l'Hôtel du Roi, & Grande Prévôté de France, décédée en ſa Maiſon, rue Mignon; Qui ſe feront Vendredi trois Janvier mil ſept cent ſoixante dix-ſept, à ſix heures du ſoir, en l'Egliſe de Saint Côme, ſa Paroiſſe, où elle ſera inhumée.

De Profundis.

De la part de Monſieur FROMENT DE CHAMP LAGARDE, Auditeur des Comptes, ſon Gendre, & de Madame FROMENT, ſa Fille.

DE L'IMPRIMERIE DE MICHEL LAMBERT rue de la Harpe, près Saint-Côme, 1777.

Figure 3. Mise en page d'un placard de décès, XVIIIe siècle, Ville de Paris/Bibliothèque historique

Figure 4. Illustrer pour dénigrer : une représentation du juré-crieur, XVIIIe siècle, BNF Gallica

rites funéraires, ils font régulièrement appel aux imprimeurs pour produire les billets et placards de décès, même si certains cumulent les activités d'impression et de distribution. Cependant, ils considèrent être les seuls *en droit de* superviser la production et l'affichage de ces éphémères (souvent aux portes de la sacristie de l'église où se célèbre le service, ou à la porte des nouveaux cimetières parisiens de la fin du XVIIIe siècle où sont réalisées les inhumations), à partir d'un tarif fixé par le Bureau de la Ville en 1671 [70]. Dès lors, la carte de commerce de Gonichon est perçue comme une remise en cause d'une prérogative d'ordre public fixée par les statuts des jurés-crieurs. Gonichon et la communauté des imprimeurs-libraires parisiens inscrivent la controverse dans une stratégie d'expansion du commerce de la corporation, jouant sur les feuilletages réglementaires (Bureau de la Ville, lieutenance générale de police, Conseil du roi, règlement de la Librairie, statuts des jurés-crieurs...). Ce litige se traduit tout d'abord par une profusion d'écrits imprimés et manuscrits d'ordre juridique : arrêts du Conseil et ordonnances royales, ordonnances du lieutenant général de police, sentences du Châtelet de Paris, mémoires, circulaires, requêtes et factums [71]. Chaque camp mobilise ses soutiens et médiatise l'affaire, que ce soit par la publication de mémoires judiciaires ou la retranscription des décisions en leur faveur dans les *Affiches de Paris*. Le conflit dépasse le spectre des considérations socio-économiques autour du commerce des éphémères et s'insère dans la concurrence politique entre la lieutenance générale de police, sollicitée par les imprimeurs, et le Bureau de la Ville de Paris, mobilisé par les jurés-crieurs.

Entre la condamnation de Gonichon par le Bureau de la Ville en août 1749 et l'arrêt du Conseil d'État du roi de janvier 1752 en faveur des imprimeurs-libraires contre les jurés-crieurs, l'affaire connaît de multiples rebondissements judiciaires. Les dossiers, envoyés par Gonichon ou la corporation des typographes parisiens, répondent aux appels des jurés-crieurs et au jugement du lieutenant général de police. Ce conflit est ainsi aussi bien mené sur le terrain judiciaire (succession de requêtes et mémoires rédigés par le procureur du Châtelet Pierre Popot ou l'avocat Roux) que sur le terrain publicitaire : la carte de commerce déjà mentionnée, l'estampe qui semble être utilisée par Gonichon ou les imprimeurs-libraires pour déprécier les jurés-crieurs, comme le suggère la légende : « Il voudrait des vivants, faire un peuple de morts, / Et que chaque habitant remplissant un suaire, / Paris fût tout entier sous un drap mortuaire[72] » (fig. 4). L'image, qui rappelle les représentations stéréotypées des crieurs dans les recueils des *Cris de Paris*, représente les opposants des imprimeurs en figure archaïque, presque désuète[73]. Enfin, Gonichon va même jusqu'à rédiger ce qui s'apparenterait à un bilan économique, conjecturant sans données précises le nombre de funérailles par an, et par prolongement les billets et placards de décès produits, le tout pour formuler des arguments chiffrés sur les bénéfices excessifs qui reviendraient aux jurés-crieurs[74].

Cet aspect publicitaire et commercial est également au cœur du conflit d'ordre juridique, puisque le Bureau de la Ville condamne Gonichon à 200 livres d'amende, car les arguments mis en avant sur sa carte de commerce sont « d'autant plus répréhensibles, [qu'ils induisent] le public dans l'erreur[75] ». La municipalité semble alors condamner la publicité mensongère, pour employer une expression contemporaine, de l'imprimeur. De même, lorsqu'il mobilise ses confrères et rédige sa défense, Gonichon distingue bien deux fronts pour l'emporter : l'un juridique (« [les jurés-cireurs ont] oublié de donner copie d'aucune pièce qui établisse leur droit de *porter & imprimer*, & on les défie d'en produire aucun[76] »), l'autre commercial. Les arguments publicitaires sont en effet portés sur le terrain commercial, et la rhétorique des imprimeurs place la satisfaction du consommateur au cœur du débat : « [Les billets de Gonichon sont] *plus beaux*, parce qu'il met du Carré fin de Limoges, où ils ne mettent que du Carré de Caen, *à meilleur marché*, parce qu'il ne fait payer que six livres un cent de Billets qu'ils font payer huit, que le particulier y gagne quarante sols[77] […] ». Gonichon mobilise les imprimeurs parisiens dans une stratégie d'expansion commerciale, afin de renforcer l'emprise de sa corporation sur la production et la diffusion d'affiches mortuaires, dont les commandes sont régulières et en progressive augmentation. Le conflit fait apparaître l'importance du phénomène corporatif, et l'influence économique et politique des imprimeurs-libraires parisiens qui parviennent à remettre en question les prérogatives des jurés-crieurs. S'ils mettent en avant, dans leurs requêtes et mémoires judiciaires, le privilège abusif que ces derniers détiendraient sur les éphémères mortuaires, c'est leur propre emprise, voire leur quasi-monopole, sur la fabrication de ces imprimés bon marché qui s'en trouve renforcée à l'issue du conflit.

Ces tensions soulignent à quel point la production des affiches, en tant qu'ouvrages de ville, bilboquet ou *cheap print*, constitue un enjeu commercial de plus en plus déterminant pour les typographes, non seulement à Paris, mais aussi dans d'autres villes de France et d'Europe [78]. Ainsi, William Strahan, imprimeur royal et éditeur des œuvres de David Hume ou encore d'Adam Smith, doit accepter une commande de 4 000 affiches publicitaires pour de l'huile à salade [79]. L'impression des affiches traduit la nécessaire diversification de l'activité des typographes afin de pouvoir bénéficier de nouveaux revenus, y compris pour les plus influents socialement et économiquement. De plus, dans un contexte de fort encadrement réglementaire, la fabrication de ces imprimés bon marché révèle l'existence de circuits para-légaux et illégaux. Sécuriser l'impression des affiches, c'est sécuriser une source de revenus conséquente, et Gonichon, appuyé par la puissante corporation des imprimeurs-libraires parisiens, s'en assure. Cependant, là où les jurés-crieurs se chargeaient eux-mêmes de la diffusion des billets et affiches d'enterrements, Gonichon résume avec dédain qu'il « *imprime*, parce qu'il est Imprimeur, & fait *porter ;* il ne les porte pas lui-même ni ne veut les porter ; un emploi si bas n'est pas de son ressort [80] ». D'autres travailleurs de l'affiche apparaissent.

Les afficheurs, des agents de maintenance des murs

Aux alentours de six heures du matin, trois hommes se retrouvent à quelques mètres de la Sorbonne, rue du Foin, devant l'imprimerie de la famille Delormel. Ils sont tous les trois chargés d'une échelle et d'un seau duquel dépasse un manche en bois. Un ouvrier typographe sort de l'atelier et leur fournit une centaine de documents dont les gravures et parfois les couleurs diffèrent, mais qui commencent tous par ces termes « Par privilège du Roi, Avec Permission de Monseigneur le Lieutenant-Général de Police ». Habitués à manier ces amas de papier, ils se les répartissent rapidement. Le premier remonte la rue de la Harpe vers la Comédie-Française, d'un pas allégé par le mince tas d'affiches qu'il emporte avec lui, tandis que le second emprunte la même rue, mais pour descendre vers la Seine et l'île de la Cité. Le dernier a hérité du tas d'affiches le plus conséquent. Il s'arrête après trois pâtés de maison, au coin de la rue de la Huchette et de la rue Zacharie, devant un pan de mur recouvert de plusieurs dizaines d'imprimés collés les uns sur les autres. D'un geste machinal, il arrache une partie de la croûte de papier déjà présente, puis il encolle un pan de mur, applique la feuille et repasse rapidement sa brosse dessus avant de poursuivre sa tournée et de se diriger mécaniquement vers l'enfilade dense des maisons qui recouvrent le pont Notre-Dame. Pendant trois ou quatre heures, ces trois afficheurs vont parcourir une dizaine de kilomètres, suivant un parcours fondé sur l'habitude, les gestes routiniers, mais traduisant aussi des hiérarchies internes.

Une source exceptionnelle égrène sur trois pages manuscrites une liste dense, alternant les noms de rues ou de places et les adresses précises. Probablement conçu à des fins de contrôle policier, ce document permet de reconstituer l'itinéraire de trois afficheurs des spectacles au milieu du siècle, en avril 1753 [81]. Il ouvre sur l'activité quotidienne de ces agents de maintenance des murs mais aussi sur le portrait collectif de 167 colleurs et colleuses d'affiches identifiés entre 1740 et 1789 [82]. Ceux-ci cumulent d'autres activités, n'exercent parfois que quelques mois. Ils bénéficient occasionnellement de réseaux familiaux, amicaux ou de relations de voisinage, et leurs interactions oscillent entre clientélisme et solidarités professionnelles. L'activité des afficheurs fait apparaître les différences de conditions d'existence, mais aussi les liens de solidarité entre travailleurs souvent présentés à tort comme inorganisés, constituant alors la part la plus importante de la population parisienne dans la seconde moitié du XVIIIe siècle [83]. Dans un milieu urbain de plus en plus marqué par la circulation des biens et des personnes, et de moins en moins par les formes anciennes d'interconnaissances à l'échelle du quartier, la police parisienne met au point différentes techniques pour contrôler les « métiers ambulants » tels que les afficheurs [84]. Ces outils policiers pour encadrer un travail précaire et contraignant sont associés à une série de représentations fantasmées et de critiques de la part des élites. Les stéréotypes littéraires ou iconographiques font écho aux plaintes pour défauts d'affichage, parfois suivis de procès et de condamnation, et l'activité de maintenance ouvre non seulement sur l'entretien des murs et l'actualisation des informations, mais aussi sur l'attente des nouvelles de la part d'une partie de la population.

« L'art de l'afficheur »

Dans son chapitre consacré aux « affiches des spectacles », Louis-Sébastien Mercier dépeint l'afficheur en « maître de cérémonies, qui fait ranger le long des murs ces annonces parlantes [85] ». C'est tout particulièrement le cas des affiches de spectacles : la concurrence entre les salles recoupe la concurrence sur les murs en une confrontation où l'afficheur doit s'assurer de maintenir le statu quo et vérifie que les « places pour le placage sont aussi bien observées que dans un cercle de gens du monde [86] ». Cette compétition quotidienne pour être visible, couvrir et recouvrir, implique des gestes répétitifs, des risques d'agression ou bien encore des incertitudes climatiques. Pour bien appréhender la routine de ces travailleurs de l'affiche, mais aussi la pénibilité de leur activité, souvent invisible dans les sources administratives, il faut reprendre la rue et poursuivre la tournée reconstituée de Séguin, Morand et Marque [87].

Les trois itinéraires cartographiés donnent une idée du nombre d'affiches qui peuvent être collées lors d'une tournée d'affichage (cahier II, carte 1). Chaque point représente en effet un arrêt avec collage, selon les jours, de trois éphémères au minimum : pour l'Opéra, pour la Comédie-Italienne et pour la Comédie-Française, mais aussi parfois pour l'Opéra-Comique, les foires et certains spectacles éphémères. Ce qui donne entre 120 et 200 affiches. Dans l'ensemble, ils parcourent une cinquantaine d'emplacements, à l'image de ce que l'inspecteur de la Librairie d'Hémery conjecture : « Un afficheur ne peut en afficher par jour, qu'un cent et demy, d'une même sorte, davantage quand ils en ont différentes à poser à la fois, parce qu'ils les placent aux mêmes endroits [88] ». L'efficacité des afficheurs varie alors en fonction de multiples facteurs : la taille des éphémères (les affiches de spectacles au format « carré » sont par exemple relativement aisées à coller), l'urgence de la commande, ou encore l'emploi du temps de l'afficheur, surchargé ou non de sollicitations. Les registres de dépenses des Comédies-Française et

Italienne mentionnent ainsi des « afficheurs extraordinaires » ou « Corsa straordinaria aux afficheurs »[89].

Dans une tournée ordinaire les afficheurs parcourent en moyenne 10 km (9,2 pour Séguin ; 11 à 12 pour Marque et 9 pour Morand), ce qui permet d'entrevoir la durée d'une mission quotidienne d'affichage, oscillant entre trois et quatre heures[90]. Séguin se concentre sur le faubourg Saint-Germain, Marque sur le secteur du Louvre, du faubourg Saint-Honoré et du Palais-Royal, tandis que Morand sillonne les rues du Marais et du quartier du Temple. Le parcours des trois hommes fait apparaître le partage du territoire urbain, selon une combinaison de facteurs : la confiance accordée par l'imprimeur, la connaissance de certaines rues et le rang de l'afficheur dans une hiérarchie informelle. Les conséquences sur les conditions de travail sont concrètes : Marque parcourt plus de rues, en étant chargé d'une trentaine de points d'affichage de plus que ses confrères. De plus, l'itinéraire de Séguin indique sa supériorité par rapport aux deux autres. Il se concentre en effet sur les portes des hôtels particuliers, dessinant avec plus de précision la clientèle de la Comédie et des théâtres. Il s'arrête ainsi chez certaines figures politiques et mondaines importantes : à la porte du lieutenant général de police Berryer, à celle du duc d'Aumont, premier gentilhomme de la Chambre du roi, chez Mlle de Sens, puis à l'hôtel particulier du maréchal de Biron, en passant chez le prévôt des marchands et aux domiciles de plusieurs ambassadeurs (de Hollande ou d'Angleterre).

Son trajet quotidien et l'ordre d'affichage suivent une logique géographique et urbaine, mais également une hiérarchie dans l'accès à l'information. Les figures éminentes informées par Séguin font l'objet de ses premières attentions lorsqu'il commence à afficher au petit matin. La capacité d'adaptation de l'afficheur se manifeste alors : il se concentre non seulement sur les endroits où la clientèle des théâtres parisiens est la plus nombreuse, mais prend également en compte la distribution socio-temporelle de l'information. En d'autres termes, l'« art de l'afficheur[91] » consiste à adapter la rapidité d'informer aux besoins différenciés d'information. Il s'adapte aussi bien aux publics qu'à l'environnement dans lequel il travaille, choisissant par exemple la colle utilisée en fonction des aléas climatiques[92]. Les revenus pour une mission d'affichage oscillent entre

2 et 3 livres pour cent affiches, alors que, par comparaison, le salaire journalier d'un ouvrier non qualifié est d'environ une livre. Ils peuvent atteindre un peu plus de 4 livres lorsque la mission d'affichage est urgente, à l'image des « courses extraordinaires » des afficheurs de spectacles qui recollent sur les affiches déjà diffusées pour préciser un changement de distribution, d'horaire, ou encore l'annulation d'une représentation[93]. Les types et le nombre d'affiches, la réputation de l'afficheur ou encore la distance à parcourir (en particulier lorsqu'il s'agit d'aller dans les faubourgs, voire jusqu'à Versailles) contribuent à faire varier des rémunérations, qui deviennent attractives dès lors que les commandes sont régulières. Les risques encourus jouent également, et l'affichage constitue parfois une activité dangereuse. En octobre 1791, un afficheur chargé de diffuser des imprimés royalistes obtient une prime importante pour l'aider à rembourser une amende, mais aussi en compensation des « coups qu'il a reçus des Jacobins[94] ». Plus prosaïquement, l'afficheur peut être malmené dans l'exercice de ses fonctions lorsque l'information qu'il diffuse porte atteinte à la réputation ou à la notoriété d'une ou plusieurs personnes. Les « lettres secrètes » faisant la chronique de l'année 1783 mentionnent par exemple un arrêt affiché qui fragilise la renommée d'avocats parisiens. L'un d'eux, un certain Me Henri, n'hésite pas à tirer l'échelle pour empêcher le colleur de terminer et se retrouve recouvert du papier encollé : « Ils se sont colletés. Quelques coups de poing ont gourmandé leurs figures, mais l'afficheur n'en a pas eu le démenti, il est revenu et il a appliqué son arrêt à la porte de l'avocat boiteux[95]. »

Au cœur de la scène, l'échelle de l'afficheur est un des accessoires essentiels traditionnellement associés au métier, avec le seau de colle et la brosse. Elle figure sur les représentations récurrentes et lissées au fil des images des afficheurs du XVIIIe siècle (fig. 5 à 8)[96]. Déterminante, elle permet de s'élever au-dessus de la foule, d'apposer l'éphémère à la vue de tous et de toutes, de le placer hors d'atteinte de passants prompts à le déchirer ou à l'arracher. La dernière image représente une invention de « Barbe Collat, dite *Barba-Colle* » mentionnée au début du chapitre (fig. 9). La colleuse légendaire expérimente de nouveaux outils : deux pinces légères et repliables, faciles à porter. La première, visible sur l'image, est « une espèce de

Figure 5. Afficheur de la loterie (détail), 1701, BNF Gallica

Figure 6. Afficheur d'annonces (détail), XVIIIe siècle, BNF Gallica

Figure 7. Afficheur des Comédiens italiens (détail), XVIIIe siècle, BNF Gallica

Figure 8. Afficheur d'annonces (détail), années 1810, BNF Gallica

Figure 9. Le « zigzag » inventé par Barba-Colle dans le conte de Caylus, 1787, BNF Gallica

zigzag [97] » aux bouts plats permettant de coller en hauteur deux affiches en même temps. La seconde est une échelle à ressort sur laquelle Barba-Colle grimpe et avec laquelle elle « affichait en un clin d'œil tout ce qu'on voulait, jusqu'à la hauteur d'un second étage [98] ». Ces deux objets, qui n'ont existé que dans l'imagination de l'auteur, font cependant ressortir deux impératifs qui régissent la pratique des afficheurs : productivité et visibilité. La recherche de lieux exposés fait ainsi varier la rémunération du simple au double.

Cent affiches de petit format posées à la main seront payées 1 livre environ, tandis qu'un afficheur « plus grand qu'à l'ordinaire » ou doté d'une échelle récoltera 2 livres pour le même nombre d'imprimés [99]. Adaptation à l'environnement, connaissance pratique de l'espace urbain, habileté dans la négociation de ses revenus : ces caractéristiques permettent d'approcher l'afficheur *en action*, mais aussi au sein d'un groupe qui se structure dans la seconde moitié du XVIIIe siècle.

Les mondes sociaux des colleurs et des colleuses

Si Barba-Colle est une légende de l'affichage, le milieu des colleurs d'affiches est essentiellement masculin. Sur les 167 afficheurs certifiés entre 1740 et 1789, deux femmes seulement sont identifiées, Jeanne Fourqueux et Marie-Françoise Delivre, toutes deux veuves d'afficheurs et reprenant l'autorisation de leurs maris. Cette dissymétrie du point de vue du genre est similaire à celle observable dans le groupe des colporteurs parisiens, dont 10 % des pratiquants enregistrés sont des veuves, et plus largement dans les métiers sans qualification [100]. Si l'activité des afficheuses n'est pas explicitée dans les archives de police, cela ne signifie pas pour autant que les femmes n'affichent pas dans les rues parisiennes du XVIIIe siècle [101]. Dans ce territoire masculin, elles pratiquent l'affichage considéré comme illégal par les autorités, car sans permission d'afficher, à l'image de Pierrette Canto, veuve de l'afficheur Philippe Leroy, qui reprend l'activité de son mari sans autorisation [102]. Leur activité est également invisibilisée par les sources réglementaires et administratives, et, dans une société marquée par la domination masculine, il n'est pas anodin que l'invention attribuée à « Barba-Colle » soit représentée dans la main de son neveu « Simon Collat ». C'est aussi le rôle central de la femme de Claude Meunier, dont le nom n'est pas précisé dans les interrogatoires de police, qui dans les années 1790 gère avec son mari une compagnie d'affichage embryonnaire, recevant les commandes et les redistribuant aux employés [103].

Les contrastes observés entre les deux afficheurs des spectacles, Marque et Séguin, en termes de conditions de travail (temps de la tournée, distance parcourue, poids lié au nombre d'affiches à porter) renvoient à deux groupes de colleurs. Certains exercent plus d'une dizaine d'années car ils disposent d'une position stable et d'un lien privilégié avec un imprimeur. Leur doyen, au cours de la période, est Jean-François Delalande, qui compte trente-neuf années de métier de juillet 1740 à août 1779. À l'extrême opposé, Jacques Bigarré exerce pendant quatre mois, du 11 juin au 1er octobre 1773 [104]. Il symbolise une part de plus en plus importante de la quarantaine d'afficheurs enregistrés chaque année par les autorités. Ces derniers doivent s'accommoder de commandes ponctuelles et irrégulières auprès d'imprimeurs, de commerçants, de particuliers, voire d'autres afficheurs. Ce *turnover* s'accentue au cours du siècle, et, dans les années 1770-1780, un tiers des afficheurs exerce en moyenne deux ans avant d'arrêter et de laisser le poste à un autre. La commission d'afficheur de François Morand, par exemple, change de main à six reprises en douze ans [105]. L'importante pénibilité du travail et l'irrégularité des commandes en font une activité d'appoint, pratiquée ponctuellement en fonction des opportunités (ou des nécessités). Les autorités tentent de limiter cette pluriactivité, et une note de la main du syndic de la Librairie, Lottin l'aîné, rapporte par exemple le 13 avril 1778 : « ne travaille pas – est blanchisseur », mettant ainsi fin aux activités d'Antoine Lefort, nommé depuis moins d'un an, le 19 juillet 1777 [106]. Le contraste entre afficheurs établis et ceux qui exercent ponctuellement se traduit aussi en matière de revenus. Les réalités comptables esquissées par les quittances et tarifs mettent en évidence toutes les incertitudes et les difficultés économiques qu'implique le métier.

Malgré ces facteurs répulsifs, les renouvellements de la fin du siècle traduisent, sinon l'attractivité de la fonction, tout du moins un certain succès. L'augmentation des missions d'affichage contribue à en faire un emploi pourvoyeur de revenus, en particulier pour les travailleurs non qualifiés. Bien souvent, la durée de remplacement d'un afficheur n'excède pas six mois : à l'image de Claude Henry Monnier qui remplace, le 10 septembre 1779, le vétéran Louis-Philibert Ricard, mort quelques mois auparavant [107]. De plus, l'existence de places vacantes doit être relativisée, à plus forte raison lorsqu'elle est rapportée aux nombreuses ruses et petites illégalités commises par les afficheurs pour déroger à l'encadrement de leur fonction. Les listes officielles d'afficheurs font en effet apparaître les hésitations et les difficultés rencontrées par les autorités pour garder leur trace : nom qui change d'une liste à l'autre, adresses corrigées à la main, ou encore difficultés à distinguer père et fils. Ces marques d'embarras sont d'autant plus régulières que les afficheurs forment un groupe relativement cohérent du point de vue socio-professionnel.

Nombreux sont les afficheurs qui ont été, sont, ou seront colporteurs au moment où ils obtiennent leur visa [108]. Cette proximité est héritée des XVIe et XVIIe siècles, et l'une des premières mentions officielles de l'activité d'affichage se trouve dans une « Sentence de règlement pour les Colporteurs » du 6 mars 1634 [109]. Le passage d'une fonction à l'autre peut être grandement facilité par le réseau d'interconnaissance des imprimeurs-libraires parisiens et l'expérience d'un même mode de recrutement. Les liens familiaux recoupent également ces contacts professionnels, à l'image de la famille Blanchet, dont les parents sont colporteurs et le fils afficheur [110]. Dans la plupart des cas étudiés, le passage du métier d'afficheur à celui de colporteur est privilégié, plus stable en matière de commandes et plus immédiatement rentable. C'est en ce sens qu'il est possible de lire la trajectoire de Jacques Bigarré, déjà mentionné. Après quatre mois en tant qu'afficheur, il devient colporteur pendant cinq ans [111]. Dans un registre similaire, François Balagny obtient un numéro d'afficheur le 19 juillet 1740, mais, après sept ans de métier, le syndic des libraires signale sur sa commission : « A opté pour la plaque de colporteur [112]. » Autre preuve de grande porosité entre ces deux groupes, de nombreux individus sont à la fois afficheurs et colporteurs. Les listes de 1740 font par exemple figurer à deux reprises les noms de Jean-Charles Ciergé, Pierre Lechat et Jean-François Delalande [113]. Ces afficheurs officieux sont également liés aux commanditaires des affiches, tel l'afficheur des placards de thèse au milieu du XVIIIe siècle, Maître Thomas, garçon servant aux Jésuites de la rue Saint-Jacques [114].

Dépassant le monde des colporteurs, les compagnons et les alloués employés par les imprimeurs-libraires fournissent aussi de nombreux afficheurs, cumulant plusieurs sources de revenus [115]. Ils font partie du monde des ouvriers du livre dont la situation se détériore depuis la seconde moitié du XVIIe siècle (concentration des ateliers, essor de la main-d'œuvre bon marché d'alloués ou de typographes moins qualifiés, difficultés pour accéder à la maîtrise [116]). Les maîtres imprimeurs appuient souvent les candidatures de leurs protégés, telle Mme Hérissant qui obtient un visa d'afficheur pour le sieur Daune en 1789 [117]. De même, de nombreux afficheurs logent chez des libraires, appuyant dès lors leur position dans le monde de l'imprimerie parisienne. Jacques Copiot ou Guillaume et Dominique Rondet logent, et parfois travaillent, chez le libraire Deschamps, rue Saint-Jacques [118]. Cette porosité entre le groupe des afficheurs parisiens et les autres métiers de l'imprimé se retrouve à travers leur logement dans l'espace urbain.

La comparaison avec la carte d'implantation des imprimeurs-libraires en 1788 rappelle la prédominance de la rive gauche dans le monde de la librairie jusqu'à la Révolution française [119]. Si l'importante concentration des métiers du livre dans le secteur de l'Université et de la rue Saint-Jacques est bien connue (à proximité de la chambre royale des libraires et imprimeurs installée rue du Foin [120]), les afficheurs logent pour leur écrasante majorité dans la paroisse Saint-Séverin (rue de la Huchette, rue du Petit-Pont, rue Saint-Jacques, rue de la Parcheminerie, rue du Plâtre…) et, dans une moindre mesure, dans la paroisse Saint-Étienne-du-Mont (place Maubert, rue des Lavandières, rue des Noyers…). Ils y côtoient d'autres « métiers du livre » (libraires, imprimeurs et relieurs, mais aussi graveurs et papetiers [121]). Deux espaces ressortent principalement, deux potentiels lieux de rencontres communautaires : la place Maubert, où se concentre un dixième des afficheurs au cours de la période, et surtout la rue de la Huchette, rassemblant un tiers d'entre eux (le cercle cinq fois plus important que les autres sur la carte en annexe). Cette rue, décrite par Louis-Sébastien Mercier comme la rue des rôtisseurs au « tourne-broche éternel », présente des immeubles de quatre à cinq étages, dont certains sont massivement occupés par les afficheurs [122]. Elle est dévastée par un incendie en avril 1718, et soumise à deux plans d'alignement en 1722 et 1740 [123]. Les colleurs d'affiches se trouvent en majorité dans les immeubles à proximité du Petit-Pont, circulant aisément vers la rive droite, et également non loin de nombreux ateliers d'imprimerie. Deux bâtiments marqués par les enseignes de la Cloche et du Soleil d'or abritent treize afficheurs entre 1761 et 1788 [124]. Il est alors possible d'entrevoir tant les solidarités pour trouver un logement que les recommandations entre afficheurs pour convaincre les logeurs (tel le rôtisseur le Large, rue de la Huchette, accueillant deux générations d'afficheurs). Louis Lambert et son fils, François, habitent ainsi chez leur confrère Jean-François Delalande, rue de la Vieille-Boucherie [125]. Ces stratégies pour pouvoir se loger renvoient parfois à des hiérarchies informelles, voire à des liens de clientélisme entre afficheurs [126]. Cet entre-soi est cependant ponctué de relations de voisinage, à l'image de la fille de Claude Meunier, Marie-Claude Meunier, qui se marie avec un compagnon tourneur habitant son immeuble de la rue de la Huchette [127]. De même, dans la maison « À la Cloche », les afficheurs côtoient des membres d'autres métiers : un maître peintre vernisseur, un compagnon peintre-doreur, ou encore un cordonnier, brigadier au sein des Pompes publiques de Paris [128]. Ils sont intégrés aux réseaux économiques et sociaux de leur rue ou de leur quartier.

Les déménagements sont rares, puisque seuls trente-six afficheurs, sur les cent trente-neuf dont le domicile est connu, déclarent une seconde adresse, et treize une troisième [129]. Cette relative stabilité des afficheurs, leur proximité, voire leur solidarité pour se loger, viennent en partie redorer le portrait d'une profession dont les revenus peuvent être irréguliers. Elle contraste avec les loyers au mois, ou parfois à la semaine, des populations les plus pauvres, souvent contraintes par la nécessité économique de déménager plusieurs fois par an [130]. Au bout du compte, la concentration d'afficheurs dans les mêmes immeubles et la promiscuité qui en découle (les échanges et discussions dans les escaliers, ou sur le palier) contribuent à la cohésion du groupe. Elles soulignent également l'importance de ces « espaces partagés », ces *communs* de la ville à l'époque moderne où se nouent des équilibres instables entre interactions et coexistence plus ou moins pacifique, curiosités et échanges, ségrégations et solidarités locales [131].

Au-delà de ces stratégies d'habitation, les afficheurs mettent parfois en place une organisation collaborative du travail marquée par l'entraide et une hiérarchie informelle. Ils sont nombreux à déléguer une partie de leurs commandes à des voisins ou à des proches. En décembre 1791, la veuve de l'afficheur Étienne Dion charge ainsi le jeune Charles-Antoine Chatel de placarder une affiche qui attire l'attention des autorités [132]. Après arrestation et interrogatoire des deux afficheurs, on observe qu'ils habitent dans le même immeuble – rue des Rats – et que la veuve Dion a délégué une partie de cette commande trop importante pour elle, en donnant « quatre ou cinq cents » exemplaires à Chatel. Une hiérarchie informelle existe, fondée aussi bien sur l'ancienneté que sur la redistribution ponctuelle du travail. Elle se manifeste tout particulièrement lorsque la veuve se porte garante et responsable auprès du commissaire de police. Cette organisation collaborative du travail s'appuie sur les liens familiaux, et un quart des colleurs identifiés au cours du siècle ont des liens de parenté. Indépendamment des liens conjugaux déjà évoqués pour le statut des veuves, il existe quelques fratries d'afficheurs, tels André et François De la Mort [133]. Ce dernier, surnommé « La Fontaine » est un afficheur reconnu et établi, qui emploie son fils en plus de son frère [134]. Les relations père-fils concernent d'ailleurs l'essentiel de ces liens de parenté, ce qui a pour effet de former plusieurs générations d'afficheurs et de véritables familles vouées à ce métier : en plus des De la Mort, les Dion, les Marc, les Marie, ou encore les Compoint [135]. Cette prégnance des liens de parenté entretient une certaine confiance et assure un certain ordre entre membres d'un même réseau professionnel.

Encadrer les « hideux afficheurs »

Dès le XVIIe siècle, les sources réglementaires révèlent les tentatives des autorités pour encadrer la fonction. Une ordonnance de police du 17 mai 1680 interdit ainsi « à tous colporteurs et à tous autres d'afficher aucuns placards, feuilles volantes, ni billets de quelque qualité que ce soit [136] ». Ces « autres », ce sont les afficheurs officieux. Ils sont visés par de nombreuses plaintes formulées par la communauté des colporteurs, à l'image de la supplique adressée en 1647 au lieutenant civil contre ceux qui colportent et affichent sans permission, y compris les jours interdits (dimanches et jours de fête [137]). Ils sont au centre des préoccupations des autorités au cours des épisodes parisiens de la Fronde au milieu du XVIIe siècle [138]. En janvier 1652, alors que la capitale n'est plus sous le contrôle de l'administration royale, un arrêt du Parlement cible les colporteurs d'imprimés. Les parlementaires mobilisent les commissaires de police, les huissiers de la cour du Palais et les citadins pour arrêter « tous colporteurs et autres qui se trouveront affichant, placardant et débitant libelles sans permission [139] ». Avec l'essor de l'activité apparaissent aussi les premières critiques. Dans la collection rassemblée par le commissaire Nicolas Delamare pour son *Traité de police*, un document manuscrit daté de janvier 1684 et signé par un certain Du Loyer, énumère et définit les « Abus considérables qui journellement se commettent par ceux qui affichent aux coins des rues de Paris [140] ». L'ensemble se compose d'une longue liste de six travers. Ils ne se conforment pas aux besoins de leurs commanditaires. Ils ne respectent pas les lieux prescrits pour afficher ni le plan d'affichage urgent. Ils vont même parfois jusqu'à arracher méthodiquement certains documents, soit parce qu'ils ont été payés pour le faire, soit parce qu'ils se vengent d'un client ayant sollicité un afficheur concurrent. De plus, ils n'appliquent aucun critère quant au type de document qu'ils diffusent. Ainsi, ils recouvrent sans sourciller des affiches officielles, vendent quelquefois le surplus d'imprimés qu'ils sont pourtant chargés d'écouler et n'hésitent pas à coller certains éphémères considérés comme inconvenants ou subversifs. Ce sont, par exemple, Michel Dufresses et Françoise Poitrée, colporteurs de la Librairie, qui sont arrêtés en avril 1743 et conduits dans les prisons du Petit Châtelet après avoir collé en plusieurs points de la ville un placard intitulé « Sentence de mort contre Jésus-Christ [141] ».

Cette surveillance de l'affichage mais aussi l'importante concurrence qui existe pour être visible sur les murs accélèrent le travail d'identification des afficheurs dans les années 1720. Ce système d'encadrement s'inscrit dans un double processus amorcé par les autorités parisiennes, au premier rang desquelles la lieutenance générale de police. Il renvoie à la police des métiers non corporés et ambulants (afficheurs, colporteurs, étaleurs, marchands d'estampes ou encore gagne-deniers) et au règlement de la Librairie introduisant un nouveau régime de censure des imprimés [142]. L'arrêt du Conseil du 13 septembre 1722 est le texte fondateur d'un processus de codification. Il rappelle dans son introduction le contexte d'agitation des querelles jansénistes et les publications de placards subversifs « contraires au bon ordre & à la Police établie pour l'impression de tout ce qui doit être affiché [143] ». Il fixe ensuite les critères requis pour devenir afficheur : dans un premier temps, le candidat devra prouver qu'il sait lire et écrire, puis être présenté par le syndic et les adjoints de la Librairie au représentant du lieutenant général de police ; puis, s'il est reçu par le magistrat de police, il doit trois jours après au maximum déclarer « nom et demeure » dans un registre des imprimeurs-libraires (article I). Le texte précise également le nombre maximal d'afficheurs – quarante –, bien que ce nombre fluctue au cours de la période (article III). Enfin, il rappelle aux afficheurs qu'ils doivent s'assurer que la permission d'afficher délivrée par le lieutenant général de police figure bien sur les éphémères qu'ils diffusent (article V). Cette matrice de 1722 sera reprise et amendée [144]. En février 1749, une ordonnance de police fixe les horaires officiels au cours desquels les afficheurs peuvent exercer : « depuis 6 heures du matin jusqu'à 8 heures du soir, du 15 mars au 15 octobre ; et depuis 7 heures du matin jusqu'à 6 heures du soir, du 16 octobre au 14 mars [145] ». Ce programme présente un double avantage : faciliter la surveillance de nuit par le guet et les soldats de la garde, qui peuvent dès lors arrêter toute personne affichant en dehors des heures autorisées ; régulariser les horaires d'affichage, et par prolongement améliorer la circulation de l'information en ville.

Trois outils, trois objets administratifs conçus pour encadrer les afficheurs, renvoient à trois logiques distinctes d'identification. La première est administrative et se matérialise par les commissions papiers que les afficheurs doivent porter sur eux lorsqu'ils exercent. Pour l'obtenir, ils doivent payer 12 livres aux officiers de la Chambre de la Librairie, paiement à renouveler lorsque le style de la commission change [146]. Ce papier rappelle les grands traits réglementaires de l'arrêt du Conseil du 13 septembre 1722 et surtout les horaires admis pour afficher. À partir de 1760, il fait apparaître au verso le signalement de l'afficheur : « le nommé / natif de / âgé de / taille de / cheveux / sourcils / barbe / yeux / nez / visage [147] ». Le document de reconnaissance professionnelle devient alors également une marque pour identifier les individus dans un siècle au cours duquel s'affirme le recours aux papiers d'identité [148]. Un recueil portatif des règlements est également distribué sous la forme d'un petit livret au format in-12, de 17 cm de long sur 10 de large [149]. La deuxième logique est urbaine, et permet d'immatriculer les lieux d'habitation des afficheurs (« à la porte de chaque logis où lesdits Colporteurs ou Afficheurs feront leurs demeures, il y a une Affiche imprimée qui indique leurs noms & leurs fonctions [150] »). Ils ont également l'obligation de signaler tout déménagement au commissaire du quartier de résidence. Cependant, la fragilité de ce type de marques, associée aux changements de domicile fréquents, a dû probablement en limiter les résultats. Il s'agit d'identifier mais aussi de rendre identifiable pour le reste des citadins les acteurs centraux de la diffusion de l'information en ville. Marquer le logement des afficheurs, c'est aussi aider les Parisiens à les retrouver pour qu'ils puissent faire appel à leur service, matérialisant en un sens dans l'espace urbain les annuaires des almanachs, livres d'adresses et presses d'annonces en plein essor [151]. Enfin, la troisième logique est visuelle et renvoie à la plaque d'identification que doivent porter les afficheurs et colporteurs. Ces plaques, fabriquées dans la seconde moitié du XVIIIe siècle par le fondeur Richard, coûtent en moyenne 3 livres la pièce, réglées par l'inspecteur de la Librairie [152]. Leur forme évolue : au début du XVIIe siècle, les colporteurs étaient tenus de « porter attachés au-devant de l'épaule droite de leur pourpoint, une plaque de cuivre en laquelle sera dépeint ou gravé trois fleurs de lys », puis, après la Fronde, « une marque ou un écusson de cuivre qu'ils porteront au-devant de leur pourpoint, pour être reconnus » [153]. En 1722, les écussons deviennent des plaques en cuivre précisant leur fonction – mieux visibles et plus commodes à porter [154]. La réédition de ces règlements à plusieurs reprises au cours du XVIIIe siècle – en 1740, 1764 et 1773 – atteste les difficultés rencontrées par les autorités pour faire porter ces signes d'identification, soulignant à quel point les logiques quotidiennes peuvent se distinguer de celles des administrations.

La question de l'encadrement des afficheurs et celle, déterminante, de l'accès à l'information sont au cœur d'une « Nouvelle distribution des affiches des spectacles de Paris » mise au point en 1758. Le texte réinsiste sur les plaintes régulières reçues par la police parisienne, obligeant dans certains quartiers de « courir fort loin pour trouver [une affiche] tandis que dans d'autres elles étaient trop proches les unes des autres [155] ». À nouveau, le manque d'application des afficheurs est visé, les plaintes n'émanant plus seulement des élites. Ici, le non-respect des points précis d'affichage est critiqué, plus que leur absence. Il s'agit en l'espèce de lutter contre un autre travers reproché aux afficheurs : recouvrir sans scrupule d'autres affiches déjà apposées. Dans ce registre, le vaudeville *Arlequin afficheur* offre une scène exemplaire de recouvrement :

> Du Haut en bas / D'affiches la muraille est pleine ! / Du haut en bas ! / Aurais-je donc perdu mes pas ! / Eh parbleu ! qu'à cela ne tienne, / Couvrons cette autre de la mienne, / Du haut en bas. [...] Déployons mon affiche entière / Sur cette rouge que voilà. (*Il veut poser l'affiche et s'arrête.*) Un moment... (*Il lit*) Pièce de Molière ! / Ne couvrons point ce titre-là. / Mon maître, quel que soit l'asyle / Ou tu te trouves transporté, / Par les enfans du Vaudeville / Tu seras toujours respecté ! / Voyons par ici... (*Il lit.*) Drame en cinq actes. / Quoi ! l'on t'annonce en ce séjour, / Drame ennuyeux et sombre ! / On veut en vain te mettre au jour ; / Moi, je te mets à l'ombre. / Disparais. (*Il pose son affiche sur celle du Drame, en imitant le magicien des Ombres Chinoises.*) Tu me fais peur [156] !

Ce passage, au-delà de l'hommage explicite à la figure glorieuse du théâtre comique, insiste sur l'intelligence pratique de ces agents de maintenance des murs. Défauts d'affichage et recouvrements peuvent relever de leurs propres initiatives, afin de masquer un imprimé concurrent, de se venger d'un commanditaire payant peu, ou encore d'outrepasser le contrôle des autorités. C'est dans cette perspective qu'il faut relire les multiples entorses et contournements des règlements imposés, et en dépit des efforts des autorités [157]. Ainsi, en février 1749, une ordonnance de police rappelle que les afficheurs vendent, louent ou prêtent régulièrement les plaques nécessaires pour afficher sans être inquiétés [158]. De même, les commissions d'afficheur laissent entrevoir les ruses pour transgresser les cadres mis en place par la Librairie : Jean-Baptiste Louis de Vanos possède pendant un an deux plaques, l'une pour colporter, l'autre pour afficher ; Guillaume Compoint utilise un visa de colporteur pour afficher ; Philippe Marcan, bien que censé savoir lire et écrire pour être recruté comme afficheur, demande à son neveu de signer pour lui [159].

Les afficheurs, pour une partie de la population parisienne, figurent en bonne place dans la galerie des « Cris de Paris », dont les publications se multiplient au XVIIIe siècle. Ils sont aux premières loges dans ce recueil d'images des « petits métiers » faisant le tableau de ce que Vincent Milliot appelle le « peuple travesti [160] ». Ainsi, au tournant des années 1730-1740, les *Études prises dans le bas peuple ou les Cris de Paris* s'ouvrent par une gravure du célèbre sculpteur et dessinateur français Edmé Bouchardon, représentant l'afficheur sur son échelle, apposant une annonce de publication jouant sur la mise en abîme (cahier I, image 1) [161]. Cette estampe est par la suite abondamment reprise et retravaillée aux XIXe et XXe siècles, cristallisant le cliché du peuple des afficheurs. Elle est tout d'abord reproduite au sein d'ouvrages s'inscrivant dans la lignée directe des *Cris de Paris*, à l'image du dessin de Paul Gavarni pour l'œuvre collective *Les Français peints par eux-mêmes*, publiée au début des années 1840 [162]. Elle est également réutilisée dans de nombreuses publicités jusqu'au milieu du XXe siècle, comme le montrent ces deux cartes-réclames pour des confiseurs parisiens [163]. Le dessin de Bouchardon intègre alors les personnages célèbres des publicités du XIXe siècle participant de l'émergence du « marketing visuel [164] » (cahier I, images 2 et 3).

Au-delà des sources iconographiques, dans les représentations produites par et pour les élites les afficheurs deviennent le symbole de la pauvreté et désignent, par métonymie, les miasmes de la ville dénoncés par le discours hygiéniste naissant [165]. L'article de l'*Encyclopédie méthodique* dépeint « des hideux *afficheurs* [...] d'une saleté vraiment parisienne [166] ». De même, Louis-Sébastien Mercier, qui leur consacre un chapitre dans son *Tableau de Paris*, brosse un portrait peu flatteur, insistant sur le caractère machinal et dévalorisant de leur activité, ne se préoccupant pas des lieux où il est interdit d'afficher, en particulier sur les églises et monastères. Il résume dans cette formule lapidaire : « Un afficheur est l'emblème de l'indifférence [167]. » Son réquisitoire est encore plus acerbe dans le chapitre consacré aux affiches, où il dépeint des afficheurs motivés uniquement par l'appât du gain, qui « se réjouissent des exécutions qui leur font gagner quelque argent, ainsi qu'à l'imprimeur [168] [...] ». Le vaudeville, qui divertit les spectateurs à travers des protagonistes identifiables dans leur quotidien, fait écho à ce topos littéraire. En 1792, le théâtre du Vaudeville ouvre ses portes à Paris rue de Chartres-Saint-Honoré et accueille « Arlequin afficheur », héros éponyme d'une pièce à succès [169]. Les auteurs rappellent alors les critiques liant les afficheurs à la diffusion de publicités mensongères : « Tout Afficheur est plus ou moins / Enclin à dorer la pilule, / Et tous les jours il met ses soins, / À trouver un Public crédule [170]. » Ici, l'incarnation de l'afficheur au théâtre façonne non seulement la représentation simplifiée des métiers urbains, mais fait aussi écho aux accusations portées par ses détracteurs.

Ces stéréotypes littéraires puisent leur inspiration dans les multiples plaintes, notes et rappels critiquant l'activité des colleurs d'affiches. En 1741, dans une lettre en apparence collective adressée au lieutenant général de police, les colporteurs reviennent sur la concurrence des afficheurs [171]. Ils blâment leur inconstance, mentionnant les nombreuses affiches qui seraient jetées ou revendues sans être collées, ce qui contribuerait à faire augmenter le prix du papier sans permettre pour autant une diffusion efficace de l'information. Dans un registre similaire, la remise en cause du monopole des colleurs à partir des années 1770 indique le discrédit qui pèse sur eux. En 1779, un arrêt du Conseil d'État portant sur la création d'un Bureau d'affichage concurrent énumère les critiques, reprenant d'anciennes attaques déjà portées à la fin du XVIIe siècle : négligence, appât du gain et revente des affiches à la manière des chiffonniers parisiens [172]. Deux motifs sont récurrents : le contournement des règles du métier, mais aussi et surtout le défaut d'affichage. Début février 1753, par exemple, le duc de Gesvres « se plaint que les afficheurs des comédies négligent depuis quelque temps d'afficher à la porte de son hôtel » auprès du lieutenant général de police Berryer [173]. Dans le même registre, son successeur, Antoine de Sartine, écrit à l'inspecteur de la Librairie Joseph d'Hémery le 17 mai 1760 pour signaler les défauts d'affichage dans Paris, notamment chez le lieutenant particulier du Châtelet [174]. Hémery est chargé de convoquer les afficheurs pour les rappeler de nouveau à l'ordre. Il contacte également l'imprimeur des affiches de spectacles, Delormel, afin que lui aussi les réprimande [175]. Malgré les remontrances répétées des autorités, les plaintes se multiplient, en particulier de la part des élites parisiennes fréquentant les spectacles. À l'origine de ces plaintes, une double dégradation sociale : ne plus avoir accès à l'information, mais aussi perdre le prestige que confère, à l'échelle de la rue, l'affichage à sa porte. Le 31 juillet 1765, c'est le lieutenant criminel du Châtelet qui ne trouve pas les affiches normalement apposées devant chez lui [176]. Il écrit dix jours après sa prise de fonction, soulignant une attente grandissante pour avoir accès rapidement à l'actualité des spectacles et toutes les difficultés rencontrées par les afficheurs pour s'adapter à cette nouvelle temporalité [177]. Ces derniers doivent aussi prendre en considération les contraintes nouvelles de gestion des flux et de la circulation en ville, et sont parfois rappelés à l'ordre par le lieutenant général de police lorsque les imprimés affichés provoquent attroupements et troubles à la circulation. En février 1776, des affiches disposées « sur les murs latéraux des nouvelles boutiques du Pont-Neuf » donnent lieu « à des obstructions nuisibles aux passages, vu les groupes de personnes que la nécessité de lire ces affiches attire en ces lieux [178] ».

Au bout du compte, les plaintes conduisent bien souvent à des avertissements, parfois aussi à des arrestations. C'est le cas lorsque la condamnation du commanditaire de l'affiche entraîne celle des afficheurs chargés de la diffuser. En 1698, Nicolas de La Folie est sanctionné pour avoir collé les éphémères commerciaux du chirurgien Samson « dit le Médecin indien », interdit d'exercice [179]. De même, en août 1721, le lieutenant général de police rend une sentence à l'encontre de l'afficheur Blondeau et de l'imprimeur Louis Sevestre, pour une affiche diffusée sans permission concernant la Halle aux toiles de Paris [180]. Au-delà de l'absence de permission, la revente des affiches est également réprimandée. En 1794, différents afficheurs sont poursuivis pour « s'être approprié et avoir vendu à leur profit une partie des exemplaires des bulletins, jugements et autres pièces également importantes, qu'ils avoient été chargés d'afficher dans Paris [181] ». Enfin, les défauts d'affichage déjà mentionnés donnent parfois lieu à de graves poursuites, comme l'illustre une affaire conservée aux archives de la Bastille. Le 18 février 1753, le duc de Gesvres, Louis-Léon Potier, écrit une seconde fois au lieutenant général de police pour se plaindre de l'afficheur des spectacles. Ce dernier, malgré les remontrances des autorités, continue à oublier la porte de l'hôtel particulier du duc situé rue Neuve-des-Petits-Champs [182]. Une fois la seconde lettre reçue, Berryer la transfère à d'Hémery le lendemain et, le 21 février, Charles-François Genet, afficheur, est arrêté et conduit au Petit Châtelet. Ce dernier remplace Marque, l'afficheur habituellement chargé des longues tournées dans le nord-ouest de Paris, malade depuis un mois. Il n'aurait pas affiché à la porte du duc de Gesvres par simple inadvertance, connaissant mal le trajet et les points d'affichage habituels [183]. Une semaine plus tard, le duc de Gesvres écrit une nouvelle fois à Berryer pour demander la libération de Genet : « Je crois, Monsieur, qu'il y a assez longtemps que l'afficheur est en prison. Je crois qu'il faudrait le faire sortir ; ainsi vous me ferez plaisir d'accorder sa grâce [184]. » L'ordre de libération tarde cependant à être transmis, et ce n'est que le 11 mars, soit plus de deux semaines après son emprisonnement, que l'afficheur est libéré [185].

Conclusion. Du peuple des afficheurs aux travailleurs de l'affiche

Les travailleurs de l'affiche du XVIIIe siècle impliquent une série de métiers et de groupes sociaux dans une économie de l'affichage en expansion : imprimeurs-libraires et afficheurs, mais aussi compagnons et ouvriers d'imprimerie, colporteurs, relieurs, graveurs ou encore papetiers. Cet échantillon du peuple de Paris est non seulement structuré par une police des métiers de plus en plus entreprenante, par des rapports d'interdépendance socio-économique, mais aussi par des liens d'entraide et de solidarité. À mesure que le nombre de commandes augmente et que les affiches à diffuser se multiplient et se diversifient, les rémunérations associées aux éphémères se font de plus en plus importantes. Certains afficheurs deviennent alors de véritables entrepreneurs de l'information, employant d'autres colleurs pour gagner en rentabilité [186]. Le revers de ce marché de l'affichage, qui se structure au cours du siècle, est la pression qui s'exerce sur les travailleurs de l'affiche et la dégradation des conditions de travail à mesure que l'attente d'une information affichée toujours renouvelable et renouvelée s'accentue. De ce fait, ils sont loin d'être égaux, et les trois afficheurs des spectacles, Marque, Séguin et Morand, qui attendent à l'aube devant l'atelier de l'imprimeur Delormel, dépendent de ce dernier. Que ce soit du point de vue économique mais aussi technique, l'art de ces trois afficheurs est tributaire de la main et de l'esprit du typographe, à la fois imprimeur et auteur du *design* de l'affiche.

2

« Dialogue entre l'affiche et le passant »

Entrons dans un atelier d'imprimerie de la fin du XVIIIe siècle. Au centre de l'attention, des visiteurs se penchent sur le tympan de la presse. Une affiche fraîchement imprimée, dont seul le titre est lisible : *JOSEPH / EMPEREUR / SUPPRESSION / ORDRES MONACAUX.* À gauche, un ouvrier s'applique pour imprégner les balles d'encre, ces instruments en forme d'entonnoir constitués d'une pelote de laine recouverte de cuir et d'une poignée en bois, tandis qu'à droite d'autres imprimés affichés sont entreposés, des annonces de publications dont on devine l'objet en « grosses lettres » : les « *Œuvres d'Helvétius* » et l'« *Histoire philosophique et politique de l'établissement des Européens dans les Deux Indes* » de l'abbé Raynal (cahier I, image 4). Dans cet atelier, peint par Léonard Defrance pour symboliser le rôle des imprimeurs dans la diffusion des Lumières, la confection d'affiches est associée à la maitrise de règles typographiques, à des formats de papier spécifiques et à l'usage de caractères précis [1]. Étudier la ville à partir de ses murs, c'est être attentif à la matérialité de ces affiches produites par la valse des mains qui animent les ateliers d'imprimerie. Cette histoire matérielle est également une histoire visuelle qui implique de redonner toute son importance aux variations de la typographie, de la mise en page, ou encore aux espaces de marge et d'illustrations [2].

À partir d'un important corpus d'éphémères et de la vision théorique (parfois idéalisée) de manuels professionnels ou traités d'imprimerie français et anglais, les affiches font apparaître un nouveau régime de l'attention urbaine, mobilisant l'œil, le regard et la vue des citadins[3]. En 1710, le journaliste Joseph Addison écrit dans son *Tatler* : « Tout l'art d'écrire des annonces commerciales, c'est de trouver la bonne méthode pour attirer l'œil du lecteur, sans quoi un bon produit pourrait passer inaperçu, ou se perdre parmi les avis de faillite[4]. » Lire ou ne pas lire, voir ou ne pas voir : Addison est particulièrement sensible aux effets graphiques employés pour attirer les lecteurs et captiver les regards citadins. Il souligne par exemple le recours aux lettres italiques qui « comme on peine à les déchiffrer, captent toujours l'œil et retiennent son attention, [donnant] au lecteur curieux une satisfaction telle que celle de découvrir à la dérobée un secret[5] ». Ces innovations graphiques sont progressivement introduites au cours du siècle, et contribuent à distinguer formellement les affiches commerciales des affiches officielles ou de particuliers. Elles constituent autant de codes visuels qui constellent les murs et balisent les rues. L'impératif de lisibilité qui préside à la fabrication des imprimés affichés au XVIIIe siècle est progressivement redoublé d'un impératif de visibilité dans une course à l'armement pour capter l'attention et renouveler le dialogue entre l'affiche et le passant[6]. La séquence révolutionnaire qui s'ouvre en Europe et en Amérique dans le dernier tiers du XVIIIe siècle contribue à entremêler encore davantage logiques économique et politique. Les ressources de la typographie sont mises au service de causes et de revendications, en particulier en France après 1789. La révolution politique s'accompagne alors d'une révolution graphique, et les murs se mettent à parler.

Une histoire matérielle de l'affiche au XVIIIe siècle

Jusqu'au tournant du XVIIIe siècle, les innovations typographiques en France demeurent rares, et la tradition antérieure inspirée de Garamond prédomine largement[7]. Cependant, sous l'impulsion du libraire lyonnais Jean Anisson, directeur de l'Imprimerie royale à partir de 1691, et du travail éditorial supervisé par l'abbé Jean-Paul Bignon, les graveurs Philippe Grandjean et Louis Simonneau en renouvellent les poinçons et matrices. Ils aboutissent à une typographie nouvelle qui contraste avec les caractères utilisés précédemment [8]. Ce renouveau de la typographie d'État conduit à la fabrication de caractères de grande taille, servant aux affiches, à l'image du « Quadruple Canon » mis au point par un élève de Grandjean, Louis-René Luce, en 1740 [9]. En ce sens, la création du « Romain du roi » participe en partie des recherches et expérimentations typographiques pour concevoir des caractères lisibles, ayant pour vocation d'attirer l'attention [10].

L'Europe des « grosses lettres »

L'imprimeur Martin-Dominique Fertel s'est concentré sur la composition et le *design* des imprimés affichés. En 1723, ce natif de Saint-Omer publie *La science pratique de l'imprimerie*, trois ans avant d'être reçu officiellement imprimeur de sa ville d'origine. Dans cet ouvrage, souvent considéré comme l'un des premiers manuels d'imprimerie français, il consacre une partie à la mise en page des placards officiels : « On doit faire les mots de *Declaration, Edit, Arrêt, Ordonnances, &c.* du plus gros caractère qu'il y ait dans le Titre ; & si les noms de *Roi* ou de *Prince Souverain* suivent immédiatement ces mots de *Declaration, Edit &c*, qui sont essentiels, on les doit faire d'un caractère un peu plus petit [11]. » Ces « mots essentiels » identifiés par Fertel renvoient à la nature de l'imprimé et à une double vision de l'affiche : à la fois outil juridique et réglementaire, mais aussi symbole de l'écriture publique du pouvoir qui relaie la publicité des lois. S'il insiste sur la mise en valeur du nom du souverain, l'originalité de ce traité tient surtout aux exemples à l'échelle que l'imprimeur insère au fil du texte (fig. 10).

Ces « démonstrations » sont alors conçues comme des preuves pour visualiser la taille des caractères de titre d'affiches, leur lisibilité et leur visibilité, ce que l'auteur nomme la « démonstration oculaire [12] ». Il hiérarchise les différentes parties de l'éphémère, en se focalisant sur ce qui doit attirer le regard et être retenu en un coup d'œil. Imprimeur de l'évêque de Saint-Omer, Fertel dédie l'article suivant aux titres des mandements affichés ou reproduits en brochures *in-folio* ou *in-quarto*, et conclut son analyse de la composition des placards dans un dernier article centré sur les ordonnances des autorités municipales [13]. De nouveau, les tailles de caractères ont une signification visuelle et politique : « On doit

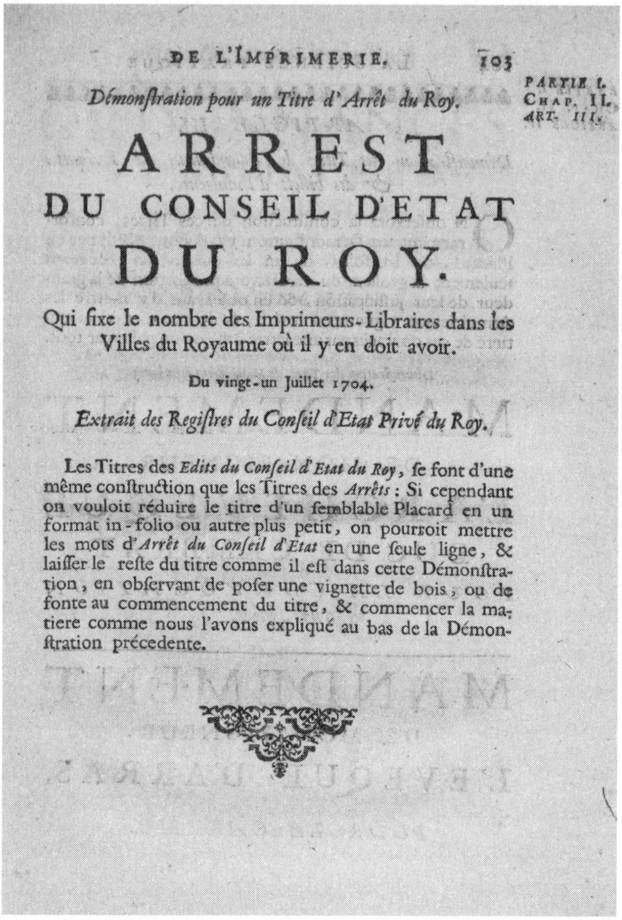
DE L'IMPRIMERIE. 103

PARTIE I. CHAP. II. ART. III.

Démonſtration pour un Titre d'Arrêt du Roy.

ARREST
DU CONSEIL D'ETAT
DU ROY.

Qui fixe le nombre des Imprimeurs-Libraires dans les Villes du Royaume où il y en doit avoir.

Du vingt-un Juillet 1704.

Extrait des Regiſtres du Conſeil d'Etat Privé du Roy.

Les Titres des *Edits du Conſeil d'Etat du Roy*, ſe font d'une même conſtruction que les Titres des *Arrêts* : Si cependant on vouloit réduire le titre d'un ſemblable Placard en un format in-folio ou autre plus petit, on pourroit mettre les mots d'*Arrêt du Conſeil d'Etat* en une ſeule ligne, & laiſſer le reſte du titre comme il eſt dans cette Démonſtration, en obſervant de poſer une vignette de bois, ou de fonte au commencement du titre, & commencer la matiere comme nous l'avons expliqué au bas de la Démonſtration précedente.

Figure 10. Démonstrations de Fertel : visualiser l'affiche, 1723, BNF Gallica

mettre les *qualités* du Magistrat d'un caractère proportionné à leur dignité, c'est-à-dire que le *nom* du *Chef* doit être d'un plus gros caractère que celui de ceux qui en composent le corps [14] ». Fertel, qui a amélioré ses connaissances et sa pratique lors d'un « tour de France » de presque dix ans, s'est également rendu en Flandre et en Savoie. Confronté aux diversités régionales et locales des titres des élites urbaines, il identifie la grandeur des lettres comme un moyen d'uniformiser les règlements urbains. La circulation des savoirs administratifs recoupe alors celle des techniques typographiques. Les démonstrations de l'imprimeur ont une double fonction : non seulement exemple, mais aussi argument en faveur d'une meilleure lisibilité des affiches.

Ce processus d'élaboration des « grosses lettres » se poursuit à travers l'œuvre du fondeur Pierre-Simon Fournier [15]. Si ce dernier est souvent présenté comme l'un des typographes les plus novateurs du XVIIIe siècle, son travail de normalisation des tailles et types de caractères s'inscrit dans un processus plus large, amorcé dès les années 1720 par la commission du typographe royal Jacques Jaugeon [16]. S'appuyant sur ces essais, Fournier publie en 1742 ses *Modèles des caractères de l'imprimerie et des autres choses nécessaires audit art, nouvellement gravés*, dont l'une des originalités est de présenter « une nouvelle collection de Lettres de deux points, [...] dont ces dernières manquaient presque entièrement dans l'Imprimerie [17] ». Il affine ses créations dans son *Manuel*, et signale la spécificité des « lettres qui servent aux affiches, dites *grosses de fonte, moyennes de fonte, lettres de deux points, de gros canon* [18] ». Au total, ce sont quinze capitales de très grands corps qu'il met au point des années 1740 aux années 1760, allant de 1,6 cm de hauteur pour le « gros canon » jusqu'à 3,2 cm pour la « grosse nompareille » (fig. 11) [19].

L'ingéniosité de Fournier l'a conduit à alléger l'intérieur des « grosses lettres » pour en faire des capitales « éclairées », créant par là même un effet d'ombre, écho formel aux majuscules des inscriptions de l'Antiquité romaine [20]. Les contemporains du typographe parisien soulignent alors l'importance de ces nouveaux corps de lettres pour la production d'affiches. L'article « Caractères d'imprimerie » de l'*Encyclopédie* lui rend ainsi hommage pour avoir « remarqué que l'Imprimerie manquait de grandes lettres majuscules pour les placards, affiches et frontispice », de même que le graveur Jean-Michel Papillon dans son traité dédié à la gravure sur bois [21]. Les manuels de typographie de la fin du XVIIIe siècle ne font pas exception : dans son lexique, Antoine-François Momoro identifie des caractères qui servent essentiellement à la production d'affiches (« Gros-canon » et « Triple-canon »), tandis que Louis Bertrand-Quinquet ajoute que « la grosse nompareille jusques au gros parangon, ne servent jamais que pour les affiches, les placards et des lignes de titre » [22]. Enfin, dans la première décennie du XIXe siècle, de nombreux essais et cours de typographie mentionnent les « grosses lettres », caractères réservés pour les affiches [23]. Il faut cependant nuancer ce portrait de Fournier le Jeune en *inventeur* : il s'appuie sur les travaux de Luce (qui l'aurait accusé de plagiat) et s'inscrit plus généralement dans un contexte européen de recherche de nouveaux corps typographiques [24]. En

Figure 11 a. Lettres pour les titres d'affiches d'après Fournier le Jeune, 1764, BNF Gallica

Figure 11 b. Capitales « éclairées » de Fournier, 1764, BNF Gallica

Angleterre, la conception de larges corps de caractères se développe également. Dans les années 1760-1770, le fondeur de Cambridge Thomas Cottrell met au point des corps de 20 points Pica (d'environ 5 cm), même s'il demeure l'un des rares à innover en la matière. Soulignons aussi l'importance de William Caslon, graveur et fondeur en activité à Londres dès 1722, qui publie son premier spécimen de caractères en 1734 [25]. Son travail circule abondamment en Grande-Bretagne et en Amérique du Nord, avant d'être introduit en France dans les années 1770-1780 par l'intermédiaire de Benjamin Franklin, qui fonde une presse à Passy dès son installation en 1777 [26]. Ses « grosses lettres » inspirèrent Joseph et Edmund Fry, lesquels conçoivent des caractères de 10 points Pica, soit environ 4,2 cm de hauteur, spécifiquement dédiés aux affiches [27].

À Paris, les innovations de Fournier prédominent, et de nombreux imprimeurs font l'acquisition ou copient dès le milieu du XVIIIe siècle ses caractères et ses vignettes gravées [28]. Ces « grosses lettres » sont prisées des producteurs d'ouvrages de ville à la recherche de corps plus grands pour les titres d'affiches commerciales. Un travail réalisé sur le corpus d'affiches typographiques d'Ancien Régime conservé à la Bibliothèque historique de la ville de Paris permet d'évaluer la grandeur des corps de titres et de textes, ainsi que les types de caractères utilisés [29]. Un tiers des affiches, essentiellement des annonces de vente et des placards de décès, utilisent le « Gros romain », le « Gros parangon » ou la « Grosse-nompareille » popularisés par les travaux du fondeur parisien. Répartis sur l'ensemble de la période balisée par le corpus, les titres les plus lisibles, mobilisant les « grosses lettres », se concentrent sur la seconde moitié du XVIIIe siècle, séquence de diffusion de Fournier chez les imprimeurs. C'est par exemple une annonce pour la vente de deux maisons à Paris (fig. 12) [30].

Les titres figurent en capitales « éclairées », l'un en romain, l'autre en italique, avec les règles proches de celles énoncées par Fertel : l'objet de l'affiche mobilisant les corps les plus importants (« Charge » et « Deux Maisons ») et l'italique qui fait ressortir une partie du titre par alternance avec le romain. L'enjeu principal dans la composition de ces titres est leur bon alignement, et ils nécessitent toute l'ingéniosité des compagnons et ouvriers d'imprimerie, comme le rappelle le graveur Papillon : « Il faut observer à ces lettres d'affiches qui se font ordinairement sur des bandes de bois de poirier, [...] de faire ces bandes de bois de juste épaisseur des caractères de fonte d'imprimerie, afin que les ouvriers ne soient pas contraints, si le bois était moins épais, de mettre des cartons ou des réglettes dessous pour les mettre de niveau à leurs caractères [31]. » Certains imprimeurs modestes ne possèdent que peu de fontes de caractères, à l'image d'une affiche imprimée à Valenciennes en août 1754, en hommage à la sous-prieure du couvent de Notre-Dame de Beaumont, Agnès Druart (fig. 13-14) [32]. En pied d'affiche, une formule conclusive en majuscules « Cicéro » fait apparaître le bricolage de l'imprimeur, obligé d'utiliser des corps différents. Ne disposant pas de toutes les lettres en petites majuscules (« I », « L »), il remplace les « U » par des « V ». Malgré les moyens inégaux des imprimeurs, la diffusion des « grosses lettres » permet d'élaborer des

DEUX MAISONS
CONTIGUËS,
RUE DE LA HARPE,
A VENDRE,
ENSEMBLE OU SEPARÈMENT.

LA premiere, occupée par le ſieur *Gueſſier*, Imprimeur, louée 1560 liv., composée d'une Cour, Corps-de-logis ſur la rue, ayant Rez-de-chauſſée, trois Etages chacun, de quatre Pieces, Caves, & Grenier; un autre Corps-de-logis ſur le derriere, composé pareillement d'un Rez-de-chauſſée, & de trois Etages, Caves & Grenier.

L'autre, dite l'*Hôtel Notre-Dame, garni*, louée 1800 liv., composée d'une Cour, Rez-de-chauſſée, de quatre grandes Pieces propres à faire des Magaſins conſidérables, trois Etages, composés de quatre Pieces, & Cabinets, Caves & Grenier.

S'adreſſer, pour le prix, à M. TRIPARD, rue Aubri-Boucher.

Pareilles Affiches ſont ſur les Portes de ladite Maiſon.

Permis d'imprimer & afficher, ce 29 Avril 1779. LE NOIR.

De l'Imprimerie de GRANGÉ, rue de la Parcheminerie.

Figure 12. Titre d'une affiche de vente utilisant la typographie Fournier, 1779, Ville de Paris/ Bibliothèque historique

titres et des affiches dont les textes attirent les regards. Cette opération graphique pour capter l'attention est redoublée d'une multiplication des formats et d'une aération de la mise en page.

Jungle de papiers

Dans leur fonctionnement théorique, les imprimeurs-libraires parisiens distinguent deux types de feuilles : le « carré » ou pleine feuille, et la demi-feuille [33]. Les corpus d'affiches étudiés révèlent cependant la diversité des formats, malgré une progressive standardisation en fonction des types d'affiches. Les éphémères des autorités (mandements, ordonnances royales ou arrêts du Parlement de Paris) sont majoritairement imprimés en feuille de format « carré » ou « grand-raisin » (42 sur 53 cm ou 46 sur 61 cm), tandis que les affiches de spectacles privilégient le format « écu » (39 sur 50 cm). Les imprimeurs s'adaptent cependant à la longueur des textes, en particulier lorsqu'il s'agit de lois ou de règlements. Ainsi, le chevalier de Jaucourt, lorsqu'il rédige l'article « Placard », précise qu'ils

« n'ont aucun format décidé », parfois même composé de différentes feuilles collées ensemble, là où l'affiche n'en présenterait pas plus d'une [34]. En guise d'illustration, l'un des formats les plus importants à la disposition des imprimeurs, le « Grand Jésus » (environ 53 sur 75 cm), est utilisé pour un arrêt du Conseil d'État de 1759, au texte dense concentré sur trois colonnes (fig. 15) [35]. Tandis que l'imprimeur parisien Philippe-Nicolas Lottin produit des affiches de format « écu » en latin pour annoncer un cours du botaniste et médecin Antoine de Jussieu donné en juin 1747 au Jardin du Roi (fig. 16) [36]. Les plus petits formats, enfin, renvoient aux annonces de particuliers, à partir de demi-feuilles ou de quarts de feuille. Ces pièces extrêmement rares, car peu conservées, concernent les ventes, ou l'annonce d'objets perdus, à l'image des imprimés titrés « Dix mille livres à gagner », « Actions perdues, 3 000 livres à gagner », « Un louis d'or à gagner. Sac d'argent perdu » [37]. C'est également ce billet imprimé en octobre 1753 par Jean Lamesle pour le commissaire de police du quartier Saint-Antoine, De La Grave (fig. 17) [38].

En 1784, un lecteur du *Journal de Paris* revient sur le recours à ces annonces après avoir perdu son portefeuille contenant une importante somme d'argent en billets : « À peine l'Afficheur les a-t-il dispersés, que mon portefeuille m'est rapporté, tel que je l'avais perdu, par la Dame *Pradelle*, Blanchisseuse de bas de soie, demeurante rue Saint-Antoine [...]. Cette femme & son mari sont chargés de quatre enfants ; cependant mon portefeuille ne les tente point. Je donne la récompense promise, & je regrette bien de ne pouvoir faire plus [39]. » Au-delà du style rappelant la « délicatesse d'âme » et l'esprit de bienfaisance du second XVIIIe siècle, cette lettre souligne que les affiches sont lues, non seulement rapidement après affichage, mais aussi par les classes populaires de Paris.

Ces petits formats sont affichés, mais également distribués comme des tracts ou billets, voire parfois glissés par les afficheurs sous les portes des maisons, au croisement entre l'enseigne imprimée, le prospectus et l'affiche commerciale. C'est par exemple un billet de décembre 1777, concernant de la vaisselle perdue [40]. Ces éphémères servent pour annoncer la vente de médicaments, à l'image de celui titré *Arcana recludo. Errata repurgo*, mesurant 20 cm sur 15 cm, ou encore la publicité pour la boutique de « Carlevan,

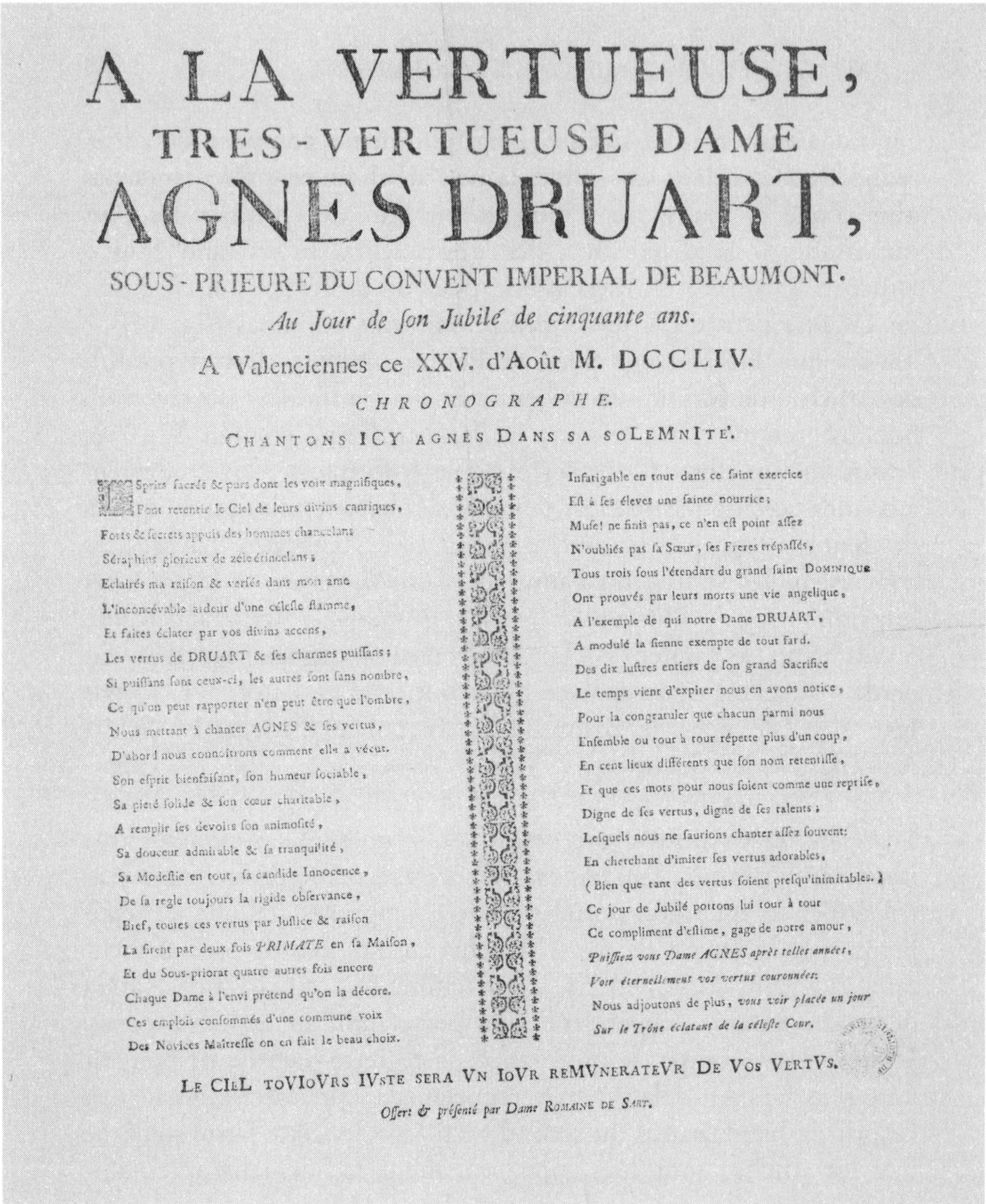

A LA VERTUEUSE,

TRES-VERTUEUSE DAME

AGNES DRUART,

SOUS-PRIEURE DU CONVENT IMPERIAL DE BEAUMONT.

Au Jour de ſon Jubilé de cinquante ans.

A Valenciennes ce XXV. d'Août M. DCCLIV.

CHRONOGRAPHE.

CHANTONS ICY AGNES DANS SA SOLEMNITÉ.

ESprits ſacrés & purs dont les voix magnifiques,
Font retentir le Ciel de leurs divins cantiques,
Forts & ſecrets appuis des hommes chancelans
Séraphins glorieux de zéle étincelans ;
Eclairés ma raiſon & verſés dans mon ame
L'inconcévable ardeur d'une céleſte flamme,
Et faites éclater par vos divins accens,
Les vertus de DRUART & ſes charmes puiſſans ;
Si puiſſans ſont ceux-ci, les autres ſont ſans nombre,
Ce qu'on peut rapporter n'en peut être que l'ombre,
Nous mettant à chanter AGNES & ſes vertus,
D'abord nous connoîtrons comment elle a vécut.
Son eſprit bienfaiſant, ſon humeur ſociable,
Sa pieté ſolide & ſon cœur charitable,
A remplir ſes devoirs ſon animoſité,
Sa douceur admirable & ſa tranquilité,
Sa Modeſtie en tout, ſa candide Innocence,
De ſa regle toujours la rigide obſervance,
Bref, toutes ces vertus par Juſtice & raiſon
La firent par deux fois *PRIMATE* en ſa Maiſon,
Et du Sous-priorat quatre autres fois encore
Chaque Dame à l'envi prétend qu'on la décore.
Ces emplois conſommés d'une commune voix
Des Novices Maîtreſſe on en fait le beau choix.

Infatigable en tout dans ce ſaint exercice
Eſt à ſes éleves une ſainte nourrice ;
Muſe! ne finis pas, ce n'en eſt point aſſez
N'oubliés pas ſa Sœur, ſes Freres trépaſſés,
Tous trois ſous l'étendart du grand ſaint DOMINIQUE
Ont prouvés par leurs morts une vie angelique,
A l'exemple de qui notre Dame DRUART,
A modulé la ſienne exempte de tout fard.
Des dix luſtres entiers de ſon grand Sacrifice
Le temps vient d'expirer nous en avons notice,
Pour la congratuler que chacun parmi nous
Enſemble ou tour à tour répette plus d'un coup,
En cent lieux différents que ſon nom retentiſſe,
Et que ces mots pour nous ſoient comme une repriſe,
Digne de ſes vertus, digne de ſes talents ;
Leſquels nous ne ſaurions chanter aſſez ſouvent:
En cherchant d'imiter ſes vertus adorables,
(Bien que tant des vertus ſoient preſqu'inimitables.)
Ce jour de Jubilé portons lui tour à tour
Ce compliment d'eſtime, gage de notre amour,
Puiſſiez vous Dame AGNES après telles années,
Voir éternellement vos vertus couronnées:
Nous adjoutons de plus, *vous voir placée un jour*
Sur le Trône éclatant de la céleſte Cour.

LE CIEL TOVIOVRS IVSTE SERA VN IOVR REMVNERATEVR DE VOS VERTVS.

Offert & préſenté par Dame ROMAINE DE SART.

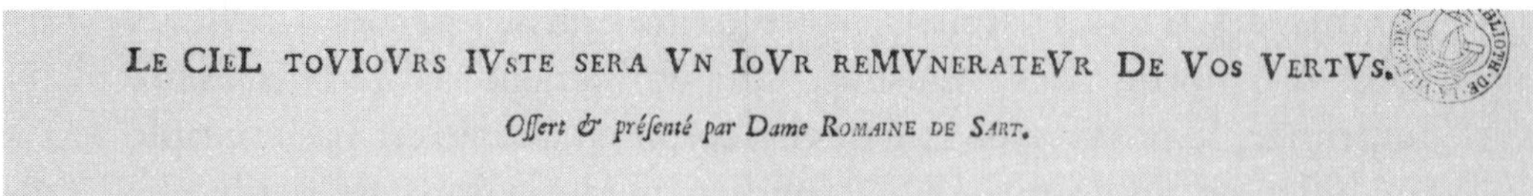

LE CIEL TOVIOVRS IVSTE SERA VN IOVR REMVNERATEVR DE VOS VERTVS.

Offert & préſenté par Dame ROMAINE DE SART.

Figures 13 et 14. Bricolage typographique sur une affiche imprimée à Valenciennes (détail), 1754, Ville de Paris/ Bibliothèque historique marchand gantier parfumeur »[41]. Ils ne font pas toujours l'objet de toutes les attentions des imprimeurs, certainement en raison de leur faible coût de revient, et présentent ainsi de nombreuses erreurs formelles corrigées à la main, surlignant le soin inégal porté à leur composition. Ces affichettes sont d'ailleurs souvent réutilisées, en collant une bande de papier pour changer une date, un nom ou une adresse (fig. 18). La succession de deux marchandes de toiles et linges pour enfants, de « Mademoiselle Guill [a]in » à « Mademoiselle Rebuffel », se traduit par un changement d'adresse[42]. Une étiquette recouvre alors la première pour corriger et préciser l'emplacement de la nouvelle boutique : « Au marché aux poirees, vis-à-vis la rue aux Fers » devient « Rue Saint-Honoré, entre la rue des Bourdonnais et celle des Déchargeurs, à côté du Faïancier ».

La gravure qui figure dans l'en-tête revêt alors une double fonction. D'une part elle attire les regards sur ce petit imprimé (de 32 cm de hauteur sur 22 cm de largeur), d'autre part elle fait écho à l'enseigne de la boutique et aux autres imprimés qui lui sont associés (cartes de commerce, factures…)[43]. En d'autres termes, elle illustre l'imprimé publicitaire et façonne l'identité visuelle de ce qui s'apparenterait aujourd'hui à un logo d'entreprise. Pour être visibles dans les rues parisiennes, certains imprimés se démarquent alors par une série d'illustrations – vignettes, gravures en en-tête, cadres ornés – qui font de ces imprimés des images pour les citadins.

« Un poème pour les yeux » ?

Rendant hommage à Pierre-François Ladvocat, l'un des principaux imprimeurs français des premières décennies du XIXe siècle, Honoré de Balzac revient sur les premières gravures des affiches de la fin de l'époque moderne :

> [les imprimeurs] inventèrent ces affiches par lesquelles ils captèrent l'attention de Paris, en y déployant des caractères de fantaisie, des coloriages bizarres, des vignettes, et plus tard des lithographies qui firent de l'affiche un poème pour les yeux et souvent une déception pour la bourse des amateurs[44].

« Capter l'attention de Paris » : Balzac résume ici tout l'enjeu associé aux illustrations. Si les images gravées sont rares, deux tiers

ARREST
DU CONSEIL D'ÉTAT DU ROI,
ET LETTRES PATENTES SUR ICELUI,

Regiſtrées en la Chambre des Comptes.

Qui rétabliſſent les Prévôts, Baillis & Sénéchaux d'Épée dans la ſurvivance à eux accordée par l'Edit du mois d'Octobre 1693. & autres rendus depuis; & ce nonobſtant la diſpoſition portée par l'Arrêt du 26. Décembre 1719.

Du 16. Décembre 1759.

Extrait des Regiſtres du Conſeil d'État.

LETTRES PATENTES.

Figure 15. Format « Grand Jésus » d'un arrêt du Conseil d'État du roi, 1759, Ville de Paris/ Bibliothèque historique

DEO FAVENTE,
IMPERANTE
LUDOVICO XV.

ANTONIUS DE JUSSIEU, Regi à Conſiliis & à Secretis, Doctor Medicus Pariſienſis, Regiæ Scientiarum Academiæ, Regiarumque Londinenſis & Berolinenſis Societatum Socius, & in Horto Regio Botanices Profeſſor, Plantas omnes indigenas exoticaſque Regalis munificentiæ ſumptibus immenſis hunc in Hortum adſportatas ac educatas indigitando nuncupabit, earumque vires edocebit.

Incipiet Gallicâ Oratione, *in quâ de optimo Phyſices Plantarum Uſu in re Herbariâ aget*, die Lunæ quintâ Junii anni 1747, horâ quintâ veſpertinâ; diebus verò ſequentibus horâ ipsâ ſextâ matutinâ perget.

IN HORTO REGIO.

DE PAR LE ROY

Figure 16. Format « carré » pour une annonce de cours d'Antoine de Jussieu, 1747, Ville de Paris/ Bibliothèque historique

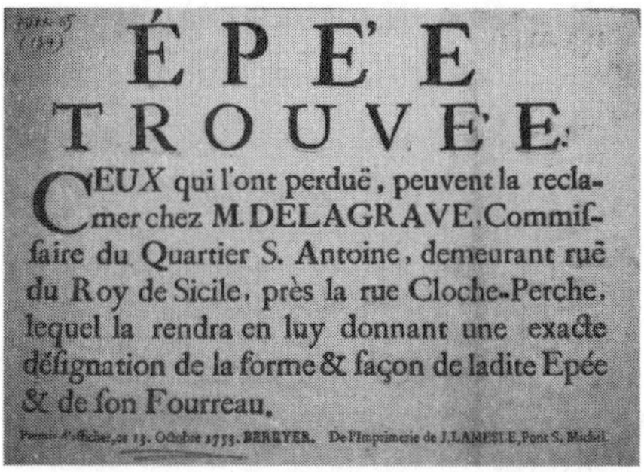

ÉPE'E
TROUVE'E.

CEUX qui l'ont perduë, peuvent la reclamer chez M. DELAGRAVE, Commiſſaire du Quartier S. Antoine, demeurant ruë du Roy de Sicile, près la rue Cloche-Perche, lequel la rendra en luy donnant une exacte déſignation de la forme & façon de ladite Epée & de ſon Fourreau.

Permis d'afficher, ce 13. Octobre 1753. BERRYER. De l'Imprimerie de J. LAMESLE, Pont S. Michel.

Figure 17. Demi-feuille pour une annonce de particulier, 1753, Archives nationales des imprimés affichés du corpus présentent des lettres grises et des vignettes qui constituent autant de signaux visuels des autorités. La production de ces ornements s'inscrit dans un contexte de renouveau de la gravure [45]. À partir de la Régence, les élites de la haute noblesse et les financiers s'intéressent de plus en plus à cet art typographique, et l'une des figures bien identifiées ayant contribué à ce regain d'intérêt est le graveur sur bois Jean-Michel Papillon [46]. Ce dernier est sensible à l'importance des illustrations sur les affiches. Pour développer les méthodes de gravure des blasons, il prend comme exemple les vignettes « particulièrement d'usage pour les placards d'affiches, les mandements d'évêques, ordonnances, arrêts », représentées dans des recueils de spécimens élaborés par Fournier ou encore Caslon [47]. Dans un texte publié en juin 1737 dans le *Mercure de France*, l'avocat au Parlement Boucher d'Argis revient sur le rôle de ces gravures placées en tête des actes publics affichés [48]. Elles ont alors deux fonctions : faire figurer juridiquement le paiement du timbre et rendre identifiable l'écriture du pouvoir, tout en lui conférant son caractère sacré. Elles signalent également aux afficheurs d'imprimés commerciaux ou d'annonces de particuliers qu'il s'agit d'un imprimé officiel qui n'est pas censé être recouvert. À cet usage, Louis-René Luce dessine puis grave plusieurs ornements pour l'imprimerie royale dans les années 1760 [49]. Régies qu'elles sont par les normes de l'héraldique, il est fort probable que la pleine signification de ces vignettes ne soit accessible qu'à un public restreint, capable de les décoder et d'en comprendre les significations allégoriques [50]. Elles constituent cependant des signes reconnaissables sur les murs, attirant l'attention des passants, déterminantes dans les choix de lire ou ne pas lire, regarder ou ne pas regarder. Dans cette perspective, elles sont associées aux encadrements gravés. Fertel rappelle ainsi dans ses démonstrations sur les affiches officielles que les « *Lettres grises* [sont employées] pour le commencement des *Edits, Declarations, Ordonnances, Mandements* ou autres semblables Affiches [51] ». Et Papillon précise qu'elles ont succédé à partir du XVIe siècle aux « initiales, capitales ou majuscules historiées, peintes ou enluminées des manuscrits [52] ». Elles se trouvent également sur les annonces de cours, à l'image de l'éphémère en latin signalant le cours de l'helléniste Jean Boivin qui vient d'être reçu professeur au Collège royal (fig. 19) [53].

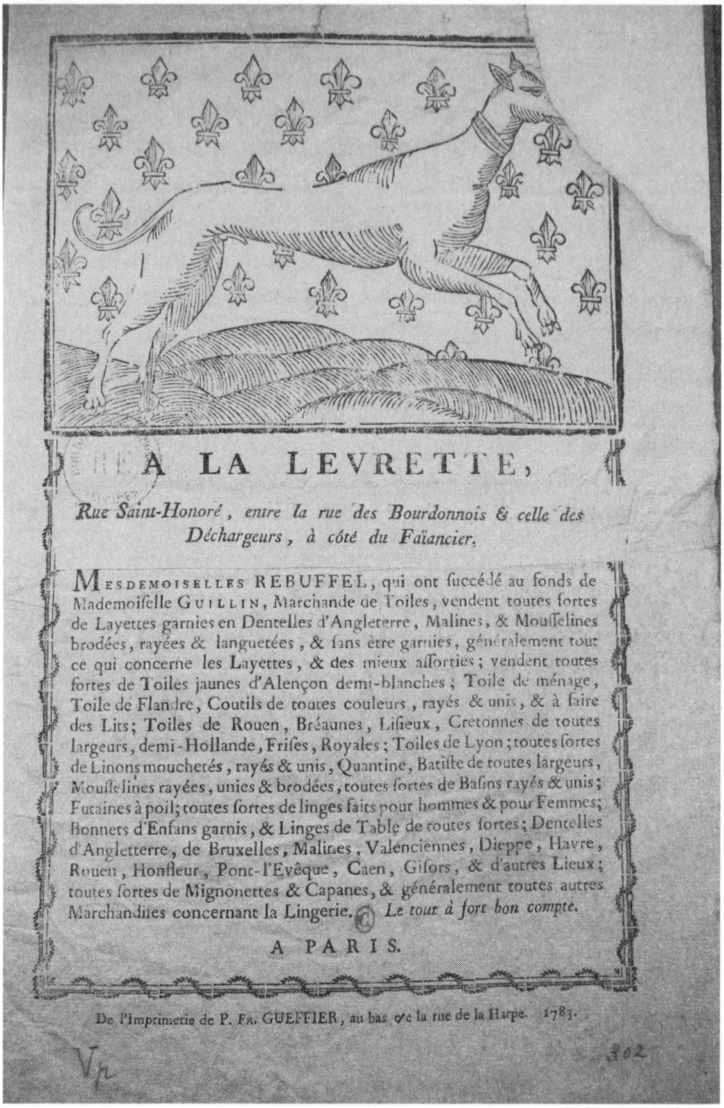

Figure 18. Affiches publicitaires et changement d'adresse : la boutique de tissus « À la levrette », 1783, BNF Gallica

Le nom de l'érudit est mis en valeur en titre : « Avec Dieu, Jean Boivin, membre de l'Académie Royale des Inscriptions et Médailles, nouvellement coopté au Collège des Professeurs royaux ». Puis la lettre grise ouvre l'annonce, synthétisant le contenu de la leçon : « **A**vant de commencer à conter *l'Iliade* d'Homère, afin que soit d'autant plus patent sa science des lettres grecques, il va parler de sa manière d'enseigner, mardi 23 mars, la quatrième heure de l'après-midi en l'an 1706. » Enfin, le pied de page indique, lisiblement, le lieu du cours : « Salle Royale de France ».

Ces lettres grises, initiales gravées, ou lettrines, figurent également sur les placards mortuaires, qui constituent une part prépondérante des affiches de particuliers, collées sur les murs ou distribuées aux proches du défunt. Le dramaturge Edme Boursault, dans *Le Mercure galant* (représenté pour la première à la Comédie-Française en 1683), revient sur l'apparition de ces illustrations à travers une tirade de son personnage « Boniface, imprimeur » :

> Mais Monsieur, jusqu'ici, les billets nécessaires
> Pour inviter le monde aux convois mortuaires
> Ont été si mal faits qu'on souffrait à les voir,
> Et, pour le bien public, j'ai tâché d'y pourvoir.
> J'ai fait graver exprès, avec des soins extrêmes,
> De petits ornements de devises, d'emblèmes,
> Pour égayer la vue et servir d'agréments
> Aux billets destinés pour les enterrements.
> Vous jugez bien, Monsieur, qu'embellis de la sorte,
> Ils feront plus d'honneur à la personne morte,
> Et que les curieux, amateurs de beaux-arts,
> Au convoi de son corps viendront de toutes parts [54].

Retraçant le récit de l'apparition des grandes initiales (le M de « Messieurs… » et surtout le V de « Vous êtes priés… »), Boursault insiste sur la visualité de ces décorations. Elles servent à « égayer la vue » et sont liées à la position sociale du défunt. Plus cette dernière est importante, plus l'élément de mise en forme pour attirer l'œil paraît de grande taille, avec une initiale gravée plus grande, plus détaillée et plus rare. Dans le corpus de placards de décès conservé à la Bibliothèque historique de la Ville de Paris, les ornements apparaissent dans la seconde moitié du XVIIe siècle (au tournant des années 1660-1670). Il s'agit tout d'abord d'un V encadré de trois crânes avec, derrière eux, des tibias croisés. Puis on observe l'émergence d'emblèmes funéraires : larmes, obélisques, faucheuses, tombeaux, urnes, catafalques, voire des scènes de la résurrection. L'une de ces gravures ressort tout particulièrement, puisqu'elle est présente sur plus de la moitié des documents avec illustration entre 1720 et 1750 (fig. 20).

Au centre, une tête de mort ailée sur un catafalque, des urnes fumantes de part et d'autre, et, au pied de cet ensemble, deux

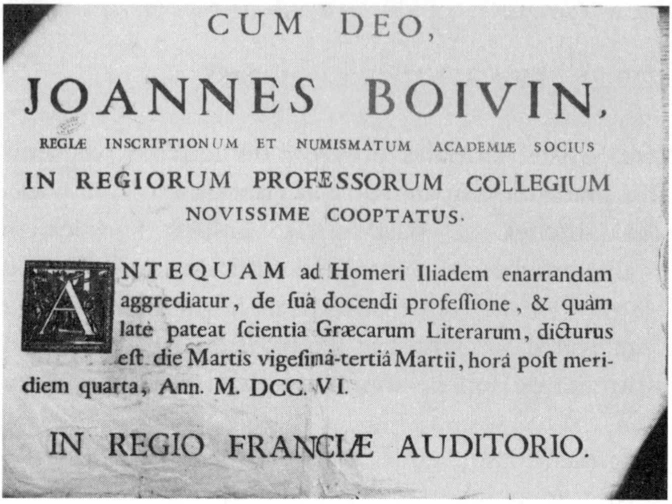

CUM DEO,

JOANNES BOIVIN,

REGIÆ INSCRIPTIONUM ET NUMISMATUM ACADEMIÆ SOCIUS

IN REGIORUM PROFESSORUM COLLEGIUM

NOVISSIME COOPTATUS.

ANTEQUAM ad Homeri Iliadem enarrandam aggrediatur, de ſuâ docendi profeſſione, & quàm latè pateat ſcientia Græcarum Literarum, dicturus eſt die Martis vigeſimâ-tertiâ Martii, horâ poſt meridiem quarta, Ann. M. DCC. VI.

IN REGIO FRANCIÆ AUDITORIO.

Figure 19. Annonce de cours de Jean Boivin ornée d'une lettre grise, 1706, Archives nationales

Figure 20. Lettrine de placard de décès. Projection de la pompe funèbre, XVIIIe siècle, Ville de Paris/Bibliothèque historique

Figure 21. Bois d'impression. Lettrine pour placard mortuaire, Ville de Paris/Bibliothèque historique

enfants qui semblent porter des torches. Cette projection de la pompe funèbre est l'une des pièces mentionnées à titre d'exemple par Papillon : « Les V de morts [...] sont ordinairement semés de larmes blanches sur un fond noir tout mat, & orné au milieu de la représentation d'un cercueil ou mausolée, avec des enfants pleureurs & tenans des torches. Les têtes de morts sont ornées avec des os en sautoir [55] [...]. » Un bois d'impression de la seconde moitié du XVIIIe siècle présente une nouvelle version où figure un intérieur d'église dont le centre est occupé par un tombeau sur lequel repose une statue de femme étendue, évoquant les gisants (fig. 21) [56]. En plus de ces lettrines, Papillon mentionne les encadrements des affiches de spectacles qui servent à les « distinguer facilement » au coin des rues parmi les dizaines d'autres éphémères collés à côté ou par-dessus [57]. Ces ornements sont également conçus à l'aide de bois d'impression, souvent détournés de leurs premiers usages car utilisés auparavant comme planches pour des toiles peintes, des papiers de tapisserie ou encore des encadrements de cartes et d'enseignes imprimées [58]. L'assemblage des bois est parfois réalisé grossièrement, pour des imprimés tirés en série, à l'image d'une affiche du 2 février 1779 qui annonce un bal à l'Opéra (fig. 22) [59].

Comme pour les vignettes, lettres grises et lettrines, l'un des avantages de la gravure sur bois est qu'elle résiste bien au tirage en série : « Les affiches de Comédies & d'Opéras sont encore des preuves existantes de l'utilité de la Gravure en bois. [...] vu qu'elles ne tirent pas moins de trois cents exemplaires presque tous les jours ; ainsi je ne craindrai point d'affirmer qu'elles en avaient tiré plus d'un million [60]. » Les estimations de Papillon donnent une idée du torrent de papier sortant quotidiennement des ateliers imprimant ces éphémères annonçant les spectacles. L'étude de ces rares affiches conservées souligne cependant le renouvellement et la diversité des encadrements distinguant différentes institutions de spectacles [61]. Renouvellement tout d'abord, lorsqu'on compare les affiches de la Comédie-Française. Depuis l'affiche de la troupe de l'Hôtel du Marais dans la seconde moitié du XVIIe siècle jusqu'à celle des Comédiens-Français en 1785, on dénombre six cadres différents [62]. De même, des changements d'encadrement sont observables dans les années 1780 pour les affiches des Comédiens-Italiens, de l'Académie royale de musique, de la troupe des Grands

Figure 22. Assemblage du cadre. Affiche de l'Opéra, 1779, Bibliothèque-musée de la Comédie-Française

Figure 23. Recycler les ornements. Affiche d'un spectacle de foire à la fin du XVIIe siècle, Bibliothèque-musée de la Comédie-Française

Danseurs du roi, celles du théâtre de boulevard de l'Ambigu-Comique ou du Vauxhall de la Foire Saint-Germain [63]. Chaque institution présente des ornements qui la distinguent des autres, traduisant les différences de bois que possèdent les imprimeurs, mais également les efforts pour singulariser l'éphémère, attirer l'attention des clients potentiels ou guider les habitués qui consultent les affiches régulièrement. Si les ornements sont progressivement simplifiés au cours du siècle, ils sont aussi de plus en plus soignés, a fortiori lorsqu'il s'agit des grandes institutions théâtrales.

Par contraste, l'une des rares affiches conservées d'un théâtre de foire illustre les bricolages parfois réalisés par les imprimeurs (fig. 23) [64]. L'éphémère conçu pour la « Troupe royale du Grand Scot romain », annonçant que le Grand Scot convertira l'eau en vin, le lait en beurre, et qu'il fait « sortir de sa bouche de la salade aussi fresche que celle que l'on vend aux Halles », multiplie les ornements. Quatre vignettes en titre, puis, pour les cadres, une superposition discontinue et dissymétrique de six types d'illustrations différents. Si les lettres de ces affiches sont – en théorie – de couleurs distinctes pour chaque théâtre (jaune pour l'Opéra, rouge pour la Comédie-Italienne, noir pour la Comédie-Française), les imprimeurs parisiens ont peu respecté cette composition visuelle puisque seule une affiche du corpus est imprimée à l'encre rouge (affiche pour le « Concert spirituel » aux Tuileries – cahier I, image 5 [65]). Par comparaison, les affiches des spectacles londoniens des années 1780-1790 présentent une composition beaucoup plus sobre, mobilisant davantage les ressources de l'image [66].

L'affiche du Théâtre de Drury-Lane, du 25 avril 1788, contraste sur ce point avec celle dédiée à un concert dans les jardins du Ranelagh, du 5 avril 1790 (fig. 24-25) [67]. Orientation de page en portrait et petit format (25 sur 17 cm), l'affiche générique du théâtre royal met surtout en valeur les titres des pièces jouées et le nom des acteurs, en utilisant les corps en « grosses lettres » de Joseph Fry. Par opposition, l'affiche de concert impressionne visuellement : de format beaucoup plus important (75 sur 50 cm), imprimée en rouge, elle intègre également une gravure sur bois représentant le chapiteau du Ranelagh. L'image est alors à la fois symbole du lieu et signal visuel du divertissement. Elle attire l'attention sur la nouveauté et participe de la culture visuelle associée à ces espaces naissants dédiés à la consommation et aux loisirs [68].

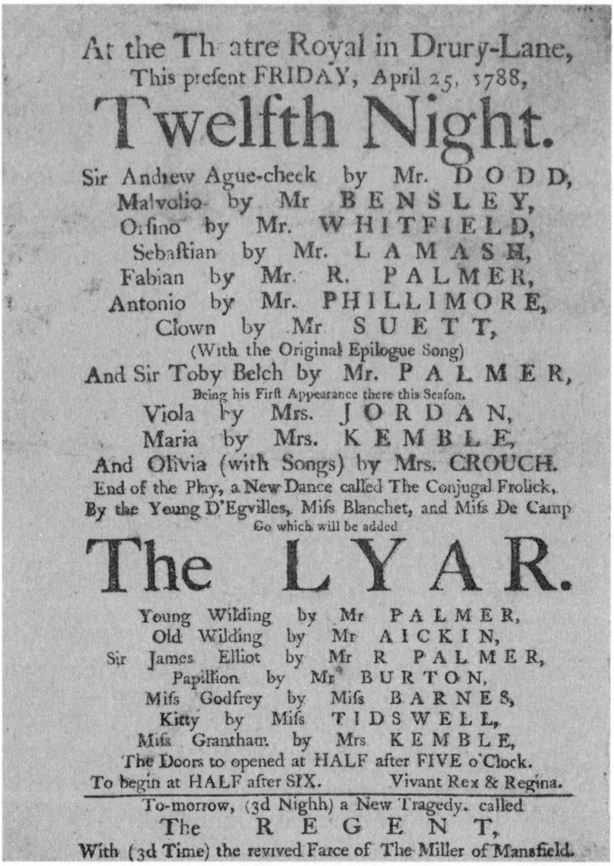

Figure 24. Affiche de Drury-Lane, Londres, 1788, Oxford/Bodleian Library

Figure 25. Affiche du Ranelagh, Londres, 1790, British Museum

À la manière de l'affiche du Ranelagh, certains éphémères collés sur les murs parisiens utilisent, dès la première moitié du XVIIIe siècle, des illustrations plus recherchées que les vignettes et ornements génériques. Dans les années 1680, Jean Papillon, lui-même originaire d'une famille de graveurs de Rouen, s'installe à Paris. Il travaille alors à la confection de papiers peints, mais aussi à la composition de vignettes et ornements pour les imprimeurs parisiens [69]. Son fils décrit ainsi dans son traité l'un des bois d'impression qui firent sa renommée : « la planche de l'affiche qui sert d'annonce pour le combat du Taureau [...] ; elle a plus de feu, & frappe avantageusement pour le sujet qu'elle représente [70] ». Pour ce célèbre partisan de la gravure sur bois, il s'agit de « frapper » le lecteur/observateur, de l'impressionner pour attirer son attention. L'image serait imprimée depuis une soixantaine d'années à deux ou trois cents exemplaires par semaine, et Papillon de préciser : « Je puis assurer, sans exagération, que maintenant en 1761, cette planche a tiré plus d'un million d'exemplaires », avant d'ajouter : « Chacun la peut voir encore au coin des rues, & juger si cent planches de cuivre auraient pu produire ce qu'elle produit encore [71]. » Rares sont les exemplaires conservés de ce million de tirages, mais l'un d'eux figure dans les collections du musée de l'Imprimerie de Lyon (fig. 26) [72].

Les bois gravés, s'ils ne permettaient pas la précision de la gravure en taille-douce, s'usent bien moins vite et sont parfois utilisés pour des milliers de tirages successifs. Ce procédé, hérité du XVIe siècle (et notamment du célèbre artiste de Nuremberg Albrecht Dürer), offre la possibilité d'imprimer texte et image en un seul passage sur la presse, et donc de réduire le temps et le coût de production. Toutes les affiches avec illustrations ne mobilisent pas la gravure sur bois, et les exemples les plus marquants sont sans aucun doute les affiches annonçant la soutenance d'une thèse dont la mode se développe à Paris à partir des premières décennies du XVIIe siècle. Ces imprimés sont en effet le fruit d'un travail méticuleux et d'une gravure sur cuivre impliquant une multitude de détails et de contrastes. Ces placards de très grand format (parfois plus d'un mètre de hauteur) ne s'inscrivent pas dans le même régime d'exposition que les affiches commerciales dédiées aux spectacles et aux

Figure 26. Combats d'animaux affichés au coin des rues, 1734, BNF Gallica

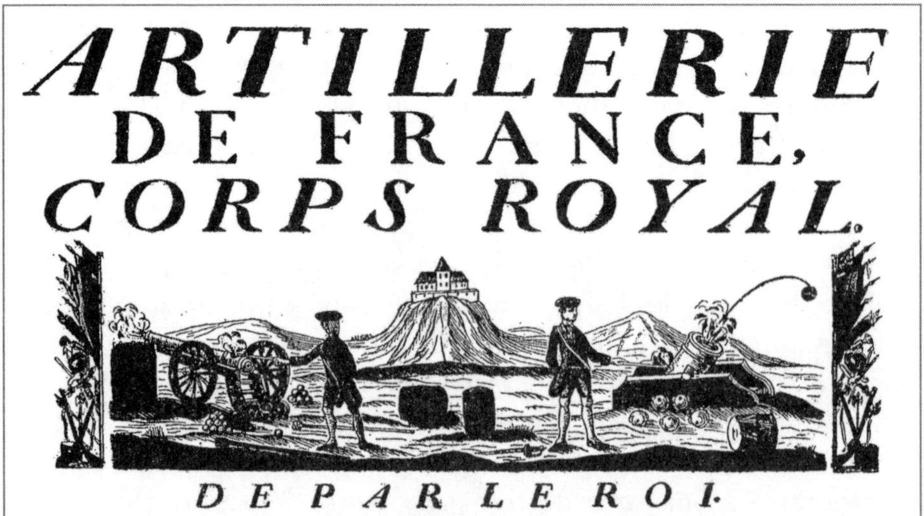

Figure 27. Affiche de recrutement (détail) : exalter l'imagination, 1770, BNF Gallica

divertissements, et ils sont davantage observables à l'Université ou aux salons que dans les rues parisiennes [73].

Bien plus proches des annonces de combats d'animaux, les images visibles sur les murs parisiens sont gravées sur les affiches de recrutement propres à chaque régiment, ou corps d'armée [74]. Sur ces « relais imprimés de l'habileté des recruteurs » figurent des soldats gravés, voire de véritables scènes de la vie militaire [75]. Elles sont placées sur l'en-tête en guise de vignette, mais aussi et surtout pour séduire les recrues potentielles, à l'image de l'affiche qui vante les mérites de l'artillerie royale, imprimée et affichée à Reims en 1770 (fig. 27) [76]. Le texte insiste longuement sur les avantages de l'engagement : « Les jeunes gens qui désirent entrer au Service de Sa Majesté, ne peuvent choisir un Corps plus avantageux [...] la paie plus forte que dans aucune autre troupe [...]. » Cependant, plus que la lecture des petits caractères alignés dans la partie basse de l'affiche, c'est son association avec l'image gravée en couleurs qui est au cœur du dispositif de recrutement. Ces figures martiales, exposées sur les murs dès la fin du XVIIe siècle, façonnent au XVIIIe siècle la culture visuelle des rues parisiennes, comme l'illustre cette anecdote rapportée par le libraire Hardy : « Entre cinq et six heures du soir s'annonce un orage assez considérable mêlé de pluie et d'éclairs ; le tonnerre ne se fait entendre que deux fois avec un bruit effraïant [...] traverse la rue et brûle en se jouant la tête et le corps d'une rangée de cavaliers représentés sur l'affiche d'un régiment appliquée à l'encoignure de la maison d'un boucher nommé Roinville ; il fait la même opération sur pareilles affiches à l'entrée de la rue Judas et se dissipe [77]. » Dans ce récit imagé de la foudre qui s'abat sur la montagne Sainte-Geneviève, les gravures décorant les affiches sont intégrées à l'environnement urbain quotidien. Sous la plume du libraire, elles semblent même prendre vie, comme si la rangée de chevaux s'était dispersée, effrayée par le tonnerre.

L'image, enfin, peut se situer sur l'en-tête des affiches commerciales annonçant la vente d'objets de luxe ou demi-luxe, dans une démarche publicitaire qui se précise au fil des décennies. John Locke remarque en 1672 une annonce affichée pour une amulette qui protégerait contre la « vermine », mais dont la seule vignette dans l'en-tête l'apparente au premier regard à une affiche officielle [78]. Par contraste, au milieu du XVIIIe siècle, l'image gravée est de plus en

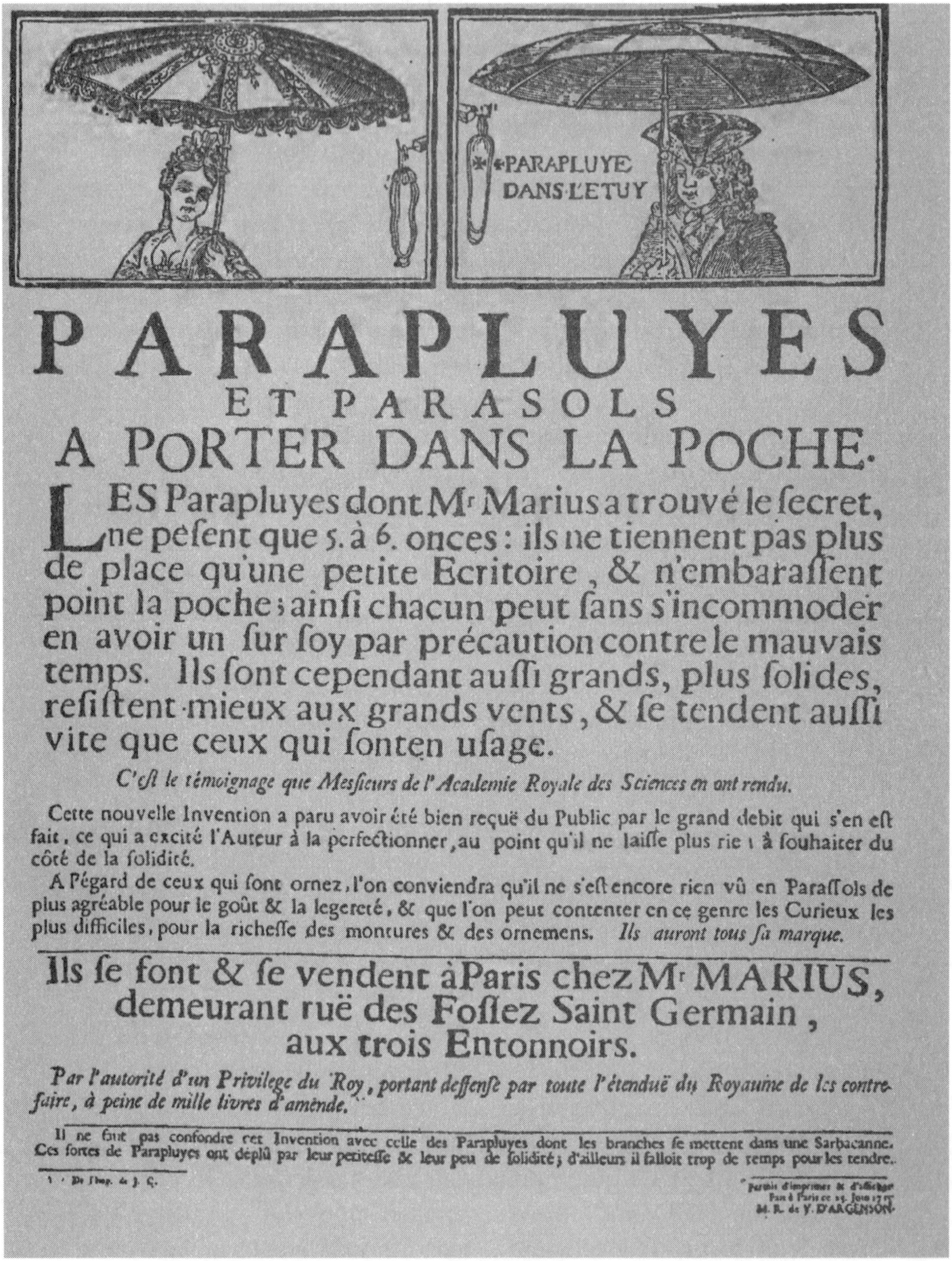

Figure 28. Affiche commerciale pour la vente de parapluies, XVIIIe siècle, BNF

plus liée à l'objet commercialisé ou à la boutique du vendeur. Ainsi, les affiches « *À La Levrette* » étudiées précédemment recoupent les prospectus et les enseignes de papier. Elles peuvent dès lors non seulement être distribuées à des clients potentiels, mais également être collées devant la boutique, voire à d'autres points commerciaux stratégiques [79]. C'est le cas lorsque l'imprimeur a pris soin de demander à la lieutenance générale de police une « permission pour imprimer & afficher [80] » (fig. 28).

Vendus dans la boutique de Marius, rue des Fossés Saint-Germain, ses parapluies sont présentés sur une affiche qui fait l'apologie des nouveaux objets portatifs dont de plus en plus de citadins font l'acquisition (ils « n'embarrassent point la poche »), tout en intégrant un « témoignage que Messieurs de l'Académie Royale des Sciences ont rendu » (associant l'argument d'autorité à la curiosité mondaine pour les découvertes et expériences scientifiques) [81]. Nous retrouvons ici la double exigence de lisibilité et de sécurité propre au marché des inventions du XVIIIe siècle [82]. Dans ce dispositif, l'image sert alors aussi bien d'illustration que de miroir permettant l'identification à de futurs clients dont le genre est bien distingué à travers les deux modèles présentés – l'un masculin, aux courbes nettes et sobres ; l'autre féminin, évoquant davantage la forme d'une cloche et orné de fanfreluches.

Ces affiches avec illustrations sont parfois au cœur de ce qui s'apparente à une véritable campagne publicitaire. Le physicien et inventeur Joseph Amy, qui commercialise au milieu du XVIIIe siècle différents types de fontaines, précise dans un mémoire présentant son entreprise l'utilisation qu'il fait de ces éphémères. Son entrepôt se trouvant hors de Paris, il rappelle que la publicité est vitale pour son commerce. Dans un premier temps, il envoie un ouvrier engager un afficheur et fait imprimer 6 000 affiches pour Paris, Versailles et les environs [83]. Puis il décide d'innover et d'associer ses affiches avec un procédé plus rarement utilisé en faisant réaliser « des images enluminées & encadrées, pour les exposer [...] et présenter au public » ses fontaines, gravées par Jean-Michel Papillon [84]. Dans cette mise en récit des procédés publicitaires, Joseph Amy conclut en soulignant les complémentarités entre supports médiatiques. Il associe un « avis au public » diffusé en prospectus, dans la presse ou sur une affiche, à une estampe vendue et surtout affichée près des points de vente [85]. Il lit l'annonce et l'espace boutiquier, phénomène déterminant dans les pratiques marchandes pour se faire connaître et être visible.

Ces différents cas d'affiches illustrées constituent les premiers vers d'un « poème pour les yeux » qui ne fera entendre sa pleine intensité qu'après la diffusion de la lithographie en France, dans les premières décennies du XIXe siècle [86]. L'histoire matérielle de l'affiche au XVIIIe siècle demeure une histoire de l'affiche typographique. Cependant, illustrations et ornements, produits en série ou réalisés artisanalement, constituent de plus en plus des recours pour se démarquer sur les murs. Avec les bouleversements engendrés par la Révolution française, c'est moins un « poème pour les yeux » que de véritables « murs parlants » qui font leur apparition. Si la rupture révolutionnaire a longtemps renvoyé à l'augmentation sensible de la quantité d'éphémères produits, elle accentue encore davantage la concurrence pour capter l'attention des citadins [87].

Les murs murant Paris se mettent à parler

À partir des années 1780, sous la plume et les presses d'imprimeurs-typographes d'Europe et d'Amérique s'affirme l'idée que les éléments de mise en page et les choix typographiques permettent de captiver l'attention des lectrices et des lecteurs. Dans le contexte anglais, c'est par exemple le travail de Robert Fry, ou celui du célèbre fondeur de Birmingham John Baskerville sur de nouveaux caractères d'imprimerie ; dans le contexte français, c'est l'hégémonie rapide acquise dans les premières années de la Révolution par la typographie Didot [88]. En parallèle, les imprimeurs formalisent les manières de composer une affiche, à travers le *Traité de l'imprimerie* de l'imprimeur Momoro, publié en 1793, ou encore celui de Louis Bertrand-Quinquet, publié en 1799. Si dès les années 1720 Martin-Dominique Fertel insistait sur la lisibilité des titres d'affiches, les typographes de la fin du siècle les associent davantage à des prises de parole qui, pour être audibles, doivent être visibles. Le *design* des polices serait une manière d'imager une émotion. Ainsi, l'imprimeur et révolutionnaire américain Francis Hopkinson précise dans sa *Méthode typographique pour conduire une querelle* que « [...] le degré de vocifération, tel que *pianissimo, piano forte, fortissimo*, [...]

sont désignés par la taille des lettres [89] ». Ce lien entre l'oral et l'écrit est également présent sous la plume de l'auteur d'un pamphlet publié en avril 1795, dans le contexte de la réaction thermidorienne : « [...] le seul grand moyen en France de conduire le peuple, de former l'opinion, de ramener les esprits, de diriger la multitude, était : L'EMPLOI DES MURS PARLANTS ; des murs parlants, en très grosses lettres, en très énergiques vérités, en très pittoresques idées et très laconiques paroles [90] ». De même, le député Pierre-Louis Roederer, qui publie un *Essai analytique sur les divers moyens établis pour la communication des pensées, entre les hommes en société*, y compare l'affiche « à une figure mécanique qui, privée de la voix, pourrait s'exprimer par le mouvement des lèvres [91] ». Cette image des « murs parlants » contribue à lier la multiplication des affiches politiques de particuliers, mais aussi commerciales, aux dispositifs techniques d'impression [92].

Design révolutionnaire

La nécessité d'imprimer à un rythme soutenu ne permet pas toujours le travail minutieux de mise en page et le recours à un papier de bonne qualité. Le critique dramatique Grimod de La Reynière regrette « l'économie que font les Entrepreneurs [de spectacles] ». Ceux-ci feraient imprimer « sur des feuilles de maculature », recyclées ou tachées d'autres travaux d'impression, « ce qui ne contribue pas à les bien faire lire, surtout le nom des Acteurs qui est en petit caractère [93] ». Malgré ces contraintes qui affectent l'impression quotidienne de nombreuses affiches commerciales et de particuliers, plusieurs mutations importantes ont des effets considérables sur la production à la fin du XVIIIe siècle. Il s'agit tout d'abord des premières expérimentations sur une presse conçue par Philippe-Denis Pierres, imprimeur ordinaire du roi depuis 1779. Cette invention s'inscrit dans un contexte d'expérimentation de nouvelles techniques pour améliorer la presse typographique dans les années 1770-1790 et les premiers essais de presses métalliques [94]. Ce sont également les premières expériences infructueuses pour faciliter l'encrage et l'impression à l'aide d'un cylindre métallique, à l'image des tests réalisés par le maître serrurier Beaucher dans les années 1780 [95]. Ce sont enfin les recherches pour faciliter la pression sur la platine et imprimer en un seul coup. Pierres conçoit une bascule avec contrepoids permettant la pression, dont le fonctionnement est longuement analysé dans une description publiée en 1786 [96]. Son concepteur insiste sur sa rapidité de fonctionnement, son rendement plus important et sa simplicité pour l'impression de très grand format [97]. C'est ce dernier point qui est décisif pour la fabrication des affiches, et les premiers essais sont réalisés sur une affiche conçue comme la plus grande et la plus chargée possible (au format « Nom de Jésus », qui peut aller jusqu'à 56 sur 76 cm, en « Gros romain » non interligné, avec une marge très faible). Alors que pour ce type d'imprimé les ouvriers doivent en général presser trois à quatre fois, en utilisant leurs deux bras, Pierres se montre satisfait des premiers résultats : « Non seulement le Placard a été bien imprimé, mais encore les ouvriers en ont tiré le premier jour treize cents, & le second jour quatorze cents exemplaires, ce qu'ils n'auraient pas pu faire, de leur aveu même, par le mécanisme ordinaire, & ils ont imprimé la feuille d'un coup, avec beaucoup moins de fatigue que par les moyens connus [98]. »

Les affiches produites dans les dernières décennies du siècle bénéficient également d'innovations concernant les techniques de fabrication du papier (principalement la lente introduction du cylindre mis au point en Hollande, permettant d'obtenir du papier chiffon plus fin [99]). En France, les Anisson-Duperron, à la tête de l'Imprimerie royale, soutiennent des expériences sur le papier végétal dans les années 1780, en s'associant avec Pierre Alexandre Léorier-Delisle et la manufacture royale de papier de Langlée [100]. Dans une perspective similaire, les frères Didot, François-Ambroise et Pierre-François, associent à leur imprimerie une papeterie à Essonnes et financent des recherches sur les techniques de fabrication du papier. Il s'agit non seulement de mettre au point de nouveaux formats, et des feuilles de meilleure qualité, mais aussi et surtout de réduire les coûts en court-circuitant les marchands-merciers parisiens (intermédiaires coutumiers entre les imprimeurs-libraires et les papetiers de province) [101]. François-Ambroise Didot, en s'associant au début des années 1780 avec Mathieu Johannot, papetier d'Annonay, contribue à l'introduction en France du papier vélin, solide mais rare, et dont la fabrication a été améliorée par les Anglais John Baskerville et James Whatman [102]. Ils produisent des feuilles au format « grand-raisin », servant à l'impression des affiches afin de bénéficier de la plus grande résistance de ce nouveau type de papier [103]. Les deux frères, héritiers de François Didot devenu maître-imprimeur après avoir racheté l'atelier de la Veuve Simon, s'illustrent également dans la fonderie de caractères [104]. Alors que Paris compte au début des années 1780 une quinzaine de fondeurs, dont trois membres de la famille Fournier, les Didot innovent en vendant très rapidement leurs caractères aux imprimeurs parisiens [105]. Ils modifient ainsi durablement le paysage typographique des villes à travers leurs corps de caractères conçus spécialement pour composer les affiches (fig. 29) [106]. Leur tableau de « lettres de titres d'affiches » est conçu à partir du système de mesure typographique élaboré par François-Ambroise Didot dans les années 1770 [107]. Ces caractères font alors 3 à 8 cm, inaugurant une surenchère dans la taille des titres et modifiant profondément le *design* des affiches de la fin du siècle.

En Angleterre, l'essor de la production d'affiches commerciales suscite de nombreuses expérimentations de mise en page. Des annonces types sont offertes aux clients potentiels. Elles présentent « des caractères plus nets, un usage plus important des marges, une combinaison de lettres, et de gravures sur bois et sur cuivre [108] ». Les imprimeurs introduisent une innovation qui marque la forme des affiches par rapport à celle des siècles précédents : l'invention de la marge et l'importance d'une mise en page aérée [109]. Ils utilisent non seulement des châssis spéciaux conçus pour l'impression des éphémères affichés – les ramettes –, mais également des réglettes de bois pour espacer encore davantage les lignes [110]. Il s'agit alors de « blanchir » la page à afficher afin qu'elle soit plus facilement lisible et qu'elle se démarque sur les murs. Momoro rappelle l'importance d'un texte aéré, pour s'adapter aux conditions de lecture dans la rue : « Une affiche, un placard, les annonces, enfin tout ce qui se placarde le long des murs, doit être plus espacé entre les mots pour en faciliter la lecture [111]. » Tandis que Bertrand-Quintet regrette la mauvaise composition des affiches diffusées dans Paris depuis le début de la décennie 1790, décrivant des murs « salis de placards pleins de fautes, aussi sottement composés que mal imprimés. L'un place dix lignes de Cicéro sur une feuille de grand carré ; l'autre dix lignes de Gros-Canon sur une demi-feuille de

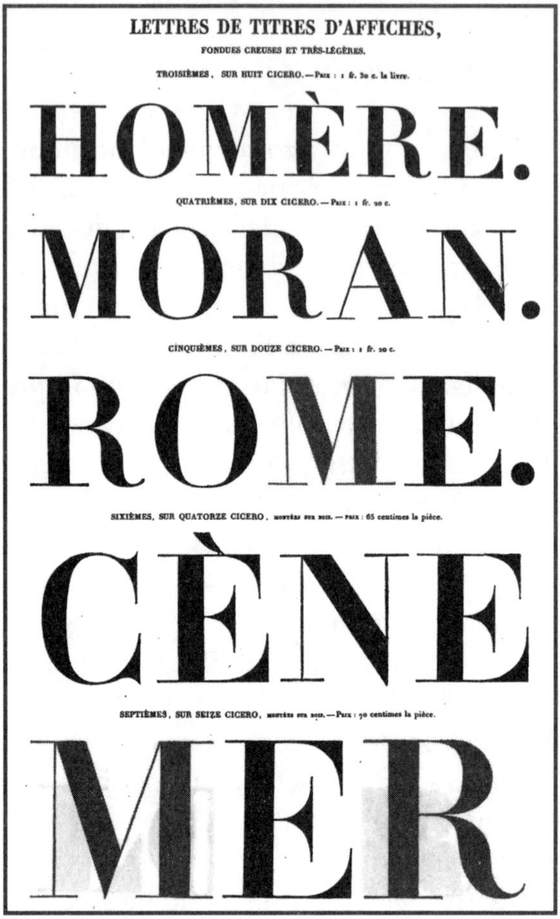

LETTRES DE TITRES D'AFFICHES,

FONDUES CREUSES ET TRÈS-LÉGÈRES.

TROISIÈMES, SUR HUIT CICERO. — Prix : 1 fr. 30 c. la livre.

HOMÈRE.

QUATRIÈMES, SUR DIX CICERO. — Prix : 1 fr. 20 c.

MORAN.

CINQUIÈMES, SUR DOUZE CICERO. — Prix : 1 fr. 20 c.

ROME.

SIXIÈMES, SUR QUATORZE CICERO, montées sur bois. — Prix : 65 centimes la pièce.

CÈNE

SEPTIÈMES, SUR SEIZE CICERO, montées sur bois. — Prix : 70 centimes la pièce.

MER

Figure 29. Caractères Didot pour les affiches, 1821, BNF

couronne ». Il conclut par une maxime qui rappelle le rôle du typographe, *designer* de l'affiche : « un Imprimeur, jaloux de sa réputation, doit soigner une affiche comme un grand ouvrage [112] ».

Une affiche non datée, appelant probablement en 1793-1794 à la signature d'un plan pour identifier les religieux liés par des vœux, fait apparaître les variations de corps de caractères (fi. 30) [113]. L'imprimeur a conçu l'éphémère en hiérarchisant le titre en Triple-canon et le sous-titre définissant l'objet en Petit-canon. À l'intérieur même du texte, ce jeu sur les tailles se poursuit, avec des modulations sur les fontes – entre l'italique et le romain – et sur la casse – entre majuscule et minuscule –, afin de rendre visibles des émotions ou de vocaliser une lecture silencieuse. L'imprimé met également en valeur un travail sur les formes des polices, qui se concentre essentiellement sur le titre. Momoro souligne que, pour la composition du titre, il faut viser ce qui est « le plus propre et plus flatteur à la vue », mobilisant les « plus grosses lettres possibles », et, en 1799, un passage du *Traité de l'imprimerie* précise « qu'il faut apporter, dans la composition du titre [des affiches], autant de soin et d'attention que dans celle d'une première page » [114]. La surenchère dans la grandeur des corps de caractères pour les titres d'affiches conduit William Caslon II, le fils du fondeur précédemment cité, à mettre au point la « *Patagonian* » d'environ 8,5 cm de hauteur [115].

Ce travail des imprimeurs pour faire parler l'affiche fait écho aux témoignages de lecture dans la rue. Lorsque le libraire parisien Hardy rend compte dans son *Journal* des affiches observées à Paris, il relève que ce sont les titres en gros caractères qui attirent le regard. Ainsi, le 28 avril 1789, il remarque « qu'on lisoit, affiché au coin des rues, un grand placard intitulé *états généraux* » et, le lendemain, un autre éphémère « en gros caractères » titré « *De par le Roi* » [116]. Ces titres d'affiches sont également ce qui attire l'attention du rédacteur du *Père Duchesne*, en avril 1791, lorsqu'il évoque avec humour la lecture rapide, répétée et parfois détournée des affiches du jardin du Luxembourg : « Quand j'ai aperçu ce grand placard, (*Club des Cordeliers*), sacredié, ai-je dit, est-ce que les b... sont perdus ? Les a-t-on affichés pour les retrouver, ou bien est-ce leur signalement qui est dans cette affiche, afin qu'on se garre d'eux, comme on avertit queuquefois, quand il y a des chiens enragés dans les rues [117] ? » Ici, le titre apparaît comme le premier élément attirant le regard et occupe une place prépondérante dans le choix de lire ou de ne pas lire. Dès lors, le travail sur l'apparence visuelle de l'affiche vise non seulement à capter l'attention, mais s'inscrit aussi dans le processus de refondation de la culture juridique et politique initié par la Révolution française.

Une culture visuelle de la loi ?

Les éphémères en tant qu'objets manipulés quotidiennement contribuent à la fabrication d'une nouvelle culture politique révolutionnaire intégrant de nouvelles images de la loi ou des allégories de la justice [118]. Ce sont, par exemple, les gravures sur les assignats ou les en-têtes de papiers administratifs [119]. Dans ce contexte, la

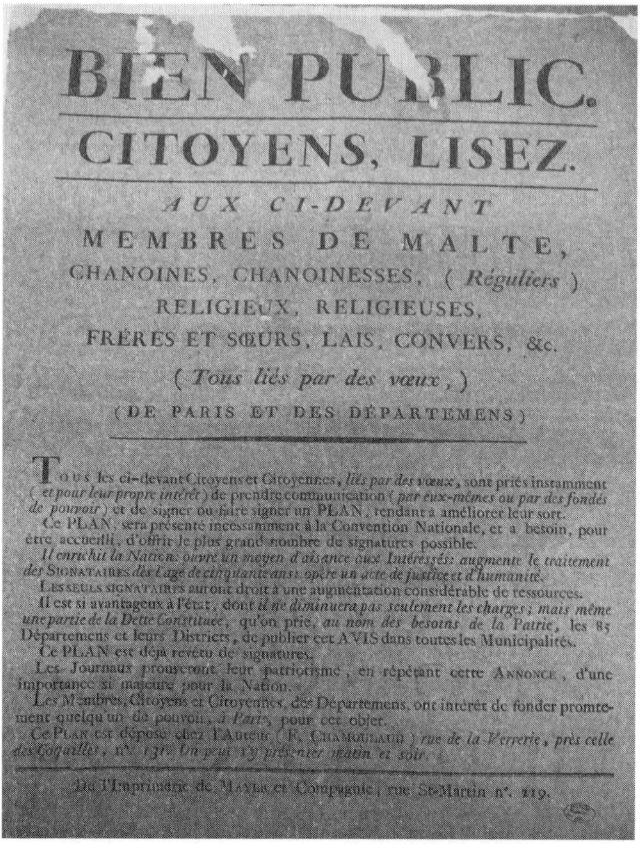

BIEN PUBLIC.

CITOYENS, LISEZ.

AUX CI-DEVANT

MEMBRES DE MALTE,

CHANOINES, CHANOINESSES, (*Réguliers*)

RELIGIEUX, RELIGIEUSES,

FRÈRES ET SŒURS, LAIS, CONVERS, &c.

(*Tous liés par des vœux,*)

(DE PARIS ET DES DÉPARTEMENS)

Tous les ci-devant Citoyens et Citoyennes, *liés par des vœux*, sont priés instamment (*et pour leur propre intérêt*) de prendre communication (*par eux-mêmes ou par des fondés de pouvoir*) et de signer ou faire signer un PLAN, tendant à améliorer leur sort.

Ce PLAN, sera présenté incessamment à la Convention Nationale, et a besoin, pour être accueilli, d'offrir le plus grand nombre de signatures possible.

Il enrichit la Nation: ouvre un moyen d'aisance aux Intéressés: augmente le traitement des SIGNATAIRES *dès l'âge de cinquante ans: opère un acte de justice et d'humanité.*

LES SEULS SIGNATAIRES auront droit à une augmentation considérable de ressources.

Il est si avantageux à l'état, dont *il ne diminuera pas seulement les charges; mais même une partie de la Dette Constituée*, qu'on prie, *au nom des besoins de la Patrie*, les 85 Départemens et leurs Districts, de publier cet AVIS dans toutes les Municipalités.

Ce PLAN est déjà revêtu de signatures.

Les Journaux prouveront leur patriotisme, en répétant cette ANNONCE, d'une importance si majeure pour la Nation.

Les Membres, Citoyens et Citoyennes, des Départemens, ont intérêt de fonder promtement quelqu'un de pouvoir, *à Paris*, pour cet objet.

Ce PLAN est déposé chez l'Auteur (F. CHAMOULAUD) *rue de la Verrerie, près celle des Coquilles*, n°. 131. *On peut s'y présenter matin et soir.*

De l'Imprimerie de MAYER et Compagnie, rue St-Martin n°. 219.

Figure 30. Variations de fontes et de corps de caractères, v. 1793-1794, Bibliothèque de l'Assemblée nationale

mise en affiche des textes législatifs participe de ce projet politique de construction d'une culture visuelle citoyenne. En d'autres termes, l'affiche constitue un outil du projet pédagogique révolutionnaire, mobilisé pour une meilleure connaissance des lois et des règlements. Il ne s'agit pas seulement d'assurer l'obéissance collective de la population, mais plutôt de convaincre individuellement en mobilisant les sens et les connaissances, héritage d'un courant des Lumières pensant « la connaissance par sentiment [120] ». L'observation et la lecture des affiches sont assimilées à une expérience sensible, mobilisant tant la raison que la vue. S'affirme alors une nouvelle conception du citoyen perçu comme un observateur attentif de la vie politique, et possédant un droit de regard sur l'activité des députés et le processus législatif. Cela se traduit par l'afflux de spectateurs à l'Assemblée nationale, mais aussi à travers les efforts des autorités ou des journalistes pour donner une publicité maximale aux débats qui animent l'hémicycle [121].

La culture visuelle de la loi s'appuie sur l'expérience sensible, mais les affiches officielles doivent se démarquer des autres éphémères. Afin de se distinguer dans le nouveau « paysage politique », la loi du 22 juillet 1791 réserve en théorie le papier blanc aux affiches des autorités [122]. Ce choix n'est pas innocent, rapporté aux traités contemporains développant l'influence des couleurs sur l'esprit : le blanc est censé moins impressionner. Il s'agirait dès lors de fonder l'autorité de la loi sur un usage tempéré de la raison. Ces éphémères écritures publiques du pouvoir sont alors conçues dans trois types d'ateliers : à l'Imprimerie royale, qui devient l'Imprimerie du Louvre en 1790, chez les imprimeurs qui travaillent avec les corps administratifs et judiciaires locaux après expédition des lois par les ministres, sous la houlette enfin de l'imprimeur Baudouin qui, à partir du 5 septembre 1792, produit les 16 000 exemplaires quotidiens du *Bulletin de la Convention* rédigé par les membres du Comité des pétitions [123]. Ce processus de centralisation de l'impression des lois se poursuit en septembre 1793, lorsque Billaud-Varenne ordonne la réquisition de nombreuses presses afin de faire de l'imprimerie de la rue Neuve-des-Petits-Champs, ancienne imprimerie de la Loterie royale, une « imprimerie de l'administration [124] ». Puis, au cours de l'hiver et du printemps 1793-1794, l'ancienne Imprimerie du Louvre est installée au faubourg Saint-Honoré, dans l'ancien hôtel particulier du fermier général Beaujon. Ce dernier accueille plus de 120 presses (celles d'Anisson-Duperron, mais également celles des imprimeurs arrêtés au printemps 1794 : Momoro, Hébert, Parisau… [125]). Enfin, cette Imprimerie du Bulletin des lois fusionne avec celle des commissions exécutives, pour être renommée, par décret du 18 Germinal an III, Imprimerie de la République [126]. Cette concentration des structures de production influence la forme des affiches de lois et accélère considérablement l'adoption de la typographie Didot, en particulier à partir de l'installation dans l'hôtel Beaujon. Sa sobriété néoclassique séduit les autorités révolutionnaires [127]. Cependant, jusqu'au milieu des années 1790, les imprimeurs des différentes commissions missionnées par le pouvoir législatif ou ceux installés dans les départements utilisent encore en grande majorité les corps typographiques gravés par Fournier. Deux exemples ici : une affiche d'une

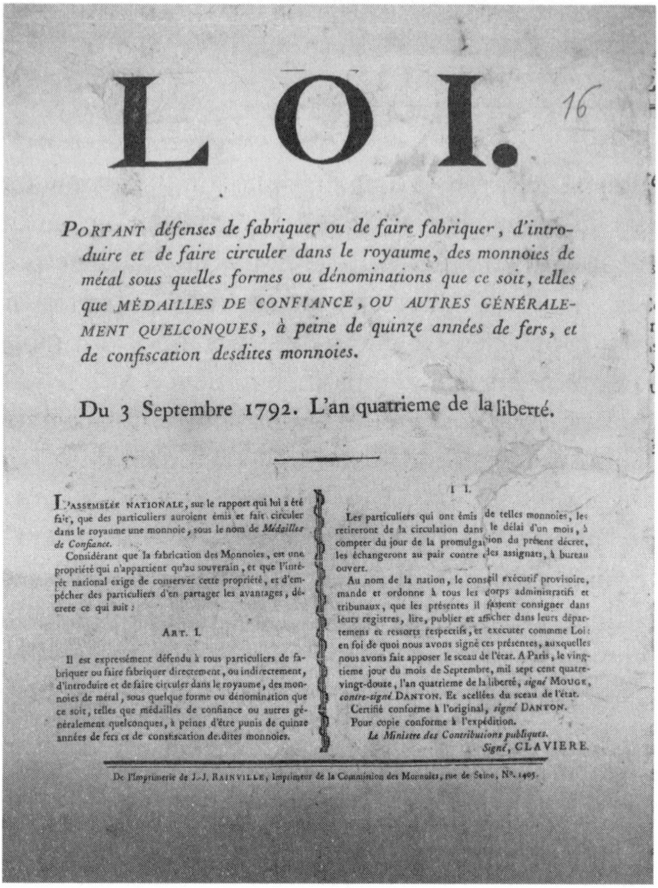

LOI.

Portant défenses de fabriquer ou de faire fabriquer, d'introduire et de faire circuler dans le royaume, des monnoies de métal sous quelles formes ou dénominations que ce soit, telles que MÉDAILLES DE CONFIANCE, OU AUTRES GÉNÉRALEMENT QUELCONQUES, *à peine de quinze années de fers, et de confiscation desdites monnoies.*

Du 3 Septembre 1792. L'an quatrieme de la liberté.

L'Assemblée nationale, sur le rapport qui lui a été fait, que des particuliers auroient émis et fait circuler dans le royaume une monnoie, sous le nom de *Médailles de Confiance.*

Considérant que la fabrication des Monnoies, est une propriété qui n'appartient qu'au souverain, et que l'intérêt national exige de conserver cette propriété, et d'empêcher des particuliers d'en partager les avantages, décrete ce qui suit :

Art. I.

Il est expressément défendu à tous particuliers de fabriquer ou faire fabriquer directement, ou indirectement, d'introduire et de faire circuler dans le royaume, des monnoies de métal, sous quelque forme ou dénomination que ce soit, telles que médailles de confiance ou autres généralement quelconques, à peines d'être punis de quinze années de fers et de confiscation desdites monnoies.

II.

Les particuliers qui ont émis de telles monnoies, les retireront de la circulation dans le délai d'un mois, à compter du jour de la promulgation du présent décret, les échangeront au pair contre des assignats, à bureau ouvert.

Au nom de la nation, le conseil exécutif provisoire, mande et ordonne à tous les corps administratifs et tribunaux, que les présentes il fassent consigner dans leurs registres, lire, publier et afficher dans leurs départemens et ressorts respectifs, et exécuter comme Loi : en foi de quoi nous avons signé ces présentes, auxquelles nous avons fait apposer le sceau de l'état. A Paris, le vingtieme jour du mois de Septembre, mil sept cent quatre-vingt-douze, l'an quatrieme de la liberté, *signé* Mouge, *contre-signé* Danton. Et scellées du sceau de l'état.

Certifié conforme à l'original, *signé* Danton.

Pour copie conforme à l'expédition.

Le Ministre des Contributions publiques.

Signé, CLAVIERE.

De l'Imprimerie de J.-J. Rainville, Imprimeur de la Commission des Monnoies, rue de Seine, N°. 1405.

Figure 31. Majuscules Fournier : affiche de loi, 1792, Bibliothèque de l'Assemblée nationale

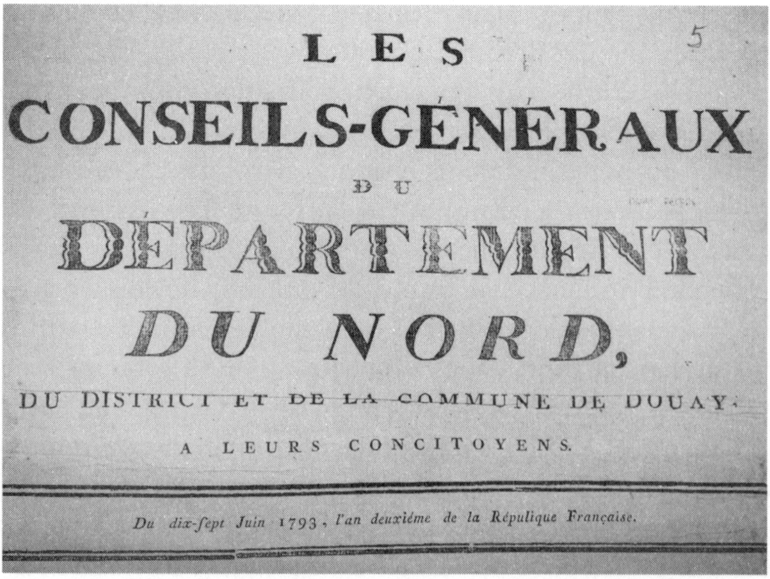

LES CONSEILS-GÉNÉRAUX DU DÉPARTEMENT DU NORD,

DU DISTRICT ET DE LA COMMUNE DE DOUAY.

A LEURS CONCITOYENS.

Du dix-sept Juin 1793, l'an deuxième de la République Française.

Figure 32. Lettres ornées, déclaration du district de Douai, 1793, Bibliothèque de l'Assemblée nationale loi du 3 septembre 1792 sur la circulation des monnaies métalliques, et une déclaration du district de la Commune de Douai du 17 juin 1793 sur les événements révolutionnaires depuis le procès du roi jusqu'à l'arrestation des députés girondins [128].

Le premier document, imprimé dans un contexte spécifique de transition après la journée du 10 août 1792, est titré « Loi » et présente les empâtements en pointes triangulaires caractéristiques des majuscules de Fournier (fig. 31) [129]. Le second, à travers la mention du « département », renvoie aux lettres ornées au style rococo assez caractéristique, en partie simplifiées par l'imprimeur et graveur de Parme, Giambattista Bodoni (fig. 32) [130]. Malgré l'important travail de centralisation pour l'impression des affiches de lois, la multiplicité des imprimeurs mobilisés à l'échelle nationale ne permet pas de dégager une apparence type [131]. De même, les vignettes et illustrations évoluent en fonction non seulement des régimes, mais aussi des choix graphiques des imprimeurs. À partir de septembre 1792, le texte de loi est souvent surmonté d'une allégorie portant les armes de la France et associé à des devises républicaines (« Au nom de la République française une indivisible » ; « Liberté, égalité »). De plus, ces emblèmes en vignettes contribuent au renouvellement des images symboliques du pouvoir (en représentant les notions nouvelles de liberté, d'égalité, de nation…).

Dès lors, comment comprendre que ces illustrations officielles s'estompent sur les documents de 1792-1794 ? Du point de vue visuel, l'affiche officielle de la Convention est au croisement de considérations économiques (réduction des coûts dans un contexte de pénurie de papier), culturelles (la mode venue d'Angleterre contribue, selon Momoro, à faire progressivement disparaître les vignettes), mais aussi politiques, puisque le rôle pédagogique conféré aux affiches officielles joue alors pleinement. Pour faciliter l'assimilation des connaissances et la compréhension des lois, il s'agit de schématiser, simplifier et aérer la mise en page, en particulier les arrêtés relatifs à l'application de la loi (qui s'emploient à synthétiser et simplifier les dispositifs légaux). Momoro associe par exemple les « lettres grises » à des reliquats encore utilisés en province (« On emploie encore quelquefois de nos jours dans les imprimeries de province, et même à Paris, mais rarement, les lettres grises à la tête des édits, déclarations, ordonnances [132] »). Tandis

Figure 33. Imprimés officiels *Vs* Imprimés privés, 1793, BNF Gallica

que, pour Bertrand-Quinquet, ces décorations gravées sont des marqueurs visuels distinguant l'affiche officielle (en théorie sobre et sans illustration) de l'affiche commerciale (maniérée car illustrée) : « On faisait autrefois un usage fréquent de vignettes et de cadre dans l'impression. [...] Le goût a changé, et une simplicité élégante a pris la place de ces ornemens futiles et souvent ridicules. Les vignettes en fonte ne servent plus guère qu'à encadrer des [...] affiches de spectacles [133]. » Il faut également rappeler toute la portée conflictuelle de ces petites gravures, qui sont parfois les cibles d'opposants, en particulier dans le contexte de guerre civile en 1793 [134]. Dès lors, l'effacement des vignettes peut être lié à la volonté de préserver les actes des autorités, d'éviter les dégradations matérielles du pouvoir et de neutraliser les poussées iconoclastes qui sont associées aux conflits politiques [135]. Le retour des vignettes observables sur les proclamations du Directoire exécutif peut alors traduire une reprise en main de l'espace graphique, c'est-à-dire des murs parisiens [136].

Une estampe gravée par Villeneuve en 1793 et imprimée en plusieurs formats illustre assez bien les concurrences matérielles et visuelles entre les éphémères privés, ou de particuliers, et les affiches officielles (fig. 33) [137]. Cette célèbre image, publiée l'année même où disparaît Marat, est saturée de symboles pour construire une icône politique : Marat sort des égouts, aidé par Diogène qui le reconnaît comme son égal, ce dernier tient une lanterne, rappelant les proximités entre construction iconographique et traditions philosophiques [138]. Surtout l'affiche, dont on peine à distinguer le titre (« Ordonnance »), s'oppose aux feuilles que Marat tient dans la main, sur lesquelles on lit distinctement « le publiciste de la République française » [139]. À nouveau, la charge emblématique associée aux titres rappelle son rôle central sur le choix de lire ou de ne pas lire, et les « Ordonnance », « Loi » ou « Décret » apparaissent alors comme autant de mots-clés en concurrence avec les affiches des sociétés populaires et publicistes de la Révolution française.

Révolutionnaires créatifs

Les affiches politiques de la collection Portiez de l'Oise, conservées à la Bibliothèque de l'Assemblée nationale, soulignent l'inventivité des rédacteurs et imprimeurs pour formuler des titres

Figure 34. Des titres d'affiches qui font parler les murs, 1789-1799, Bibliothèque de l'Assemblée nationale

originaux [140]. Ce sont des jeux pour façonner des publics et attirer l'attention, tel le « Dialogue entre l'affiche et le passant ». Ce sont également des images qui jouent sur la tension entre culture orale et culture de l'imprimé, renvoyant parfois à des titres de journaux : « Le tocsin de la Vérité », « Le cri des esclaves », ou encore « Le cri de la raison ». Ce sont enfin des exclamations, « Aux Piques ! Aux Piques ! », ou des injonctions ordonnant la lecture, « Arrêtez-vous et lisez ». Les titres forment des publics, « À nos camarades », « Des Patriotes de 89 au Peuple », ou encore « Une portion du peuple au peuple ». Enfin, certains procédés littéraires font non seulement parler l'affiche, mais également des grandeurs d'institutions, tel l'explicite « Gémissemens de la Constitution » (fig. 34).

Ces éphémères rédigés par des journalistes ou des membres de sociétés et clubs patriotiques intègrent dans leur conception du titre les critiques sur les excès de l'affichage. Ils sont proches des éphémères commerciaux et mêlent parfois l'autodérision à la provocation [141]. « TAPPE-CULS, TAPPE-DRU, OU TAPPE-DUR » : ce titre en cent quarante signes est rédigé par Stanislas-Marie Maillard, huissier dont la notoriété politique est consacrée le 14 juillet 1789 lorsqu'il prend part à l'arrestation du gouverneur de la citadelle royale. Nommé à la tête de la Compagnie des vainqueurs de la Bastille, il rédige une affiche en décembre 1793 pour répondre aux attaques politiques qui lui sont adressées [142]. Il joue alors non seulement sur les corps de caractères pour vocaliser la lecture et attirer l'œil, mais aussi sur les calembours liés à son surnom, « Tappedur ».

Les ressources de la gravure sont également mobilisées pour ces tribunes politiques, et l'image qui vise à capter les regards est mise au service de nouvelles valeurs. L'annonce affichée du premier numéro du journal montagnard *Le Scrutateur universel*, en janvier 1793, est ainsi ornée d'un œil, représentation du nouvel « œil citoyen », garant de la « vigilance » vis-à-vis des représentants (fig. 35) [143]. La gravure renforce l'originalité d'un quotidien dont l'objet est résumé sur le prospectus affiché : « publier les plaintes et réclamations de tous les Citoyens de la République, contre les fonctionnaires ou autres agens publics prévaricateurs [...] publiera également les projets d'utilité, plans d'administration, ou d'amélioration [...] donnera enfin tous les jours le bulletin des séances de la Convention Nationale [144] ». S'exprime ici la double préoccupation qui caractérise la séquence du Gouvernement révolutionnaire : la surveillance des autorités constituées tout comme la connaissance et la diffusion de la loi doivent être assurées à la fois par les médias et par les citoyens (à travers les « comités de surveillance » constitués à partir de mars 1793 [145]).

Une autre affiche présentant un nouveau journal fait également apparaître une gravure célèbre et reproduite à de nombreuses reprises en 1792-1793. Il s'agit d'un bras brisant un mur, écrivant à la plume : « Dieu a calculé ton règne et l'a mis a fin. Tu as été mis dans la balance et tu as été trouvé trop lége... » (cahier I, images 9-11). Utilisée dans deux contextes bien distincts, cette image figure tout d'abord sur deux annonces précisant la synthèse de deux journaux : le journal-affiche girondin *La Sentinelle*, publié du 16 mai au 21 novembre 1792 puis réuni au *Bulletin des amis de la vérité*, dont il constitue une rubrique jusqu'en février 1793 [146]. Elle est ensuite retravaillée sur une gravure à l'eau-forte et non plus sur bois, pour une estampe titrée « Louis le traitre lis ta sentence »,

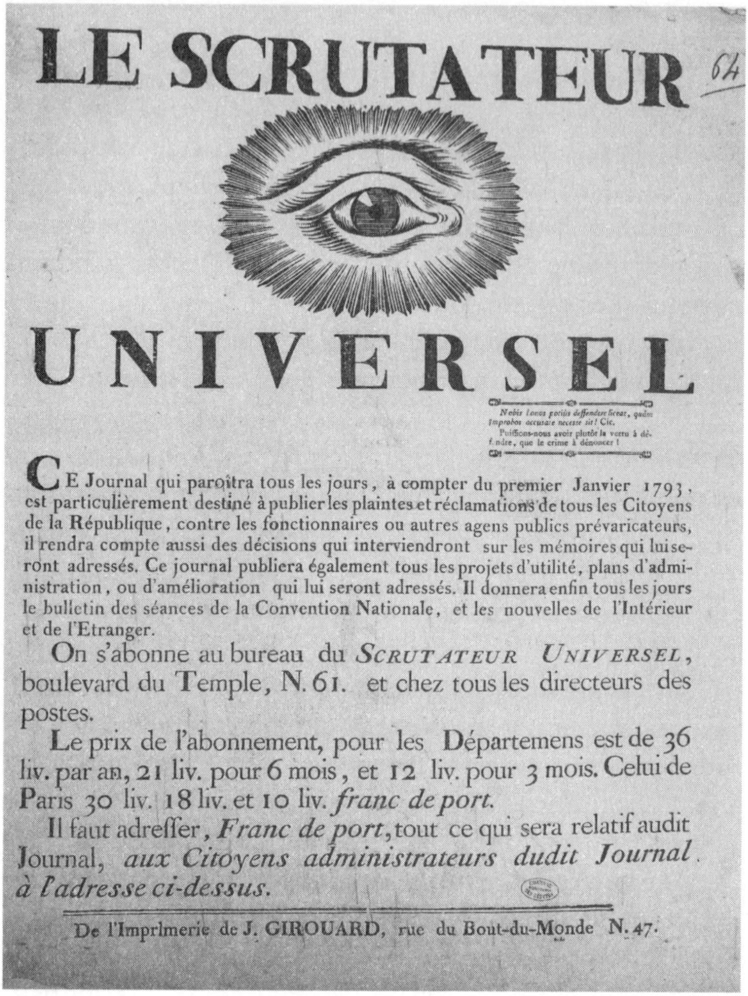
LE SCRUTATEUR 64

UNIVERSEL

Nobis bonos potiùs deffendere liceat, quàm improbos accusare necesse sit! Cic.

Puissions-nous avoir plutôt la vertu à défendre, que le crime à dénoncer !

CE Journal qui paroîtra tous les jours, à compter du premier Janvier 1793, est particulièrement destiné à publier les plaintes et réclamations de tous les Citoyens de la République, contre les fonctionnaires ou autres agens publics prévaricateurs, il rendra compte aussi des décisions qui interviendront sur les mémoires qui lui seront adressés. Ce journal publiera également tous les projets d'utilité, plans d'administration, ou d'amélioration qui lui seront adressés. Il donnera enfin tous les jours le bulletin des séances de la Convention Nationale, et les nouvelles de l'Intérieur et de l'Etranger.

On s'abonne au bureau du *SCRUTATEUR UNIVERSEL*, boulevard du Temple, N. 61. et chez tous les directeurs des postes.

Le prix de l'abonnement, pour les Départemens est de 36 liv. par an, 21 liv. pour 6 mois, et 12 liv. pour 3 mois. Celui de Paris 30 liv. 18 liv. et 10 liv. *franc de port.*

Il faut adresser, *Franc de port*, tout ce qui sera relatif audit Journal, *aux Citoyens administrateurs dudit Journal à l'adresse ci-dessus.*

De l'Imprimerie de J. GIROUARD, rue du Bout-du-Monde N. 47.

Figure 35. Illustrer « l'œil citoyen », 1793, Bibliothèque de l'Assemblée nationale

diffusée au moment du procès puis de l'exécution du roi, en janvier 1793 [147]. L'image, gravée par le dessinateur patriote Villeneuve, mobilise la tradition biblique et le thème du « Mané, Thécel, Pharès », trois mots inscrits en lettres de feu par la main de Dieu lors du festin de Balthazar et consacrant ce passage : « Dieu a calculé ton règne, & l'a mis à fin : tu as été pesé dans la balance, & tu as été trouvé léger : ton Royaume a été divisé, & a été donné aux Mèdes & aux Perses [148]. » Cette référence religieuse souligne combien l'imagerie révolutionnaire mobilise des références symboliques difficilement lisibles par tous les citadins au premier coup d'œil [149]. Ce motif iconographique du bras divin s'inscrit d'ailleurs dans une tradition picturale sur le temps long [150]. Il faut cependant souligner les efforts fournis par le graveur pour actualiser l'image affichée, en particulier sur l'annonce du *Bulletin des amis de la vérité* : ajout des couleurs et surtout de la plume tricolore, inscription du « Mané, Thécel, Pharès » en français, écho entre l'écriture sur le mur et les multiples affiches politiques de la période.

Ces éphémères produits par les groupes politiques ou par des particuliers mobilisent également des procédés artisanaux pour solliciter l'attention. Des ajouts à la main de traits de peinture, plus ou moins soignés et plus ou moins rudimentaires, font ressortir le titre, une partie du texte, ou surlignent l'éphémère sur le mur [151]. Ce sont aussi des affiches peintes, tels « l'avis au citoyen » recouvert de gouache noire, une affiche tricolore du club des Jacobins célébrant l'arrivée à Paris des soldats suisses du régiment de Châteaux-Vieux (condamnés à la suite d'une mutinerie à Nancy en août 1790, puis libérés en 1792) ou l'annonce de publication hebdomadaire du *Journal de pensées*, imprimée en rouge sur fond bleu d'un côté et en lettres d'or sur fond bleu de l'autre (cahier I, images 6-8 et 12-15) [152]. Ces éphémères peints rappellent également la proximité entre la fabrication des affiches et celle des papiers peints, notamment du point de vue des motifs iconographiques [153]. Enfin, alors qu'à partir de juillet 1791, les affiches privées doivent théoriquement être imprimées sur papier de couleur, ces coups de pinceau les démarquent des annonces commerciales qui, elles aussi, prolifèrent sur les murs de la ville.

Les affiches privées reprennent des codes visuels associés aux nouveaux régimes et valeurs politiques [154]. C'est par exemple cette affichette indiquant un débit de sel en bleu-blanc-rouge, dont les lettres bicolores font écho aux écriteaux placardés sur les portes des sections révolutionnaires proclamant « Ici on s'honore du titre de citoyen », imprimés par le marchand papetier et marchand d'estampes Jacques-Simon Chéreau [155]. Cette proximité entre la vente d'objets de consommation et les événements politiques se traduit également à travers des objets de divertissement. Une affiche de vente pour des cartes à jouer, conçue à partir de février 1793 par le dessinateur Jean-Démosthène Dugourc et le négociant Urbain Jaume, associe séduction typographique et adaptation aux bouleversements révolutionnaires (fig. 36). « Plus de rois » et « La loi » sont conçus dans le même corps de caractère Didot, tandis

Figure 36. Séduction typographique, annonce commerciale et politique, 1793, Bibliothèque de l'Assemblée nationale

Figure 37. Mutation des goûts : la simplification des cadres d'affiches de spectacles, 1794, Bibliothèque-musée de la Comédie-Française

que « Le Génie, La Liberté, L'Égalité » paraissent aplatir « De Dames, De Valets » déjà courbés par l'italique [156]. Dans un registre similaire, les affiches de spectacles adoptent pendant un temps la présentation sobre et sans ornements des affiches officielles. Une affiche du Théâtre-Français pour les pièces du 24 floréal an II (13 mai 1794) révèle l'hégémonie des formes géométriques et des ornements simplifiés (fig. 37) [157]. Le cadre est ici caractéristique des « vignettes Didot. Grecques » – style néoclassique, composé d'une suite de lignes qui reviennent sur elles-mêmes, jouant sur les angles droits et les effets de symétrie.

La publicité affichée des spectacles est aussi formellement rationalisée : le 8 octobre 1792, c'est un seul placard qui annonce les pièces jouées au Théâtre de la Nation, au Théâtre des Italiens et au Théâtre Feydeau (fig. 38) [158]. Ce procédé séduit alors nombre de concepteurs d'affiches commerciales. Ainsi, une « Affiche des affiches » imprimée en décembre 1791 décrit un système similaire de concentration des annonces, avec un document « divisé en trois colonnes, où les divers objets seront classés par ordre de matière, indiqués par des titres, et séparés par des filets ; en sorte qu'on pourra voir, sans lire l'Affiche entière, l'article que l'on aura intérêt d'y chercher [159] ». Outre l'influence de la mise en forme pour une identification rapide de l'information sur la surface de la feuille, cet extrait résume l'un des aspects novateurs du projet pour ses concepteurs : rationaliser la pose des affiches et maximiser l'effet des campagnes publicitaires.

Malgré certaines proximités formelles, les affiches commerciales se distinguent de plus en plus – graphiquement – des affiches officielles. Elles font alors l'objet de gravures de plus en plus travaillées sur des grands formats, telle l'affiche pour un « Bal Masqué » boulevard du Temple ou celle qui annonce l'« ouverture des amusemens champêtres » dans les jardins de Tivoli (fig. 39-40) [160]. Les assemblages ornementaux sont produits par le graveur et fondeur Joseph-Gaspard Gillé (fils d'un élève de Fournier le Jeune, Joseph Gillé). Il hérite en 1789 de l'importante fonderie de son père, comptant une centaine d'ouvriers, qu'il associe alors à une imprimerie [161]. Cette dernière est un moyen de diffuser non seulement ses modèles de caractères pour les affiches, mais aussi des types d'encadrement, proposant à ses clients de réaliser les ornements sur mesure ou de

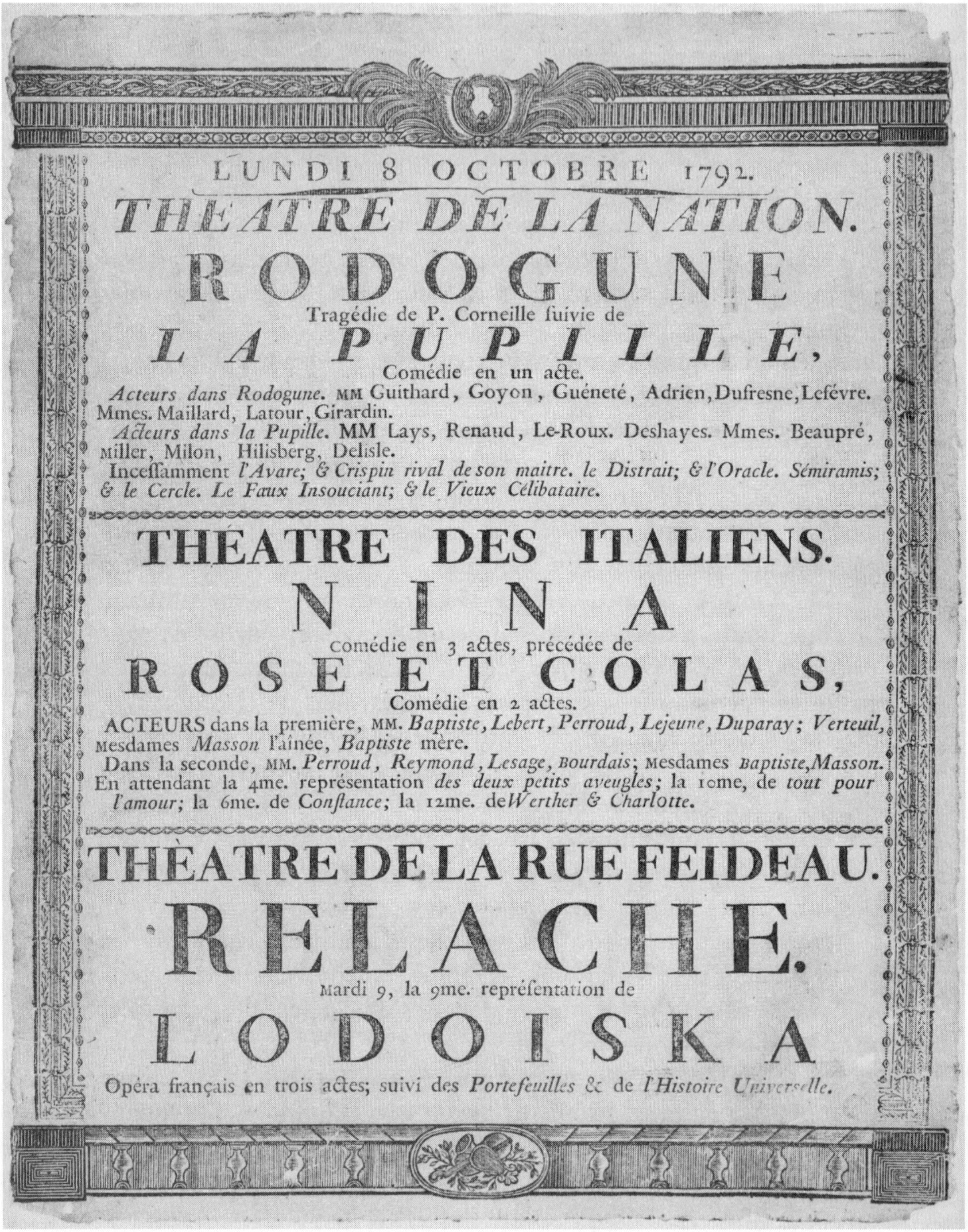

LUNDI 8 OCTOBRE 1792.

THEATRE DE LA NATION.

RODOGUNE

Tragédie de P. Corneille ſuivie de

LA PUPILLE,

Comédie en un acte.

Acteurs dans Rodogune. MM Guithard, Goyon, Guéneté, Adrien, Dufresne, Lefévre. Mmes. Maillard, Latour, Girardin.

Acteurs dans la Pupille. MM Lays, Renaud, Le-Roux. Deshayes. Mmes. Beaupré, Miller, Milon, Hilisberg, Delisle.

Inceſſamment *l'Avare; & Crispin rival de son maitre. le Distrait; & l'Oracle. Sémiramis; & le Cercle. Le Faux Insouciant; & le Vieux Célibataire.*

THÉATRE DES ITALIENS.

NINA

comédie en 3 actes, précédée de

ROSE ET COLAS,

Comédie en 2 actes.

ACTEURS dans la première, MM. *Baptiste, Lebert, Perroud, Lejeune, Duparay; Verteuil,* Mesdames *Masson* l'aînée, *Baptiste* mère.

Dans la seconde, MM. *Perroud, Reymond, Lesage,* Bourdais; Mesdames *Baptiste, Masson.*

En attendant la 4me. représentation *des deux petits aveugles;* la 10me, de *tout pour l'amour;* la 6me. de *Conſtance;* la 12me. de *Werther & Charlotte.*

THÈATRE DE LA RUE FEIDEAU.

RELACHE.

Mardi 9, la 9me. repréſentation de

LODOISKA

Opéra français en trois actes; suivi des *Porteſeuilles* & de *l'Histoire Universelle.*

Figure 38. Affiche des affiches, 1792, Bibliothèque-musée de la Comédie-Française leur vendre au mètre [162]. Pour pallier l'usure des bois provoquée par le tirage de milliers d'exemplaires à afficher, il adopte alors dans les années 1800 le polytypage, technique de reproduction du bois gravé sur une plaque en métal [163].

À l'image du travail de Gillé, les catalogues de graveurs du tournant du siècle font apparaître la diversification des illustrations produites pour les affiches, mais également les journaux, les prospectus et les cartes de commerce. Ce sont par exemple les dizaines de vignettes proposées par William Caslon III, dans son *Specimen of cast ornaments* : vignettes officielles, cadres, filets et fleurons, mais aussi bateaux pour les compagnies maritimes, animaux domestiques et sauvages, jusqu'aux scènes coloniales à travers une gravure représentant un esclave noir en fuite (fig. 41) [164]. Ces vignettes ont probablement servi pour illustrer des affiches ou des articles de journaux dédiés aux petits ou grands marronnages dans les Antilles britanniques [165]. Dès lors, si la période révolutionnaire correspond à un moment d'importante porosité entre avis commerciaux et tribunes politiques, les annonces de ventes et de spectacles de la fin des années 1790 et des premières décennies du XIXe siècle marquent un basculement. Ce dernier renvoie à deux processus parallèles : une distinction formelle de plus en plus marquée entre logiques politiques et logiques commerciales (d'autant plus avec le contrôle accru des murs à partir du Directoire), et le rôle croissant attribué à l'image et à l'illustration pour capter l'attention des passants.

Conclusion : Du lisible au visible

Les imprimeurs et fondeurs de caractères mobilisent tout au long du XVIIIe siècle une palette de plus en plus diversifiée d'inventions techniques et de modulations artisanales pour fabriquer ces imprimés bon marché. La recherche de lisibilité et de netteté, mais aussi de visibilité sur les murs apparaissent alors tributaires de la diffusion, au cours de la seconde moitié du siècle, de nouvelles formes typographiques, des goûts et des innovations en matière de gravure sur bois. Les années 1780-1790, aussi bien en France qu'en Angleterre, constituent un moment d'accélération dans cette « course à l'armement » pour capter l'attention des passants. Ce sont la mise au point de nouveaux dispositifs d'impression (papiers

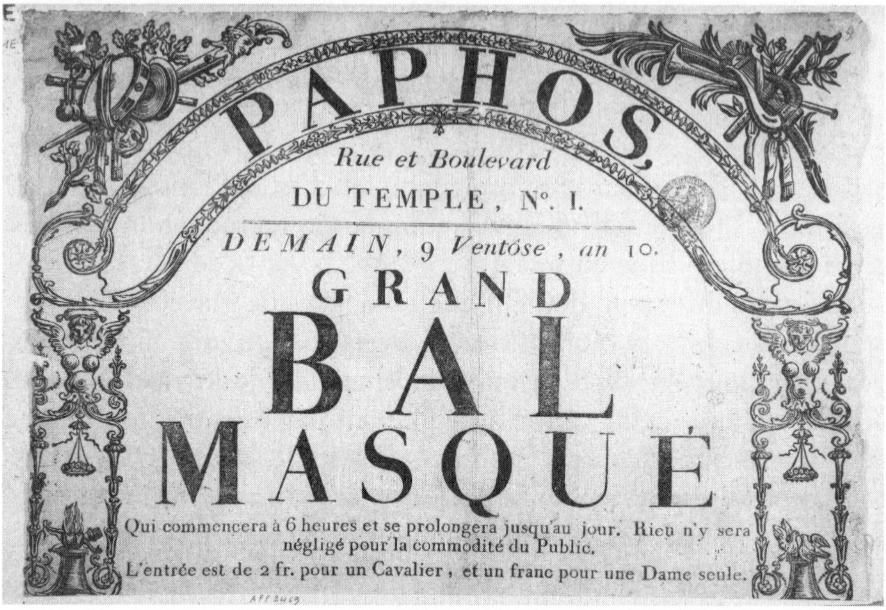

Figure 39. Ornements d'une affiche de bal, 1802, Ville de Paris/Musée Carnavalet

Figure 40. Ornements d'une affiche pour le parc de loisirs Tivoli, 1810, Ville de Paris/Musée Carnavalet

plus résistants, presse dont les tirages sur grands formats sont plus rapides), ou encore une offre d'ornements et d'illustrations plus diversifiée. C'est également la conception de larges caractères uniquement utilisés pour les affiches et fortement diffusés dans l'imprimerie anglaise ou française (pensons ici à l'emprise des familles Caslon, Fry ou Didot). Cette « révolution des grosses lettres », pour reprendre l'expression du graphiste et collectionneur d'éphémères Maurice Rickards – « *fat-face revolution* » – prend une signification nouvelle à partir de la Révolution française [166]. Le travail sur la mise en page des affiches vise à se faire voir sur les murs et à donner la plus grande publicité possible aux lois.

Les affiches commerciales, quant à elles, sont également façonnées par les bouleversements politiques. Elles s'affirment cependant comme des objets publicitaires *pour soi*, c'est-à-dire associés à des finalités marchandes qui transcendent les crises politiques et les changements de régime. Cette affirmation des logiques commerciales dans l'espace urbain accroît encore davantage la concurrence sur les murs. Les premières décennies du XIXe siècle voient apparaître de nouveaux procédés d'affichage qui perpétuent la course à l'armement déjà entreprise par les imprimeurs-typographes au siècle précédent. Joseph Rosny, dans son *Voyage autour du Pont-Neuf*, décrit ainsi les murs de Paris recouverts d'affiches blanches, rouges, vertes, jaunes ou marbrées. Chaque événement commercial donne alors lieu à un imprimé différent : « Donne-t-on à un de ces spectacles la représentation d'un diable d'une couleur quelconque, l'affiche y répond. Joue-t-on l'Homme Vert, un énorme placard vert captive votre attention [167]. » Il ne s'agit plus uniquement d'« attirer le regard du lecteur » – « *catch the Reader's Eye* », comme le formulait Addison en 1710 –, mais également de « captiver l'attention » du citadin, et d'entretenir la curiosité pour les nouveautés culturelles et commerciales. Les murs de la ville marchande deviennent alors progressivement des espaces d'expression du capitalisme commercial, donnant naissance à de nouveaux paysages.

Figure 41. Ornements de Caslon, 1798, BNF Gallica

3

Écologie urbaine de l'affichage

En 1715, un prospectus pour un nouveau journal de petites annonces utilise la figure fictive d'un ambassadeur étranger qui ordonne à ses domestiques de sillonner les rues pour récolter un exemplaire de toutes les affiches de Paris. Puis le diplomate « s'avis[e] de les emporter chez [lui], comme le monument le plus sensible de la grandeur de cette capitale du Royaume [1] ». Presque un siècle plus tard, Louis-Sébastien Mercier surenchérit : « Le placard ! il couvre, il colorie, il habille Paris à l'époque où ces lignes sont tracées, et l'on pourrait dire *Paris-affiche*, pour le distinguer par son costume le plus apparent des autres cités de l'univers [2] ». Du « monument sensible » au « costume le plus apparent », ces deux extraits dessinent les habits de papier de la ville moderne. Ils soulignent la multiplicité des usages ordinaires de l'affiche qui rythment le quotidien des citadins [3]. Ces imprimés, lus, observés, mais aussi collectés ou transcrits, deviennent progressivement des marqueurs et des repères définissant le rapport au temps et à l'espace.

Ils habillent les murs et façonnent les paysages de l'affiche. Ces atours de papier, en s'accumulant, posent la question du réemploi et du recyclage de cette matière première abondamment collectée et revendue par un réseau de chiffonniers. Si elles se multiplient, les affiches sont cependant bien souvent absentes des représentations des villes au XVIIIe siècle, qui visent d'abord à mettre en image un idéal architectural et politique [4]. Ces éphémères chargés de lettres minuscules annonçant un nouveau règlement ou faisant la

Figure 42. Mercier « curieux lecteur des affiches de Paris », 1786, BNF Gallica

promotion de remèdes de charlatans n'intéressent donc pas prioritairement les peintres et les graveurs, souvent moins attentifs aux détails qu'à la perspective de magnifier les paysages urbains. Rechercher les représentations des affiches, c'est donc commencer par constater leur absence. Cet effacement peut aussi être considéré comme un choix délibéré pour gommer ce qui est de plus en plus conçu comme une impureté, enlaidissant les murs. Ce discours critique identifie les couches d'imprimés affichés qui recouvrent les murs à une forme de pollution visuelle, associant ces travers paysagers aux défauts et médiocrités produits par les métropoles naissantes [5].

Usages ordinaires de l'affiche

L'affiche imprimée serait plus fiable que la pierre gravée. C'est ainsi que Mercier ouvre son récit d'anticipation au succès considérable en France et en Europe, *L'An 2440* [6]. Le narrateur sortant dans la rue pense d'abord se tromper en lisant l'inscription « l'an de grâce MMIVCXL [7] », gravée sur une colonne, avant de se référer aux « papiers publics » affichés [8]. L'éphémère permet d'ajuster le rapport au temps du citadin, et sa lecture est identifiée à un quasi-réflexe, laissant entrevoir une pratique nouvelle pour s'orienter et s'informer dans l'espace urbain. La scène, illustrée par une gravure, représente différents comportements, différentes modalités de l'attention urbaine (fig. 42).

Au cœur de l'image, les yeux plissés du personnage principal symbolisent la lecture minutieuse d'un objet de connaissance, mais aussi d'une écriture publique du pouvoir placée en surplomb des citadins. Au premier plan, deux passants regardent ailleurs, symbole de l'indifférence de celles et ceux qui ne lisent pas et ne remarquent plus ces papiers qui se fondent dans le décor urbain. Au second, le regard de deux femmes rappelle la possibilité de lectures collectives, mais aussi l'observation distraite des affiches. L'image et le texte précisent les manières de lire – ou de ne pas lire –, de regarder ou de déchiffrer, un savoir ordinaire du citadin élaboré à travers l'expérience quotidienne de la ville [9]. Ces documents constituent autant d'« intrigues de piétons [10] » et ont pour point commun de délivrer des visions toujours situées, des ambiances qui sollicitent les différents sens, en particulier la vue [11]. Malgré les prismes déformants liés à leurs auteurs, ils précisent les traits des lecteurs et des lectrices d'affiches. L'imprimé devient alors un objet populaire : à la fois parce qu'il est associé par une série d'intellectuels et d'artistes aux classes pauvres de la société [12], mais aussi parce qu'il est de plus en plus important dans l'expérience ordinaire des citadins.

Routines citadines

Mercier, grand *reporter* des rues parisiennes, met en scène une ville qui produit de l'actualité et offre « l'expérience temporelle du maintenant [13] ». Il se fait aussi ethnographe des objets quotidiens, offrant à ses lecteurs « des scènes, qu'à force de les voir, ils n'apercevaient pour ainsi dire plus [14] ». De ces moments d'observation émergent alors différentes figures du piéton : celui qui s'informe, celui qui se repère, celui qui flâne et lorgne les commerces. Il commente ainsi le fonctionnement de l'œil du promeneur aguerri : « Les huit muscles de cet homme travaillent, le long des routes, avec une mobilité surprenante. Il marche hâtivement, comme pour aller au-devant de l'objet qu'il cherche [15]. » Ses textes donnent accès à une expérience de la ville où les regards sont attirés, guidés et organisés par l'observation des affiches. En ce sens, Mercier constitue un éminent représentant d'une tradition littéraire décrivant la ville qui émerge au milieu du XVIIIe siècle en France, à la suite du *Tableau de Paris* de Jèze en 1761 [16], et prend de l'ampleur dans la première moitié du XIXe siècle [17]. Dans ce contexte, la scène de lecture d'affiches s'impose comme un passage obligé des récits en ville. Mercier y souligne l'importance des publics touchés, en particulier par les annonces de spectacles : « Qui croirait qu'il y a une multitude de gens pauvres, qui lisent les affiches sans aller au spectacle, et qui se consolent de n'y point aller, en sachant quelle pièce sera représentée ? Ils l'empruntent, la lisent en se couchant, et rêvent de l'avoir vu jouer [18]. » L'affiche est ici à l'intersection de différentes dimensions, entre le public et le privé, entre l'espace de la rue, l'élargissement sociologique des publics et la valeur individualisée et presque sentimentale accordée aux éphémères annonçant les spectacles. Dès lors, la lecture de l'affiche délivre à chaque fois une information nouvelle, individualisée et changeante. Au-delà du ton moralisateur de Mercier, la prolifération de ces imprimés est éminemment productive, puisque les citadins, y compris ceux qui ne peuvent pas « aller au spectacle », accumulent des informations et accentuent en fin de compte la visibilité et le succès de ces divertissements.

Cette valeur affective associée aux affiches est régulièrement soulignée par les observateurs des routines et habitudes urbaines. Rétif de La Bretonne, qui accorde une place très importante à ce que Paul Veyne appelle les « événements de faible intensité [19] », décrit leur place au sein des intérieurs et des chambres de garnis peuplées par les Parisiens les plus modestes. Dans *Le Paysan perverti*, publié en 1776, le narrateur précise la présence des affiches dans la pièce où il vit : « J'étais dans un grenier, éclairé par une chatière, mais fort gaiement tapissé, puisqu'il l'était d'affiches de comédies, appliquées à cru sur les lattes [20]. » Une vue de cette chambre est dessinée par Louis Binet et gravée par Louis-Sébastien Berthet pour illustrer la scène (cahier I, images 16-17). Les imprimés des spectacles décorent et isolent l'intérieur modeste. Ils sont parfois repeints pour embellir les murs nus, et contribuent à faire de ces espaces de vie des espaces intimes, que ce soit à travers l'affection pour certains objets, voire pour certaines figures célèbres dont le nom apparaît en vedette, ou bien encore pour exprimer ses sentiments dans la décoration des pièces [21]. Le peintre italien Giuseppe Maria Crespi, lorsqu'il réalise au milieu du XVIIIe siècle *La Femme à la puce* [22], prend ainsi soin de faire figurer deux affichettes en arrière-plan, sur le mur. L'image rappelle que ces éphémères sont souvent les rares objets appartenant aux locataires de ces chambres garnies, où l'espace personnel se limite fréquemment à un lit au-dessus duquel on accroche ses vêtements à une planche, une corde ou un clou [23]. Ces imprimés affichés ont été récupérés auprès d'un chiffonnier ou directement sur les murs après le passage de l'afficheur. Ils symbolisent en un sens le développement de la consommation observé au XVIIIe siècle [24], les plus modestes accumulant des objets, des imprimés et, ici, des informations à la mode. Cet élargissement du public des affiches est à nouveau souligné à la toute fin du siècle par le critique dramatique Grimod de La Reynière : « Ceux qui sont les plus empressés à lire les Affiches de Spectacles, qui tapissent chaque jour nos murailles, sont précisément ceux qui ne vont jamais à la Comédie. Les Gens du Peuple, pour peu qu'ils sachent lire, s'arrêtent devant ces Affiches, les étudient avec une attention marquée, et croyent par-là se donner un air d'importance [25]. » Les « gens pauvres » sont devenus les « gens du peuple », et l'affiche est érigée en objet populaire.

Dans un registre similaire, les récits de voyages et les observations d'étrangers documentent la ville sensible et les usages quotidiens des affiches [26]. Attentifs aux différences matérielles et culturelles, leurs observations se portent sur les multiples annonces affichées qui suscitent étonnements et parallèles avec leur ville ou région d'origine [27]. Le publiciste et libraire de Berne Johann Georg Heinzmann, visitant Paris dans les premières années de la Révolution, remarque par exemple « sur les murs des *placards* affichés, où l'on offre à des heures fixes que tel et tel donne *pour tout le monde*, des leçons particulières – sans exiger aucune rétribution. [...] Quel contraste avec une foule de nos Savants allemands [28] ! ». L'observation des affiches au fil des promenades dans les rues parisiennes est un point de départ pour constituer les stéréotypes nationaux. Le dramaturge originaire de Weimar, August von Kotzebue, est ainsi particulièrement intrigué par une série de petites annonces affichées offrant une « proposition de mariage ». Il en retranscrit quelques-unes dans ses *Souvenirs de Paris* : « Un homme de trente-huit ans, parfaitement libre, aisé, etc. ; désire trouver une femme qui a un peu de bien, et veuille faire société avec lui [29] », « Une jeune veuve, intéressante sous tous les rapports, tant pour le caractère que pour le physique, bien élevée, mais ayant perdu sa fortune ; désire trouver une personne seule, à qui sa compagnie soit agréable [30] ». Ces billets, bien qu'ils soient présentés par Kotzebue comme autant d'indices de la légèreté des mœurs parisiennes, façonnent les rapports et représentations de genres à l'image des présentations de sites de rencontres ou de profils de réseaux sociaux [31].

L'écrivain italien Giuseppe Baretti, qui visite Paris en 1760, est lui aussi attiré par les écriteaux affichés aux portes des églises, annonçant aux passants « ce qui s'y passe intérieurement toutes les fois qu'il y a quelque solennité extraordinaire [32] ». Il commente alors les paradoxes de la censure des imprimés, orchestrée par les autorités ecclésiastiques et la Librairie, qui leur donne une importante publicité en affichant leurs titres, aboutissant à « faire connaître à tout le monde, ce qui sans ces affiches ne le serait que de fort peu de gens [33] ». De même, Joachim Heinrich Campe, dans la capitale en août 1789, observe avec étonnement les attroupements devant les affiches qui relatent les événements politiques : « Ce qui frappe le plus, dis-je, c'est de voir le chaleureux intérêt que prennent aux affaires publiques ces gens, dont la plupart ne savent ni lire ni écrire. Il faut les voir dans une même rue [...] rassemblés devant une affiche et [l'un d'eux] qui lit à haute voix, tandis que les autres jugent et commentent [34]. » Pour le voyageur allemand, l'éphémère affiché, réinscrit dans un espace de la sociabilité orale, renseigne sur l'actualité politique et la rend accessible à une part de plus en plus importante de la population. En d'autres termes, cet objet contribue à la démocratisation de la discussion politique à la fin du siècle.

Les journaux de voyageuses témoignent aussi de l'intérêt des femmes des élites pour les affiches, à l'image de l'Anglaise Mme Cradock, qui séjourne en France au milieu des années 1780. Elle utilise les affiches de spectacles pour s'informer des festivités à

Paris et dans les autres villes visitées. Pour la Pentecôte de 1784, elle se rend aux festivités organisées par l'archevêque de Paris et attend d'avoir lu les affiches précisant le programme – « Grand'messe en musique à Notre-Dame, où Monseigneur l'Archevêque officiera. Le soir, concert spirituel et combat de taureaux » – avant d'envoyer une domestique prendre des places [35]. Même chose dans les villes de province, son œil semble habitué à parcourir les affiches commerciales et officielles. La voyageuse remarque ainsi un éphémère annonçant un feu d'artifice et en retranscrit la conclusion non sans ironie : « Une affiche placardée à chaque coin de rue nous frappa [...] et se terminait par cet avis "à ce spectacle les prêtres pourraient assister sans crainte d'y voir rien d'inconvenant" [36]. »

Dans les premières décennies du XIXe siècle, les récits de fiction, qui mettent en scène la découverte de la *ville-proche* sous les traits d'une redécouverte des lointains, font de l'observation des affiches une routine citadine établie. Le *Voyage autour du Pont-Neuf* de Joseph Rosny [37], publié en 1802, consacre par exemple son deuxième chapitre aux éphémères. Pouvoir lire et observer gratuitement l'affiche expliquerait son succès, et en un coup d'œil « l'observateur bénévole [sait] combien il se donnera en un seul jour de représentation de fêtes différentes [38] ». À nouveau, c'est son accessibilité qui est soulignée, et cette routine citadine structure le rapport au temps et la recherche d'informations. L'esthétique du « coup d'œil », observation instantanée, quasi expéditive, des affiches, est omniprésente chez Rosny. Elle coexiste cependant avec différents comportements, différentes attitudes vis-à-vis des nouvelles et de l'actualité des spectacles : « Une foule de curieux les parcourt ; les uns par désœuvrement, d'autres par habitude, d'autres par besoin [39]. » Ces scènes de lecture représentent toute la richesse des réceptions de l'affiche et toute la complexité de la curiosité urbaine. Cette dernière ouvre tout à la fois sur la routine, la flânerie, mais aussi sur l'attente d'une information sinon fiable, du moins renouvelée de la part d'une foule de citadins constituée en groupe de lecteurs, voire en public.

Figure 43. Une société urbaine du spectacle, XVIIIe siècle, BNF Gallica

Figure 44. Curiosité et machines à voir, XVIIIe siècle, BNF Gallica

De « badauds transformés en statues » aux « lecteurs avides »

Observation et lecture des affiches s'inscrivent dans un contexte intellectuel et scientifique marqué par le sensualisme, mis en forme par Condillac dans son *Traité des sensations*[40]. Cette philosophie, qui se construit sur le rapport sensible du sujet au monde phénoménal[41], redonne toute son importance aux rapports matériels aux objets et aux regards[42]. Ces derniers sont particulièrement sollicités dans les rues par une série de spectacles qui animent les villes européennes. De multiples images illustrent le rôle des chanteurs ambulants, des postillons, des colporteurs et des montreurs d'optique[43]. L'estampe dessinée par Jean Duplessis-Bertaux et gravée par Joseph Gleich[44] fait figurer sur le tableau la « permission du lieutenant général de police », écho graphique à la formule qui se trouve en théorie au pied des affiches privées et rappel des ambitions de la police parisienne d'encadrer les imprimés et les images exposées en ville (fig. 43)[45]. Ces tableaux et enseignes qui servent de décors aux spectacles sont en partie liés à la pédagogie de l'image héritée de la Réforme catholique[46], mais aussi à une série de dispositifs nouveaux au XVIIIe siècle qui associent l'apprentissage et les arts visuels[47]. Les machines à voir, les boîtes à visions ou encore les lanternes magiques nourrissent une curiosité urbaine pour la nouveauté[48], qu'illustre bien l'estampe intitulée de manière suggestive *La Curiosité* (fig. 44)[49].

Dans ce contexte, les affiches constituent les foules en public. Elles suscitent des attroupements et des lectures collectives. Ces dernières sont associées à une série de comportements qui créent autant d'habitudes citadines nouvelles, nécessitant une connaissance des bons usages de la rue[50]. C'est par exemple celui qui se singularise dans le groupe de lecteurs/observateurs, soit en lisant l'affiche, soit en la commentant. Une scène extraite du roman picaresque d'Alain-René Lesage *Histoire de Gil Blas de Santillane* décrit une explication de textes affichés dans la ville universitaire espagnole de Salamanque : « Plusieurs personnes s'amusaient aussi à les lire, et j'aperçus parmi celles-là un petit homme qui disait son sentiment sur ces ouvrages affichés. Je remarquai qu'on l'écoutait avec une extrême attention, et je jugeai en même temps qu'il croyait mériter qu'on l'écoutât[51]. » Le commentateur parvient à se positionner dans la foule et s'impose en façonnant la lecture de ceux qui l'entourent. « C'était apparemment quelque auteur », commente quelques lignes après le narrateur, précisant la position sociale de celui qui traduit les affiches pour le groupe assemblé. La présence d'un « orateur » est alors courante, improvisant la lecture à haute voix pour les citadins qui ne savent pas lire, ou peuvent seulement déchiffrer l'éphémère avec lenteur. Étienne de Jouy signale par exemple que dans la foule qui s'assemble devant les théâtres de boulevard lors des annonces affichées de représentations gratuites : « quelques orateurs populaires [...] font lecture, à voix haute, en estropiant, d'une manière quelquefois très-comique, le titre des ouvrages [52] ». Ces attroupements de lecteurs attirent les curieux, et il suffit parfois de voir un passant lire l'affiche pour y jeter un œil : « Au premier coin de ruë, il trouva un homme qui s'arrestoit pour regarder l'affiche des comédiens ; il se mit à la lire aussi [53]. » Il faut quelquefois se faufiler dans la masse de lecteurs/observateurs agglutinés pour pouvoir déchiffrer l'affiche, comme le rappelle ce poème publié dans *Le Courrier des spectacles* :

> Un angle au tournant de deux rues / M'offrit trente badauds transformés en statues, / Qui, lorgnant des placards sur un mur exposés, / Affrontaient le hazard de s'y voir écrasés. / Moi, débarqué d'hier, et qui cherche à m'instruire, / Je tâche, en louvoyant, de m'avancer pour lire [54].

Dans cet extrait, les citadins non seulement observent et lisent – ou plutôt ils lorgnent, sont attirés et hypnotisés par les imprimés affichés –, mais ils doivent également louvoyer pour les apercevoir et éviter d'être écrasés. Le poème insiste sur les ambivalences de la ville captivée, une ville animée par les flux de personnes et d'informations, mais aussi par les commentaires sur les aléas de la mode et de l'actualité. Se dessinent les contours d'un groupe de lecteurs, certes éphémère, mais rassemblé et parcouru d'interprétations contradictoires. Mercier, toujours, s'applique à décrire ce groupe qui se forme face aux murs :

> [...] le colleur vient d'étendre, d'appliquer, de coller, de plaquer et de recoller encore avec son épais pinceau. Trente lecteurs avides sont

> déjà pressés autour et au milieu d'eux, l'homme qui porte la hotte, et le garçon boucher, la tête chargée d'un panier plein de viandes, et le fumeur impoli, qui, soufflant dans le visage de son voisin d'infectes bouffées de tabac, le force de lui céder la place [55].

Les « trente badauds transformés en statues » sont devenus « trente lecteurs avides ». L'affiche impose le groupe, et les spécificités physiques comme les différences de comportements deviennent, sous la plume de Mercier, des stéréotypes sociaux. Au-delà du jugement moral sur le monde des petits métiers parisiens, l'extrait cerne bien ce que fait l'affiche sur l'expérience citadine : elle attire et arrête. L'actualité affichée en générant l'attroupement entretient le flux d'information, tout en immobilisant ponctuellement les citadins occupés à découvrir les nouvelles informations. Ces moments de lecture et d'observation collectives sont représentés en image par le peintre Léonard Defrance. Il place en marge de sa composition sur *L'abolition de la servitude dans les domaines du roi de France* un édit de Louis XVI abolissant le servage promulgué le 8 août 1779 (cahier I, image 18) [56]. Le peintre représente la foule qui tente de déchiffrer les minuscules caractères de l'affiche, à l'exception peut-être d'un homme qui paraît tendre l'oreille, la tête légèrement inclinée vers l'éphémère affiché. Comme la gravure conçue pour illustrer l'*An 2440* de Mercier, l'affiche officielle est placée en surplomb, impliquant une lecture lente et minutieuse, potentiellement contraignante, surtout s'il faut escalader une borne pour arriver à décrypter le texte.

Cette scène de lecture collective peut être comparée à une autre œuvre de Léonard Defrance (fig. 45) [57]. Particulièrement sensible au rôle que jouent les affiches dans la diffusion de l'information, en particulier des lois des souverains, il représente la lecture en groupe d'une affiche officielle de l'empereur Joseph II sur une place de Liège, publication d'une ordonnance impériale du 12 janvier 1782 portant suppression des ordres monastiques (au premier plan de cet extrait, des barbiers qui tondent les moines rendus à la vie civile) [58]. Les affiches, frappées de l'aigle impériale, sont apposées à hauteur d'homme au pied d'une statue représentant le souverain. À travers les vêtements et les apparences, il est possible de distinguer dans la foule différents ordres et niveaux sociaux [59] : la simarre du

Figure 45. Lecture et observation collective d'une ordonnance impériale. Détails d'une toile de Léonard Defrance, 1782, BNF Gallica

religieux, les multiples justaucorps et formes de chapeaux en feutre qui permettent de deviner la présence d'un officier au premier plan, le tablier et le bonnet de l'artisan qui se tient au plus près de l'affiche, tandis qu'au fond, deux bourgeois à cheval dominent une foule composée d'une quinzaine d'hommes et d'un enfant. À nouveau les regards et les corps sont contraints par un imprimé placé en surplomb, à l'exception d'un homme en veston au cœur du groupe, dont l'œil distrait semble être attiré vers les barbiers à l'ouvrage. Pas de femmes dans ces rassemblements, sinon représentées au deuxième ou troisième rang, en retrait par rapport aux lecteurs prenant toute la place devant l'affiche, signifiant la domination masculine sur le territoire urbain. Sur ces pans de mur, à proximité de l'affiche officielle, une série d'imprimés dont on devine les titres (« Les comédiens français... », « Bandages élastiques... ») rappellent l'empreinte de ces morceaux de papier sur l'environnement urbain.

Les paysages de Paris-affiche

Au-dessus d'une *Marchande de légumes et de fruits*, au coin d'une maison sur laquelle on devine une plaque de pierre indiquant un hôtel garni et des chambres à louer, plusieurs affiches signalent les ventes de biens seigneuriaux ou de biens immobiliers (fig. 46) [60]. Un imprimé spécifique se distingue doublement, par son titre – *Mahomet*, qu'il s'agisse de la pièce de Voltaire, *Mahomet Ier ou le fanatisme*, représentée pour la première fois en 1741, ou de celle écrite par Jean-Baptiste Sauvé de La Noue, *Mahomet II*, jouée en 1739 – mais aussi à travers l'encadrement bien particulier des affiches de théâtre déjà mentionné. La gravure fait ressortir certains éléments récurrents dans la manière de représenter les affiches : seuls les titres sont lisibles, tandis que les ornements sont simplifiés. Cependant, plus que le texte des éphémères, ce sont les contextes d'affichage qui sont importants. Cette estampe anonyme et non datée ouvre sur les paysages de l'affiche [61]. L'histoire visuelle de la *ville captivée* se fonde sur l'étude minutieuse d'un corpus de gravures, de peintures et de dessins des XVIIe, XVIIIe et XIXe siècles. Apparaissent alors des formes architecturales spécifiques : des pans de murs, des angles de maisons ou d'immeubles, des portes de différents édifices, laïcs et religieux. Les lieux d'affichage se multiplient et se diversifient en même temps que les types d'imprimés éphémères, et cette géographie de l'information affichée se distingue de plus en plus au XVIIIe siècle des « carrefours et lieux accoutumés », des espaces officiels des « cérémonies de l'information [62] ».

Points officiels et « lieux apparents »

Les affiches officielles délivrent une vision lisse et théorique des lieux d'affichage, à travers différentes formules : « sera affiché aux carrefours & lieux accoutumez », ou « carrefours & places publiques », jusqu'à la plus équivoque : « présent arrêt sera imprimé, publié et affiché partout où besoin sera ». Malgré leur

Figure 46. Murailles publicitaires. Plusieurs affiches au coin d'une maison (détail), XVIIIe siècle, BNF Gallica

caractère lapidaire, ces formules permettent d'interpréter et de déduire différents lieux d'affichage parisiens. Elles ont d'abord une portée juridique, de mise en application de la loi. Ainsi « partout où besoin sera » et « ordinaire et extraordinaire » permettent aux rédacteurs de prévenir toute plainte fondée sur la méconnaissance des nouvelles lois et règlements [63]. Ces expressions rappellent que la légitimité sociale du document ne s'achève pas avec sa lecture et proclamation, mais avec son exhibition publique. Elles renvoient également à la quotidienneté, au caractère presque machinal de l'affichage officiel. Les rédacteurs font ainsi l'économie d'une liste des lieux habituels où l'on affiche, car ils seraient fixés depuis le XVe siècle et connus des citadins. Les « rolles des carrefours », cités par l'avocat du XVIIe siècle Henri Sauval, mentionnent ainsi des lieux où les proclamations et affichages des jurés-crieurs du Châtelet se faisaient à la fin du Moyen Âge [64]. Il cite notamment l'emplacement de l'actuelle place Maubert, limite méridionale de la ville, comptant comme un « carrefour & lieux accoutumés ». Si ces derniers ne sont pas listés, ils évoquent cependant les dix-huit carrefours mentionnés dans les descriptions et les premiers guides de Paris au second XVIIIe siècle [65]. Ils renvoient aux anciennes places de village et constituent des lieux intimement associés à l'espace vécu et quotidien, où l'on se rend pour connaître le prix du pain, les ordonnances royales ou tout simplement pour se donner rendez-vous [66]. Ces carrefours, tout comme certains marchés, places publiques, ponts et portes de la ville, font office de « nœuds d'information [67] », dans une ville où les circulations d'hommes et de marchandises s'intensifient [68]. Ils font également office de points stratégiques de jonction, de changement de modes de transport, ou de points de rassemblement qui tirent leur importance du fait qu'ils concentrent certaines fonctions ou certains caractères physiques (à l'image des places). Ce sont enfin des lieux de polarisation à l'échelle d'un quartier. Malgré l'absence de registres précisant ces points d'affichage réguliers, il est possible de compléter le travail amorcé par Michèle Fogel pour délivrer un premier « état des lieux » et reconstituer la cartographie des affiches officielles au XVIIIe siècle (cahier II, carte 4)[69].

La carte permet de distinguer quatre types de lieux, au premier rang desquels se trouvent les portes des églises de la capitale. Ces espaces religieux, structurant la diffusion de l'information orale et écrite depuis l'époque médiévale, sont les supports d'éphémères représentés par le peintre Pierre-Victor Olagnon en arrière-plan de *L'Entrée à l'église* (cahier I, image 19)[70]. Elles accueillent les imprimés affichés des autorités religieuses, tel que l'« Avis aux paroissiens de S. Paul pour les processions du S. Sacrement en l'année 1788[71] », indiquant une liste de rues, places, quais et cimetières, synthétisant et matérialisant le parcours des processions (fig. 47)[72]. Centrales pour la communauté, les portes de l'église admettent non seulement les affiches officielles, mais aussi les annonces privées concernant une « chambre à louer » ou un « objet perdu ». Ces imprimés illustrent un savoir citadin, lié à l'expérience et à la fréquentation de lieux marqués par les usages du papier administratif ou commercial : portes de fonction des résidences des procureurs ou des notaires (fig. 48). Ce sont par exemple les cinq « Avis aux porteurs d'effets visés[73] », affichés sur les portes de ces derniers entre le 20 février et le 6 mai 1722. Les éphémères renvoient aux monceaux de paperasse générés par la liquidation du Système de Law. À la suite d'un arrêt du Conseil d'État du 4 janvier 1722, les créanciers (financiers, marchands, officiers de justice, banquiers…) étaient ainsi informés qu'ils pouvaient se présenter chez le notaire pour obtenir un certificat de liquidation[74]. Dans le même registre, la maison du commissaire de police représente un point de repère lorsqu'il faut non seulement porter plainte, mais également s'informer ou être informé[75].

Les affaires de droit privé alimentent ces lieux d'affichage officiel. Elles produisent une série d'éphémères imprimés lors de ventes de maisons par licitation, ces ventes aux enchères où les gains sont

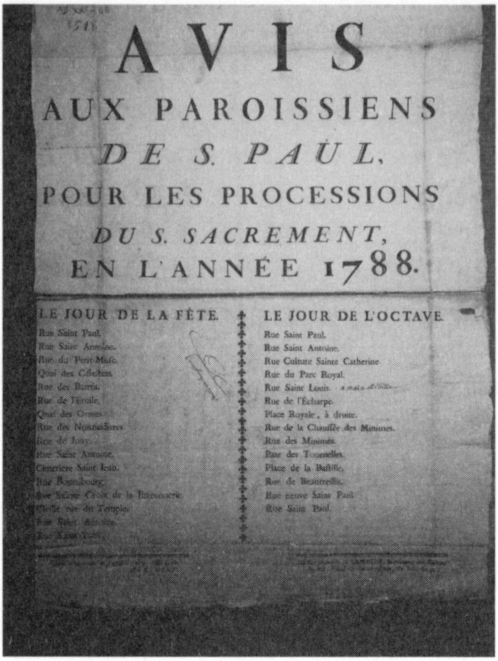

Figure 47. Avis aux paroissiens affiché sur la porte des églises, 1788, Archives nationales

Figure 48. Affichage aux portes du commissaire, XVIIIe siècle, BNF Gallica

partagés entre les différents propriétaires. Pour rendre la vente publique, les huissiers font coller ou placarder une affiche type : au portail de l'église de la paroisse où la maison est située, à la porte de la maison vendue, à la porte des différents propriétaires qui vendent, aux portes du Châtelet et du Parc civil, ainsi qu'au Pilori des Halles [76]. Les points d'affichage, qui correspondent à la superposition du statut juridique du lieu et de l'espace pratiqué quotidiennement, s'inscrivent dans le cadre de relations de voisinage. Ainsi, une ordonnance de 1667 souligne que l'huissier ou le sergent qui ne trouverait personne au domicile de celui ou celle assigné(e) en justice doivent afficher à sa porte [77]. Le tout est prolongé par la sollicitation des voisins pour certifier l'acte et assurer la diffusion légale de la nouvelle. Ces éphémères, à la portée non seulement judiciaire mais aussi réglementaire, sont parfois attachés à des éléments de mobilier urbain spécifiques, à l'image des tableaux présents dans chaque quartier de Paris accueillant l'affichage de nouveaux règlements. Ces derniers sont mentionnés dans une ordonnance d'Henri IV de 1608 pour le nettoiement des rues, diffusée sous forme de parchemins écrits « en grosses lettres, en tous les 16 quartiers… » sans qu'il « soit loisible d'ôter lesdits tableaux, sous peine de punition corporelle [78] ».

L'affichage officiel se concentre également aux nœuds de circulation que représentent les portes, les places et les intersections liées à l'histoire de la trame urbaine parisienne (ancienne « croisée de Paris » et carrefours marquant les intersections des axes Nord/Sud et Est/Ouest). Il est aussi attendu et observable dans les espaces d'affirmation du pouvoir royal, tels que les lieux de supplice à Paris (le pilori des Halles et la place de Grève, le Pont-Neuf et la croix du Trahoir, dans l'actuelle rue Saint-Honoré [79]) ou ceux étroitement associés aux autorités, comme le Palais [80]. Ce dernier possède ses propres logiques d'affichage, assuré par les huissiers du Parlement qui diffusent nombre d'arrêts, d'ordonnances et d'annonces de ventes affichés [81]. Un dessin de Jean-Baptiste Lallemand reflète l'emprise de ces imprimés sur les murs à la porte d'entrée de l'enclos (fig. 49) [82]. Même si les proportions du bâtiment accentuent le caractère majestueux et vénérable de l'institution par rapport à la petitesse des citadins, la longueur de certaines affiches évoque des listes de ventes d'offices qui font parfois plus d'un mètre de long. Également, en bas à droite de l'image, un imprimé au format paysage rappelle les annonces de ventes par adjudication ou licitation.

Enfin, les affiches officielles sont nombreuses dans les lieux mêlant fréquentations quotidiennes, activités marchandes et fortes significations symboliques tels que les marchés, les foires et les ports de la Seine. Un règlement doit, par exemple, être affiché en permanence sur les quais pour préciser les attributions des pilotes chargés de conduire les embarcations dans les ports de Paris [83]. De même, les paysages des jardins et promenades intègrent les imprimés affichés qui réglementent ces nouveaux espaces de loisirs et de sociabilités [84]. Cela concerne les affiches apposées au Jardin royal des plantes médicinales pour annoncer des cours, mais également une série d'interdictions et de règles (dont « défense d'entrer dans le jardin avec épées & bastons [85] »). Les arbres des jardins accueillent aussi les ordonnances de police qui condamnent le harcèlement des femmes dans l'espace public, abondamment affichées dans l'enceinte des Tuileries, du Luxembourg, au Jardin du Roi et au Palais-Royal [86]. Ces affiches diffusées en 1769 et 1783 signalent non seulement la fragilité de règlements qui sont couramment déchirés par les passants ou les chiffonniers, mais aussi les limites des sanctions contre le harcèlement au sein des jardins.

Figure 49. Affichage à la porte du Palais (détail), XVIIIe siècle, BNF Gallica

Cette prolifération des imprimés administratifs et juridiques sur les murs de la ville est abondamment commentée dans un passage de l'*Encyclopédie méthodique* :

> À la porte du notaire, il trouverait tout ce qui regarde les rentes, les paiements, la caisse d'escompte, les créations de charges, les emprunts ; celle d'un commissaire lui offrirait le prix du foin, de la volaille, du bois [...] ; une maison de procureur serait pour lui la plus fructueuse leçon de pratique. Il y verrait affichées la ruine, la condamnation de vingt familles, la saisie, la vente des biens de trois ou quatre gros seigneurs, dont les fortunes vont grossir celles de quelques faiseurs d'affaires ; enfin il enverrait de toutes sortes [87].

Trois figures sont associées à différentes portes : celles des notaires, des commissaires et des procureurs. Dans cette géographie de l'affichage juridique et réglementaire, le rédacteur prend soin de signaler les lectures distraites, voire l'indifférence totale des citadins, et à la porte du commissaire sont annoncées « la police de la propreté, qu'on n'observe pas, [...] l'observation des jours saints qu'on observe moins, les défenses d'allumer des feux, de tirer des fusées, dont on se moque ». Cet affichage dans les lieux officiels est lié à la notion de « lieu apparent », aussi bien à l'intérieur des administrations que devant les bâtiments. Ainsi, à l'entrée d'une ville, les tarifs d'entrée doivent être « affiché[s] dans un lieu apparent des bureaux [88] ». De même, d'après un arrêt du 26 décembre 1771, « il est ordonné à chaque *changeur* d'afficher dans le lieu le plus apparent de son bureau un exemplaire de l'arrêt cité [89] ». Enfin, l'*Encyclopédie méthodique* formule la définition suivante d'une « pancarte » : « un placard affiché dans l'endroit le plus apparent du lieu où l'on perçoit des droits imposés sur certaines denrées ou marchandises [90] ».

À partir de 1789, de nouveaux points d'affichage sont créés, même si la géographie de l'information d'Ancien Régime est amplement remobilisée par les révolutionnaires. À l'image des signes S.P.Q.R. gravés dans les villes de l'Antiquité romaine, les administrateurs des travaux publics de la Ville de Paris font poser des plaques en marbre noir sur lesquelles sont gravés en lettres d'or : « *Lois et actes de l'autorité publique* [91] ». Ce marquage des murs et du paysage est associé à des traces au sol :

> Pour ne laisser aucune incertitude sur les places réservées à ces affiches, il sera, par les administrateurs des travaux publics, et dans le plus bref délai, donné les ordres nécessaires pour faire recrépir et circonscrire, dans un carré tracé par des lignes fortement prononcées, les portions de mur destinées à ces sortes d'affiches [92].

Une aire d'information est ici délimitée au sein même de l'espace urbain. En d'autres termes, pour assurer la visibilité des lois affichées, les autorités s'appuient sur une mise en scène architecturale qui rappelle les écritures épigraphiques (sur les bâtiments officiels, la statuaire ou l'hydraulique somptuaire). Par là même, ces dispositifs visuels et scénographiques confèrent aux éphémères le statut d'écritures du pouvoir, sinon inscrites dans la pierre, tout du moins affichées dans un espace symboliquement sanctuarisé.

Si les autorités issues de la Révolution reprennent d'anciens points d'affichage, la géographie de l'information officielle est en partie remodelée. Les lieux d'exposition du pouvoir royal tendent à disparaître : c'est particulièrement le cas du Palais sur l'île de la Cité. À l'inverse, les portes de bâtiments qui accueillent les organes politiques ou administratifs nés avec la Révolution sont autant de nouveaux écrans d'affichage, à l'instar, par exemple, des portes des postes de garde de la police parisienne, des juges de paix, ou encore de celles de la nouvelle Municipalité. Cependant, certains lieux associés au pouvoir politique se maintiennent, à commencer par le Palais-Royal ou la place de Grève, devant l'Hôtel de Ville. Une autre forme de continuité concerne les lieux de circulation et de sociabilité : les marchés, les ponts et les portes de Paris, où se superposent affiches officielles et affiches privées.

Signaux commerciaux

Les fortes concentrations d'éphémères font ressortir certains lieux associés au gouvernement de la ville et des populations, mais aussi et de plus en plus aux pratiques commerciales et aux espaces de divertissement (théâtres et foires, jardins et Vauxhalls). Ceux-ci constituent aussi des points de prise d'information où se concentrent attroupements et lectures collectives de l'affiche, à l'instar de l'affiche repérable sur la toile de Louis-Léopold Boilly présentée au Salon de 1819, représentant la cohue provoquée par un spectacle gratuit au théâtre de l'Ambigu-Comique (cahier I, image 20) [93]. Ce sont aussi les affiches de loteries qui tapissent les murs à l'entrée des bureaux parisiens [94], les multiples publicités qui couvrent les palissades et les échoppes des foires [95], ou encore les imprimés apposés à proximité de l'entrée des boutiques ou des librairies. Les affiches de publication y sont visibles depuis le XIVe siècle. Ainsi, en 1342, un règlement de l'université de Paris invite chaque libraire à afficher sur un parchemin le titre et le prix des ouvrages en vente [96]. Cette pratique ancienne pour annoncer les « nouveautés » est progressivement associée à d'autres pratiques publicitaires [97] : la liste de publications retranscrite en début ou en fin d'ouvrage, le prospectus de souscription [98], les cartes de commerce, la mention dans les gazettes, les catalogues de libraires [99], ou encore les voyages pratiqués par toute une série d'intermédiaires visant à entretenir un réseau d'amitiés et de clients potentiels (à l'image du commis voyageur de la Société typographique de Neuchâtel Jean-François Favarger étudié par Robert Darnton [100]).

Si l'affiche de publication est intégrée dans un système de publicités multimédias, elle n'en marque pas moins de plus en plus le paysage urbain au cours du XVIIIe siècle. La célèbre toile de Léonard Defrance, *À l'égide de Minerve*, représente ainsi les murs d'un libraire recouverts d'affiches (cahier II, image 22) [101]. Cette célébration des Lumières est réalisée par le peintre liégeois en hommage à l'édit de tolérance de l'empereur Joseph II, proclamé le 13 octobre 1781, assurant une liberté de culte dans les territoires de la monarchie autrichienne. L'édit est d'ailleurs visible sur le mur gauche, rédigé en latin et titré *Mandatum Tolerantiae*, marqué d'une vignette ornée de l'aigle impériale. De part et d'autre de la boutique, les murs sont recouverts d'imprimés qui symbolisent et matérialisent les textes des Lumières dans l'espace urbain. Ils annoncent en effet en lettres majuscules : *Recueil complet des œuvres de Rousseau, l'Esprit des lois*, les *Œuvres de Voltaire avec des notes critiques de M. Bigot de l'université de Louvain*, les *Œuvres de d'Alembert*, le *Traité des sensations par M. de Condillac*, les *Œuvres d'Helvétius*. Ce corpus est associé à une annonce de vente des *Essais de*

Figure 50. Affichage et écriteaux de boutiques et échoppes, premier tiers du XIXe siècle, BNF Gallica

Michel de Montaigne, manière de figurer une généalogie intellectuelle de la tolérance religieuse, et une *Géographie universelle avec des cartes*, emblème du renouveau des savoirs cartographiques au XVIIIe siècle [102]. Si la toile de Léonard Defrance présente avant tout une allégorie du rôle de l'imprimé dans la diffusion des Lumières, elle illustre également la fonction à la fois publicitaire – informer sur les « nouveautés » – et commerciale – prolonger la boutique dans l'espace urbain – des affiches de libraires. Ces imprimés témoignent du commerce dans les rues, au sein de l'espace marchand des boutiques qui privilégie encore l'échange direct [103]. Ils font parfois office d'enseignes, détaillant les prestations de l'artisan, ou bien les objets vendus par le marchand, tels les écriteaux cloués sur les locaux des écrivains publics [104].

Un dessin de Victor Jean Nicolle semble transposer la poétique des ruines antiques, popularisée par les peintres de la seconde modernité tels que Le Lorrain ou Hubert Robert, au contexte de la ville postrévolutionnaire (fig. 50). Les ruines du couvent des Grands-Carmes, fermé en 1790 et démoli entre 1811 et 1813, se substituent aux colonnades antiques, tandis que l'écriteau brisé – « Ici on écrit pour le public » – paraît remplacer les inscriptions épigraphiques grecques ou romaines. Les devantures des boutiques accueillent également des affiches publicitaires et des annonces de spectacles, ou encore des listes de prix [105]. Autre exemple, les éphémères encadrent une galerie marchande où se sont installés des vendeurs à l'étalage [106], sur la toile de Michel Garnier, *Le Passage du ruisseau* (cahier II, image 23) [107].

Dans ces contextes urbains, l'observation des imprimés affichés est associée aux regards des passants sur les objets et images en vitrine, et par prolongement aux nouvelles pratiques de sociabilité et de consommation dans les boutiques au XVIIIe siècle [108]. En devenant des lieux de prise d'information, les murs de la ville donnent à voir un nouvel imaginaire urbain. L'estampe figurant la boutique du marchand de gravures Martinet, située rue du Coq à proximité du Louvre, représente par exemple les « musards » devant une vitrine (cahier II, image 21) [109]. Le lithographe Pierre-Nolasque Bergeret mêle ici parodie urbaine et caricature sociale à travers les jeux de regards qui toisent ou scrutent, et les postures des citadins qui tour à tour se pressent ou s'étalent dans l'espace. Il construit une nouvelle mise en abîme, double cette fois, dans la mesure où l'image est aussi bien une caricature de la caricature qu'une réclame présentant des outils publicitaires (affiches et gravures exposées sous l'enseigne de la boutique).

Organiser l'espace et le temps

Les imprimés affichés créent de nouveaux signaux urbains pour s'orienter, se repérer, mais aussi identifier un espace à une information, une fonction ou même un événement. À l'échelle de la rue, ces imprimés signalent la porte d'une vente immobilière après un décès [110], la location d'une maison ou d'un appartement [111]. L'éphémère affiché est un marqueur visible, alimentant les échanges et les sociabilités de quartier. Sa consultation, sa lecture ou son observation renvoient à une série de comportements quotidiens « organisateurs de territoire », pour reprendre l'expression de Michel de Certeau [112], marquant les portes et attirant les regards des passants. À l'instar de l'enseigne [113], l'affiche fait alors office d'écran, au sens où elle résume et signale en un coup d'œil les activités commerciales dans l'immeuble (fig. 51-53).

Les publicités dans les journaux, les prospectus et les guides de voyages se font d'ailleurs les relais de ce marquage intra-urbain.

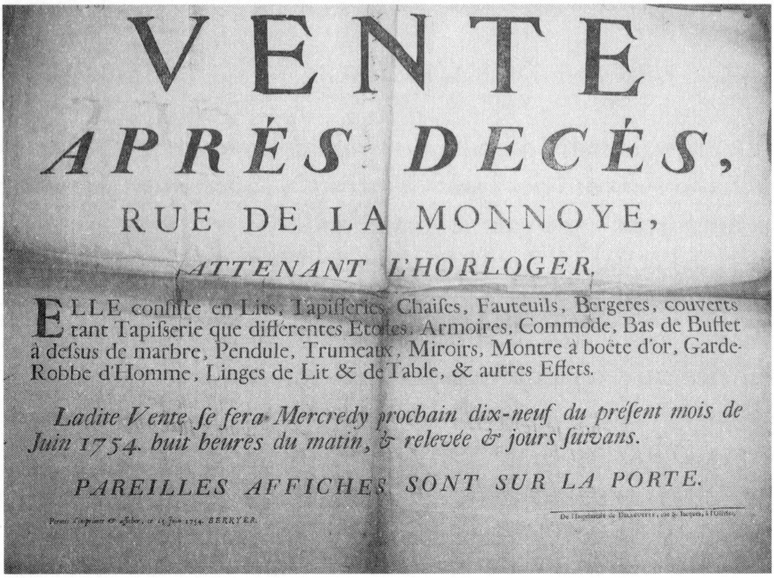

Figure 51. Affiche de vente après décès, 1754, Archives nationales

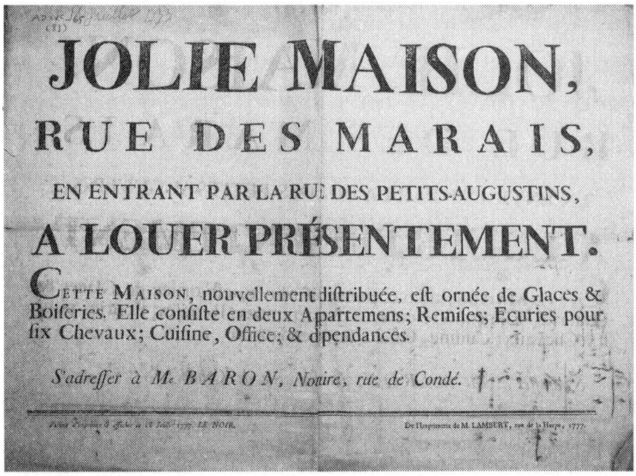

Figure 52. Affiche de location de maison, 1777, Archives nationales

Figure 53. Panneau manuscrit pour un appartement à louer, Archives nationales

Brice Germain, dans sa *Description de la ville de Paris*, transcrit ainsi un éphémère des prêtres de la mission de Saint-Lazare pour une offre d'hébergement, titré en grosses lettres « RETRAITE HONNESTE ET CHRETIENNE [114] ». Le texte, affiché « à tous les coins de rue » en juin 1724, figure dans un guide publié en 1725. En y étant intégré, l'éphémère s'inscrit alors dans un système d'information touristique, où il est à la fois source (il délivre l'information aux lecteurs) et garant de l'offre hôtelière (l'auteur précise : « si les choses s'exécutent comme elles sont proposées par l'Affiche [115] »). De même, une brochure vantant les mérites d'un remède contre les maladies de peau est par exemple reprise et publiée dans le *Mercure de France*. Il est précisé à la fin du texte : « *La vendeuse*, demeure à Paris, *rue de la Comédie Françoise, Chez un Grainetier, au premier étage*. Il y a une Affiche au-dessus de la porte [116] ». Ici, l'imprimé s'inscrit dans un système d'information qui joue de l'association entre supports et représente autant une source d'information qu'un point de repère pour les promeneurs.

Les affiches du XVIIIe siècle sont le plus fréquemment présentes au coin des rues, dans l'encadrement de portes, collées entre un et quatre mètres de hauteur, et parfois derrière les bornes. Ces dernières se multiplient à mesure que progresse la construction des trottoirs dans la capitale à la fin du siècle [117]. Elles sont notamment conçues pour protéger la circulation des piétons, et deviennent un topique de la lecture d'affiche, comme le rapporte Louis-Sébastien Mercier :

> Il n'est pas prudent de lire une affiche, haute ou basse au coin d'une borne ; c'est un appât qui a son péril. Plus d'un lecteur est obligé d'interrompre précipitamment sa lecture, et de se sauver au milieu d'une phrase instructive : ce qui nuit à la réflexion qu'on doit à toute lecture, même à celle des affiches. On se croit quelquefois en sûreté derrière une borne. Là on semble braver le danger de lire en paix ; mais la plupart des bornes ont été creusées par le petit essieu à sa hauteur. Tandis que vous vous instruisez, il passe par le creux formé et vous emporte le gras de la jambe [118].

Ces bornes apparaissent sur la gravure de Pierre-Laurent Auvray, où figure à nouveau l'empreinte urbaine des affiches de spectacles et des annonces de particuliers derrière une bouquetière (fig. 54) [119].

Figure 54. Une bouquetière devant un mur d’affiches, XVIIIe siècle, BNF Gallica

L'image permet de distinguer les affiches de l'Académie royale de musique, celles des Comédies-Française et Italienne qui jouxtent une publicité pour un recueil de dessins et, enfin, sur la droite, un décret de la faculté de médecine, lui-même recouvert par une annonce faisant l'article d'un procédé de filtrage « vis-à-vis le port à l'anglais » en amont de Paris sur la Seine. Ces papiers superposés font écho aux hiérarchies entre institutions théâtrales moquées par Mercier, qui relève que « les affiches des spectacles des Boulevards s'éloignent des affiches des trois théâtres. Ce que c'est que l'ordre et la subordination [120] ! ». Cette transcription spatiale des conflits entre troupes et lieux de spectacles est alors requise par les commanditaires, mise en œuvre par les afficheurs et décryptée par les citadins. Les éphémères s'acquittent également d'une fonction symbolique et contribuent à matérialiser la renommée des artistes de théâtre dans les rues et sur les portes des hôtels particuliers [121]. Les propriétaires de ces derniers adressent à la lieutenance générale de police de nombreuses plaintes visant les afficheurs qui oublient d'y apposer les annonces de spectacles. Elles soulignent la fonction publicitaire de ces espaces (fig. 55-56) [122].

Les portes et murs des hôtels particuliers sont en effet représentés couverts d'affiches privées ou officielles, illustrant leur statut de pôles attractifs à l'échelle du quartier, autant du point de vue du commerce et de la consommation que dans la structuration d'un système urbain d'information [123]. Les occupants de l'hôtel s'informent en passant la porte ou en envoyant un domestique le faire. Du Gone, fondateur des *Affiches de Paris, des provinces, et des pays étrangers*, décrit ainsi « combien de personnes de qualité sont obligez d'envoyer leur laquais pour être instruits [124] ». L'affiche organise non seulement l'espace, mais aussi le temps et l'observation matinale des imprimés, qui devient un moment structurant la journée des citadins. En 1797, le critique dramatique Grimod de la Reynière revient sur le rôle structurant de ces éphémères pour définir de manière quotidienne le rapport au temps. Il critique la lenteur de l'affichage des spectacles, liée à la multiplication des institutions culturelles, mais aussi et surtout à l'essor des lieux de production et du nombre de tirages, affirmant avec nostalgie : « Anciennement les Affiches étaient collées de fort bonne heure, parce que toutes sortant de la même Imprimerie, passaient immédiatement dans les mains de l'Afficheur [125] ». Ce retard est

Figure 55. Les murs du faubourg Saint-Antoine. Affiches
dans l'encadrement de la porte cochère (détail), 1789, BNF Gallica

Figure 56. Affichage à l'entrée de l'hôtel particulier (détail), 1805, BNF Gallica

préjudiciable, tant la lecture de l'imprimé, par les informations qu'elle apporte, structure l'organisation d'une journée : « Beaucoup de gens aiment à régler, dès le matin, l'emploi de leur journée ; et l'Affiche, en les décidant pour tel ou tel Spectacle, détermine ainsi leur dîner dans telle ou telle maison : il est donc essentiel de savoir là-dessus de bonne heure à quoi s'en tenir [126]. » Si les annonces de spectacles organisent la soirée de nombreux citadins, les affiches réglementaires, les placards de décès, ou encore les annonces de vente façonnent les temporalités quotidiennes. Le renouvellement journalier des affiches contribue en ce sens à une accélération du temps, renforçant l'importance des lieux de prise d'information. En ce sens, les portes des hôtels particuliers constituent pour le voisinage un lieu de réactualisation des nouvelles, mais aussi d'attentes ou de déceptions, ce qui les conduit à se réapproprier cet espace de transition entre la cour et la rue. L'estampe anonyme, probablement datée de 1790, intitulée *Désespoir des pensionnaires*, représente des imprimés affichés sur les murs de l'hôtel de Brienne (du nom de son propriétaire depuis 1787 – fig. 57)[127].

La scène ironise sur la suspension des pensions accordées par le roi après le décret des 4 et 5 janvier 1790, puis leur suppression à l'été. Les sanglots et émotions des aristocrates ayant perdu leurs pensions contrastent alors avec le jeune garçon symbolisant les classes populaires, qui vient de s'en voir octroyer une. L'estampe fait également ressortir l'omniprésence des éphémères, journaux muraux et prospectus, dont quelques titres écrits en miroir par le graveur sur les affiches : « Révolution de Paris », « Le Modérateur », « L'Ami du Peuple ». Certains contemporains associent alors la prolifération du papier affiché et la dégradation des paysages urbains, à l'image du rédacteur de l'*Encyclopédie méthodique* : « C'est vraiment un spectacle curieux que cette multitude d'affiches qui tapissent les murailles extérieures de nos maisons. Quelle quantité de papier consommé annuellement à Paris, pour cet objet[128] ! »

De nouvelles nuisances urbaines ?

En 1725, en pleine crise frumentaire, le sieur Poleins est condamné pour avoir rédigé et diffusé des affiches subversives dont certaines sont décollées et jointes au dossier du prisonnier[129]. Ces deux imprimés manuscrits forment un palimpseste de papiers saisis par les autorités (fig. 58-59). Celui de gauche recouvre deux autres affiches – l'annonce d'une comédie et une affiche officielle –, tandis que celui de droite fait apparaître quatre couches de papier formant cette croûte épaisse d'affiches superposées décriée par les contemporains, mais qui fait la manne des chiffonniers.

Figure 57. Les affiches à la porte de l'Hôtel de Brienne, 1789, BNF Gallica

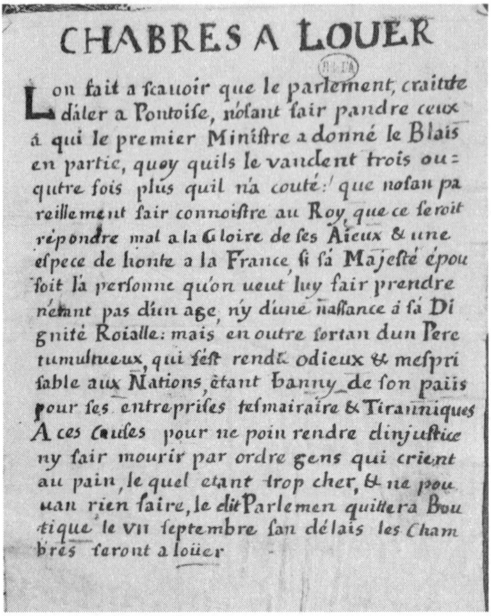

CHABRES A LOUER

Lon fait a scauoir que le parlement, craitte dâler a Pontoise, nosant fair pandre ceux á qui le premier Ministre a donné le Blais en partie, quoy quils le vandent trois ou= qutre fois plus quil n'a couté : que nosan pareillement fair connoistre au Roy, que ce seroit répondre mal a la Gloire de ses Aieux & une espece de honte a la France, si sa Majesté épousoit la personne qu'on ueut luy fair prendre n'étant pas d'un age, ny d'une nassance a sa Dignité Roialle : mais en outre sortan dun Pere tumultueux, qui sest rendu odieux & mesprisable aux Nations, étant banny de son paiis pour ses entreprises tesmairaire & Tiranniques A ces Causes pour ne poin rendre dinjustice ny fair mourir par ordre gens qui crient au pain, le quel etant trop cher, & ne pouuan rien faire, le dit Parlemen quittera Boutique le VII septembre san délais les Chambres seront a loüer

Figure 58. Palimpseste de papier conservé dans les archives de la Bastille, 1725, BNF Bibliothèque de l'Arsenal

A no Seigneur du parleman

Figure 59. Croûte de papier conservée dans un dossier de prisonnier, affiches superposées arrachées d'un mur, 1725, BNF Bibliothèque de l'Arsenal

Recycler le papier

La perspective d'une écologie urbaine du papier révèle un processus de réemploi, voire de recyclage [130]. Au cœur de ces efforts pour réemployer le papier affiché : les chiffonniers que l'écrivain Rétif de La Bretonne dépeint sous les traits du « décolleur d'affiches ». Ce dernier, pour vivre, parcourt les rues en retirant le papier collé aux murs afin de le revendre ensuite. Cette « industrie fainéante [131] » implique un tri des types de papier à revendre dans ce que les chiffonniers et l'administration nomment souvent le « vieux papier », du moins abîmé, livré aux épiciers, en passant par les couches de papiers affichés qui intéressent les cartonniers, jusqu'aux lambeaux de feuilles réutilisés par les chiffonniers pour se chauffer. Sous la plume de Rétif, la description du chiffonnier oscille alors entre le tableau d'une fonction sociale et l'esquisse d'une personnalité littéraire [132] : entre vision stéréotypée du peuple paresseux (« ce malheureux est absolument incapable d'aucun travail ; non qu'il soit incommodé, mais par excès de nonchalance ») et savoir-faire du chiffonnier (« Il sort la nuit, pour décoller les affiches : mais comme il ne veut pas occasionner de plaintes, il lit les dates, et les laisse subsister, tant que le jour indiqué n'est point passé. Il ne touche jamais aux affiches-à-demeure, telles que les annonces de Livres, de Remèdes, et le reste. Il dépouille chaque soir les murailles des affiches de Comédies, et cet objet seul lui produit 12 à 15 sous par jour [133] »).

Cet imaginaire social transparaît également dans les représentations de ce petit métier sur les gravures des premières décennies du XIXe siècle (cahier II, images 24-25) [134]. S'il devient alors, comme le souligne Antoine Compagnon, un « revenant de l'Ancien Régime métamorphosé en factotum de la modernité [135] », sa fonction doit être réinscrite dans le processus de recyclage des déchets urbains qui prend une ampleur nouvelle à partir de la fin du XVIIIe siècle et l'essor de la production papetière [136]. Leur nombre augmente au tournant du XIXe siècle, estimé à 20 000 chiffonniers [137]. Dans le contexte de prolifération des affiches, ils assurent à la fois un rôle de maintenance urbaine et d'agents d'information, en arrachant les parois de papiers superposés pour les revendre comme objets de nouvelles, ou bien comme simples feuilles de brouillon. Ils fournissent également les locaux des cartonniers, qui se multiplient dans les années 1790 et 1800 à mesure que la demande en emballages augmente [138].

Dès lors, ces arracheurs d'affiches jouent un rôle crucial d'entretien des espaces d'affichage. En déchirant et décollant les masses de papiers accumulés, ils mettent en œuvre, comme les afficheurs, la « maintenance » des murs [139]. Au-delà des stéréotypes littéraires et iconographiques, ils sont mentionnés dans les sources policières, à l'image du jeune Armand Boulanger, âgé de 16 ans, arrêté par erreur par la police parisienne le 25 juin 1790 alors qu'il arrachait des affiches de spectacles pour, selon ses dires, « les vendre à l'Épicier rue au Chandelier [140] ». À partir de la Révolution française, les vieux papiers recouvrant les murs, jonchant les rues, accumulés au coin des bornes symbolisent l'implication des classes populaires dans la vie politique, à l'exemple du *Membre du comité des recherches* représenté sous les traits d'un chiffonnier [141]. Ces représentations des collecteurs de vieilles affiches donnent également aux illustrateurs l'occasion de légender leurs caricatures, à l'image de l'estampe anonyme sobrement titrée *La Perruque enlevée* (cahier II, image 26) [142]. La figure d'une chiffonnière au travail ridiculise le critique de spectacles Julien-Louis Geoffroy. Ce dernier, ancien élève des Jésuites, est représenté en abbé défroqué. Il est alors la cible de nombreuses attaques, à mesure que croît son influence. Jusqu'à sa mort en 1814, il fait et défait les réputations, aussi bien de dramaturges que de comédiens, dans une chronique intitulée le « Père Feuilleton », publiée à partir de 1800 dans le *Journal des Débats* [143]. Les affiches de spectacles au second plan contiennent ironiquement autant d'injures à son encontre (« le menteur, le pessimiste », « médiocre et rampant », « La perruque enlevée ou le critique et la chiffonnière, mélodrame grand spectacle » ...). La légende détourne également un extrait de la pièce parodique de Nicolas Boileau, *Le Chapelain décoiffé*, pastichant lui-même *Le Cid* de Corneille : « Ô rage ! ô désespoir ! ô perruque ma mie ! N'as-tu donc tant vécu que pour cette infamie ? Quoi ! n'est-ce pas assez que mes plats feuilletons se trouvent confondus dans un tas de chiffons ! Il faut encore, il faut y laisser ma Perruque qu'un sale et vil crochet arrache de Ma nuque ! » Ici, les éphémères servent le réquisitoire du caricaturiste, les opinions de Geoffroy étant associées à ces monceaux de papiers qui flétrissent sur les murs, ou s'accumulent dans la rigole centrale d'écoulement. Le réquisitoire à l'encontre de la sphère médiatique, visant l'arrogance du journaliste et critique dramatique, rejoint alors la critique de la prolifération de l'affichage. Cette multitude de papiers constitue pour les contemporains de Mercier un objet encombrant, défigurant les paysages urbains. La prolifération des affiches crée une nuisance visuelle, d'autant plus lorsque ces sollicitations ne permettent pas d'accéder à l'information.

Proliférations et nuisances paysagères

Les Embarras de Paris, représentés en estampe, figurent de nombreuses critiques et préjugés associés à la vie urbaine [144] (fig. 60). Cette image stéréotypée des « petits métiers » traduit l'émergence du discours sur l'abondance publicitaire comme élément polluant les murs de la ville, associé en creux à la naissance de l'« urbaphobie » aux XIXe et XXe siècles, étudiée par Florence Bourillon et Arnaud Baubérot [145].

Figure 60. Les affiches au cœur des embarras urbains (détail), XVIIIe siècle, BNF Gallica

Ce discours sur les nuisances visuelles est aussi un discours sur l'enlaidissement des villes. À nouveau, le détour par Louis-Sébastien Mercier fait apparaître toute la réflexivité des contemporains sur cette nouvelle conception des paysages urbains :

> [Les] affiches sont arrachées le lendemain, pour faire place à d'autres. Si la main qui les colle ne les déchirait pas, les rues à la longue seraient obstruées par une espèce de carton, grossier résultat du sacré et du

> profane mêlés ensemble : [litanie des titres], bref, de tous ces différents papiers que le public a sous les yeux, qu'il ne lit pas, et qui ne servent qu'à déguiser la nudité des murailles [146].

Il est intéressant ici de voir associer le grand nombre de sollicitations à une dilution de l'attention. L'accumulation des titres retranscrit la lecture rapide dans les rues parisiennes, et l'écriture est, en un sens, façonnée par ces multiples affiches. Les observations de Mercier recoupent les condamnations contemporaines des excès de la mode et de la curiosité qui aboutiraient à l'indifférence du public, notamment en matière de production littéraire [147].

La critique de papiers qui prolifèrent sans qu'ils soient nécessairement lus transparaît également dans certaines satires, à l'image de ce manuscrit rédigé par le dramaturge Nicolas-Thomas Barthe et diffusé sous la forme d'une chanson en 1767 [148]. Ce poème pamphlétaire, en attaquant les nouveaux directeurs de l'Opéra de Paris (Pierre-Montan Berton et Jean-Claude Trial), parodie la forme des publications officielles, en étant notamment intitulé « Statuts pour l'Académie Royale de Musique ». La dernière strophe mentionne alors la publicité de l'acte de nomination : « Et, pour qu'on ne prétende à faute d'ignorance, / Sera la présente ordonnance / Imprimée, affichée à tous nos corridors, / Aux murs des loges, aux coulisses, / Aux palais des Rolands, aux chambres des Médors, / Et dans les boudoirs des actrices [149]. » Barthe imagine un imprimé éphémère qui s'insérerait dans tous les coins et recoins de l'Opéra, visible partout, comme un message lancinant rappelé constamment aux spectateurs, un flot de papier assaillant les comédiens jusque dans leurs espaces d'intimité. Avec la Révolution et l'important essor des affiches politiques, Mercier insiste : « [...] pas une colonne, pas un angle de porte, pas la moindre surface ne soit couverte d'un placard grand ou petit, étroit ou large [...] [150]. » La prolifération des affiches officielles suscite de nombreuses critiques, à l'instar de celle formulée en l'an II par le juriste Camille Saint-Aubin à l'encontre de ce qu'il appelle la « réglementomanie ». Et l'auteur de conclure sa généalogie du déluge d'affiches qui obstrueraient les murs en 1793 : « Nos premiers parents étaient à peine logés dans le paradis terrestre, qu'ils y trouvèrent (probablement placardé et affiché aux arbres) un règlement de police qui leur interdisait de manger du fruit d'un pommier [151]. »

Cette augmentation du volume d'affiches législatives et administratives contribue à une recrudescence du papier consommé, obligeant alors à penser ce dernier comme une ressource à préserver, mais aussi à réutiliser. Ainsi, en mai 1794, dans un contexte marqué par la guerre, la pénurie de papier hollandais et les difficultés socio-économiques des papeteries nationales, la Commission des subsistances et approvisionnements charge plusieurs scientifiques de trouver une solution pour pallier les besoins exponentiels de cette matière première. Ils publient alors un « Rapport sur la refonte du papier » et placent au cœur de leurs procédés le carton-pâte issu des ateliers des chiffonniers, récupéré à partir de vieux papiers dont une large partie provient des murs [152]. La critique des excès de l'affichage est donc assortie de préoccupations sur l'utilisation excessive de la ressource que constitue le papier. Louis Abel Beffroy de Reigny débute ainsi la notice sur l'affiche de son *Dictionnaire néologique* en soulignant la profusion de papier consommé et gâché : « Le papier augmentait de prix à chaque heure au commencement de la Révolution ; et cette denrée précieuse eût fini par nous manquer tout-à-fait. [...] La consommation qu'exigeaient seulement les *affiches* était épouvantable. Les murs de nos maisons semblaient demander grâce aux afficheurs [153]. » Ces préoccupations environnementales qui émergent à la fin du XVIIIe siècle sont alors redoublées d'un réquisitoire moral.

Ordre mural, ordre moral

La nouvelle lisibilité de l'urbain, associée aux affiches, mais aussi aux enseignes et aux graffitis [154], contribue à faire émerger une morale urbaine. Ces signes urbains sont souvent liés aux réflexions sur l'« orthographe publique » et, par prolongement, sur les images et termes licencieux exposés dans les rues. Molière intégrait par exemple dans *Les Fâcheux* le personnage de Caritidès, présenté comme « correcteur d'enseignes [155] ». Un siècle plus tard, Mercier critique ces pans de mobiliers urbains où « l'ignorance est gravée en lettres d'or [156] ». Esprit frappeur, il lie ensuite effet comique et condamnation morale : « Un nommé Ledru a fait sa fortune avec l'inscription de son enseigne, laquelle portoit : *Ledru pose des sonnettes dans le cul de sac*. L'écrivain, perché sur sa haute échelle, avoit mit un gros point après le mot *cul*, et avoit rejeté *de sac* à l'autre ligne, ce qui parut facétieux ; et tout le monde voulut employer le sieur Ledru, qui posoit des sonnettes dans le cul. Il n'en fallut pas davantage pour lui attirer la vogue [157]. » Cette critique morale des enseignes prend alors une teinte politique, associant indécence et troubles à l'ordre public. Un demi-siècle plus tard, une ordonnance de frimaire an VIII (hiver 1799) réactualise les liens entre encadrement des mœurs et encadrement des murs : les marchands doivent modifier les enseignes contraires aux lois, mais aussi et surtout « aux mœurs et à la langue française [158] ».

L'ordre moral associé aux écritures exposées transparait sur les représentations de l'ordonnance de police contre les « filles de joie » en 1778. Celles-ci imagent l'actualité et la nouvelle mesure répressive mise en place par la police parisienne à l'encontre des travailleuses du sexe, souvent enfermées à la Salpêtrière, comme le rappelle le tombereau au second plan [159]. Ils fournissent plusieurs points de vue sur ces murs tapissés d'affiches (cahier II, images 27-28) [160]. Sur les deux gravures, dont l'une est une vue d'optique reproduisant en miroir la matrice de l'estampe de Jean-Baptiste Huet, les éphémères sont des signifiants moraux et politiques – affiches pour « Nouvelle fabrique de Perruques Anglaises », « Vente de Cheveux », « Avis au Public. Nouvelle Pommade pour faire pousser les cheveux promptement », « Nouveaux bonnets très élégants pour les têtes rasées », « nouveaux rasoirs pour les têtes »... Les imprimés permettent alors de légender l'événement (la tonte, l'emprisonnement ou le bannissement des prostituées parisiennes) et de renforcer la satire. Les affiches parodient à la fois les ordonnances de police et les imprimés commerciaux annonçant la vente de nouveaux remèdes. Elles synthétisent trois pathologies urbaines associées aux excès de l'affichage : la multiplication des règlements constamment communiqués à la population, la dégradation des paysages et par prolongement des mœurs urbaines, et la prolifération des annonces commerciales qui peuvent masquer, en les recouvrant, les nouvelles politiques ou l'actualité des spectacles.

Conclusion. Les maux des affiches

La diffusion des affiches privées et les nouveaux espaces urbains de consommation associés façonnent les représentations de la ville et produisent des réflexions nouvelles sur les paysages urbains. Ces derniers sont conçus à la fois comme un donné, mais aussi de plus en plus comme un construit à réglementer et à protéger. Les premières réflexions sur la préservation de l'environnement et des paysages urbains contre la pollution visuelle alimentent, au sein des élites, un discours de détestation de la ville. La prolifération des affiches est alors associée à d'autres pathologies urbaines, voire à d'autres risques : des épidémies aux incendies, en passant par les premiers accidents industriels et la pollution des sols et des sous-sols [161]. Au cours de la décennie révolutionnaire, l'essor de l'affichage administratif et législatif, l'augmentation des affiches de particuliers utilisés comme des tribunes politiques, mais aussi la multiplication des annonces commerciales contribuent à lier critique environnementale, critique politique et critique sociale de l'affichage. Pour les reformuler une à une : l'affiche défigurerait les paysages, dégraderait le débat politique en véhiculant rumeurs et calomnies [162], et abrutirait les citadins constamment sollicités par de nouvelles annonces publicitaires. Ces éphémères de papier matérialisent alors les effets du capitalisme commercial sur la ville, dont les murs deviennent tout à la fois support et objet de désir.

Image 1. Représentation des métiers de la rue et stéréotype populaire : l'afficheur des *Cris de Paris* dessiné par Edmé Bouchardon, 1737-1746, BNF Gallica.

Image 2. Reprise de l'afficheur de Bouchardon au XIXe siècle, *Les Français peints par eux-mêmes*, 1840-1842, BNF Gallica.

Image 3. L'afficheur de Bouchardon colorisé pour une carte-réclame de la fin du XIXe siècle réalisée par les imprimeurs Baster & Vieillemard, Mucem.

Image 4. La confection d'une affiche dans l'*Intérieur d'imprimerie* peint par le Liégeois Léonard Defrance, 1782, Collection particulière, Bruxelles.

CONCE RT SPIRITUEL,
AU CHAT AU DES TUILERIES,
Aujourd'hui SAMEDI 8 *bre 1787*, JOUR DE *LA CONCEPTION*.

Premiere Partie.

SYMPHONIE nouve LASIUS, après laquelle M. ME GOZZI hantera un Air Italien M. PAESIELLO. M. GUERIN exécutera un nouveau Concerto de lon de M. KREUTZ, dont il eſt Eleve. On exécutera *TE DE M*, Motet avec des Chœurs, de la composition de M. PHILIDOR, d s lequel MM. LAÏS, ROUSSEAU & MURGEON hanteront les principau Morceaux.

Seconde Partie.

Symphonie de M. H YDN, après laquelle Mme BENINI & MENGOZZI chanteront un nouveau Duo Italien de la compoſition de ernier. M. SOLER, Muſicien de la Chapelle du Roi, exécutera un veau Concerto de Clarinette, de ſa compoſition. M. MENGOZZI ntera l'Air Italien, *SE M'ABANDONA*, de ſa compoſion, demandé.

mencera à ſix heures. S'adreſſer, pour louer des Loges, à la Dlle SOUBRA, Cour des Suiſſes.

Image 5. Affiche imprimée en couleur : « Concert spirituel », 1787, Ville de Paris/Musée Carnavalet.

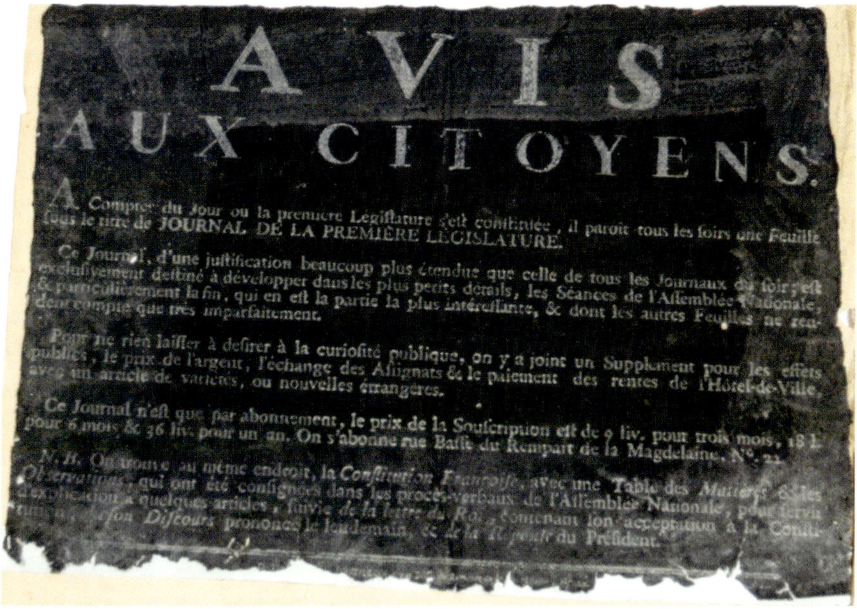

AVIS
AUX CITOYENS.

A Compter du Jour où la première Légiſlature s'eſt confirmée, il paroît tous les ſoirs une Feuille ſous le titre de JOURNAL DE LA PREMIÈRE LÉGISLATURE.

Ce Journal, d'une juſtification beaucoup plus étendue que celle de tous les Journaux du ſoir, eſt excluſivement deſtiné à développer dans les plus petits détails, les Séances de l'Aſſemblée Nationale, & particulièrement la fin, qui en eſt la partie la plus intéreſſante, & dont les autres Feuilles ne rendent compte que très imparfaitement.

Pour ne rien laiſſer à deſirer à la curioſité publique, on y a joint un Supplément pour les effets publics, le prix de l'argent, l'échange des Aſſignats & le paiement des rentes de l'Hôtel-de-Ville, avec un article de variétés, ou nouvelles étrangères.

Ce Journal n'eſt que par abonnement, le prix de la Souſcription eſt de 9 liv. pour trois mois, 18 l. pour 6 mois & 36 liv. pour un an. On s'abonne rue Baſſe du Rempart de la Magdelaine, N°. 22.

N. B. On trouve au même endroit, la *Conſtitution Françoiſe*, avec une Table des *Matières* & des *Obſervations*, qui ont été conſignées dans les procès-verbaux de l'Aſſemblée Nationale, pour ſervir d'explication à quelques articles, ſuivie *de la lettre du Roi*, contenant ſon acceptation à la Conſtitution, & de ſon *Diſcours* prononcé le lendemain, & *de la Réponſe* du Préſident.

Image 6. Affiche peinte en noir:
« Avis aux citoyens », sans date,
Bibliothèque de l'Assemblée nationale.

Affiches peintes pour se démarquer
(ci-dessous et ci-contre):
Image 7. « J.-F. Magenthies, à ses
créanciers légitimes », années 1790,
Bibliothèque de l'Assemblée nationale.

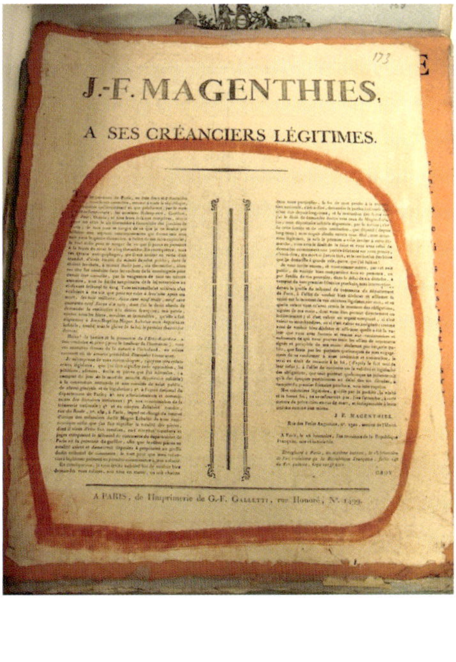

J.-F. MAGENTHIES,

A SES CRÉANCIERS LÉGITIMES.

A PARIS, de l'Imprimerie de G.-F. GALLETTI, rue Honoré, N°. 1499.

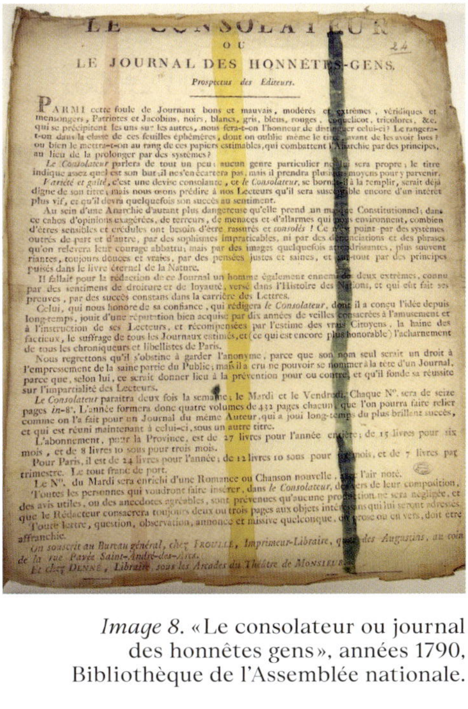

LE CONSOLATEUR
OU
LE JOURNAL DES HONNÊTES-GENS.

Prospectus des Editeurs.

PARMI cette foule de Journaux bons et mauvais, modérés et extrêmes, véridiques et mensongers, Patriotes et Jacobins, noirs, blancs, gris, bleus, rouges, coquelicot, tricolores, &c. qui se précipitent les uns sur les autres, nous fera-t-on l'honneur de distinguer celui-ci? Le rangera-t-on dans la classe de ces feuilles éphémères, dont on oublie même le titre, avant de les avoir lues? ou bien le mettra-t-on au rang de ces papiers estimables, qui combattent l'Anarchie par des principes, au lieu de la prolonger par des systêmes?

Le Consolateur parlera de tout un peu; aucun genre particulier ne lui sera propre; le titre indique assez quel est son but; il ne s'en écartera pas, mais il prendra plusieurs moyens pour y parvenir.

Variété et gaîté, c'est une devise consolante, et *le Consolateur*, se bornât-il à la remplir, serait déjà digne de son titre; mais nous osons prédire à nos Lecteurs qu'il sera susceptible encore d'un intérêt plus vif, et qu'il devra quelquefois son succès au sentiment.

Au sein d'une Anarchie d'autant plus dangereuse qu'elle prend un masque Constitutionnel; dans ce cahos d'opinions exagérées, de terreurs, de menaces et d'allarmes qui nous environnent, combien d'êtres sensibles et crédules ont besoin d'être rassurés et *consolés* ! Ce n'est point par des systèmes outrés de part et d'autre, par des sophismes impraticables, ni par des dénonciations et des phrases qu'on relevera leur courage abbattu; mais par des images quelquefois attendrissantes, plus souvent riantes, toujours douces et vraies, par des pensées justes et saines, et sur-tout par des principes puisés dans le livre éternel de la Nature.

Il fallait pour la rédaction de ce Journal un homme également ennemi des deux extrêmes, connu par des sentimens de droiture et de loyauté, versé dans l'Histoire des Nations, et qui eût fait ses preuves, par des succès constans dans la carrière des Lettres.

Celui, qui nous honore de sa confiance, qui rédigera *le Consolateur*, dont il a conçu l'idée depuis long-temps, jouit d'une réputation bien acquise par dix années de veilles consacrées à l'amusement et à l'instruction de ses Lecteurs, et récompensées par l'estime des vrais Citoyens, la haine des factieux, le suffrage de tous les Journaux estimés, et (ce qui est encore plus honorable) l'acharnement de tous les chroniqueurs et libellistes de Paris.

Nous regrettons qu'il s'obstine à garder l'anonyme, parce que son nom seul serait un droit à l'empressement de la saine partie du Public; mais il a cru ne pouvoir se nommer à la tête d'un Journal, parce que, selon lui, ce serait donner lieu à la prévention pour ou contre, et qu'il fonde sa réussite sur l'impartialité des Lecteurs.

Le Consolateur paraîtra deux fois la semaine; le Mardi et le Vendredi. Chaque N°. sera de seize pages *in*-8°. L'année formera donc quatre volumes de 432 pages chacun, que l'on pourra faire relier comme on l'a fait pour un Journal du même Auteur, qui a joui long-temps du plus brillant succès, et qui est réuni maintenant à celui-ci, sous un autre titre.

L'abonnement, pour la Province, est de 27 livres pour l'année entière; de 15 livres pour six mois, et de 8 livres 10 sous pour trois mois.

Pour Paris, il est de 24 livres pour l'année; de 12 livres 10 sous pour six mois, et de 7 livres par trimestre. Le tout franc de port.

Le N°. du Mardi sera enrichi d'une Romance ou Chanson nouvelle, avec l'air noté.

Toutes les personnes qui voudront faire insérer, dans *le Consolateur*, des vers de leur composition, des avis utiles, ou des anecdotes agréables, sont prévenues qu'aucune production ne sera négligée, et que le Rédacteur consacrera toujours deux ou trois pages aux objets intéressans qui lui seront adressés.

Toute lettre, question, observation, annonce et missive quelconque, en prose ou en vers, doit être affranchie.

On souscrit au Bureau général, chez TROULLÉ, *Imprimeur-Libraire, quai des Augustins, au coin de la rue Pavée Saint-André-des-Arcs.*

Et chez DENNÉ, *Libraire, sous les Arcades du Théâtre de* MONSIEUR.

Image 8. « Le consolateur ou journal
des honnêtes gens », années 1790,
Bibliothèque de l'Assemblée nationale.

Image 9. Affiche illustrée:
«Bulletin des amis de la vérité», 1792,
Bibliothèque de l'Assemblée nationale.

Image 10. Affiche illustrée:
«La sentinelle», 1792,
Ville de Paris/Musée Carnavalet.

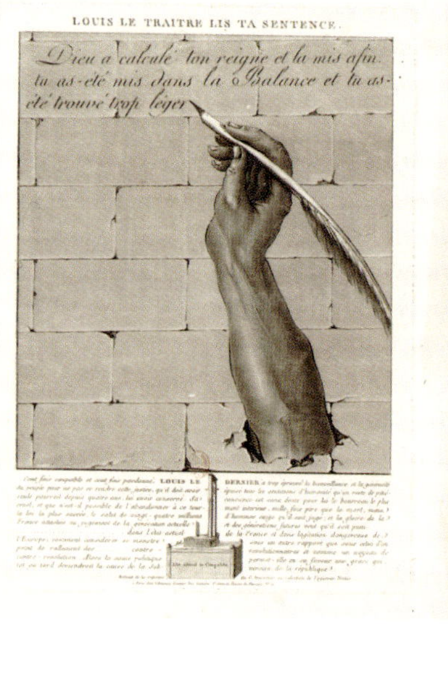

Image 11. Estampe de Villeneuve,
Louis le traitre lis ta sentence, 1793,
BNF Gallica.

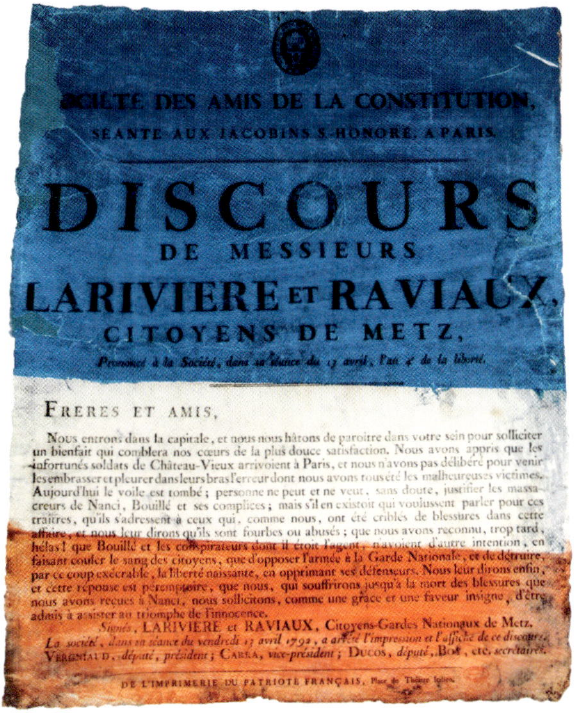

Image 12. Affiche peinte : « Discours de Messieurs Larivière et Raviaux », 1792, Bibliothèque de l'Assemblée nationale.

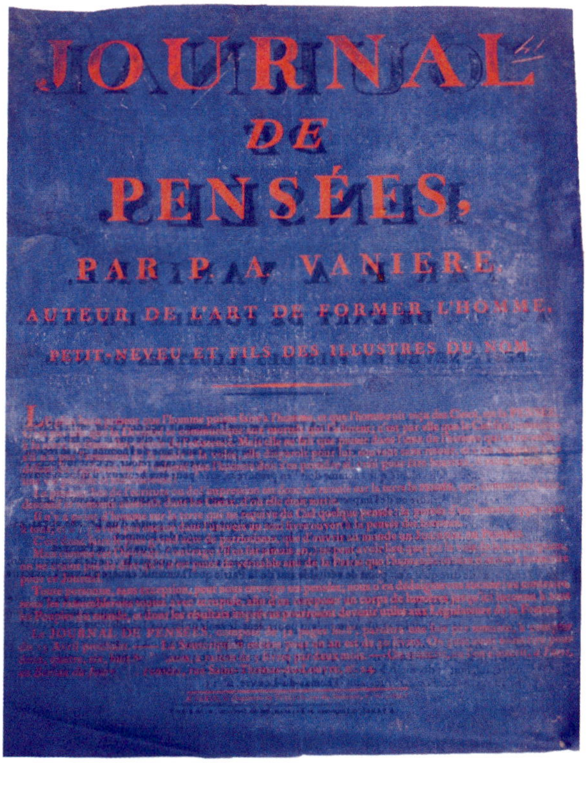

Image 13. Affiche peinte : « Journal de pensées », années 1790, Bibliothèque de l'Assemblée nationale.

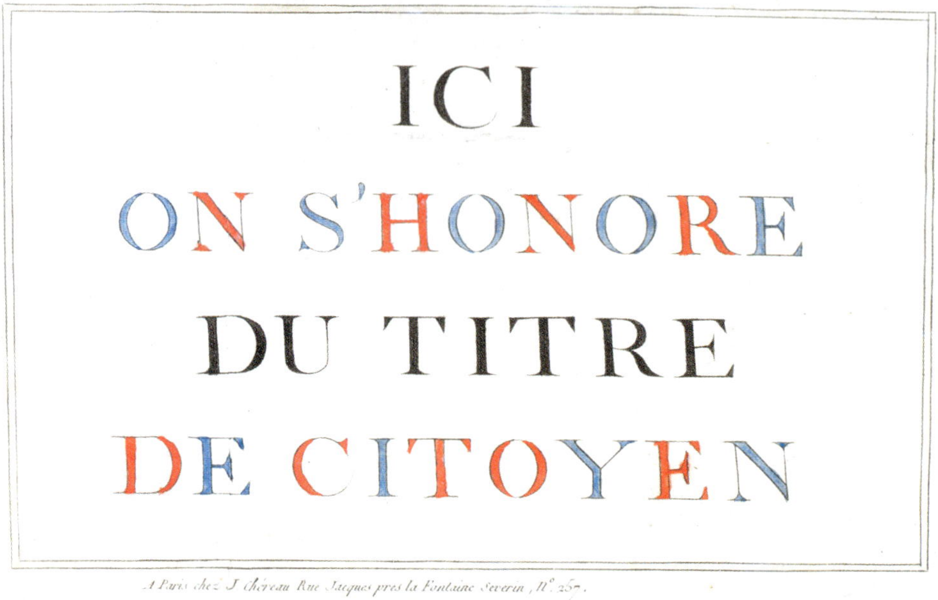

Image 14. Graphisme révolutionnaire et écriteau : « Ici on s'honore du titre de citoyen », années 1790, Ville de Paris/Musée Carnavalet.

Image 15. Publicité commerciale tricolore : « Débit de sel », années 1790, Ville de Paris/Musée Carnavalet.

Image 16. Affiches de théâtre dans un intérieur populaire, illustration de l'ouvrage de Rétif de La Bretonne, *Le Paysan perverti*, 1776, BNF Gallica.

Image 17. Affichage dans l'espace intime, détail d'une huile sur toile de Giuseppe Maria Crespi, *La Femme à la puce*, 1720-1730, musée du Louvre.

Image 18. Lecture collective de l'affiche détaillée par Léonard Defrance, *L'abolition de la servitude dans les domaines du roi de France*, 1787, collection particulière, Liège.

Image 19. Affichage à l'entrée d'une église précisée par Pierre-Victor Olagnon, *L'Entrée à l'église*, XVIIIe siècle, collection particulière.

Image 20. Affichage à l'entrée d'un théâtre sur la scène de Louis-Léopold Boilly, *L'Entrée du théâtre de l'Ambigu-Comique à une représentation gratis*, 1819, musée du Louvre.

4

Le capitalisme à l'assaut des murs

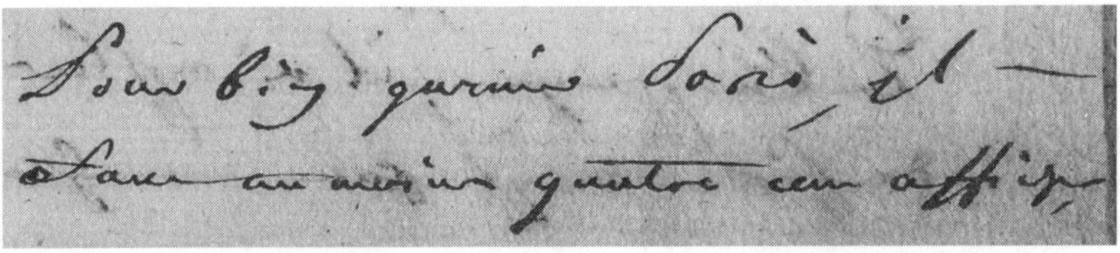
Pour bien garnir Paris, il —
faut au moins quatre cen affiches

Figure 61. Note manuscrite de l'inspecteur Joseph d'Hémery sur la couverture publicitaire d'un espace urbain (détail), 1762, BNF Gallica

« […] Pour bien garnir Paris, il faut au moins quatre cents affiches […] [1]. » Nette et catégorique, la phrase est rédigée en avril 1762 par l'inspecteur de police Joseph d'Hémery [2]. Cet extrait d'une note sur les conditions théoriques d'exercice du métier d'afficheur, d'apparence anodine, soulève pourtant une question éminemment contemporaine : qu'est-ce qu'une bonne couverture publicitaire de l'espace urbain ? Ce dernier est alors conçu comme une aire à quadriller, l'information perçue comme une ressource inégalement répartie, et les visions policières et marchandes du territoire s'entremêlent. L'essor de l'affichage commercial dans les grandes métropoles européennes est associé au développement d'un public urbain et aux concurrences accrues entre institutions marchandes et culturelles, notamment théâtrales [3]. Ces liens entre matérialité de l'information et infrastructures économiques renvoient à l'accroissement du commerce et des échanges de produits de luxe et demi-luxe, à l'émergence d'une société de consommateurs et à la conception de nouvelles techniques de vente [4]. Les cadres corporatifs limitent en théorie la publicité commerciale, comme le rappelle un extrait de règlement publié dans la *Gazette de France* insistant sur l'interdiction de « répandre ni distribuer aucuns billets, avis ou affiches pour en annoncer la vente [5] ». Cependant, ces contraintes sont en pratique de plus en plus contournées. Annonces de publication de livres, affiches de spectacles, mais aussi promotion de boutiques ou de nouveaux produits médicaux, autant d'imprimés abondamment collés sur les murs. Le capitalisme commercial au XVIIIe siècle prend le visage de la ville marchande [6]. Dans ce contexte, les espaces urbains sont conçus comme des sites comportant des caractéristiques économiques.

À la fin du XVIIIe siècle, les administrateurs et théoriciens de la ville prennent progressivement en compte l'importance de nouveaux équipements urbains pour permettre aux piétons de lire les affiches ou de regarder les objets commercialisés derrière les vitrines. Un chanoine de Notre-Dame de Paris, Arthur Dillon, souligne, dans son mémoire appelant à la multiplication des trottoirs à Paris, l'importance de ces moments où les regards des citadins sont sollicités par les marchandises : « Rien n'est plus propre à faire naître le désir d'acheter que la vue des objets qui sont à vendre [7]. » Ainsi, les contemporains réfléchissent aux formes et aux conséquences de la modernité urbaine, identifiant les excès et les limites de la nouveauté publicitaire. En 1721, le dramaturge Alain-René Lesage ironise sur le recours à l'affichage commercial : « Tout Paris est rempli d'affiches / Qui font l'éloge de nos eaux / Que nous allons devenir riches [8] ! » Cette défiance croissante à mesure que les citadins sont soumis à une « intensification de la vie nerveuse » liée aux sollicitations affichées, pour reprendre l'expression du sociologue Georg Simmel, conduit les concepteurs d'affiches à s'adapter. Une série d'entrepreneurs de l'information tentent de refonder le système d'affichage. Ils expérimentent et cherchent des moyens de se démarquer de la concurrence qui agite les murs. Ils jouent sur les temporalités et s'emploient à accélérer l'accès à l'information. Ils s'adaptent aux lieux fréquentés par un public intéressé et découpent l'espace urbain en fonction de critères de rentabilité. Cette marchandisation des murs s'inscrit dans l'histoire de la « ville-marchandise », organisée et conçue pour mieux vendre et faire consommer [9]. Dès le tournant des XVIIIe et XIXe siècles, avant le triomphe de la société urbaine du spectacle, les concepteurs de nouveaux mobiliers urbains et les inventeurs de nouveaux procédés d'affichage partagent le même constat : les citadins sont de plus en plus sollicités par l'affiche jusqu'à saturation, la concurrence pour survivre sur les murs est de plus en plus rude [10]. Ces entrepreneurs de l'information affichée se perçoivent alors comme des ingénieurs de ce que les contemporains appellent déjà l'« attention publique » de plus en plus conçue comme une ressource à organiser et à captiver.

De la ville marchande...

Dans son *Nouveau Paris*, Louis-Sébastien Mercier revient sur les mutations de la capitale occasionnées par la Révolution française. Attentif à l'affichage, il souligne l'évolution des éphémères qui apparaissent sur les murs :

> Autrefois les affiches n'apprenaient tout au plus au public que la vente des maisons de campagne avec leurs aisances et leurs agréments, ou bien le décès d'un épais cardinal avec le nombre des bouteilles de vin vieux de ses caves, celui de ses bagues et autres bijoux apostoliques, ou bien encore le départ de quelque navire pour les Grandes-Indes. Aujourd'hui les affiches forment un cours de morale, de politique et de littérature : les préceptes sur l'art de gouverner les hommes se trouvent à côté des promesses dorées des caissiers de tontine, et l'on approfondit les règles de la législation entre l'annonce des tours merveilleux d'escamoteurs et des spécifiques du charlatan [11].

Au-delà du pittoresque, les types d'affiches mentionnés par l'auteur sont significatifs : ce ne sont pas les publications officielles qui marquent les paysages urbains prérévolutionnaires, mais les affiches privées annonçant des ventes, les placards de décès, ou encore les annonces commerciales coloniales. Plus que les affres de l'opinion publique, c'est un espace public commercial que l'auteur décrit en plein Directoire. En cette seconde moitié du XVIIIe siècle, l'essor du monde des boutiques et l'apparition du *shopping* attirent de plus en plus de touristes dans la capitale économique française [12]. Ils confèrent une dimension nouvelle à la publicité commerciale insérée non seulement dans la presse, les almanachs, les guides de voyages, mais également de plus en plus diffusée sous forme d'images et d'écritures exposées dans les rues : enseignes, murs peints et bien sûr affiches.

Signalétiques publicitaires

L'élaboration d'une nouvelle signalétique urbaine au cours du XVIIIe siècle est directement liée à ces préoccupations commerciales, souvent moins mises en avant que les logiques policières et fiscales. En 1779, une tentative pour généraliser le numérotage des maisons et uniformiser l'ensemble de l'espace urbain est initiée par un entrepreneur et rédacteur de guides de voyages, Martin Kreenfelt de Storcks [13]. Il veut faire figurer dans son *Almanach de Paris* des adresses précises pour indiquer les boutiques aux touristes étrangers [14]. Le lieutenant général de police Lenoir hésite alors entre deux positions : il soutient d'abord l'action de Kreenfelt de Storcks, avant d'y mettre un terme. Dans ses mémoires rédigés sous l'Empire, il reconnaît *a posteriori* l'utilité policière de l'entreprise et explique son échec en mentionnant l'opposition de quelques grands aristocrates et notables parisiens [15]. En effet, bien que la construction de ce nouveau savoir administratif soit jugée importante, l'entreprise est estimée néfaste pour la réputation et le prestige de certains citadins : peu après le lancement du projet, la lieutenance de police reçoit de nombreuses plaintes. Celles-ci insistent sur l'aspect visuel des numéros apposés aussi bien sur les hôtels particuliers que sur des maisons plus modestes. Louis-Sébastien Mercier résume bien l'échec de l'opération : « Une noble porte cochère se trouverait inscrite après une boutique roturière. Cela imprimerait un air d'égalité qu'il faut bien garder d'établir [16]... »

Les réformes des enseignes, menées au cours du siècle, suivent également cet agenda commercial et publicitaire. En 1761, les autorités associent les commerçants à la conception et surtout à la mise en œuvre de leur ordonnance, plus précisément les représentants des « Six Corps des marchands » qui rassemblent les corporations de métiers les plus influentes et prestigieuses de Paris [17]. Là où, en 1666-1669, seuls les aménageurs de la ville étaient à l'initiative de la réforme, ce sont un siècle plus tard les acteurs commerciaux qui l'emportent [18]. Dans les « Réflexions des six corps [...] concernant les enseignes de la ville et des faubourgs de Paris » sont présentées des solutions qui leur sont matériellement et économiquement favorables. Si une ordonnance du Bureau des finances de la généralité de Paris prescrivait la surélévation des enseignes de 4 à 4,5 m, les Six Corps s'y opposent fermement en raison du coût qu'ils estiment à « plus d'un million » de livres [19]. Ils suggèrent alors de privilégier les « Enseignes appliquées », parallèles aux façades, aux « Enseignes saillantes », perpendiculaires aux murs et suspendues au-dessus des passants [20]. Paris est loin d'être pionnière : d'autres villes ont déjà adopté ces mêmes dispositions dès la première moitié du siècle. Que ce soit Lille dès 1712 ou Bruxelles à la fin des années 1750, les autorités urbaines ordonnent de retirer les enseignes « en saillant ». Les marchands parisiens insistent ainsi sur la réforme de ces signes urbains et commerciaux, vecteurs de « grandeur urbaine » dans leur proposition : « L'exemple de deux grandes Villes, Lille & Bruxelles, où toutes les Enseignes sont appliquées, sera enfin suivi dans Paris, qui aurait dû le leur donner [21]. »

Ces réformes sont également l'occasion pour les artistes et critiques d'art contemporains d'utiliser l'enseigne comme symbole d'une mise en ordre commerciale de la ville. Le mémorialiste Edmond Jean François Barbier, dans sa *Chronique de la Régence et du règne de Louis XV*, remarque que « [...] depuis un mois on ne voit que des échelles dans les rues à boutiques, pour ôter les enseignes et les mettre en placard [...] ; cela ne sera plus si commode pour découvrir l'enseigne de la boutique que l'on cherchera, mais cela aura un coup d'œil plus uniforme dans toutes les rues [22] ». Ici, la référence au « coup d'œil » lie l'objet publicitaire à l'orientation des regards des passants. Elle est présente dans les nombreux vaudevilles au tournant des XVIIIe et XIXe siècles. Ainsi, dans la pièce éponyme, Pataquès, « barbouilleur d'enseignes », décrit l'une de ses créations en insistant sur les logiques d'attention : « C'est vrai ; c'est qu'j'ai-z-un âne rouge tout fait, qu'est vraiment-z-un chef-d'œuvre ; c'est le coq des ânes ; j'en suis si content, que je me mire dedans. Et puis l'âne rouge, ça saute aux yeux, ça ; on vous reconnaîtrait de loin [23]. » Un autre personnage de peintre d'enseignes, Dupinceau, mentionne l'une de ses œuvres en forme de singe : « J'y vais mettre tous mes talents. / Je vous la rapporte ; / Dès qu'on la verra, / Chacun, à la porte, / vous reconnaîtra [24]. »

L'enseigne est ici associée à la renommée commerciale du marchand ou de l'artisan, et ce d'autant plus lorsqu'elle est reproduite sur des affiches, ou des « cartes de commerce » utilisées comme publicité, mais aussi comme factures à Londres et à Paris [25]. Les marques de boutiques s'affichent ainsi sur les murs, certains lieux devenant des espaces de mise en scène pour annoncer la vente de nouveaux objets ou la représentation de nouveaux spectacles.

Une société des spectacles

Les affiches de spectacles constituent les habits neufs, car toujours renouvelés, de la ville marchande. Elles sont introduites en France dans la seconde moitié du XVIIe siècle avant de devenir l'objet central d'un système d'information, utilisées par les théâtres privilégiés mais aussi par les nouvelles salles ouvertes boulevard du Temple et dans le quartier du Palais-Royal, dans la seconde moitié du XVIIIe siècle [26]. Du point de vue formel, comme le relate le chirurgien Nicolas de Blegny dans *Le Livre commode des adresses de Paris* qu'il publie en 1692 sous le pseudonyme d'Abraham du Pradel, ces affiches servent à marquer « l'endroit, l'heure, le prix et la journée [27] ». À l'échelle intra-urbaine, ces imprimés sont régulièrement affichés en 173 points répartis dans huit zones qui ne correspondent que partiellement aux quartiers de police de 1702 : place Royale, Isle Saint-Louis, quartier du Marais, Palais de Bourbon, quartier Saint-Germain-des-Prés, place des Victoires, au Palais, et quartier Saint-Honoré [28].

L'ensemble, une fois cartographié, met en évidence l'hyperconcentration de l'information des spectacles au centre de la ville (à l'intérieur de l'ancienne enceinte de Louis XIII qui a laissé place aux boulevards au tournant des XVIIe et XVIIIe siècles). Surtout, l'affichage aux portes des hôtels particuliers – environ un tiers du total – fait ressortir l'inscription des élites parisiennes dans l'espace urbain parisien [29]. Les nombreux imprimés affichés se concentrent dans le faubourg de Saint-Germain, où la noblesse de cour se rassemble depuis la fin du XVIIe siècle, mais aussi dans les quartiers du Louvre, du Palais-Royal et de la place de Grève [30]. Des zones blanches, sans affiches, se démarquent : les environs de l'université, du Temple, les faubourgs populaires Saint-Marcel et Saint-Antoine.

Le critique dramatique Grimod de La Reynière résume ainsi, en 1797 : « Au Palais-Royal, on ne peut faire un pas sans en rencontrer, et l'Habitant des Faubourgs est souvent obligé de parcourir une infinité de rues avant d'en trouver une [31]. » Ces contrastes socio-spatiaux révèlent alors un double processus : d'une part, les efforts des théâtres pour assurer une bonne couverture publicitaire dans les espaces où résident leurs publics, d'autre part, la demande en information des aristocrates parisiens qui sollicitent l'imprimeur des spectacles pour avoir une affiche sur leur porte.

Cette géographie de l'information des spectacles est redoublée à partir des années 1770 par le recours aux journaux, que ce soient les annonces retranscrites dans la presse d'annonces commerciales telles que les *Affiches, annonces et avis divers* d'Antoine-Chrétien Boudet, ou des rubriques consacrées dans le *Journal de Paris*, premier quotidien généraliste qui paraît pour la première fois en 1777 [32]. Ils sont considérés comme moins fiables, notamment parce qu'ils ne prennent pas en compte les imprévus et modifications de dernière minute d'horaires ou de distribution, comme le rappelle Grimod de La Reynière : « Plusieurs Journaux annoncent les Spectacles ; mais malheur à qui s'y fie ! rien n'est moins exact ; car pour peu qu'il y ait eu du changement, ce qui arrive fort souvent, ils vous induisent en erreur Il n'y a donc vraiment de certain que l'Affiche [33]. » Il ajoute cependant que l'annonce affichée est parfois fastidieuse à retrouver, ou à lire par mauvais temps, argument abondamment utilisé par les journaux. Ces derniers sont diffusés jusqu'à 15 000 exemplaires à la fin du siècle, non seulement associés à l'affiche collée dans la rue, mais aussi livrés à domicile, faisant office de brochure ou de prospectus [34]. La famille d'imprimeurs Delormel est à l'origine de l'entreprise, alors qu'elle est déjà en charge de l'affichage des spectacles. En 1759, elle obtient l'autorisation des deux autorités tutélaires de la ville de Paris, le lieutenant général de police (Henri Bertin) et le secrétaire d'État à la Maison du roi (le comte de Saint-Florentin), de distribuer les affiches de l'Opéra, de la Comédie-Française, de la Comédie-Italienne et du Concert spirituel [35]. Il s'agit de « faire circuler dans plusieurs Maisons de Paris un certain nombre de petites affiches des spectacles français et italiens sur du carton [36] ». D'après les notes manuscrites de

Delormel, il compte 108 abonnés dès la première année, et la distribution de l'affiche à domicile vient certainement redoubler une partie des 173 points d'affichage coutumiers. Enfin, et afin de minimiser ses frais en se passant du service des afficheurs pour la distribution de ces prospectus, il négocie en 1763 avec l'inspecteur de la Librairie Joseph d'Hémery un abonnement avantageux auprès de la Petite Poste mise en place à Paris trois ans auparavant [37]. Au final, le privilège dont dispose Delormel pour imprimer les affiches tout comme son investissement en tant qu'intermédiaire de l'information affichée lui permettent d'obtenir une série de faveurs des autorités, de diversifier et d'augmenter sa production d'éphémères, ainsi que d'étendre son réseau d'abonnés. Il concentre ses efforts publicitaires en suivant deux logiques, sociale et géographique. En d'autres termes, il assure la publicité des spectacles auprès des élites aristocratiques, mais aussi dans des espaces qui deviennent autant de matrices de la ville marchande.

Times Square au Palais-Royal

« Montagnes russes », « Tivoli d'hiver », « Café américain », « Vauxhall », « Patriote », « Chien perdu », « Restaurant », « Ombres chinoises », « Consultations, Maladies », « Talma » : autant de titres qui recouvrent les colonnes et les voûtes du Palais-Royal au tournant des XVIIIe et XIXe siècles (cahier II, images 29-31) [38]. Les illuminations, les couleurs vives, les sollicitations permanentes inscrivent les fantasmagories des affiches du Palais-Royal de Paris dans une lignée d'espaces publicitaires, de Londres et Picadilly Circus à New York et Times Square [39], leur renouvellement permanent évoquant le clignotement des écrans lumineux conçus pour captiver l'attention des passants. Cette « enceinte magique » est façonnée par ces représentations iconographiques, mais aussi par les guides de voyages, et constitue un haut lieu des promenades mondaines et boutiquières [40]. Il est également au cœur des travaux de réhabilitation et de lotissement menés en 1781 par le duc de Chartres, Philippe d'Orléans. Acquis en 1624 par le cardinal de Richelieu, puis par Louis XIII en 1636, le Palais-Royal est enfin rétrocédé en 1692 au frère de Louis XIV, puis à ses héritiers de la branche cadette d'Orléans [41]. L'ensemble des galeries et jardins est marqué dès le milieu du XVIIIe siècle par les annonces de spectacles. Ce sont en particulier les affiches du théâtre des Variétés, dont la location de loges est située à l'arcade n° 105, celles de l'Opéra à proximité, ou encore celles des « petits comédiens du Comte de Beaujolais » qui s'installent en 1784 pour divertir l'entourage du fils du duc de Chartres [42]. Ce sont également les multitudes d'affichettes de spectacles de rue, à l'image de cette annonce vantant les mérites de Paul Butterbrodt, « l'Homme extraordinaire vivant, pesant 476 livres [43] », adressée aux « Amateurs des raretés », pour la somme très accessible de 12 sous au lieu de 24, soit le prix d'un gros pain de 2 kg vendu par un boulanger d'un faubourg populaire [44]. Cet espace urbain saturé d'affiches commerciales met en concurrence les institutions culturelles anciennes et renommées avec les théâtres de boulevard et les spectacles de rue. L'écrivain Joseph Rosny dépeint ainsi la profusion d'annonces qui symbolise la libération et la vigueur de la société du spectacle au tournant des XVIIIe et XIXe siècles : « Aux affiches dramatiques sont accolées celles des sociétés bourgeoises, des expériences phisiques et expérimentales, des voltigeurs et danseurs de corde, des gladiateurs, des maîtres en fait d'armes, des escamoteurs et des charlatans, des licées-des-arts, institut et réunion scientifiques, des ascensions aëriennes, des joutes et combats du taureau, des Panorame, Panomora, Panteorama, Phanstasmagorie, Bals, Concerts, Fêtes champêtres, etc. etc. etc [45]. »

En plus de cette myriade d'affiches de spectacles, des aménagements importants dans les années 1780 ont contribué à accentuer le rayonnement publicitaire du Palais-Royal. Ces travaux font l'objet de critiques à travers des gravures, des chansons ou des libelles affichés, et les murs des galeries se retrouvent au cœur de multiples concurrences, entre annonces commerciales et imprimés contestataires [46]. En avril 1781, le duc de Chartres, qui commandite les travaux, recouvre les colonnes d'une ordonnance rappelant les règlements de police au sein de son enclave juridique et commerciale [47]. En parallèle, les observateurs de la vie parisienne rappellent qu'il est la cible pendant tout l'été de placards séditieux [48]. Ces mêmes galeries sont également un des lieux de consultation et de distribution des journaux et gazettes : la géographie de l'affichage commercial recoupe ici les aires de diffusion de la presse, renforçant les concurrences pour s'approprier les murs et les espaces de publicité. Le journaliste et critique littéraire anglais John Scott, commentant le dessin de Frédérick Nash, remarque dans la première décennie du XIXe siècle : « Ces galeries régnantes sont un bazar perpétuel et universel ; car on y trouve des productions des quatre parties du monde : à quelque heure du jour que ce soit, on peut s'y procurer tout ce qu'on peut désirer [49]. » Il consacre alors le Palais-Royal, tout à la fois vitrine de la première mondialisation commerciale et réceptacle des désirs suscités par la ville-marchandise.

... *À la ville-marchandise*

Particulièrement sensibles aux disparités socio-spatiales en matière d'accès à l'information, plusieurs figures des XVIIIe et XIXe siècles mettent au point des structures et des formes médiatiques nouvelles. Cette histoire d'entrepreneurs de l'information ouvre sur deux approches distinctes : l'une renvoie aux complémentarités entre presse et affichage et à l'émergence d'un système publicitaire et médiatique, l'autre permet de voir comment ces expériences aboutissent à une marchandisation de l'espace urbain.

Entrepreneurs de l'information commerciale

Dès la fin du XVIIe siècle, les observateurs du système d'affichage parisien ambitionnent la centralisation d'un système urbain d'information. Un certain Du Loyer écrit au lieutenant général de police pour qu'il institue « une personne établie entre les mains de laquelle seraient mis tous les billets, placards et affiches », reprenant le principe du Bureau d'adresse fondé par Théophraste Renaudot en 1629 [50]. Dans le même registre, Jean Donneau de Vizé, fondateur du *Mercure galant*, énumère dans son prospectus du *Journal général de France* de 1681 une litanie de défauts imputés aux affiches : trop chères à faire imprimer pour des ventes modestes, trop longues ou trop fragiles, associées à une aire publicitaire trop réduite, ou trop éphémère [51]. Il conçoit alors une « Affiche mobile et universelle, que tout Paris verra tout-à-la-fois, et qu'on verra même dans toute la France [52] ». De même, en 1715, le projet de l'avocat Jean Du

Gone est conçu comme une édition en petit format (125 sur 185 mm), moissonnant les imprimés affichés dans les rues tous les huit jours [53]. Ses *Affiches de Paris, des provinces, et des pays étrangers* englobent tous les types d'éphémères – officiels et privés. Cette innovation médiatique est conçue comme une réponse à la saturation de la ville marchande : « Combien de découvertes & d'inventions, ou de raretés dignes de la curiosité des honnêtes gens, qu'on propose de la même manière à la connaissance du public & des particuliers [54] ? » À l'origine du journal, la tension entre les rangs et les statuts, et la recherche d'information qui entretient une apparence d'égalité pour l'ensemble des citadins et des promeneurs : « La bienséance ne permet pas à toutes sortes de personnes de s'amuser au coin des rues, pour y voir ce que leur présentent ces sortes de placards. Les personnes qui vont en carrosse ne sauraient guère s'y arrêter [et] ne seraient pas bien aise qu'on les vît grossir la foule de ces gens qu'une nouvelle affiche assemble ordinairement [55]. » Double conception de l'espace urbain : c'est d'une part le théâtre des apparences sociales, fondé sur le statut, le rang, c'est d'autre part une ville où les mobilités quotidiennes se multiplient. En substance, « l'invention de la vitesse » que suppose l'usage régulier des carrosses appelle déjà une adaptation des formes publicitaires sur les murs [56].

Ce souci des apparences, cette critique d'un espace public de la consommation qui estomperait les hiérarchies, les différences de rangs et de statuts sont à nouveau exprimés en 1764, dans le prospectus annonçant le privilège exclusif d'un *Bureau général d'indication* [57] :

> [Pour] ménager la délicatesse des personnes qui n'aiment pas à s'afficher en faisant annoncer publiquement leurs effets, ni à mettre des écriteaux sur leurs portes, on sentira mieux le prix de cet établissement. Tout le monde peut prévoir les inconvénients qui, dans une Ville comme Paris, résultent de ces écriteaux. En effet, ils servent souvent de prétexte à certains oisifs d'aller incommoder les Locataires & quelquefois de les voler avec dextérité [58].

Le sens métaphorique de l'affiche est intimement associé à la réputation sociale. Ce nivellement des ordres et statuts aboutirait même à leur subversion, à travers la figure fantasmée et discréditée du brigand « oisif[59] ». L'information commerciale est alors étonnamment associée au brigandage généralisé. Le projet, parfois attribué au négociant et futur restaurateur Mathurin Roze de Chantoiseau, souligne la fragilité d'imprimés constamment recouverts. Il insiste cependant sur un phénomène nouveau en partie lié à la profusion d'informations affichées : le temps passé à la recherche de la nouvelle, du service, de l'objet désiré.

> Tant d'objets de curiosité, d'intérêt, d'utilité, d'agrément réuni, entraînent nécessairement une exactitude continuelle & sans relâche, une régie considérable, des frais de recherche en tout genre, une correspondance dispendieuse ; cependant on s'est appliqué à ménager l'intérêt du Public de manière à lui rendre cette dépense presque imperceptible[60].

Dans cette surabondance d'informations, le Bureau général d'indication se présente alors comme un « moteur de recherche », un service intermédiaire pour faciliter l'échange et diminuer le temps de mise en relation entre le vendeur et l'acquéreur, ou entre l'annonceur et celui qui répond à l'annonce. Il permettrait de hiérarchiser et trier les offres, et d'accomplir toutes les démarches pour mettre en relation le vendeur et l'acheteur, conférant une certaine valeur marchande au temps passé à chercher. Ces moments consacrés à découvrir les multiples curiosités et nouvelles marchandises sont alors cadrés, uniformisés, calibrés en termes de « frais » et de « dépense ». De plus, le système publicitaire que laisse apparaître le projet s'inscrit plus largement dans une dynamique d'accélération des temporalités médiatiques : que ce soient les commanditaires qui veulent renouveler plus rapidement leurs imprimés ou les lectrices et lecteurs dont l'impatience est croissante. Le Bureau d'indication annonce offrir un accès à l'information « avec autant d'économie que de promptitude[61] ». Tant Donneau de Vizé, Du Gone que Roze de Chantoiseau, ces entrepreneurs de l'information associent l'affiche au journal, et s'efforcent de repousser les limites temporelles et spatiales de l'affichage commercial.

Le service du public et l'intérêt des particuliers

Dans le sillage des réformes des corporations amorcées par Turgot en 1776, alors que différents aspects de la gestion des villes sont progressivement mis en régie par les autorités urbaines, la refonte du système d'affichage représente un secteur à investir [62]. C'est dans ce contexte socio-économique bien particulier de la seconde moitié du XVIIIe siècle qu'il faut réinscrire les propositions d'entrepreneurs de l'affichage. Deux projets proposent la création d'une compagnie unique qui gérerait seule la totalité du système d'affichage dans Paris. Le premier est conservé dans une série de mémoires envoyés au procureur général Joly de Fleury au milieu du siècle. Ces documents condensent à la fois les désirs de réforme d'esprit généreux et les idées plus ou moins fantaisistes d'entrepreneurs ambitieux. Ni daté ni signé, ce projet d'« Entreprise générale des placards et affiches » distingue de manière significative « le service du Public et l'intérêt des Particuliers » ; en d'autres termes, il s'agit de satisfaire « la curiosité du public » et d'éviter au particulier « une dépense inutile » [63]. L'entreprise souligne ainsi la nécessité de fixer et uniformiser les prix pour l'impression et la diffusion des affiches, afin de mettre fin à la fluctuation des coûts d'affichage et pour court-circuiter les intermédiaires tels les domestiques envoyés chez l'imprimeur pour une annonce de vente ou un placard de décès [64]. La marchandisation des murs renvoie alors à une accélération de la temporalité de l'affichage et à l'identification d'emplacements précis où coller les imprimés.

Le texte s'ouvre sur un tableau catastrophiste : un particulier doit attendre trois ou quatre jours pour voir seulement la moitié des 400 annonces qu'il a payées figurer sur les murs. Par contraste, l'entrepreneur propose de diffuser les affiches en « 24 heures », « placées plus exactement » et mobilise « deux inspecteurs vérificateurs qui se promèneront de quartiers en quartiers avec une note exacte des affiches du jour » [65]. Il se propose également de signaler aux afficheurs les imprimés à arracher, dont l'information est devenue obsolète. Le désir de rationalisation de l'affichage rejoint ici le fantasme policier de quadrillage de l'espace urbain. Il fait apparaître les contours d'un maintien de l'ordre mural tout autant préoccupé par la surveillance des propos subversifs que par la maintenance des circuits d'échanges commerciaux et du flux d'annonces de particuliers [66].

Si l'« Entreprise générale des placards et affiches » demeure à l'état de feuillets, sans réponse de l'administration monarchique, la proposition de « Bureau général d'affichage » formulée en 1779 par Charles Étienne Tonnelier a un réel retentissement. Ce dernier ouvre sa lettre à Antoine-Jean Amelot, secrétaire d'État à la Maison du Roi, en précisant que « parmi les établissements qui ont été successivement faits dans la Capitale du Royaume, il manque entre autres choses à l'avantage public un Bureau privilégié pour les affiches, [et] placards [67] ». Constituant l'un des premiers documents à utiliser le terme d'affichage au XVIIIe siècle, le projet de Bureau général est conçu par un négociant parisien se présentant comme ancien écuyer de « la feue Reine » (la femme de Louis XV, Marie Leczinska, morte en 1768) [68]. À l'exception des pièces manuscrites qui permettent de documenter l'échec de son projet, très peu d'informations demeurent sur le sieur Tonnelier [69]. Il prend cependant soin de souligner sa connaissance des règlements de la Librairie sur les activités des afficheurs du début des années 1720, et se positionne comme un relais de la lieutenance générale de police dans la surveillance de l'affichage en s'engageant à ne diffuser aucun imprimé sans permission [70]. Cette proximité théorique avec les agents chargés d'encadrer les imprimés affichés est redoublée d'un travail d'archivage des éphémères – qui pourraient être utilisés comme preuves si les autorités le requièrent. Tonnelier s'engage à « garder sous forme de minute dans un lieu destiné à cet effet, un exemplaire de chaque affiche qui lui aura été confiée sur lequel il inscrira le nombre d'exemplaires qui lui auront été remis, les noms, qualités et demeures des personnes qui en auront ordonné l'affichage, ainsi que la date des mois, jour et an que le placage en aura été fait [71] ».

Pour justifier son projet, il formule deux arguments principaux : d'une part corriger les abus et approximations des afficheurs et d'autre part concentrer la production et la diffusion de l'information affichée en un seul lieu en capacité de récolter les informations, de les trier en fonction de l'espace de diffusion, de l'urgence de la commande, puis d'imprimer et d'afficher [72]. Il préconise la création d'un centre de triage et d'une veille quasi-permanente pour réceptionner les annonces à afficher [73]. À partir de cette double perspective, Tonnelier formalise deux tableaux de prix d'affichage qui mettent en avant la compétitivité de ses prix par rapport à ceux pratiqués par les afficheurs : lorsqu'il s'agit de commandes d'affichage dans les faubourgs et hors des limites de Paris, lorsque la commande est urgente, « l'affichage pressé », et lorsqu'elle est importante (supérieure à cent imprimés) [74]. Ces tarifs sont au cœur des protestations immédiates adressées au lieutenant général de police par deux corporations et communautés de métiers, les imprimeurs-libraires et les huissiers commissaires-priseurs. Pour contrer le projet de Tonnelier, ces dernières mettent au point des tableaux de prix afin de prouver, chiffres à l'appui, que le « public serait lezé » si le Bureau général d'affichage parvenait à voir le jour [75]. Ces vives protestations illustrent l'opposition quasi immédiate de communautés extrêmement influentes, mobilisant rapidement leurs réseaux pour faire échouer le projet. Que ce soit la lieutenance générale et le secrétaire d'État de la Maison du Roi Amelot, tous se rangent à l'avis et aux informations des adversaires de Tonnelier. L'absence de soutien politique met fin à l'entreprise et à la tentative d'instituer un acteur privilégié qui collecte et centralise l'information affichée [76].

Aux frontières du réel : le Bureau général d'affichage

En dépit de cet échec, la controverse générée par le projet Tonnelier participe de la formalisation de l'économie de l'affichage à Paris. Et l'entrepreneur met en avant la fixation des prix, commodément opposée aux pratiques coutumières des afficheurs : « Pour soustraire le public aux vexations arbitraires auxquelles il est exposé par les afficheurs actuels, le prix des différents genres d'affichage sera réglé par un tarif duquel il sera défendu au Directeur, ses commis et agents de s'écarter sous peine d'être punis comme concussionnaires [77]. » Elle fait également apparaître deux conceptions conflictuelles d'un même service d'information tant juridique que commercial : celle des imprimeurs-libraires, qui mettent en avant leur expérience et, surtout, ce qu'ils présentent comme le succès des règles de la Librairie, et celle de Tonnelier, qui défend une vision marchande de l'espace et des temporalités de l'affichage [78].

Le projet intègre une vision spatiale de la diffusion des affiches qui transparaît dans la localisation prévue de l'entreprise : « Pour la commodité du public, le bureau sera établi au centre de Paris[79]. » Elle se fonde sur un double découpage de l'espace urbain. Le découpage policier tout d'abord : chaque cohorte d'afficheurs est répartie dans les juridictions des commissaires de police, qui sont identifiés comme les autorités compétentes en cas de fautes ou délits des travailleurs de l'affiche[80]. Tonnelier privilégie ici une figure policière de proximité, qui demeure populaire parmi les cadres de la lieutenance générale, et ne mentionne jamais le rôle des inspecteurs de la Librairie créés au début du siècle[81]. Il ajoute également de nouveaux intermédiaires à ce dispositif policier à travers des « contrôleurs ambulants », répartis par quartiers de police et chargés de vérifier les prestations des afficheurs. Le second type de découpage urbain relève d'une vision commerciale de la ville en cercles concentriques (reprise par ses détracteurs), esquissant une nouvelle cartographie des espaces d'affichage.

Quatre cercles se succèdent, dessinant les contours de quatre espaces d'affichage. Le premier forme un hypercentre présenté sobrement par Tonnelier : « Louvre, le Palais-Royal, la place des Victoires ». Le second s'arrête aux boulevards, « affichage plus étendu », tandis que le troisième comprend les faubourgs jusqu'aux barrières de Paris, avant un quatrième qui renvoie à la « Banlieue de Paris »[82]. Ce découpage est abondamment critiqué par les détracteurs de Tonnelier, cette distinction entre différents quartiers n'aurait jamais été d'usage selon les imprimeurs-libraires, et les huissiers commissaires-priseurs ne l'ont jamais connu. Cependant, ils adoptent également cette vision de l'espace urbain en cercles concentriques. Reprenant le principe d'associer des prix à certains espaces, ils se contentent d'affiner les divisions proposées par leur rival. Ils distinguent ainsi des coûts d'affichage en fonction des différents bourgs entourant Paris : Passy, Villejuif, Saint-Cloud, et Sèvres[83]. Tonnelier et ses opposants fixent les prix les plus élevés dans les zones moins peuplées ou avec une clientèle moins aisée. Par là même, ils prennent en compte le temps mis par l'afficheur pour assurer la commande, mais tirent également bénéfice des affiches qui doivent être nécessairement posées, notamment pour valider une vente dans ces bourgs éloignés. À l'inverse, en pratiquant des prix faibles dans l'hypercentre de Paris, le système de

Tonnelier incite ses commanditaires potentiels à saturer l'espace où se concentrent le plus de clients potentiels.

L'entrepreneur innove également en mettant à l'ordre du jour la question de la réactivité nécessaire à l'affichage des lois et règlements, mais aussi la diffusion des annonces de spectacles ou de ventes – ce qu'il nomme l'« affichage pressé » – dont les tarifs augmentent en fonction de la distance depuis le centre-ville [84]. Si les opposants au Bureau d'affichage neutralisent cette nouvelle catégorie (« l'on ne connaît pas volontiers de distinction pour afficher pressées », commentent les huissiers), ils soulignent néanmoins l'importance d'être le plus réactif possible [85]. Ils distinguent alors la temporalité désirée par le commanditaire des affiches et celle déterminée par l'attente grandissante de nouvelles de la part des citadins. Les imprimeurs-libraires mentionnent par exemple les changements fréquents des affiches de spectacles, parfois deux ou trois fois en une seule journée : « Le service public exige qu'elles soient posées à l'instant même où l'imprimeur reçoit le contre-ordre, s'il est obligé d'envoyer au bureau d'affichage, le retard qui en résultera empêchera souvent que le public ne puisse être averti avant l'heure des spectacles [86] ». La célérité et la réactivité des imprimeurs priment dans un exercice légitimé comme une forme de « service public [87] ». Les huissiers commissaires-priseurs mentionnent dans un registre similaire la « nécessité d'afficher sur-le-champ une vente forcée » et celle de s'adapter aux multiples adresses toujours changeantes en fonction des magistrats et parties intéressées dans la vente. Ils concluent en soulignant l'ampleur, d'un point de vue quantitatif, des imprimés qu'ils feraient afficher annuellement : « 120 000 affiches pour les ventes de meubles » en une année, chiffre qui équivaudrait à plus de 300 imprimés titrés « À vendre » collés quotidiennement par les afficheurs, dernière pierre scellant le caveau du projet de Tonnelier. L'expérience du Bureau général d'affichage est un échec, mais la marchandisation de l'espace urbain est en marche, et le tournant du XIXe siècle voit se multiplier les innovations pour capter l'attention des citadins.

Le nouvel esprit de l'affichage

« Ne me lisez pas. Dialogue » : ces quelques mots en titre d'une affiche de vente parisienne reprennent un procédé publicitaire utilisé au second XVIIIe siècle, l'éphémère attirant l'attention en mettant en scène une discussion entre le vendeur et son client (cahier II, image 32) [88]. Les artisans et marchands parisiens ou londoniens y ont régulièrement recours lorsqu'ils commandent leurs affiches publicitaires, à l'image de l'affiche du barbier anglais Georges Packwood titrée « Dialogue entre deux amis », et diffusée dans les rues de Londres en octobre 1794 [89]. Ces références à la discussion font moins apparaître une perception de l'espace urbain structuré par l'oralité et la parole qu'une conception de l'affiche comme porte-voix de son commanditaire. L'éphémère tourne en dérision les lectures quotidiennes et précise, dans un échange ironique avec un lecteur fictif, les lieux, les horaires et les prix de spectacles organisés dans les galeries du Palais-Royal. Par ce procédé, l'imprimé délivre les informations, tout en répondant à certaines critiques qui sont formulées contre l'affichage, que ce soit sur le trop grand nombre d'affiches (« on ne voit que ces affiches-là dans Paris » / réponse : « Pourquoi les lisez-vous ? la tête d'affiche vous le défend ») ou le caractère monotone des spectacles annoncés (« Je vous avoue que, si c'était toujours la même chose, cela deviendrait ennuyeux, mais comme à chaque représentation on change, etc. »). Le document attire également l'attention sur la baisse des prix, ainsi que sur la réputation des musiciens mobilisés pour les futurs spectacles. Autre exemple similaire, *Dialogue entre l'Affiche et le Passant* [90] :

> Le Passant : Encore une Affiche ! Et que dit celle-ci ?
> L'Affiche : Passant, je t'annonce un Ouvrage périodique, un Journal.
> Le Passant : Un Journal ! Je n'en veux point. – Il y en a déjà trop.
> L'Affiche : Tout doux ! Pourquoi te fâcher ? Si tu n'aimes pas les Journaux, n'es-tu pas libre de ne pas t'y abonner ? [...]
> Le Passant : Quel est son nom ?
> L'Affiche : *LA DÉCADE PHILOSOPHIQUE, LITTÉRAIRE ET POLITIQUE.*
> Le Passant : Si, comme tu l'assures, ce Journal a du succès, à quoi bon une affiche ? Que fais-tu là ?
> L'Affiche : Connaissais-tu le Journal en question ?
> Le Passant : Non.
> L'Affiche : Je ne suis donc pas inutile.

À nouveau, après cet échange pour désamorcer la défiance du « passant », l'imprimé permet de synthétiser les informations clés concernant le format du journal (« cahier in-8° »), son objet (« d'instruire et d'amuser »), et ce qu'on y trouve (« des morceaux intéressants sur les Sciences, les Arts, les Découvertes nouvelles en tout genre ; l'Analyse des Ouvrages qui paraissent ; de la Morale, de la Philosophie [...] », etc.). Enfin, l'affiche se conclut par une invitation au client potentiel à visiter le bureau de distribution et apparaît alors dans sa complémentarité avec d'autres techniques de vente. Ces dialogues illustrent la capacité des concepteurs d'affiches à s'adapter et à intégrer la critique formulée à l'encontre des excès de l'affichage publicitaire. Il ne s'agit pas seulement de la prendre en compte, mais bien de la reprendre et d'en jouer pour attirer l'attention du public.

Dans cette perspective, différents procédés sont utilisés. Le premier élément consiste à mettre en avant le point de vue des consommateurs, en invoquant leur curiosité et leur jugement perspicace. Cette dimension est mise en avant dans un avis annonçant l'ouverture d'un Magasin général installé dans l'hôtel de Jabach rue Saint-Merry dans l'actuel 4e arrondissement. Ce qui deviendra au cours du siècle le premier dépôt-vente parisien d'importance permet l'achat et la revente de meubles et objets décoratifs (pendules, miroirs, tableaux...) [91]. Il met alors en avant l'implication et les évaluations du « Public » de consommateurs : « C'est au Public à juger par luy-même de l'ordre & de l'arrangement de ce Magasin, [...] On invite le Public à venir satisfaire sa curiosité, & donner ses Avis, qu'on recevra toujours avec docilité [92]. » Le texte souligne la dynamique commerciale associée à la curiosité et semble vouloir désamorcer des critiques futures. Plus encore, certaines affiches reprennent les réquisitoires sur la surabondance d'imprimés dans les rues. Ainsi, une affiche datée à la main du 7 février 1792 met en scène l'annonce d'un ouvrage. Intitulée « Miséricorde », elle commence en formulant un hypothétique argument des détracteurs de l'affiche : « Qu'est-ce que c'est ?..... Qu'est-ce que c'est ?..... Ah ! nous sommes torturés, las, excédés de placards ; il n'est rien, pas un chat, qui ne devienne le sujet d'un avis, d'une annonce, et ensuite de quelques brocards. C'est une épidémie, une fureur que cela. Que maudits soient tous les empiriques qui affichent pour nous décevoir [93]. » Elle se poursuit en s'en prenant au lecteur citadin, qui ne saurait « rien voir, rien trouver sans tambour et sans trompette ; et qu'il faut encore, pour surcroît, bouchons et enseignes ». Et résume : « Il faut pour vous faire acheter quelque chose, une artillerie complète : en un mot il faut un bruit du diable sinon rien […] il le faut pour piquer la curiosité publique [94]. » À nouveau, le texte publicitaire prend en charge la critique, non seulement pour justifier des excès en matière de communication commerciale, mais également pour se démarquer aux yeux des passants, formuler un argument de vente original et attirer leur attention.

Cette plasticité du capitalisme commercial dont les infrastructures et les modes de communication s'adaptent aux critiques est à la base du nouvel esprit de l'affichage [95]. Ce dernier s'exprime à travers une série d'inventions qui importent moins par leur succès que parce qu'elles traduisent les efforts pour renouveler les dispositifs publicitaires et capter l'attention des citadins. Certaines réflexions et initiatives amorcées à la fin du XVIIIe sont concrétisées à Paris au début du XIXe siècle. Elles sont portées par deux notions maîtresses pour captiver l'attention : la durabilité et la mobilité des affiches. Pour permettre aux publicités affichées de durer plus longtemps, l'affiche peinte est de plus en plus privilégiée. Dès la fin du XVIIIe siècle, le procédé est mentionné par l'ouvrier Jacques-Louis Ménétra, qui s'évertue à « barbouiller la boutique des marchands de vin et de bière », et excelle à peindre « des ceps de vigne des pots et verres à bière » au faubourg Saint-Antoine et dans les communes limitrophes de Charonne et Vincennes [96]. Le procédé se développe dans les premières décennies du XIXe siècle, et une annonce publiée dans la presse en 1838 résume ses apports : « Les affiches peuvent rester un temps indéfini exposées à la vue [97]. » Ici, l'entreprise met en avant la durabilité du procédé publicitaire par contraste avec les imprimés affichés qui sont constamment recouverts, raturés ou, pour certains, arrachés par des chiffonniers afin d'être revendus. Il faut également ajouter un gain financier important, puisque l'affiche peinte, contrairement à celle en papier, n'est pas soumise au droit de timbre requis depuis la loi du 9 vendémiaire an VI (30 septembre 1797) [98]. Cette différence fiscale est à l'origine de nombreux litiges. En 1845-1846, l'arrestation d'afficheurs à Paris suscite une controverse juridique. Des colleurs d'affiches parisiens, avec à leur tête un certain « Ferrion, surnommé le *Napoléon de l'affichage*, armés de pinceaux et de longues perches surmontées de brosses, [...] marchèrent à la destruction de l'affiche peinte : déjà 91 poteaux venaient d'être odieusement noircis, lorsqu'ils furent arrêtés en flagrant délit [99] ». Les innovations de la ville-marchandise génèrent ainsi leur lot de tensions sociales et de dégradations des conditions de travail.

La durabilité des affiches est également déterminante dans l'émergence des premières formes de mobilier urbain réservées aux affiches. Des pancartes divisées en plusieurs compartiments sont inaugurées dans les années 1810, avant de voir se développer les « cadres à venteaux mobiles et fermant à clef » pour permettre un « affichage permanent » dans les années 1820, ou encore des « portes-affiches » montés sur pivots, conçus pour préserver les paysages urbains et empêcher la lacération des imprimés [100]. L'auteur du *Manuel complet du voyageur dans Paris* remarque en 1828 : « Depuis environ deux ans, une compagnie s'est chargée de faire apposer les affiches sur des portes de métal ; ces plaques se ferment pendant la nuit ; les affiches y séjournent un temps convenu ; de cette manière elles ne dégradent plus les monuments et servent leurs propriétaires, qui naguère dépendaient, à cet égard, du caprice d'un afficheur, déchirant le lendemain l'affiche qu'il avait posé la veille [101]. » Pour empêcher que les affiches ne soient recouvertes ou dégradées, mais aussi pour qu'elles soient visibles de nuit, les expérimentations se succèdent. Les Lumières techniques se manifestent alors dans l'urbanisme et les pratiques commerciales à travers une lutte commune contre l'obscurité [102]. Dès 1761, l'ingénieur du roi pour la physique et la mécanique Charles Rabiqueau publie dans le tout nouveau journal spécialisé dans les inventions, *L'Avant-Coureur*, l'annonce d'une nouvelle « Lampe à réverbère » [103]. Or l'élément déterminant dans les essais réalisés sur ses lampes optiques est la lisibilité des affiches dans la nuit : « Celle qu'on a vue au Luxembourg fait lire du caractère moyen à 920 pieds de distance. Il en destine une pour le pont Royal qui pourra suppléer à 30 lanternes & faire lire toutes sortes d'affiches à la porte des Tuileries [104]. » Cinquante ans après ces premières installations, des brevets de « candélabres-affiches » sont mis au point. Il ne s'agit plus seulement d'éclairer l'affiche pour la rendre *lisible*, mais plutôt de l'associer au réverbère afin de la rendre *visible*. Bien que la plupart des projets soient abandonnés en raison de leur coût, la presse relate certaines expériences [105]. *Le Constitutionnel* mentionne ainsi en 1824 un « nouveau mode d'affichage » installé sur le boulevard des Italiens, à proximité des salles de spectacles : « Un foyer de lumière, placé au sommet d'un élégant candélabre, éclaire les quatre faces d'un transparent, où sont placées les affiches, et les rend aussi lisibles la nuit que le jour [106]. » Ce « candélabre-affiche » place l'imprimé en hauteur, gain de visibilité mais aussi de temps d'exposition puisqu'il est moins exposé aux lacérations, arrachages et autres ratures. Conçu dans des ateliers de Belleville, à proximité de la capitale, il est fabriqué en fonte pour la colonne et en fer-blanc pour les lanternes porte-affiches [107]. En 1836, le brevet d'un « système d'affichage non mobile de jour et de nuit » met en avant un dispositif qui prolonge « la publicité jusqu'à une heure avancée de la nuit, en garantissant en même temps l'intégrité de l'affiche pendant toute la durée de la location » [108]. Ce principe du « candélabre-affiche » est associé à celui de la colonne recouverte par les afficheurs, dont la plus célèbre est conçue quelques décennies plus tard par les imprimeurs parisiens Morris [109]. Cette synthèse donne naissance à plusieurs appareils qui associent les innovations techniques et optiques au goût pour le merveilleux et la magie, à l'image du « phare industriel » mis au point par un certain Reboux, ou des colonnes de Canuet de Lonjon et Caillaud, « sorte de panorama d'affiches ou de lanterne magique appliqué à l'affichage de jour et de nuit », jusqu'aux « affiches pyrotechniques lumineuses » de Gaillard (fig. 62-64) [110].

Ces brevets d'invention représentent autant de sites de réflexion où s'élabore une définition de l'attention comme ressource, à solliciter et à captiver. Le concepteur du « phare industriel » décrit une ville structurée par les flux d'hommes et de marchandises qui s'intensifient « de septembre à mai, entre 6 et 10 heures du soir [...] Sur les boulevards aux abords des cafés, des théâtres, des concerts, des Passages, des principales rues, la foule se presse et se renouvelle de minute en minute ». Il poursuit : « C'est le moment où le promeneur libre de soucis arrête volontiers son attention sur ce qui frappe les regards : il y a donc opportunité à lui présenter alors, sous une forme vive & pittoresque, l'annonce que l'on veut fixer dans sa mémoire [111]. » Dans un registre similaire, un négociant

Figure 62. « Candélabre-affiche », 1836, INPI/Base Brevets XIXe siècle

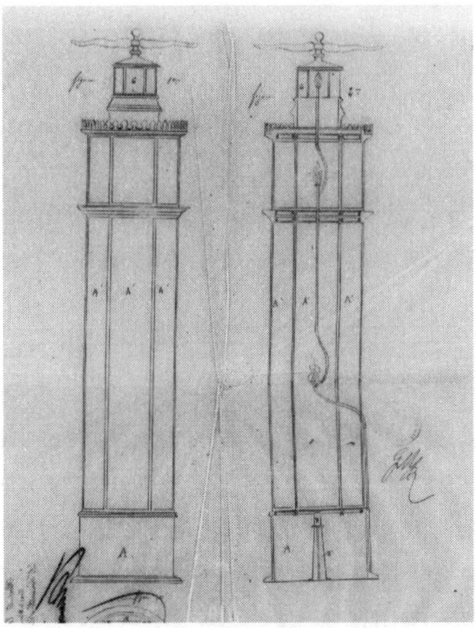

Figure 63. « Appareil de publicité de jour et de nuit », 1847, INPI/Base Brevets XIXe siècle

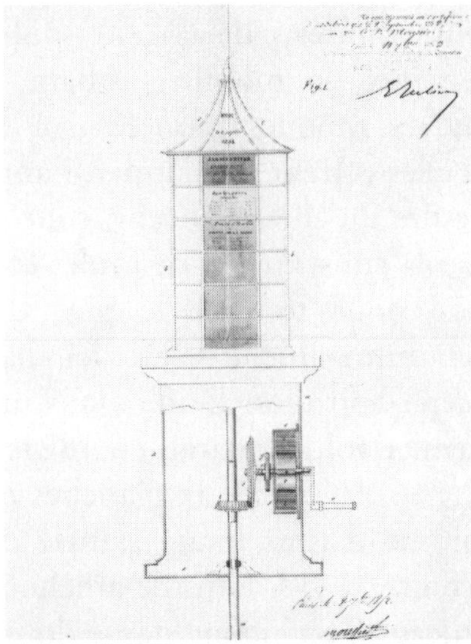

Figure 64. « Colonne mobile tournante », 1852, INPI/Base Brevets XIXe siècle

et un ingénieur mécanicien, Louis Froger et Édouard Loysel, s'associent en 1839 pour mettre au point un « annonciateur mécanique », renommé peu de temps après « annonciateur universel » [112]. Plusieurs tableaux d'affichage sont conçus, mesurant 15 m de largeur sur 30 m de hauteur avec dix à cinquante annonces. Ce système est structuré autour de trois spécificités : la dimension de l'affiche, censée « figer l'attention du public d'une manière stable », « l'alphabéticité [...] qui éloigne la confusion qu'engendre ordinairement la multiplicité » et la mobilité, qui permet de multiplier le nombre d'annonces et les lieux d'exposition.

Le mobilier urbain est ainsi conçu pour étendre la durée de vie des affiches, attirer les regards, mais aussi permettre aux imprimés de prendre de la vitesse, de quitter les murs et d'aller au-devant des passants [113]. Ce sont « l'affiche roulante », qui apparaît dans les années 1820, les « annonces ambulantes » ou encore les « affiches mobiles » mises au point par Alexandre Édouard Le Molt (fig. 65) [114]. Ce dernier associe des affiches en papier, toile ou tissu à différents types d'éclairage urbain plus ou moins expérimentaux : « lumières électriques, lumière Gaudin de Drumont (oxi-hydrogène), vapeur d'éther et oxigène, gaz hydrogène et tout autre mode d'éclairage en usage [115] ». Ces efforts pour faire reculer les « douze heures noires » de la nuit soulignent les liens entre ces nouveaux éléments de mobilier urbain et le maintien de l'ordre [116]. Les affiches mobiles montées sur le train de voitures hippomobiles, qu'elles offrent un damier d'annonces ou des cylindres tournants à mesure qu'elles avancent, sont pensées non seulement pour empêcher la constitution de foules et les attroupements de passants, mais aussi pour toucher le plus de citadins possible [117]. Le cas de l'« homme-affiche » est ici paradigmatique. Décrit par Pierre-Joseph-Spiridion Dufey dans un nouveau *Tableau de Paris* dont le premier volume paraît en 1821, il est illustré par Jean-Henri Marlet (fig. 66) [118] : « Deux planches réunies par une ficelle emboîtent un homme d'assez haute stature. Il s'arrête partout où il trouve des lecteurs. [...] L'homme-affiche porte gravement son double et léger fardeau. Cette jeune dame dont la rotondité n'est que passagère rit de l'affiche ambulante, et tout en riant elle a voulu la lire [...] [119]. »

À l'origine de ce nouveau procédé, on retrouve l'argument de la prolifération des imprimés affichés, insistant sur les désagréments

Figure 65. « Publicité mobile », 1846, INPI/Base Brevets XIXe siècle

provoqués devant « l'énorme amas de placards de toute espèce qui tapissent les murs de Paris ». L'innovation est alors attribuée à un certain Joanne, directeur d'un service de diligences entre Paris et Lyon, qui met au point cette « affiche qui va chercher les curieux ». La figure de l'« homme-affiche » permet aux entrepreneurs de rendre à nouveau visible l'imprimé dans des grandes villes européennes telles que Paris et Londres, où les affiches se multiplient [120]. Discuté et controversé, le procédé s'inscrit alors dans une profusion d'inventions, dont l'existence ne dépasse pas parfois la journée. Ce sont les vêtements-affiches, le rideau-affiche, l'affiche volante, ou encore le tatouage-affiche mobilisant « des hommes d'une belle ampleur » recouverts d'inscriptions éphémères de la tête aux pieds et « doués de la patience d'un *homme-affiche* » [121]. Dans ce contexte, la question de la gestion de l'« attention publique », pour reprendre l'expression de Dufey, devient progressivement un enjeu majeur. Elle est étroitement associée au renouvellement des dispositifs d'annonces commerciales, si bien que le rédacteur de *L'Illustration* ironise en 1850 sur la situation de l'homme-affiche rendu invisible dans les rues londoniennes : « On s'était accoutumé à le voir se promener par les rues et sur les places à l'état de vexillum romain, et il n'avait plus guère pour spectateur que des provinciaux et des étrangers. Force lui fut de se modifier et même de se transformer, s'il voulait continuer d'attirer l'attention publique. Il se soumit à cette nécessité, et, grâce à son génie – le mot n'est pas exagéré – il parvint à se faire regarder et à se faire lire [122]. »

Conclusion. Paris, capitale du XVIIIe siècle

En définitive, la prolifération dans l'espace urbain d'affiches de ventes, d'annonces de publications ou de spectacles permet la diffusion des prix et des valeurs d'échange, mais renseigne aussi sur les objets, les événements et les lieux à la mode. Ces imprimés instituent la nouveauté comme un critère d'évaluation culturel qui a des conséquences économiques. Ils représentent des formes triviales et quotidiennes qui soulignent l'émergence d'un capitalisme marchand dans les interstices d'une société d'ordres. Cet affichage privé s'accommode à la fois des contraintes corporatives sur la publicité et de la concurrence matérielle des écritures publiques du pouvoir. L'espace urbain est ainsi divisé en fonction d'un rapport entre coûts d'affichage/visibilité et bénéfices rapportés par les éphémères affichés. Apparaissent alors les contours d'espaces de consommation composés d'organes centraux, de couronnes à conquérir ou de périphéries à délaisser. En ce sens, les affiches privées sont intimement liées aux mutations de la ville marchande et à l'intensification des échanges commerciaux qui s'y déroulent. À travers ces expériences, la ville tend à devenir un théâtre de la marchandise, et les sociabilités urbaines des scènes ornées d'objets publicitaires [123]. L'affiche commerciale décore la ville et contribue à faire émerger ce que Marc Berdet, lecteur de Walter Benjamin, appelle des « fantasmagories », autant de lieux magiques associés au capitalisme naissant [124].

L'homme-affiche est la parfaite illustration d'un nouveau procédé publicitaire mis au point dans le contexte d'une concurrence rude pour une attention rare. Dans un monde urbain où « des affiches à grosses lettres, à titres emphatiques, hameçonnent la foule [...] », pour reprendre l'expression du poète romantique Pétrus Borel, une légion de mobiliers urbains allie fonte, fer et verre à l'encre et au papier [125]. Ces innovations mêlant imaginaire technique et goût pour la magie et le merveilleux sont l'œuvre d'inventeurs aux multiples facettes complétant la galerie des « pionniers de la publicité », à la fois administrateurs, négociants et mécaniciens [126].

Surtout, ces entrepreneurs de l'information affichée se muent en ingénieurs de l'« attention publique ». Au même titre que des spécialistes de l'optique, de la psychologie ou de l'esthétique, ils constituent des acteurs déterminants dans l'émergence d'un capitalisme de l'attention [127]. Cette dernière est alors présentée comme une ressource. Selon les termes du concepteur de l'« annonciateur universel » Édouard Loysel, elle doit être « frappée », « figée » et au final capturée. La surveillance et l'encadrement de ces murs pris d'assaut par l'affichage commercial ouvrent alors sur la longue gestation policière d'un maintien de l'ordre mural.

Figure 66. L'homme-affiche sur la place des Victoires, 1821-1824, BNF Gallica

5

Le maintien de l'ordre mural

Une anecdote publiée dans la presse en 1798 résume l'esprit du maintien de l'ordre mural élaboré à Paris au XVIIIe siècle. Elle convoque la figure idéalisée de Frédéric II, mort depuis plus de dix ans, qui aperçoit à son lever une affiche placée sous ses fenêtres. À l'origine de ce « placard injurieux », l'hostilité de certains marchands face à l'intervention de l'État qui tente de limiter la vente de café en détail. Incapable de lire l'imprimé, y compris avec une lorgnette, le roi envoie tout d'abord un domestique le lire. Ce dernier prétend que l'affiche est trop haut sur le mur, et donc illisible pour les passants. Frédéric II convoque alors son lieutenant de police et, en une phrase, tire les leçons de plusieurs décennies de surveillance et d'encadrement des imprimés affichés : « "Vous voyez cette affiche, dit le monarque, faites-la descendre et placer de manière que tout le monde puisse lire à son aise." L'ordre fut rempli, les murmures cessèrent et l'ordonnance fut exécutée [1]. » L'histoire rappelle toutes les limites du système de censure des imprimés, et les relations ambivalentes entre la police parisienne et le monde des libellistes critiquant les autorités [2]. Elle souligne également, avec ironie, les limites de l'intervention policière.

Le maintien de l'ordre mural vise moins à empêcher la circulation de l'information qu'à la réguler, à assurer qu'elle soit accessible selon les dispositions envisagées par les autorités. Si la surveillance des affiches a longtemps été associée à celle de l'opinion et à la traque des « placards diffamatoires », l'action policière peut être réévaluée au prisme d'un rapport nouveau à l'actualité et à l'attente de nouvelles. Des crimes de lèse-majesté aux délits d'opinion, la police de l'affiche est bien soucieuse des propos subversifs mais elle se fonde également sur la nécessité de préserver les écritures publiques du pouvoir, qu'elles soient administratives ou judiciaires [3]. Ces éphémères de papier prennent au cours du XVIIIe siècle une place de plus en plus importante par rapport aux criées et aux proclamations ritualisées du siècle précédent, avant le siècle d'or de l'affiche administrative au XIXe siècle [4]. Les autorités cherchent non seulement à informer, mais aussi à rendre visibles leurs décisions et leurs actions. Elles s'évertuent également à améliorer l'accès à l'information diffusée sur les murs, au premier rang duquel figure l'affichage des spectacles. À travers la définition d'un service public de l'information culturelle, ces affiches distribuées « à égale distance » mettent en évidence les efforts de rationalisation de l'affichage.

La professionnalisation des pratiques policières donne naissance à une logique spatiale d'encadrement de l'affichage, renforcée au cours de la Révolution française et consacrée au XIXe siècle par la loi du 29 juillet 1881. Dans cette histoire longue du droit d'affiche, la réforme de 1791 est un moment décisif (voir tableau récapitulatif en annexe). Elle fait apparaître toutes les hésitations et les difficultés rencontrées par les députés et les administrateurs locaux pour articuler le respect des principes de la liberté d'expression aux efforts mis en œuvre pour préserver l'incarnation matérielle de la loi. Dès lors que l'on s'intéresse aux rapports entre pratiques de contrôle et expériences vécues des habitantes et des habitants, le fantasme d'un contrôle total de tous les imprimés affichés laisse place à la fabrication de l'affiche illégale par l'œil policier [5]. Le maintien de l'ordre mural prend en considération l'ampleur du territoire à surveiller, mais aussi les attentes d'une partie de la population pour maîtriser la jungle de papiers commerciaux proliférant sur les murs [6]. Il est alors conçu selon trois modalités : la régulation, la surveillance et la maintenance des murs.

Réguler un service public de l'information ?

En 1789, dans le cahier de doléances du baillage de Nemours, une charge à l'encontre de la loterie royale souligne les contradictions de l'affichage émis par les autorités. Sur un même pilier, deux affiches officielles annoncent l'interdiction des jeux de hasard et la date de la prochaine loterie. D'un côté les passants lisent « que LOUIS, *par la grâce de Dieu*, proscrit en son parlement les jeux de hasard, où les banquiers ont trop d'avantage sur les ponteurs », et de l'autre « que LOUIS, *par la grâce de Dieu*, se déclare, en ses lettres-patentes enregistrées au même parlement, le banquier du plus inégal, du plus séducteur, & du plus atroce de tous ces jeux » [7]. Le physiocrate Dupont de Nemours, ami proche de Turgot, souligne ici les ambivalences de l'affiche, entre d'une part la sacralisation des écritures publiques du pouvoir et d'autre part le recours massif à ces imprimés pour les règlements du quotidien. Il insiste également sur les effets du passage des « cérémonies de l'information », moment de confirmation symbolique de l'autorité royale, à un nouvel « ordre public » construit par la lieutenance générale de police, qui s'appuie sur une partie de la population. Si les fragiles éphémères contribuent à la désacralisation du pouvoir monarchique, ils construisent et consolident néanmoins la « sûreté » au sein des villes. Ce processus renvoie aux attentes des sujets, en particulier des élites, à destination des autorités, afin qu'elles assurent ordre et sécurité (en termes d'approvisionnement, de risques sanitaires, de sécurité des personnes et de plus en plus des biens...) [8]. L'affiche illustre en ce sens la nouvelle polysémie au XVIIIe siècle des concepts de « police » et de « service public », soulignée par Paolo Napoli [9]. Elle matérialise l'action préventive des autorités, la mise en place d'un gouvernement de l'urbain, mais aussi une réflexion sur la diffusion de l'information en ville et son accessibilité.

Quand la police s'affiche

Les affiches des nouvelles lois et règlements représentent autant de signes urbains liant les agents de la lieutenance générale de police et la population [10]. Ces éphémères permettent non seulement de réglementer, mais aussi de communiquer avec une partie des habitants, de faire voir son action, à l'image des ordonnances de 1699 et 1703 qui interdisent aux vagabonds, puis aux laquais, les promenades parisiennes [11]. Ils synthétisent également les divisions de Paris en quartiers de police, à l'image de deux affiches qui présentent les agents de la « Xème Division », le quartier de la Grève, et les vingt-cinq subdivisions réalisées par le lieutenant général de police

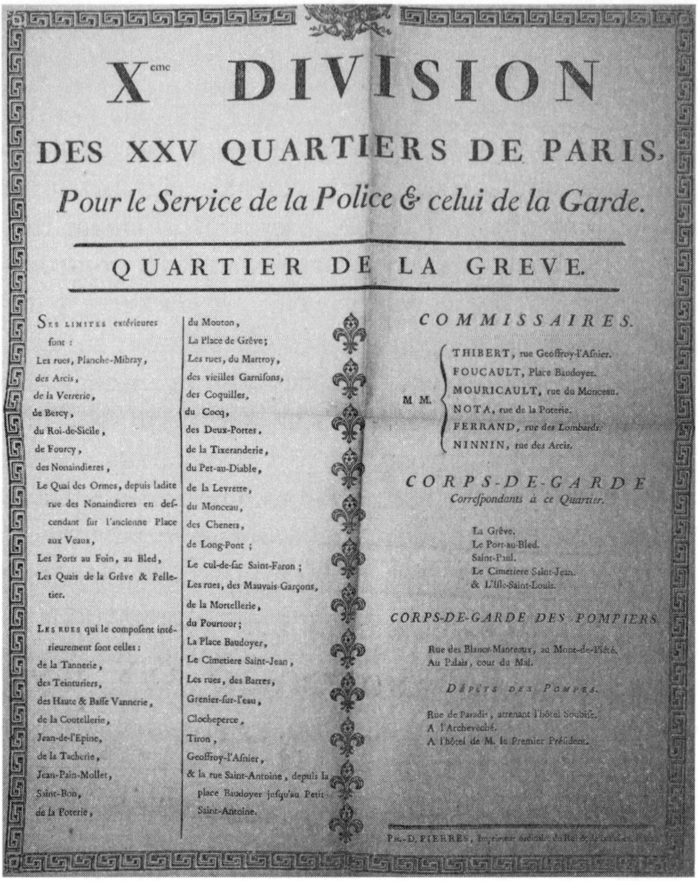

Xeme DIVISION

DES XXV QUARTIERS DE PARIS,

Pour le Service de la Police & celui de la Garde.

QUARTIER DE LA GREVE.

SES LIMITES extérieures sont :
Les rues, Planche-Mibray,
des Arcis,
de la Verrerie,
de Bercy,
du Roi-de-Sicile,
de Fourcy,
des Nonaindieres,
Le Quai des Ormes, depuis ladite rue des Nonaindieres en descendant sur l'ancienne Place aux Veaux,
Les Ports au Foin, au Bled,
Les Quais de la Grève & Pelletier.

LES RUES qui le composent intérieurement sont celles :
de la Tannerie,
des Teinturiers,
des Haute & Basse Vannerie,
de la Coutellerie,
Jean-de-l'Epine,
de la Tacherie,
Jean-Pain-Mollet,
Saint-Bon,
de la Poterie,
du Mouton,
La Place de Grève;
Les rues, du Martroy,
des vieilles Garnisons,
des Coquilles,
du Cocq,
des Deux-Portes,
de la Tixeranderie,
du Pet-au-Diable,
de la Levrette,
du Monceau,
des Cheners,
de Long-Pont ;
Le cul-de-sac Saint-Faron ;
Les rues, des Mauvais-Garçons,
de la Mortellerie,
du Pourtour;
La Place Baudoyer,
Le Cimetiere Saint-Jean,
Les rues, des Barres,
Grenier-sur-l'eau,
Clocheperce,
Tiron,
Geoffroy-l'Asnier,
& la rue Saint-Antoine, depuis la place Baudoyer jusqu'au Petit-Saint-Antoine.

COMMISSAIRES.

M M.
THIBERT, rue Geoffroy-l'Asnier.
FOUCAULT, Place Baudoyer.
MOURICAULT, rue du Monceau.
NOTA, rue de la Poterie.
FERRAND, rue des Lombards.
NINNIN, rue des Arcis.

CORPS-DE-GARDE
Correspondants à ce Quartier.

La Grève.
Le Port-au-Bled.
Saint-Paul.
Le Cimetiere Saint-Jean.
& L'Isle-Saint-Louis.

CORPS-DE-GARDE DES POMPIERS.

Rue des Blancs-Manteaux, au Mont-de-Piété.
Au Palais, cour du Mai.

DÉPÔTS DES POMPES.

Rue de Paradis, attenant l'hôtel Soubise.
A l'Archevêché.
A l'hôtel de M. le Premier Président.

PH.-D. PIERRES, [illegible]

Figure 67. Organigramme affiché de la police et de la Garde, 1780, Archives nationales

DIVISIONS DES VINGT-CINQ QUARTIERS DE PARIS,

POUR LE SERVICE DE LA POLICE ET CELUI DE LA GARDE.

Figure 68. Division des vingt-cinq quartiers de Paris, 1780, Archives nationales

Lenoir [12] (fig. 67-68). Les mentions de noms de rues ou de quartiers dessinent une carte mentale de l'action policière et donnent surtout une idée des catégories utilisées pour nommer l'espace [13]. Trois types de lieux apparaissent : l'aire de juridiction, le territoire ou le point d'intervention, et les adresses associées aux institutions. Ils constituent des instruments d'abstraction, réorganisant les manières de lire la ville et de rationaliser le contrôle des individus [14].

Ces affiches réglementaires de la lieutenance générale contribuent à découper non seulement l'espace, mais également le temps urbain, à travers des ordonnances renouvelées chaque année. Le « Mémoire des impressions » de l'imprimeur travaillant pour la lieutenance générale de police, Hippolyte-Louis Guérin, permet de reconstituer le rythme annuel de production d'affiches [15]. La multiplication d'affiches administratives produites correspond aux ordonnances d'ouverture de foires en janvier et parfois en février (lorsque l'événement est prolongé), tout comme les listes de bouchers autorisés à vendre de la viande pour le carême mi-février, le nettoiement des rues pour les fêtes des Rameaux en mars, du Saint-Sacrement en mai-juin, ou encore le règlement de la procession pour l'Assomption en août [16]. Ainsi, la présence et l'observation d'affiches conduit à une double appréhension pour les citadins : elles manifestent symboliquement le pouvoir des autorités urbaines et elles avisent de leurs actions. L'affichage apparaît alors à la fois comme système pédagogique et comme objet de communication, envoyant aux élites fréquentant les promenades des signaux de sûreté et de confiance [17].

Sécurité et approvisionnement, gestion des flux, prévention des risques sanitaires : ces trois principaux aspects de la police font intervenir l'affichage réglementaire sous des visées différentes. L'approvisionnement – pierre angulaire du maintien de l'ordre en ville – est associé aux affichettes informant sur l'arrivée de nouveaux produits [18]. Dans le *Journal de Paris* du 27 février 1778, le rédacteur mentionne une décision du lieutenant général de police d'afficher « des placards dans tous les Marchés & Carrefours de Paris, qui indiqueront le prix auquel le beurre & les œufs auront été vendus sur le carreau pendant la Semaine [19] ». Il poursuit en annonçant que cette affiche est retranscrite toutes les semaines dans les colonnes du quotidien [20].

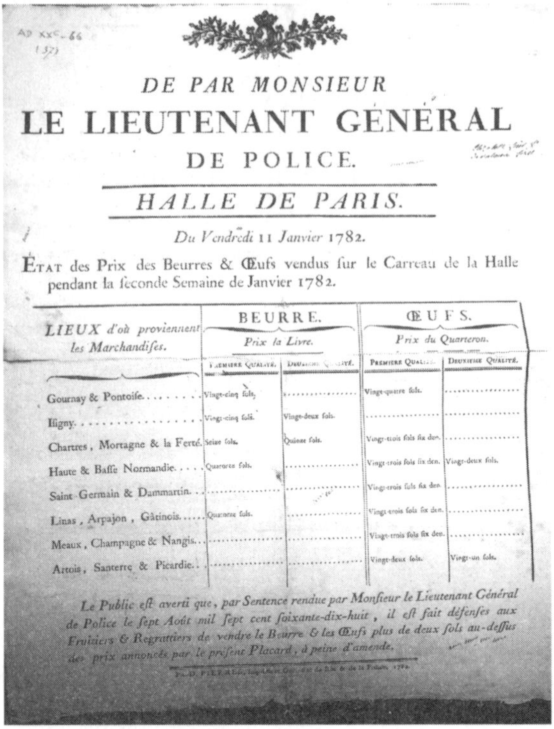

DE PAR MONSIEUR

LE LIEUTENANT GÉNÉRAL

DE POLICE.

HALLE DE PARIS.

Du Vendredi 11 *Janvier* 1782.

ÉTAT des Prix des Beurres & Œufs vendus ſur le Carreau de la Halle pendant la ſeconde Semaine de Janvier 1782.

LIEUX d'où proviennent les Marchandiſes.	BEURRE. *Prix la Livre.*		ŒUFS. *Prix du Quarteron.*	
	PREMIERE QUALITÉ.	DEUXIEME QUALITÉ.	PREMIERE QUALITÉ.	DEUXIEME QUALITÉ.
Gournay & Pontoiſe	Vingt-cinq ſols.		Vingt-quatre ſols.	
Iſigny	Vingt-cinq ſols.	Vingt-deux ſols.		
Chartres, Mortagne & la Ferté.	Seize ſols.	Quinze ſols.	Vingt-trois ſols ſix den.	
Haute & Baſſe Normandie	Quatorze ſols.		Vingt-trois ſols ſix den.	Vingt-deux ſols.
Saint-Germain & Dammartin			Vingt-trois ſols ſix den.	
Linas, Arpajon, Gâtinois	Quatorze ſols.		Vingt-trois ſols ſix den.	
Meaux, Champagne & Nangis			Vingt-trois ſols ſix den.	
Artois, Santerre & Picardie			Vingt-deux ſols.	Vingt-un ſols.

Le Public eſt averti que, par Sentence rendue par Monſieur le Lieutenant Général de Police le ſept Août mil ſept cent ſoixante-dix-huit, il eſt fait défenſes aux Fruitiers & Regrattiers de vendre le Beurre & les Œufs plus de deux ſols au-deſſus des prix annoncés par le préſent Placard, à peine d'amende.

Figure 69. Affichage et régulation urbaine, prévention des incendies (moitié d'affiche), XVIIIe siècle, Archives nationales

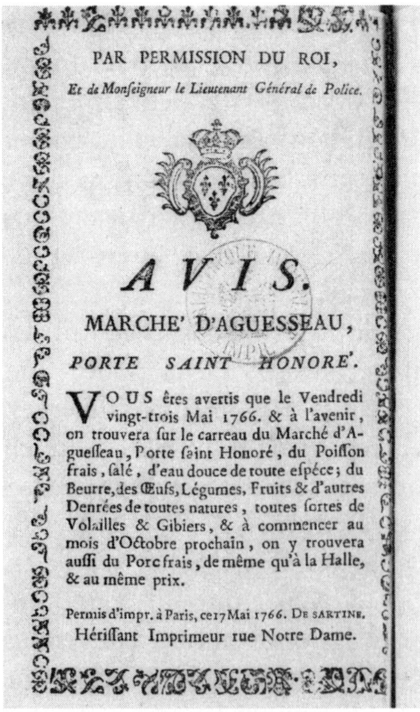

PAR PERMISSION DU ROI,

Et de Monſeigneur le Lieutenant Général de Police.

AVIS.

MARCHE' D'AGUESSEAU,

PORTE SAINT HONORÉ.

VOUS êtes avertis que le Vendredi vingt-trois Mai 1766. & à l'avenir, on trouvera ſur le carreau du Marché d'Agueſſeau, Porte ſaint Honoré, du Poiſſon frais, ſalé, d'eau douce de toute eſpéce; du Beurre, des Œufs, Légumes, Fruits & d'autres Denrées de toutes natures, toutes ſortes de Volailles & Gibiers, & à commencer au mois d'Octobre prochain, on y trouvera auſſi du Porc frais, de même qu'à la Halle, & au même prix.

Permis d'impr. à Paris, ce 17 Mai 1766. DE SARTINE.

Hériſſant Imprimeur rue Notre Dame.

Figure 70. Annonce des denrées en vente au marché d'Aguesseau, 1766, BNF Gallica

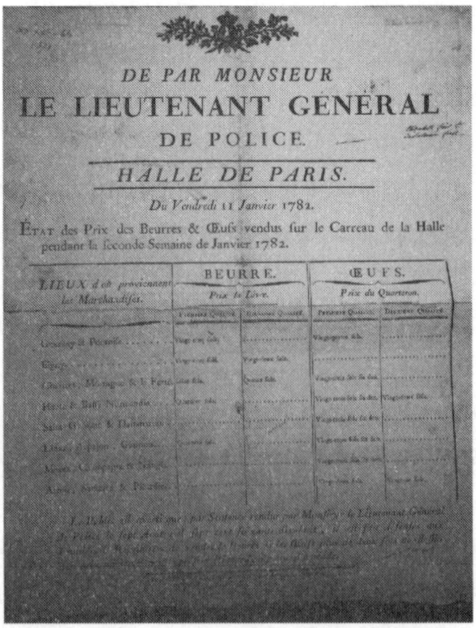

DE PAR MONSIEUR

LE LIEUTENANT GÉNÉRAL

DE POLICE.

HALLE DE PARIS.

Du Vendredi 11 *Janvier* 1782.

ÉTAT des Prix des Beurres & Œufs vendus ſur le Carreau de la Halle pendant la ſeconde Semaine de Janvier 1782.

Figure 71. Ordre public et affichage des prix, XVIIIe siècle, Archives nationales

L'imprimé matérialise l'une des priorités gouvernementales à Paris au XVIIIe siècle, assurer l'approvisionnement, et traduit également l'intervention discrète des autorités qui témoignent aux citadins la surveillance de ces prix (fig. 71) [21]. Un exemplaire imprimé en 1766 et conservé car utilisé comme brouillon par l'inspecteur de la Librairie Joseph d'Hémery signale l'arrivée de nouvelles denrées et les prix compétitifs au marché d'Aguesseau, situé à proximité de la porte Saint-Honoré (fig. 70) [22]. Dans un registre similaire, la tranquillité des rues est liée non seulement aux questions alimentaires, mais aussi, à partir d'un édit de Louis XIV de 1697, à l'éclairage urbain [23]. Les affiches sont alors associées à une série de formulaires annonçant et réglant l'entretien des lanternes par les commis aux chandelles et vitriers [24]. Elles précisent les horaires et modes d'illumination, comme le souligne un extrait de l'article « Illumination » de l'*Encyclopédie méthodique*, publié en 1791. Il rappelle que l'ordre d'illuminer est diffusé par proclamation, mais aussi par la diffusion d'un imprimé sur les murs, bien plus discret pour la population et laissant les cris pour « annoncer des dangers [25] ». Ici, deux modes d'information – oral et écrit – sont schématiquement opposés, entre d'une part le « son de la caisse » et d'autre part « l'affiche ». Dans un univers urbain marqué par les troubles et les éclats de voix révolutionnaires, l'écrit affiché tend à incarner la rigueur et la continuité des réglementations urbaines.

L'affichage réglementaire concerne aussi la gestion des flux de personnes et de marchandises. Le second XVIIIe siècle voit apparaître des imprimés affichés détaillant dans certaines zones de la ville les règles de circulation et de stationnement. C'est particulièrement le cas aux abords des théâtres et des salles de spectacles. Louis Petit de Bachaumont s'étonne ainsi, en janvier 1770, que l'ouverture d'un nouveau théâtre de l'Académie royale de musique fasse fleurir non seulement les traditionnelles affiches de spectacles, mais également un éphémère d'un genre nouveau : « [...] un placard détaillé, qui prescrit l'ordre et la marche de toutes les sortes de voitures qui seront dans le cas de passer dans ce quartier-là, pour quelque usage que ce soit [26]. » L'affiche vient ici régler une question sensible à différents niveaux : la circulation et l'accès aux salles. En effet, ces espaces de divertissement voient se superposer différentes activités et vitesses de circulation liées aux commerces, zones de stationnement ou simples passants. L'affiche délivre dès lors des instructions de circulation pour assurer le maintien de l'ordre, la sécurité des citadins et le prestige de la ville [27]. L'annonce affichée pour les représentations du 11 décembre 1785 au théâtre du Panthéon, rue de Chartres, précise par exemple : « Les Voitures ne pourront entrer dans la rue de Chartres que par la Place du Palais-Royal. Elles arriveront à couvert, jusqu'au pied de l'Escalier, & sortiront par la rue Saint-Thomas du Louvre [28]. » À noter que ces instructions pour accéder aux salles de spectacles peuvent également être diffusées par voie de presse, comme c'est régulièrement le cas à Londres [29].

Enfin, l'affichage réglementaire est largement mobilisé pour la gestion des risques à l'origine de maladies ou de morts accidentelles (épidémies, chutes de pierres ou d'enseignes, noyades, incendies…) [30]. Ces signes imprimés participent de la « politique de prévention » étudiée par Catherine Denys, qui apparaît au XVIIIe siècle [31]. Parmi ces mesures, ce sont tout d'abord les plans de « secours aux noyés » et la disposition, à proximité des cours d'eau, de boîtes à l'intérieur desquelles on trouve : couverture, canule fumigatoire, cuillère de fer étamé, bouteilles d'eau-de-vie camphrée, brochures avec détails pour aider une personne noyée. Au-dessus de ces boîtes, des affiches résument les secours à administrer aux noyés [32]. Elles représentent la dernière étape signalétique d'une œuvre de prévention qui passe par l'impression et la diffusion, dès 1740, de l'*Avis au peuple pour donner les secours à ceux que l'on croit noyés*, et la création, en 1770 à Paris, d'un Établissement de secours en faveur des noyés dirigé à partir de 1772 par le maître en pharmacie Philippe-Nicolas Pia. C'est notamment lui qui généralise l'installation et l'entretien régulier des « boîtes-entrepôts » et encourage les citadins à se faire « secouristes » en instaurant un système de primes pour les sauvetages [33].

Ces premiers signes d'une prise de conscience de l'urgence sanitaire se retrouvent également dans la gestion d'un autre grand fléau urbain depuis l'Antiquité : l'incendie [34]. Ainsi, on affiche chaque année dans Paris « vingt mille placards indiquant aux habitants les endroits où sont les corps-de-garde, les dépôts de pompes & de voitures d'eau ; & afin que d'un quartier on n'aille pas chercher du secours dans un autre, il y a des placards pour chaque quartier de la capitale, lesquels désignent les secours les plus voisins[35] » (fig. 69). Le maillage de l'affichage réglementaire vient ici recouvrir le quadrillage des corps-de-garde et des tonneaux remplis d'eau pour lutter contre les flammes[36]. Ce système d'éphémères officiels pour structurer la lutte contre les incendies constitue l'un des piliers de l'affichage réglementaire mobilisé au-delà des murs parisiens, puisqu'il fait partie des principaux sujets affichés en Louisiane au cours des trois semaines d'administration française entre le 30 novembre et le 20 décembre 1803[37].

Sur ces imprimés se trouve une multiplicité de noms propres qui sont autant de représentations des espaces d'intervention des autorités, mais témoignent aussi des intermédiaires au service de la gestion urbaine. C'est par exemple le nom du sieur Outrequin, qui figure sur les avis affichés par la lieutenance générale, nommé pour superviser le nettoiement des rues de Paris et faire casser les glaces pendant aux gouttières susceptibles de blesser les passants[38]. Ces différents types de recours à l'affiche traduisent les compétences élargies de la lieutenance générale : police administrative et judiciaire, mais également administration urbaine qui régule et tente de prévenir les crises[39]. Ils font apparaître un appareil policier qui s'adapte aux mutations urbaines et à l'essor démographique d'une ville qui gagne 200 000 habitants en un siècle[40]. Cependant, cette généralisation des règlements affichés ne présume pas leur visibilité dans un espace urbain de plus en plus saturé d'éphémères, et Mercier de commenter, moqueur : « Les endroits où l'on a mis pour inscription, défense, sous peine de punition corporelle, de faire ici ses ordures, sont justement ceux où se rendent les affairés. L'inscription, au lieu de les écarter, semble les inviter[41]. » L'ironie de Mercier rappelle à la fois l'investissement des autorités pour ne pas se laisser recouvrir par les affiches privées et toutes les limites des règlements urbains portés par la police parisienne. Ces tonnes de papier sont utilisées pour informer, réguler les flux, prévenir les risques, et s'inscrivent dans un territoire urbain façonné par les consensus, les compromis quotidiens et les résistances à bas bruit[42]. Le maintien de l'ordre mural s'appuie sur cette gestion micro-locale des rues et fait apparaître une réflexion des autorités pour mieux répartir l'information affichée sur le territoire.

Réformer l'officiel des spectacles

En 1758, la lieutenance générale de police publie un livret in-folio de huit pages, titré sobrement « Avis. Nouvelle distribution des affiches de spectacles de Paris »[43]. Ce dernier synthétise la réforme des points d'affichage et définit les principes d'un service public de l'information culturelle. Premier élément, l'importance des élites est soulignée par les autorités, puisque dans cette nouvelle distribution il est expressément précisé de conserver les affiches dites « d'obligation », posées sur les portes des « Maisons Royales, [des] Princes du Sang, Ambassadeurs, Ministres, Gentilshommes de la Chambre, &c[44] ». Cette nouvelle liste accentue également le nombre d'affiches sur les murs des salles de spectacles – « Trois [affiches] à l'Opéra », rue Saint-Honoré ; « trois à la Comédie-Française », rue des Fossés Saint-Germain ; « trois à la Comédie-Italienne », rue Mauconseil. Enfin, de nouveaux intermédiaires sont identifiables : six officines de notaires font en effet leur apparition, la fréquentation du lieu d'exercice de ces auxiliaires de justice permettant de toucher un public élargi[45]. Cependant, une seconde logique est mise en avant et structure cette nouvelle répartition : l'« égale distance » entre chaque affiche, disposées l'été à neuf heures du matin et l'hiver à onze heures[46]. Cette nouvelle vision fait écho aux efforts de la lieutenance générale de police pour quadriller l'espace urbain[47]. Elle mentionne le « Nouveau plan de Paris », référence probable soit au plan réalisé par l'abbé Delagrive en 1728, soit à celui supervisé par l'ingénieur ordinaire du roi Roussel en 1730-1731[48].

De nouveaux espaces sont couverts, en particulier de nouvelles aires dédiées aux spectacles que sont les boulevards et les portes (Saint-Denis, Saint-Martin, Temple). C'est également la vogue des quartiers du nord-ouest, notamment le faubourg Saint-Honoré ouvert aux initiatives privées de construction à partir de 1765[49]. Trois points d'affichage nouveaux apparaissent à la porte d'hôtels particuliers de la rue Neuve-Saint-Augustin : chez le lieutenant général de police Henri Bertin, chez M. de La Ferté, intendant des Menus Plaisirs, et chez le maréchal de Richelieu à l'hôtel d'Antin. Le critique dramatique Grimod de La Reynière rappelle l'importance de cet affichage « à la porte de tous les Gens en place ; c'était un droit et un honneur dont ils étaient jaloux, et qui, loin de nuire à personne, était fort commode pour le Public [50] ». Il insiste également sur les bénéfices engendrés par ce service public de l'information des spectacles : « Chacun pouvait se procurer même distinction, et pour un louis d'or par an, faire afficher pendant toute une année les Spectacles à sa porte [51]. » L'ensemble de la réforme de 1758 ne traduit pas un changement radical du point de vue de la répartition de l'information affichée à l'échelle de la ville. Quantitativement, elle fait apparaître le même nombre d'emplacements qu'auparavant, avec une légère augmentation de la distribution chez les particuliers. Cependant, à l'échelle des rues, cette nouvelle cartographie met en évidence un desserrement des points d'affichage. Cet espacement, même théorique, témoigne de la volonté des autorités de constituer l'information culturelle *en* service *au* public, mais aussi *au* service *du* public.

Cette préoccupation pour équilibrer la diffusion de l'information se traduit également par la surveillance de certains angles de rues. Ces derniers sont réservés à l'affichage des spectacles et ne doivent pas accueillir d'autres affiches. Dans une lettre adressée à l'inspecteur de la Librairie Joseph d'Hémery, le lieutenant général de police Sartine mentionne par exemple l'axe de la rue des Marmousets et de la rue de la Draperie : « Vous deffendrez Monsieur aux afficheurs de mettre à l'avenir des affiches au Coin de la rue des Marmouzets vis-à-vis la rue de la Draperie sur l'Encoignure de la Maison du Sieur Renault, Maître Cartier. Mon intention est qu'il n'y ait plus dans cet Endroit que les affiches des Opéras et des Comédies [52]. » Situé sur l'île de la Cité, à proximité du Palais, cet embranchement est au cœur des circulations entre les deux rives de Paris, au croisement avec la rue principale qui fait la jonction entre le pont Notre-Dame et le Petit-Pont. Dans un registre similaire, le texte de la réforme de 1758 s'ouvre par une référence aux plaintes des citadins au sujet des défections des afficheurs, « qui les plaçaient à leur gré, & sans conserver aucune égalité de distance, ce qui obligeait dans certain Quartier, de courir fort loin pour en trouver une, tandis que dans d'autres elles étaient trop proches les unes des autres [53] ». À nouveau, c'est une vision de l'espace vécu et pratiqué qui affleure dans le discours officiel. En d'autres termes, il s'agirait de mieux faire correspondre l'offre d'informations aux besoins des citadins, ainsi qu'à leurs mobilités quotidiennes. En creux transparaît une gestion des murs encore largement fondée sur l'implication locale des habitants et commerçants, à l'échelle de la rue et de l'immeuble.

La réforme de l'affichage des spectacles de 1758 souligne le rôle décisif de trois acteurs impliqués dans ce service public de l'affichage des spectacles : les institutions théâtrales, l'imprimeur et les habitants des immeubles servant de points d'affichage. Cette réforme vient tout d'abord redoubler les efforts des semainiers de la Comédie-Française, qui concentrent leur attention sur les corrections de dernière minute. Le 25 mars 1775, le comédien Des Essarts demande par exemple avec insistance que l'imprimeur soit prévenu immédiatement pour faire changer le nom d'une comédienne incommodée [54]. De même en mai 1793, dans un contexte révolutionnaire d'ouverture des anciennes institutions théâtrales aux populations plus modestes, François-René Molé, lorsqu'il propose de jouer deux jours de suite *Le Misanthrope* puis *La Suite du Misanthrope*, souligne l'importance d'une diffusion rapide des affiches afin de mieux égaliser l'accès à l'information [55]. La vigilance des institutions qui commandent l'affiche repose ainsi sur les relations entretenues avec l'imprimeur. Ce dernier recueille les plaintes et signalements d'affiches manquantes. À la fin des années 1750, les Delormel sont chargés de recueillir et traiter tous les problèmes signalés (en d'autres termes de sanctionner les afficheurs). Ils doivent également répondre aux recours des particuliers qui ont été supprimés de la liste des points d'affichage, ainsi qu'aux demandes des citadins qui désireraient avoir sur leur porte cet « officiel des spectacles ».

Enfin, comme pour l'éclairage des rues, ou le ramassage des ordures, les autorités urbaines s'appuient sur certains citadins spécialement choisis : ceux qui ont des affiches à leur porte [56]. Ces derniers « sont priés de s'adresser à [la] *Veuve Delormel*, & *Fils*, lorsqu'elles ne seront pas posées & portées à l'heure marquée [57] ». La gestion des affiches de spectacles apparaît alors négociée localement : les habitants sont non seulement relais, mais aussi moteurs de la diffusion de l'information. La surveillance de l'affichage « aux coins de rues » fait apparaître une dimension supplémentaire : celui du lien de voisinage. Enjeu important dans la *Coutume de Paris* et dans la jurisprudence tout autant que catégorie policière, le voisinage est aussi une zone instable entre public et privé, construction micro-locale qui permet de se rencontrer, voire de s'entraider [58]. Enfin, avoir une affiche collée sur son lieu d'habitation est associé à une forme de prestige social à l'échelle de la rue, de l'immeuble, ou du coin de rue – et ce au-delà des seuls propriétaires d'hôtels particuliers. En effet, malgré les disparités socio-spatiales, l'inscription intra-urbaine de l'affichage des spectacles contribue également à impliquer certains citadins bien plus modestes, chargés d'une mission de contrôle de l'affichage et en un sens délégataires du maintien de l'ordre mural.

« On affiche le spectacle à ma porte !… C'est charmant, & cela donne un joli relief à une maison ! » : ce « joli relief » mentionné dans le vaudeville *Arlequin afficheur* rappelle que l'imprimé affiché représente une marque de distinction sociale et paysagère, mais aussi et surtout qu'il a un impact sur le lieu d'affichage [59]. Disséminée dans la ville, l'affiche façonne ce que les géographes Don Mitchell et Lynn Staeheli nomment le « régime de publicité » de certains espaces : c'est-à-dire non seulement leur caractère public, mais aussi leur manière d'être revendiqués comme public et, par prolongement, d'être réappropriés par la population et surveillés par les autorités [60]. Le juriste et mémorialiste Mathieu Marais mentionne ainsi un litige entre deux aristocrates au sujet d'un chemin entre Suresnes et Puteaux, à quelques kilomètres de Paris, qui a été clôturé et ne permet plus d'accéder à une propriété. Sur la porte de l'église de Suresnes est alors affiché : « *Il a été perdu un grand chemin de onze heures à minuit entre Flamanville et Sylvain, qui va de Suresne à Puteaux. On prie ceux qui le trouveront de le remettre aux messiers, sinon ils seront réputés voleurs de grands chemins* [61]. » L'éphémère publicise ici un conflit de voisinage et marque les esprits en parodiant les annonces d'« objets trouvés ». Affiché stratégiquement au centre d'information le plus important pour la communauté de Suresnes, à la porte de l'église, l'éphémère attire rapidement l'attention des autorités, et les murs sont prestement nettoyés.

Surveillance des murs et fantasmes policiers

En associant les affiches illégales à la traque des libelles et des livres subversifs, l'historiographie a contribué à gommer le contrôle spécifique de ces éphémères mis en place par les autorités. L'ordre mural concerne la gestion des foules et des attroupements, mais aussi la maintenance des murs et la régulation des annonces privées. Certaines affiches sont illégales parce qu'elles recouvrent et concurrencent les imprimés officiels, mettant en péril l'accessibilité et la bonne connaissance des règlements, l'effectivité des lois [62]. Dans ce contexte, la permission d'afficher constitue le premier outil administratif mobilisé pour distinguer l'imprimé légal de l'illégal.

L'administratif à l'épreuve de la routine

Mise au point au XVIe siècle, la permission d'afficher délivrée par les autorités parisiennes se généralise progressivement au bas des imprimés commerciaux ou de particuliers. Ainsi, en 1780, Louis-Sébastien Mercier, au détour d'un chapitre du *Tableau de Paris* intitulé sobrement « Rats », remarque : « On affiche de tout temps les *chiens perdus* ; une dévote a donné l'exemple d'afficher son *chat perdu*, lequel avait au col un ruban couleur de rose, et l'on voyait au bas de cette affiche : *Permis d'imprimer et d'afficher. Le Noir* [63]. » Tout en tournant en dérision le nom du lieutenant général de police, Mercier utilise cet exemple fantaisiste pour critiquer les excès et les ambitions de la lieutenance générale de faire figurer sur toutes les affiches non officielles sa griffe imprimée. Dans le même registre, il moque le comportement de l'afficheur qui « ne lit jamais de ce qu'il plaque contre les murailles que la permission du magistrat », et afficherait sa propre sentence de mort si la permission avait figuré en pied de l'imprimé [64].

Nicolas-Toussaint des Essarts rappelle cette ambition théorique de contrôler tous les imprimés affichés dans son *Dictionnaire universel de police* : « Il est défendu de faire aucune *affiche* sans avoir obtenu la permission du Magistrat de la Police [65]. » Si les règlements de police se focalisent sur les « affiches dangereuses » (dès mai 1560, un édit mentionne les « placards criminels » et les « placards diffamatoires »), il faut souligner que c'est la fonction marchande et judiciaire des affiches qui inaugure l'élaboration du droit d'affiche [66]. En effet, l'édit de 1551 est conçu pour protéger les affiches de ventes par adjudication contre leur arrachage ou leur dégradation [67]. Deux décennies plus tard, dans le contexte d'alternance de guerres et de paix de religion dans le royaume de France, apparaît la « permission de justice » nécessaire pour afficher un placard [68]. Ces dispositions réglementaires sont au cœur de la lutte contre les mazarinades pendant la Fronde, puis réaffirmées tout au long du second XVIIe siècle, marquant en creux la multiplication des affiches illégales [69]. Les années 1720 correspondent enfin à une période de confirmation pour cet outil de contrôle de l'affichage dans le contexte d'une redéfinition du Code de la Librairie (arrêté au Conseil d'État du roi le 28 février 1723 [70]). La lieutenance générale de police confirme ainsi la nécessité d'obtenir une « permission expresse d'imprimer et d'afficher » (en 1725, par exemple, c'est un jugement du lieutenant général du 20 avril [71]). Le texte précise également les peines pour les contrevenants, distinguant les afficheurs et colporteurs – 20 livres d'amende – des imprimeurs – 50 livres d'amende. Ces derniers sont particulièrement sollicités et associés au processus d'encadrement. Ils sont tout d'abord mobilisés pour la surveillance des affiches annonçant leurs nouvelles ventes d'ouvrages. Ainsi, le 17 avril 1719, les imprimeurs-libraires parisiens sont invités à envoyer chaque mardi ou vendredi une liste des livres nouveaux à la chambre syndicale de la Librairie, un exemplaire de l'affiche annonçant la publication au lieutenant général de police [72]. De plus, les structures de la corporation font figure de relais pour contrôler les murs. Les syndics et adjoints de la Librairie rappellent ainsi par une circulaire du 15 mars 1759 que les « avis, annonces publiques, billets de loteries » doivent être autorisés par le lieutenant général [73].

Enfin, ces permissions impliquent non seulement des enjeux de pouvoir et des tensions entre instances de l'autorité urbaine, mais font également apparaître les limites d'un contrôle total des imprimés affichés. Ces limites transparaissent à travers les jugements d'imprimeurs qui ne les ajoutent pas systématiquement à la composition de leurs affiches (tel l'imprimeur Barthélmy L'Aisnel en avril 1725 [74]). Ce sont également les nombreuses permissions qui n'ont pas été visées par les agents de la lieutenance générale, imprimées sur la seule initiative des imprimeurs, et dont il est difficile d'estimer l'importance. Ces permissions factices n'apparaissent en effet que lorsque les affiches font l'objet d'interventions de police, comme c'est le cas en mai 1781, à Orléans, où l'imprimeur Courret de Villeneuve conçoit une annonce de vente de bibliothèque « en y ajoutant une permission de police, quoiqu'elle ne lui eût point été accordée [75] ». De manière significative, Antoine-François Momoro indique dans les années 1790 : « Dans les affiches que l'on envoie à la police pour avoir permission d'imprimer, on fait mordre la permission qu'on y a déjà mise cependant, mais qui est censée n'y devoir point être [76]. » Pour les affiches commerciales et de particuliers qui relèvent de la production quotidienne, les typographes font souvent figurer la permission avant même que l'éphémère ne soit contrôlé, signe d'une routinisation du droit d'affiche.

Le maintien de l'ordre mural est progressivement conçu au cours du XVIIIe siècle comme une prérogative de la lieutenance générale. La lutte contre la prolifération d'affiches illégales est ainsi un terrain de friction avec le Bureau de la Ville de Paris [77]. Le jugement déjà évoqué d'avril 1725 précise en ce sens : « De par le Roy, Monsieur le Prevost de Paris, Ou monsieur son Lieutenant général de Police. Jugement qui défend de faire afficher aucuns Imprimé sans une permission expresse sous peine d'amende [78]. » Cependant, cette association théorique entre les deux autorités parisiennes laisse apparaître des tensions au fil du siècle et l'affirmation de la supériorité de la lieutenance générale. Sartine écrit en ce sens à Joseph d'Hémery le 26 juin 1765 : « Vous défendrez, Monsieur, à la réception de ma lettre à tous les afficheurs d'afficher aucuns placards en bas desquels sera la permission d'imprimer et afficher lorsque cette permission ne sera pas signée de moi [79]. » Le lieutenant général évoque ici sans les nommer les affiches sorties des presses de Le Mercier, imprimeur du Bureau de la Ville, et diffusées dans les rues de Paris par l'afficheur La Fontaine. Ce dernier est en effet abondamment réprimandé par un commissaire de police pour ces permissions jugées illégales [80]. Commentant l'affaire dans une note qui fait suite à la réception de la lettre de son supérieur, l'inspecteur de la Librairie Joseph d'Hémery explicite l'usage de ces différentes permissions d'afficher : « M. le lieutenant de police prétend que M. le prévôt des Marchands ne peut donner des permissions d'Imprimer ni d'afficher. M. Le Mercier, Imprimeur de la ville, m'a dit que détenir une autorisation de M. le Prévôt des marchands avait toujours été dans l'usage de donner une sorte de permission, ce qui n'arrive cependant pas assez souvent pour y faire attention [81]. » La coutume associe donc le Bureau de la Ville aux permissions apposées au bas des affiches. Cependant, ces dernières sont au cours du siècle un moyen pour la lieutenance de police d'affirmer sa prééminence sur les marchands et notables parisiens, non seulement du point de vue réglementaire, mais également en les privant de cette possibilité de rendre visible leur autorité sur les murs. Surtout, la prééminence de la police est acquise lorsqu'elle redouble cet outil de surveillance administrative, d'un travail de terrain pour contrôler les murs.

Projections policières

Parmi les six bureaux spécialisés, organisés par le lieutenant général de police Sartine dans les années 1760, le deuxième se concentre en partie sur les « affiches et placards », répartis à différentes adresses des années 1760 aux années 1780 [82]. En dépit de l'apparente dispersion de ces bureaux, plusieurs hypothèses permettent de justifier les logiques d'implantation. Tout d'abord, l'installation rue du Foin dans les années 1770, à proximité du faubourg Saint-Antoine, pourrait être liée en partie à la multiplication de placards illégaux dans ce quartier. Cet agencement marquerait en un sens la capacité d'adaptation de la police parisienne. Si les informations précises concernant le fonctionnement de ces bureaux sont manquantes, il est probable que la gestion des « affiches et placards » ait également concerné l'administration quotidienne des affiches (notamment les permis d'afficher, dont le nombre le plus important concerne les annonces des spectacles). Ce point pourrait dès lors expliquer leur implantation à proximité des théâtres. Ainsi, dans les années 1770 toujours, les bureaux se concentrent à nouveau près de la porte Saint-Martin et ses théâtres de boulevard, et en 1788 un bureau ouvre à proximité du théâtre de l'Odéon, inauguré en 1782.

Le quadrillage de l'espace urbain se concrétise non seulement par la dispersion des bureaux spécialisés, mais également par la surveillance toute particulière de certains lieux. Les inspecteurs de la Librairie sont mobilisés dans cette optique, comme l'illustre l'activité de Joseph d'Hémery. D'abord exempt dans la Compagnie du lieutenant criminel de robe courte au Châtelet de Paris, cette figure bien connue des historiens de l'imprimé à Paris au XVIIIe siècle est nommée en 1748 agent central de la surveillance du livre dans la capitale [83]. Puis, en 1754, il acquiert un office d'inspecteur de police et symbolise la professionnalisation des agents de la lieutenance générale [84]. Il s'illustre par la constitution d'un fichier personnel de tous les imprimeurs parisiens, traduisant son action de police administrative et lui permettant de créer un réseau dense d'informateurs dans les mondes de l'imprimé parisien. Lorsque les affiches illégales à l'encontre des Jésuites se multiplient au mitan du siècle, il est alors chargé par le lieutenant de police Berryer de se concentrer sur la surveillance des murs : « Il faut redoubler de vigilance et d'attention par rapport aux maisons des Jésuites contre lesquelles un certain public paroît déchaîné ; ayés la bonté de voir avec M. de Rocquemont les précautions à prendre pour y faire veiller et prévenir le mal dont ils sont menacés par des affiches [...] [85]. »

Dans sa mission, Hémery peut s'appuyer sur les informateurs de la lieutenance générale et sur les soldats du guet et/ou de la Garde de Paris – commandée par M. de Rocquemont [86]. Il a également sous son commandement direct deux hommes chargés de la surveillance des placards. En effet, le 6 décembre 1755, on lui adjoint deux sergents détachés de la Garde. Et, en 1771, c'est un ancien brigadier de la compagnie de robe courte qui passe de la surveillance des prisons à celle des murs parisiens pour prêter main-forte à Hémery [87]. Parmi leurs « instructions et besognes » figure la surveillance des colporteurs, des loteries non déclarées, des étalages de livres sur les quais et les places publiques, et bien sûr des affiches sans permission. Ils doivent également déambuler au moins deux fois par semaine, en particulier lorsque les imprimeurs font publier les affiches officielles, et ce afin d'éviter les arrachages et détournements [88]. S'exprime ici la volonté des autorités de préserver ces imprimés, préoccupation qui affleure dès le XVIe siècle à travers un édit de 1539 faisant défense « d'ôter les loix & les ordonnances des endroits où elles ont été affichées, à peine de punition corporelle [89] ». Avec le passage de la publication sur parchemin à la publication papier [90], la protection de l'objet matérialisant la loi et les règlements de police devient un enjeu – faire de l'éphémère affiché une inscription aussi inattaquable que celle gravée dans la pierre. L'ordonnance de police du 17 mai 1680 défend ainsi de « couvrir ou arracher les affiches des Arrêts, Règlements et Ordonnances [91] ».

Si ce texte intervient vingt ans après la Fronde, où les attaques affichées à l'encontre du pouvoir se sont multipliées, il s'inscrit également dans un contexte de prolifération des éphémères commerciaux et en particulier des affiches de spectacles. En ce sens, il inaugure une vision du maintien de l'ordre mural fondée sur une politique visant à préserver l'attention que les citadins peuvent accorder aux affiches officielles. En cas de contravention, il est permis d'emprisonner toute personne surprise en train d'arracher ou de dégrader ces éphémères, tel l'abbé Terrasse, enfermé à Bicêtre après avoir été arrêté à Charenton le 25 juillet 1737, « arrachant les arrêts et ordonnances du R. affichés au coin des rues [92] ».

Que ce soit la surveillance des permissions d'imprimer et afficher, la préservation des affiches officielles ou la traque des affiches illégales, les agents de la lieutenance générale de police compensent l'impossible supervision de *toutes* les affiches par un quadrillage de l'espace urbain, concentrant leurs efforts sur les points centraux de l'agglomération et les lieux d'affichage à forte portée symbolique. C'est cette logique spatiale qui permet l'arrestation en novembre 1693 de François Éliard, qui avoue, après interrogatoire, avoir appliqué une dizaine de placards hostiles à Louis XIV : trois à Rouen et sept à Paris [93]. Le commissaire au Châtelet Nicolas Delamare déploie ainsi tous ses efforts autour de la cathédrale Notre-Dame pour veiller nuit et jour pendant une semaine. Le 28 novembre, ses hommes arrêtent Éliard en flagrant délit d'affichage, à l'une des portes de l'église [94]. Cette affaire met également en évidence le souci de la police parisienne tant d'arrêter l'afficheur que de veiller à ce que les placards soient le plus rapidement possible arrachés, afin d'éviter qu'ils ne soient vus. Plus que des arrestations de citadins affichant illégalement, l'essentiel des interventions visent ces éphémères manuscrits ou imprimés car ils causent des attroupements. Dans le maintien de l'ordre mural s'exprime à nouveau l'action policière préventive : éviter les accidents de circulation, les mouvements de foule et la diffusion des rumeurs.

Monstrueuses affiches

Les scènes relevées par le libraire parisien Siméon-Prosper Hardy, particulièrement attentif dans son journal d'événements aux actions de la lieutenance générale, permettent de documenter certaines interventions policières [95]. Le 29 octobre 1768, il signale une affiche subversive repérée à la très fréquentée porte Saint-Jacques [96]. Le commissaire Roland en fait la levée, c'est-à-dire la transcription puis l'arrachage, avec si possible la constitution de la pièce comme preuve. Il symbolise la réactivité de ces agents de police [97]. Le 25 janvier 1771 par exemple, une affiche est apposée sur la maison d'un notaire. Le premier réflexe de l'officier est de faire « avertir un commissaire du quartier qui vient en faire la levée et en dresse son procès-verbal [98] ». En creux transparaissent la proximité entre le représentant de la lieutenance générale et ses administrés, et son enracinement dans les différents quartiers [99]. Lorsqu'ils interviennent, les commissaires s'appuient sur des auxiliaires, tels le préposé de police et les soldats du guet, qui lèvent à six heures du matin un placard collé sur la porte d'une église du quartier de la Cité [100]. Ils sont également aidés par la population. Le 26 février 1771, c'est un des facteurs de la petite poste qui avertit un soldat du guet que deux placards y ont été apposés. Ce dernier en fait la levée avant de les déposer chez le commissaire [101].

Lorsqu'elle est possible matériellement, la levée des placards est réalisée dans la majorité des interventions. Les commissaires sollicitent parfois un afficheur, dont le savoir-faire peut permettre de décoller les pièces les mieux collées sans les endommager. Ainsi, lorsqu'un placard est retrouvé dans la salle du Palais, un afficheur accompagné de greffiers et de deux huissiers du Parlement de Paris (qui font également office de portiers) procède à la levée en utilisant de l'eau chaude pour préserver l'imprimé, avant de le déposer aux greffes criminels [102]. Enfin, après l'arrachage du document et la dispersion de la foule éventuellement amassée, il faut empêcher la diffusion de la rumeur, tout du moins lancer des contre-mesures. Dans ce registre, le libraire Hardy recopie en 1778 un paragraphe de la *Gazette de France* du 11 mai qui évoque la gestion d'une fausse nouvelle à Londres dans les derniers jours d'avril [103]. Après l'affichage d'une déclaration de guerre à la France, le Lord Maire envoie non seulement des agents de police arracher tous les imprimés disséminés sur les murs de la ville, mais également des « gens dans les Cafés pour démentir cette nouvelle & en prévenir toutes les fuites ». Prévenir la rumeur implique donc, aussi, de produire de l'information et de la vérification de faits. Cela passe aussi par l'encadrement des lecteurs/observateurs attroupés autour des éphémères. À l'exemple de l'intervention du commissaire Roland précédemment mentionnée, ce qui paraît déterminant pour la police parisienne, c'est que l'imprimé ne cause pas d'attroupement susceptible de dégénérer, mais aussi et surtout qu'il ne soit plus observable par les passants. Roland demande à ses hommes « de gratter la muraille jusqu'à ce qu'il [ne] restât plus de vestige » du placard [104]. Cette préoccupation est également observable en novembre 1768, lorsqu'un « placard abominable et séditieux, qu'on avoit eu la précaution d'appliquer avec de la colle forte sur une planche qu'on avoit ensuite clouée à la muraille », est signalé aux autorités. Hardy conclut sans livrer le contenu de l'imprimé « si affreux que le commissaire qui en fit la levée crut devoir le couvrir d'un linge pendant qu'on détachoit la planche, pour qu'on ne pût pas le lire plus longtemps [105] ».

Gratter le papier ou le couvrir, tous les moyens paraissent bons pour gouverner les regards et rendre invisibles le plus rapidement possible les affiches subversives. Enfin, dans le même ordre d'idées, l'avocat et mémorialiste Barbier décrit la découverte d'un placard hostile à Louis XV et à la marquise de Pompadour en septembre 1758 : « On a été chez le commissaire Chenu, rue Mazarine, qui d'abord y a posté deux gardes pour empêcher qu'on ne le lût, et pour aller chez le lieutenant de police. On l'a levé l'après-midi, avec un procès-verbal [106]. » De nouveau le même processus : mobilisation du commissaire, prévention de la lecture de l'éphémère, transcription, puis arrachage. Enfin, certains commissaires veillent à faire signer tous les passants susceptibles d'avoir vu l'affiche. Le maintien de l'ordre mural fait en un sens émerger une tentative administrative de policer et de garder une trace des regards. L'objectif est de pouvoir identifier ces passants, les retrouver facilement et anticiper la diffusion de rumeurs [107].

Ces derniers gestes, et notamment l'inscription de la pièce affichée au dossier créé avec le procès-verbal, participent également de nouveaux savoir-faire de la police parisienne et d'une diversification des « écritures policières [108] ». Ces registres, procès-verbaux, rapports de synthèse sont autant de manières de justifier l'action de police, de prouver ses compétences, mais aussi d'améliorer la police administrative et judiciaire des affiches illégales [109]. Une affaire conservée dans les archives de la Bastille permet d'analyser les premières formes, aux XVIIe et XVIIIe siècles, de ce que Philippe Artières a appelé pour le XIXe siècle un « savoir policier sur l'écrit [110] ». Elle renvoie à l'arrestation d'un certain « Poleins » en septembre 1725 pour des placards liés à la crise frumentaire touchant alors Paris. Après saisie de tous les papiers retrouvés à son domicile, le commissaire de police, François de La Jarrie, et l'exempt Pommereuil vont comparer le mémoire en lettres moulées rédigé par Poleins avec un placard subversif affiché à côté de la place de Grève, ainsi qu'avec des lettres anonymes dont ils disposent parmi des pièces mises sous scellés. Incertains, les agents de police font intervenir deux maîtres écrivains, Louis Lambert et Olivier François Sauvage, afin de conclure l'enquête [111]. Après avoir examiné le placard titré « Avis important au public » et plusieurs notes de la main de Poleins, les « experts [112] » tranchent :

> « Que les A mineurs ont une conformité sensible avec ceux employés dans les Écritures de comparaison
> Qu'il en est de même des D mineurs
> De même des G mineurs
> De même des L mineurs qui crochent par la queue laquelle n'est pas tirée droite
> De même des petits R [113]. »

À travers ces quelques lignes transparaissent la volonté de fonder le « coup d'œil » de l'expert et l'importance accordée aux normes calligraphiques, écho à la redécouverte des règles de l'écriture depuis la fin du XVIIe siècle [114]. Cinq lettres constituent des preuves suffisantes pour condamner Poleins, et le magistrat peut inscrire dans l'en-tête de son dossier : « Le détenu fut convaincu, sur rapport d'expert, d'avoir écrit les lettres et les placards injurieux [115]. »

Le fonctionnement de la machine policière se perfectionne progressivement au cours du siècle. Il n'est cependant pas dénué d'erreurs et de ratés, attribuant parfois une portée subversive à des feuilles hâtivement collées. Un matin d'hiver, en 1752, une affiche provoque un attroupement à l'angle de la rue Saint-Jacques et de la rue des Noyers. Les passants, attirés par le titre « Avis au public », ne parviennent cependant pas à déchiffrer le texte rédigé dans une « langue inconnue [116] » (fig. 72).

Le commissaire Lemaire, reçu depuis deux ans et en charge du quartier de la place Maubert, est prévenu et « se transporte aussitôt sur le lieu ». Après un premier coup d'œil, il remarque non seulement l'absence de permission d'afficher, mais également la composition étrange de l'affiche. Revenu à son bureau, il ouvre l'enquête et rédige une lettre au lieutenant général de police alors en poste, Nicolas René Berryer. Sobre et direct, il décrit le document et conclut avec diligence et d'un ton procédurier : « Comme cette affiche pourrait cependant renfermer quelque chose contre l'Intérêt de l'État ou du public j'ai cru qu'il estoit de mon devoir de vous en rendre compte. Je l'ai fait détacher et je l'ai joins, Monsieur, à cette lettre [117]. » Après une semaine d'enquête et de recherches d'informations, Lemaire livre ses premières observations à ses supérieurs. Malgré son échec à trouver les afficheurs, il leur fait part d'une piste concrète : « On m'a assuré qu'il arrivait quelquefois que les garçons Imprimeurs après avoir tiré le nombre d'Exemplaires qui leurs etoient commandées rompaient la planche en remettant les Caractères et les arrangeant au hasard dans les cases s'amusaient pour se divertir à faire de pareils placards à celui que j'ai eu l'honneur de vous porter, et les affichoient ensuite seulement pour intriguer le public plusieurs personnes m'ont assuré qu'ils avoient déjà eu plusieurs exemples de cette trace d'espièglerie [118]. » Afin de retrouver rapidement ces « perturbateurs du repos public », Joseph d'Hémery se voit confier l'enquête par Berryer. Deux jours plus tard, il identifie les auteurs et afficheurs : deux garçons imprimeurs, Jean-Baptiste Regnier et Nicolas Rebours, qui travaillent chez la veuve Grou dont l'imprimerie se trouve rue de la Huchette à moins de cinq minutes à pied du lieu d'affichage [119]. Hémery fonde alors son accusation grâce à un billet rédigé par un informateur anonyme, proche des deux apprentis, travaillant très probablement avec eux et les ayant accompagnés lors de leur affichage nocturne [120]. Il est d'autant plus convaincu que la veuve Grou est déjà suspecte à ses yeux, décrite en ces termes dans son registre rédigé un mois auparavant : « C'est une des plus mauvaises imprimeries, ou il s'imprime beaucoup de chose de peu de conséquence et sans permission [121]. » Ordre lui est donné d'arrêter les

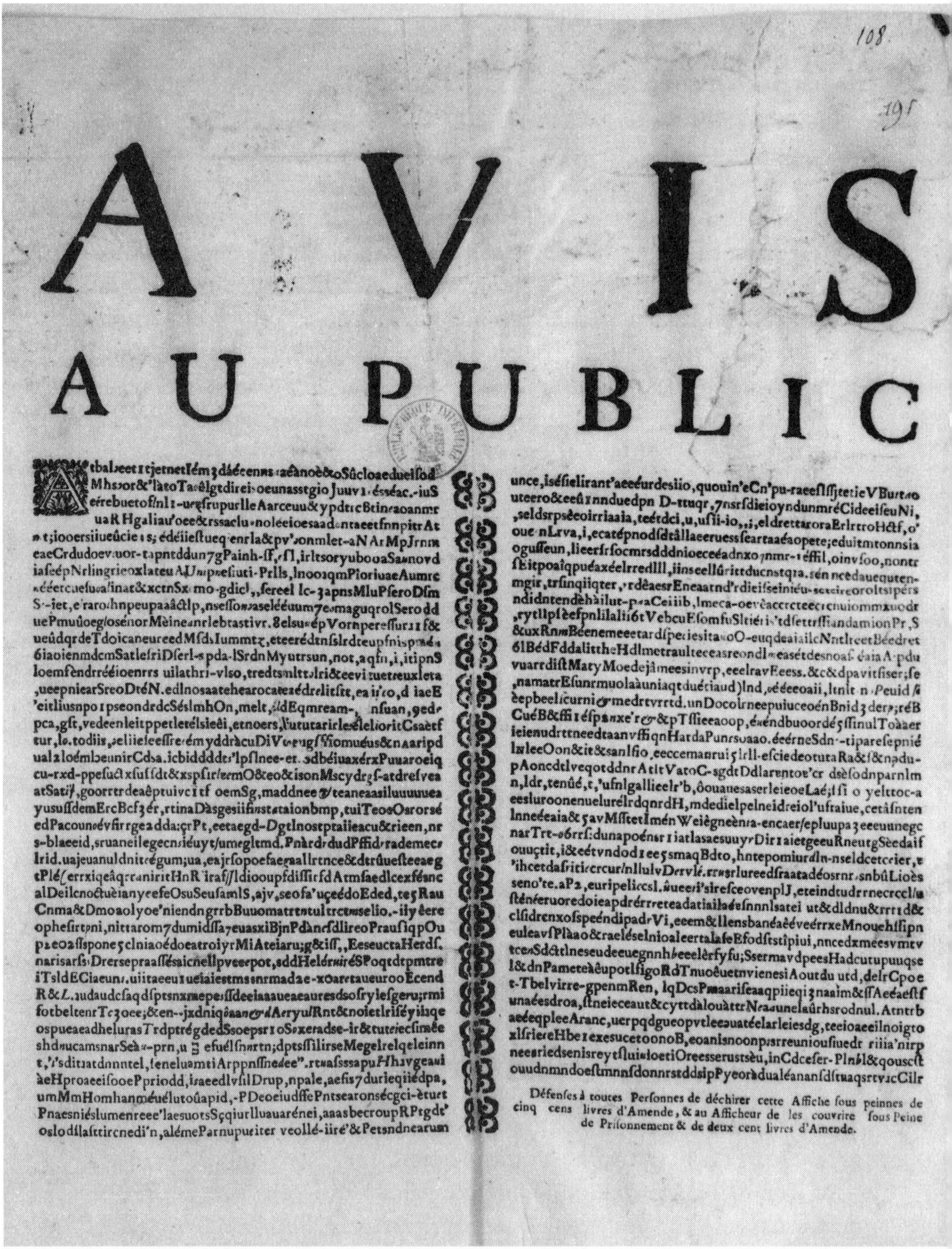

Figure 72. Affiche levée à l'angle de la rue Saint-Jacques et de la rue des Noyers : de la farce à la subversion, 1752, BNF Gallica

deux garçons d'imprimerie et de les livrer au For-l'Évêque, où ils demeurent emprisonnés environ deux semaines.

Au final, à travers le titre, la mention de la sanction, les lettres mises en désordre et l'absurdité du texte, cet « Avis au public » constitue non seulement une farce imaginée par les deux jeunes hommes, mais également une satire carnavalesque des actes et affiches officiels. Il peut également traduire un conflit social entre ces compagnons et la veuve Grou [122]. La situation des compagnons d'imprimerie parisiens se détériore en effet au tournant des XVIIe et XVIIIe siècles. La fermeture des petits ateliers et la concentration des capacités de travail (de 85 ateliers pour 180 presses en 1644 à 51 ateliers pour 195 presses en 1701) contribuent à fragiliser leur statut social [123]. Les fortes concurrences entre compagnons et alloués (une main-d'œuvre plus économique qui ne peut pas accéder à la maîtrise) pourraient expliquer également la délation de Jean-Baptiste Regnier et Nicolas Rebours [124].

Une note du 6 février 1752 du comte d'Argenson résume l'affaire et les motifs de l'arrestation des deux afficheurs [125]. Elle rappelle en quelques lignes les logiques du maintien de l'ordre mural. Premier élément marquant, l'*Avis au Public* ne présente ni la permission d'afficher ni la mention du nom de l'imprimeur. De plus, deux motifs sont mis en avant : l'attroupement provoqué et l'inquiétude des lecteurs. Ce dernier élément est particulièrement intéressant. Il peut, certes, manifester la volonté de la police parisienne de resserrer les liens avec la population deux ans après les émeutes provoquées par les rumeurs d'enlèvements d'enfants [126]. Les réactions anxieuses des lecteurs traduisent l'agacement de certains notables à l'encontre des jeunes compagnons ou l'incompréhension de citadins habitués à l'affichage réglementaire et législatif, à la recherche de sens dans ce qui indique habituellement l'action préventive des autorités ou signale les décisions du souverain. Cependant, il est également possible que cette inquiétude masque l'amusement de voisins qui ne perçoivent pas les activités nocturnes dans ces rues familières de la même manière que les patrouilles de police. C'est peut-être également la curiosité de passants habitués à observer une multitude d'annonces de ventes et de spectacles plus ou moins crédibles, plus ou moins loufoques, plus ou moins marquantes. En ce sens, l'« Avis au public » de Rebours et Regnier souligne l'extrême efficacité et sévérité du maintien de l'ordre mural. Il conduit ainsi à l'arrestation d'auteurs et afficheurs d'un texte qui n'a pas de sens, éclairant un peu mieux la citation de Mercier sur les « placards » : « le railleur le plus déterminé sent expirer les bons-mots, lorsqu'il s'agit d'avoir un débat avec la police [127] ». Cette affaire illustre également la manière dont la machine administrative policière mise en place pour surveiller les murs peut générer ses propres objets à surveiller. En d'autres termes, l'inquiétude des lecteurs renverrait ici à une pure invention du comte d'Argenson, un mensonge par exagération, une autojustification de la procédure de police administrative et de l'emprisonnement des deux garçons d'imprimerie.

Au bout du compte, les efforts pour policer les murs traduisent peut-être tout autant l'existence d'une machine bureaucratique qui contribue parfois à broyer l'existence d'individus innocents que l'une des premières tentatives pour encadrer la prolifération des sollicitations affichées et stabiliser un ordre politique et social en encadrant l'information. C'est en un sens la conception d'une police protectrice et préventive agissant en réaction et en réponse aux critiques des excès de l'affichage formulées dans la seconde moitié du XVIIIe siècle par les élites parisiennes. Surveiller et traquer l'affichage subversif, mais aussi s'efforcer de maintenir visibles les imprimés officiels qui se multiplient en ville, c'est ce double objectif mis au point par la police d'Ancien Régime dont héritent les autorités issues de 1789.

« On ne peut pas rendre les murs responsables »

Dès les premiers mois de la Révolution, la question de la surveillance de l'affichage est associée à celle d'un peuple distingué du public et dont il faudrait encadrer les moyens d'expression. Publié en 1789, une définition de l'« affiche » dans l'*Encyclopédie méthodique* précise : « [...] il faut bien observer que l'affiche parle toujours au peuple, & qu'un livre n'y parle guère, ou n'y parle que lentement, en sorte que dans une ville où le nombre des mal intentionnés seroit considérable, on pouroit le tromper, le séduire, l'entraîner dans des démarches précipitées, dont lui-même seroit le premier à se repentir. L'affiche peut donc être soumise à des loix de police auxquelles la raison ne permet pas que soit assujettie l'impression des ouvrages [128]. » Si elle est associée aux excès de la liberté de la presse contribuant à la multiplication des calomnies et aux manipulations de l'opinion, la nécessaire régulation du droit d'affiche renvoie également à un volet urbain : préserver l'ordre mural et assurer la visibilité des lois affichées [129].

La réforme de 1791 : une politique de l'attention ?

Dès le début de l'année 1789, la concurrence s'accentue entre les affiches officielles et les affiches privées de particuliers ou de groupes politiques. Dès le mois de février, le libraire Hardy observe qu'à Paris les arrêts du Parlement sont arrachés, « ce qui annonçoit le peu de respect que l'on avoit aujourd'hui pour les décisions, pour les injonctions d'une Cour dont l'un des premiers devoirs étoit celui de veiller soigneusement à la défense des propriétés [130] ». La dégradation des imprimés affichés est ainsi interprétée par le libraire comme une perte de sacralité des actes officiels des autorités. L'abolition du régime de censure de la Librairie en 1791, la prolifération des affiches de particuliers et la remise en question des autorités constituées à partir de juin 1789 ont contribué à cette fragilisation des éphémères officiels [131]. En décembre 1789, une affiche du Comité de police de la Municipalité provisoire de Paris, qui indique que « la seule puissance publique a le droit de publier et d'afficher », provoque de vifs débats à l'assemblée générale du district des Cordeliers [132]. Dans les comptes rendus sont alors distingués en creux deux modes de publication et deux pratiques de l'affichage qui sont en concurrence sur les murs de Paris : d'une part, les affiches officielles, qui se différencient par leurs valeurs injonctives – en tant qu'elles règlent et mettent en ordre ; d'autre part, des affiches non officielles, conçues comme manifestation publique d'une opinion individuelle à valeur collective, amplifiée par un porte-parole. Pour faciliter la reconnaissance pratique des premières, les titres « proclamations » ou « arrêts » sont censés leur être réservées.

Au printemps 1791, dans le contexte de fortes tensions entre les sociétés populaires et les autorités, les députés entament les premières discussions pour réformer le droit d'affiche. Le 26 avril, une députation de la municipalité et du directoire de Paris se rend à l'Assemblée et appelle à une réforme du droit de pétition et d'affiche [133]. La prolifération des éphémères des clubs à Paris et surtout l'arrachage des décisions officielles représentent l'arrière-fond des débats en Assemblée de mai à juillet. Le 9 mai, le député de Bretagne Isaac Le Chapelier prend la parole pour donner les conclusions d'un rapport du Comité de Constitution en réponse à l'intervention des administrateurs locaux le 26 avril. Il mentionne alors les « droits d'affiche et de publication à son de trompe [134] ». Transcrit et synthétisé dans *Le Moniteur universel*, un extrait place son intervention dans la perspective d'une politique de l'attention visant à gérer la multiplication des sollicitations affichées : « Qui a le temps de lire les affiches ? qui surtout lira les affiches, lorsqu'elles seront trop multipliées [135] ? » Sa première proposition de décret est la plus radicale et n'accorde le droit d'afficher qu'aux autorités : « La place publique est une propriété commune ; la société seule a droit d'en disposer. L'affiche et la publication au son du tambour servent à la promulgation des lois et des arrêtés des corps administratifs ; or, il importe que ces lois et arrêtés ne soient pas confondus avec les actes des sociétés particulières [136]. » Au cœur de son intervention, Le Chapelier lie la question du maintien de l'ordre mural à celle de la propriété. Il réactive la vision des cérémonies de l'information d'Ancien Régime, réaffirmant l'autorité publique sur les murs. Sans législation du droit d'affiche et alors que l'affiche devient à partir de 1789 le mode privilégié pour rendre les lois effectives, la concurrence des autres éphémères risque d'« usurp[er] les formes de la promulgation de la loi [137] ». Il poursuit en soulignant les travers provoqués par la prolifération des affiches et la privatisation des murs qu'elle peut signifier : « Si tout le monde avait droit d'affiche, aurait-on le droit de couvrir l'affiche de son voisin ? À côté du droit du premier occupant se trouve le droit du plus fort. De là naîtront des rixes qui souvent ensanglanteront la place publique [138]. »

Au cœur de ces débats, et comme pour le droit de pétition, s'affirme une conception de l'espace public distinguant organisation collective et énonciation individuelle [139]. Rapporté au droit d'affiche, cela se traduit par la distinction entre affiche en « nom collectif », au nom d'une collectivité (société politique, administration, corporation...), et affiche signée par un collectif d'individus [140]. En réaction aux critiques, Le Chapelier reformule sa proposition de décret, appuyé par le député et ancien lieutenant général de police d'Alençon, Goupil de Préfelne : « Nous pensons qu'il doit y avoir un lieu exclusivement consacré à l'affiche des actes de l'autorité publique. (*Plusieurs voix de la gauche* : Ce n'est pas là ce que vous disiez hier.) Il serait dangereux de confondre les lois avec des avis nullement obligatoires et qui ne sont que de simples indications [141]. » Le député reprécise : l'interdiction d'afficher est restreinte à des lieux spécifiques, permettant de donner une plus grande publicité aux affiches officielles et d'augmenter leur temps d'exposition. Le débat s'oriente ensuite sur la pénalisation des affiches anonymes véhiculant attaques politiques et calomnies [142]. Les interventions se succèdent, de plus en plus polarisées politiquement. Le député Legrand avance ainsi, sous les rires de l'aile gauche de l'Assemblée : « Ce que je demande, c'est qu'on fasse une loi pour empêcher qu'on puisse placarder des calomnies contre les citoyens, nuitamment, par exemple [143]. » Ancien avocat, Jérôme Legrand résume toutes les limites de la nouvelle proposition : « On ne peut pas rendre les murs responsables [144]. » La formule provoque les rires dans les deux tiers de l'Assemblée, puis vient la réponse du député de la noblesse, Louis Marie de Noailles, qui déclare : « Le droit de placarder est une dépendance de la liberté de la presse ; il tient à la liberté de manifester sa pensée d'une manière quelconque. Il ne doit pas y avoir plus de responsabilité pour l'exercice de ce droit que pour celui d'écrire et d'imprimer [145]. » Cette ligne de défense est encore davantage précisée par l'intervention de Prieur : « Voulez-vous détruire les placards incendiaires, calomnieux et factieux ; laissez-en couvrir les murailles, et bientôt ils tomberont dans l'avilissement. Si vous les défendez, ils deviendront rares ; plus ils seront rares, plus ils seront recherchés, et plus ils feront d'effet [146]. »

Si la réforme est finalisée entre fin mai et juillet 1791, dès les premiers débats à l'Assemblée, des critiques s'élèvent dans la presse et au sein des assemblées de sociétés populaires. Reprenant les arguments de certains députés, une brochure du club des Cordeliers met en exergue l'article 11 de la *Déclaration des droits de l'homme*, pour défendre le droit d'affiche – « *La libre communication des pensées et des opinions, est un des droits les plus précieux de l'homme*[147] ». Le texte met en avant l'accessibilité de l'affiche par contraste avec les autres types d'écrits – que ce soient les livres ou les journaux. Pour les Cordeliers, la restriction du droit d'affiche n'est pas démocratique et se fait au détriment de la « classe indigente du peuple », alors opposée aux « gens opulents ». Dans un registre encore plus radical, la Société fraternelle des patriotes des deux sexes publie un texte, imprimé à trois mille exemplaires et envoyé aux directoires des départements, aux districts, aux sections des communes et à certaines sociétés populaires : « Lorsque de grandes communes, de grandes sociétés, des corps administratifs, expriment un vœu, ce vœu a naturellement un caractère de grandeur, d'authenticité et de publicité qui en impose et qui force ceux qui ont en main les pouvoirs à y avoir égard. Mais sera-ce la même chose lorsque des individus isolés, sans appui, sans caractère public, émettront partiellement un vœu contre une mauvaise loi, contre un acte de despotisme ? non sans doute ; on n'y aura aucun égard[148]. » L'opposition entre « grands » et « modestes » est ici moins formulée en termes d'accès des classes populaires à l'information qu'en termes de moyen de diffusion des opinions. L'affiche est de nouveau présentée comme un objet qui permet de participer aux échanges politiques et de matérialiser un point de vue sur les décisions des gouvernants.

Finalement, cette réforme du droit d'affiche est progressivement diffusée, même si les afficheurs professionnels arrêtés à l'hiver 1791-1792 affirment ignorer ses conclusions[149]. Il faut d'ailleurs attendre octobre pour voir figurer dans la *Gazette de France* des précisions sur sa mise en application, et décembre pour que l'arrêté du Corps municipal se diffuse à Paris[150]. Avec la nécessité d'individualiser les auteurs, pour des raisons juridiques, la réforme met en avant deux logiques d'encadrement de l'affichage : des marques visuelles pour distinguer l'officiel et le privé, et des espaces de publication réservés aux autorités. Dans cette dernière perspective, le décret du 22 mai 1791 précise à l'article 11 que des « lieux pour les affiches des lois et des actes de l'autorité » doivent être désignés dans chaque municipalité, interdisant en ces emplacements la diffusion d'affiches de particuliers sous peine d'amende[151]. De plus, il est précisé dans l'article suivant : « Aucun citoyen et aucune réunion de citoyens ne pourront rien afficher sous le titre d'arrêté, de délibération, ni sous aucune autre forme impérative ou obligatoire [152]. » À travers ces quelques lignes, le législateur utilise la forme et la mise en page de l'affiche pour faciliter son encadrement par les patrouilles de police. Ce point est mis en avant par le député Barnave, qui résume : « C'est être sacrilège à la loi, que d'en emprunter les formes [153] ». Dans le même ordre d'idées, un dispositif visuel est envisagé, mais non adopté, pour surveiller les murs. La question de la signature de l'affiche, considérée comme déterminante pour établir la responsabilité juridique de l'auteur, revient à plusieurs reprises dans les débats en mai 1791. Dans ce contexte, le député Roederer propose d'apposer sur chaque affiche un timbre faisant office de signature qui serait enregistrée dans un fichier central [154]. En d'autres termes, il tente d'introduire un code visuel, qui pourrait se rapprocher des logos contemporains, permettant d'identifier très rapidement celui qui affiche et donne à voir son opinion dans la rue. Enfin, la loi du 22 juillet 1791 vient compléter les dispositions de mai en fixant que « les affiches des actes émanés de l'autorité publique seront seules imprimées sur papier blanc ordinaire, et celles faites par des particuliers ne pourront l'être que sur papier de couleur, sous peine de l'amende ordinaire de police municipale [155] ». À nouveau, ce sont des caractéristiques formelles qui permettent la surveillance des affiches. Il est intéressant de noter que l'élaboration de la loi est la conséquence d'un savoir-faire pratique, puisqu'elle est rédigée et soumise au vote après la lecture d'une lettre des administrateurs du département de Paris. Ces derniers font alors état des difficultés, sur le terrain, pour distinguer l'officiel du non officiel. Ils proposent pour faciliter le travail policier d'utiliser la distinction entre papier blanc et papier de couleur.

Surveiller, punir et nettoyer

De 1789 à 1793, les interventions des commissaires de police qui concernent les affiches traitent essentiellement d'éphémères considérés comme « incendiaires » ou « séditieux » et d'arrachage d'affiches [156]. Les deux tiers des affaires se concluent par la libération de l'accusé et se concentrent essentiellement dans le centre de Paris. Deux sections se détachent : celles de la butte des Moulins et du Muséum, liées aux jardins du Palais-Royal et aux Tuileries, qui sont de véritables pôles de diffusion de l'information. Ces interventions s'échelonnent sur cinq ans, mais se concentrent essentiellement en 1791, et en particulier sur la séquence du printemps-été 1791 : réforme du droit d'affiche, conflits entre autorités et sociétés populaires, multiplication des tensions et interventions policières après la fuite du roi et son arrestation à Varennes les 20 et 21 juin [157]. Les initiatives des agents de police font apparaître en creux l'agenda politique des commissaires ou des gardes nationaux, qui procèdent à l'essentiel des arrestations de Parisiens accusés d'arrachage [158]. Le 26 octobre 1791, le commissaire de police de la section des Enfants Rouges clôt le procès-verbal d'interrogatoire de l'afficheur Nicolas Louis Mansard en ces termes : « [...] d'après les déclarations et attendus que le placard est contraire aux lois, au bon ordre et à la sureté publique, nous ordonnons que [les placards soient enlevés [159]] ». Trois motifs d'intervention sont alors formulés : le maintien de l'ordre dans la rue, la surveillance de l'opinion et la protection des publications officielles. Le premier consiste à prévenir les attroupements trop importants que la lecture et la discussion collective des affiches peut générer, le cas échéant désamorcer les rixes, puis disperser la foule. En juillet 1791, Claude Michel Le Moi de Fontigny, major du bataillon des Vétérans, décrit le processus ayant conduit à son intervention au commissaire de la section de la place Vendôme. Il procède avec un garde national à l'arrestation d'un passant qui arrache une affiche du Département [160], et intervient quelques jours après le décret des 26-27 juillet 1791 qui insiste sur la surveillance des attroupements. Ces derniers sont alors considérés comme séditieux dès qu'ils rassemblent plus de quinze personnes s'opposant à l'exécution d'une loi, ce qui comprend l'arrachage d'une publication officielle [161]. Au-delà des attroupements et de la gestion des foules, les affaires d'affichage illicite sont également intimement liées à la violence de rue, et aux multiples rixes qu'occasionne la crise sociale et politique révolutionnaire. Le 23 juin 1791, après l'évasion du roi, qui accroît les tensions entre les commissaires de police et la Garde nationale, un promeneur dans le jardin du Palais-Royal observe un attroupement qui dégénère en rixe, après qu'un individu a déchiré une affiche du Département de Paris [162]. Les commissaires cherchent alors à désarmer les personnes interpellées et à réduire le niveau de conflictualité entre les groupes politiques qui s'affrontent [163]. Dans la concurrence qui les oppose aux juges de paix, notamment depuis l'été 1791, la prise en charge des attroupements et les questions de maintien de l'ordre demeurent une de leurs prérogatives [164].

Le second motif d'intervention pour les affaires d'affichage est lié à la surveillance de l'opinion et à la lutte contre la diffusion des rumeurs (entendues comme informations déformées à la suite de leur diffusion par voie écrite ou orale) ou des « fausses nouvelles [165] ». Comme pour les attroupements, un dispositif légal fixe le cadre de ces arrestations : le 18 juillet 1791, une loi est promulguée afin de lutter contre les « propos incendiaires », l'affiche étant l'un des supports visés [166]. Enfin, une troisième logique d'intervention concerne les nombreuses affaires de dégradation d'affiches officielles. En janvier 1793, le commissaire de la section du Panthéon rappelle ainsi à un passant arrêté pour avoir déchiré des affiches contenant des décrets de la Convention que ce délit « annonce un mépris formel de la loi, ou une opposition à son exécution, puisqu'en arrachant une affiche-loi, on en enlève la connaissance publique [167] ». La protection de publications affichées, au cœur de la réforme du printemps-été 1791, est ici associée à un moment déterminant dans l'exécution de la loi. De plus, arracher l'affiche officielle constitue non seulement une obstruction à la publicité des lois, mais également une attaque contre le pouvoir. Lorsqu'une affiche du Département de Paris est arrachée dans une galerie du Palais-Royal, un sergent intervient en répondant à l'arracheur : « que cette affiche était à respecter, émanant d'une autorité constitutionnelle, celle du département [168] ».

La nécessité de protéger l'affichage de la loi renvoie à l'importance symbolique de ces écritures publiques du pouvoir, mais aussi aux difficultés pour rendre visibles les lois [169]. Le 26 avril 1791, la députation de la municipalité et du directoire de Paris déclare : « Les actes émanés des autorités constitutionnelles devraient avoir dans le mode de leur publication un caractère qui les distinguât de ceux étrangers à l'ordre public. Ne faudrait-il pas que les citoyens puissent les reconnaître par la manière dont ils leur sont présentés, et que les actes produits par des individus ou par des sociétés particulières, ne pussent plus se montrer sous la forme et avec l'appareil de la loi [170]. » De nouveau, la question des caractéristiques visuelles des lois et règlements affichés est au cœur des doléances des administrateurs locaux. Pour attirer l'attention des citadins sur les lois et faciliter leur action, ils doivent pouvoir distinguer l'imprimé l'officiel et le non officiel. Dès lors, l'un des enjeux de la réforme de 1791 est de permettre aux commissaires de police et aux gardes nationaux de mieux repérer les dégradations de documents officiels. En effet, les interpellations par erreur sont courantes en 1789-1790. Lorsque Armand Boulanger, 16 ans, est arrêté par la Garde au coin de la rue Dauphine en juin 1790, l'embarras du commissaire est palpable quand il se rend compte que ses hommes ont arrêté un chiffonnier. Ce dernier s'est en effet attaqué à des affiches de spectacles qu'il désirait vendre à différents épiciers parisiens et non à des documents officiels [171]. Il est alors libéré, puis l'ordre est donné de se concentrer essentiellement sur les affiches émanant des autorités pour prévenir leur arrachage. Ces hésitations pour distinguer l'officiel du non officiel transparaissent sous la plume des greffiers rédigeant les procès-verbaux des interrogatoires menés par les commissaires de police [172]. Ainsi, en juin 1791, lorsqu'une affiche de l'Assemblée nationale est arrachée au Palais-Royal, l'auteur du procès-verbal en fait tout d'abord des « avis que la section en assemblée permanente avait fait afficher », pour ensuite se reprendre et raturer son premier jet [173]. Incertain jusqu'à la fin de l'interrogatoire, le commissaire paraît alors requalifier le geste des arracheurs et par là même aggraver leur peine, lorsqu'on lui certifie que ce sont bien des affiches de l'Assemblée nationale.

Si la loi de juillet 1791 vient en théorie faciliter le travail des autorités, son application et son efficacité sont inégales selon les quartiers de la capitale. En effet, l'investissement du commissaire de la section est un facteur important, à l'image de Joachim Ceyrat, en poste à la section du Luxembourg. Ce dernier traite, entre janvier et mars 1792, trois affaires de « contraventions pour affiches particulières sur papier blanc ». Le 18 janvier, il interpelle l'afficheur Beaudouin, chargé de diffuser des affiches privées mais imprimées sur papier blanc : l'une annonçant la fête patronale de Saint-Sulpice, une autre au sujet de la vente d'une maison rue de la

Neuve-Saint-Merry, et une troisième portant sur une vente à l'amiable barrière Saint-Martin [174]. Le commissaire prend alors soin de noter le nom et l'adresse des imprimeurs, puis envoie les trois documents au procureur syndic de la Commune, afin que ces derniers soient notifiés de l'interdiction d'imprimer sur papier blanc. Deux mois plus tard, c'est à la porte de son domicile qu'il remarque « une affiche nouvellement placardée et imprimée sur papier blanc [175] ». La municipalité vient de publier un nouvel arrêté le 1er mars 1792 rappelant la nécessaire mise en application de la loi du 22 juillet, signe d'une efficacité toute relative. L'affiche incriminée annonce un spectacle du théâtre de Montparnasse, « Boulevard d'Enfer [176] ». Deux jours après, le secrétaire greffier du poste de police parvient à arrêter l'afficheur de ces annonces de spectacles, alors qu'il collait une affiche du théâtre de Molière [177]. Celui-ci opère dans Paris depuis une dizaine d'années ; après un simple rappel à la loi, il est relâché par Joachim Ceyrat, qui prend soin de confisquer et détruire les affiches sur papier blanc. Le commissaire de la section du Luxembourg privilégie donc l'arrestation des afficheurs pour mettre en application la réforme sur les couleurs des affiches. Cependant, d'autres agents de police décident de mettre progressivement en place des patrouilles spécifiquement destinées au repérage des affiches de couleur, ce qu'ils nomment en tête de rapport la « police relativement aux affiches ».

Dès mars 1792, le commissaire de la section de l'Arsenal ordonne une patrouille dont l'objectif est double : d'une part, contrôler le nettoiement des rues et, d'autre part, repérer les affiches contraires à la réforme de 1791 [178]. La police de l'affichage est en ce sens encore associée à la gestion globale de la voierie. Le procès-verbal est intéressant, car il permet de retracer le parcours d'une « visite de police » et d'approcher la vision policière du territoire. Ainsi, certains lieux sont au cœur de l'attention du commissaire et font l'objet d'une surveillance particulière : les lieux destinés à l'affichage officiel au cœur de la logique spatiale de la réforme de 1791 (la place de Birague ; le coin du port et de la rue Saint-Paul) ; des lieux de circulation mais aussi de rassemblement, tels que les quais de Seine ; et enfin des lieux accueillant traditionnellement l'affichage privé et parfois subversif, tel que le portail de l'église Saint-Paul. Le récit de la patrouille permet de deviner l'œil policier encore en formation, lorsqu'il scrute les affiches à la recherche du blanc. Ainsi, la mention d'un « placard en blanc avec quelques crayiés de couleur portant, Vente par autorité » est ensuite barrée, car ne paraissant finalement pas violer l'interdiction d'imprimer sur papier blanc. La marge d'interprétation de ces agents de terrain est importante, en particulier lorsqu'ils semblent se désintéresser de la couleur des affiches pour se focaliser sur les imprimés affichés qu'ils jugent subversifs – quelle qu'en soit la couleur. Une affiche de « papier Jaune portant, *L'amy des Citoyens* et signé Tallien citoyen actif de la Section de la Place Royale » attire par exemple toute leur attention, et ils s'efforcent de retrouver et d'arracher tous les exemplaires aperçus sur leur itinéraire [179]. Enfin, ce cas permet également de discerner les doutes et les observations critiques des agents chargés de mettre en application la réforme du droit d'affiche. En effet, le rapport se conclut par ces observations, où l'agent de police se fait philosophe et juriste :

> […] n'ayant plus rien trouvé digne d'être remarqué et de contraire à la loy nous avons crû devoir observer que nous pensons que l'esprit de la loy est primo de ne pas confondre avec une multitude d'affiches et d'avoir les loix jugements arrêtés et décisions qu'il est important aux citoyens de connaître, secundo que la loy a eu en vuë de ne point permettre sous aucun prétexte la publicité par affiche des sentiments particuliers de quelques citoyens isolés qui peuvent cependant par des écrits incendiaires exciter au soulèvement ou inspirer la défiance ou avilir autant qu'il est en luy les fonctionnaires publiques que quand une autre affiche portant indication de vente, de loyers, ou d'autres objets absolument semblables il est peu essentiel d'en charger une preuve verbale [180].

Ces observations sur l'« esprit de la loy » explicitent, sinon le désintérêt, tout du moins la primauté accordée aux affiches proprement politiques, susceptibles de troubler l'opinion, dans un contexte de tensions politiques et d'agitation médiatique royaliste [181]. En d'autres termes, la réforme de 1791 est moins perçue comme une manière de pouvoir superviser *toutes* les affiches imprimées et davantage comme une façon d'attirer à nouveau l'attention des policiers sur les « écrits incendiaires ». Dès lors, la réinterprétation de la loi du 22 juillet 1791 sur la couleur des affiches explique largement la licence accordée aux imprimeurs d'affiches commerciales qui continuent à utiliser le papier blanc. Le commissaire conclut cependant qu'il poursuit « le dénombrement de toutes les affiches sans distinction » et continuera de le faire jusqu'à ce que des instructions plus précises lui soient données. À première lecture, il rappelle ici qu'il s'est évertué à signaler toutes les affiches contrevenant à la loi. Cependant, formulée après la critique du paragraphe précédent, cette conclusion paraît également appeler à une reformulation du droit d'affiche qui lui permettrait de ne plus se préoccuper du commercial, afin de pouvoir se concentrer uniquement sur les éphémères politiques. Ce type de patrouille est relativement rare dans les procès-verbaux consultés aux archives de la préfecture de police de Paris [182]. Mais un second cas, le 9 février 1793, permet d'observer une autre tentative pour formaliser la police des affiches et en fait l'une des attributions des commissaires de sections [183]. L'itinéraire des agents est reconstitué à travers une carte (cahier II, carte 2).

Par contraste avec la patrouille de mars 1792, l'ensemble du territoire de la section est parcouru, depuis la rue de Bièvre jusqu'à la rue de la Montagne-Saint-Geneviève. Sont alors visées par l'œil policier les affiches commerciales et de particuliers qui tapissent les murs. Par ordre d'importance, retranscrivant d'une certaine manière leur présence dans les rues, ce sont les affiches de ventes immobilières, puis les affiches de spectacles (« Théâtre de l'Escapade, de la République, de Molière, de la Gaité »), les avis de libraires, et enfin les réclames (« annonces de médecin et chirurgien & bandagiste et remèdes [184] »). Comme les patrouilles chargées de veiller au bon déroulement du nettoiement des rues, cette intervention policière est un moyen de lutter contre la surcharge du paysage urbain, et par prolongement la sur-sollicitation visuelle [185]. En un sens, les arrachages réalisés par la police peuvent être liés au discours relayé par les élites, ainsi que les cercles de sociabilités savantes et mondaines des Lumières sur la « saleté des rues » et leur enlaidissement [186]. Ils pourraient également participer des efforts d'aménagements architecturaux et urbains, souvent sous-estimés pour la période révolutionnaire [187]. Enfin, à travers ces patrouilles, les autorités mettraient en pratique une politique de l'attention et une gestion des murs prenant en compte l'émergence de la ville-marchandise et la prolifération de l'affichage commercial.

Conclusion. « Défense d'afficher »

En progressant au cœur d'une galerie où les portraits d'afficheurs clandestins, tels le fermier Éliard ou le sieur Poleins, font face à ceux des commissaires, inspecteurs et lieutenant généraux tels qu'Hémery ou Sartine, c'est toute une mythologie politique qui se déploie. Les sources littéraires et policières forment alors un corpus en miroir et fondent un récit où les « moutons noirs » de la police parisienne font face aux « anarchistes parisiens du XVIIIe siècle », attirant toute l'attention sur la police des opinions au détriment de la police des murs [188]. Les témoignages d'observateurs des rues parisiennes et les sources administratives de l'activité policière font apparaître un véritable maintien de l'ordre mural, justifié à la fois par la surveillance des opinions mais aussi par la maintenance des murs. Si le système des permissions avant affichage laisse entrevoir le fantasme d'un contrôle total, les pratiques policières illustrent l'approche pragmatique des autorités. Face à l'essor du nombre d'imprimés affichés accentuant les difficultés pour différencier le para-légal (annonces commerciales ou de particuliers) des éphémères jugés subversifs, la police s'appuie sur des intermédiaires (imprimeurs et afficheurs) et concentre ses ressources humaines sur certains murs. Cela se traduit par une approche spatiale du contrôle des affiches, la surveillance policière ciblant certains lieux « à risque » : l'île de la Cité et les environs du Palais, la place de Grève, le Palais-Royal, les faubourgs Saint-Marcel et Saint-Antoine… C'est enfin, dans le contexte d'une professionnalisation des métiers de police mise en évidence par l'historiographie récente, un savoir-faire spécifique mobilisé pour ces cas de « délinquance graphique » que constituent les affiches illégales : systématisation des interventions lorsqu'un placard est repéré, premières initiatives pour limiter la diffusion de rumeurs, utilisation pour l'enquête des caractéristiques formelles de ces pièces écrites, ou encore intervention d'experts en écriture [189]. Le maintien de l'ordre mural, s'il est conçu en partie pour éviter les atteintes aux symboles monarchiques, fragilisant par là même leur caractère sacré, s'inscrit également dans une politique de l'attention visant à lutter contre la prolifération d'imprimés affichés [190]. La traque des libelles affichés traduit non seulement la surveillance de l'opinion, mais aussi les efforts pour entretenir les murs. Permettre l'accès aux nouveaux règlements et aux nouveaux spectacles guide l'action régulatrice de la police. Le maintien de l'ordre mural est en ce sens associé à un service public de l'information. Supervisé par la lieutenance générale et s'appuyant aussi sur certains citadins, il s'inscrit dans le « compromis d'ordre » entre la police et une partie des élites parisiennes [191]. Et en 1800, lorsque le préfet de police interdit l'affichage sur les pilastres du jardin, sur les treillages et les caisses d'orangers du Palais-Royal devenu Palais-Égalité, il le fait à la suite d'une « pétition des propriétaires et principaux locataires des maisons et établissements du pourtour du jardin [192] ».

Dans la continuité de l'administration monarchique, les députés de la Constituante tentent de concentrer la surveillance sur certains points de la ville. La réforme de 1791 valide ainsi une logique spatiale et visuelle du contrôle de l'affichage. Celle-ci sera de nouveau confirmée à la Restauration, puis par les différents textes juridiques amendant le contrôle de ces imprimés. Elle trouvera son point d'aboutissement à travers la fameuse loi sur la presse du 29 juillet 1881, inscrivant « Défense d'afficher » sur de nombreux bâtiments officiels. Cette refonte de l'encadrement de l'affichage se poursuit avec la loi du 9 vendémiaire an VI (30 septembre 1797), qui introduit le timbre pour toutes les affiches privées et redonne vie à la proposition du député Roederer abandonnée en mai 1791 [193]. En privilégiant une approche spatiale pour lutter contre le risque de voir noyer les publications officielles dans cette masse de papiers qui couvre les murs, les autorités entérinent le choix d'un encadrement fondé sur la régulation de l'affichage plutôt que sur un contrôle strict un temps envisagé. Enfin, les logiques qui président au maintien de l'ordre mural, surveillance de l'opinion et protection des publications, structurent les interventions policières dans les années 1790, puis dans la première moitié du XIXe siècle [194]. Les agents de la Convention puis du Directoire abandonnent les tentatives de réguler la prolifération des affiches observables en 1791-1792, pour se concentrer sur les seuls éphémères mettant en danger la sûreté de l'État, démontrant qu'ils ont bien intégré la sentence de Jérôme Legrand : « On ne peut pas rendre les murs responsables. »

6

Ambivalences de l'affiche

« On cherche le véhicule de l'instruction publique : il est dans les affiches ; le tout serait de les bien faire, c'est-à-dire d'en faire sortir le bien [1]. » À la fin de la décennie 1790, Louis-Sébastien Mercier clôt son plaidoyer en faveur de l'affiche par une sentence qui sonne comme un avertissement. L'ancien élu de la Convention souligne toutes les limites d'une perspective révolutionnaire ayant identifié l'affichage à un objet démocratique permettant à la fois l'expression libre des citoyens et l'instruction civique du plus grand nombre. S'il associe ces imprimés éphémères à un « cours de morale, de politique et de littérature », la « bibliothèque instructive » décrite fait surtout apparaître la prolifération des annonces commerciales : « Fins gourmets, joyeux convives au nez rubicond, vous passerez sur toutes ces affiches scientifiques, mais vous saurez au juste où vous pourrez désormais boire sans mesure le Bordeaux, le Champagne et les rares liqueurs des Îles. [...] [2]. » Parmi ces affiches marchandes, prééminentes sur les murs, nous retrouvons les affiches de spectacles « toujours voisines et toujours rivalisantes ». Elles symboliseraient le penchant d'un peuple plus enclin à l'oisiveté et aux divertissements qu'au débat public et aux échanges civiques. Mercier conclut en un parallèle classique liant la décennie révolutionnaire à la Rome antique : « Nos salles suppléent au cirque spacieux des Romains, car nous aimons, tout autant que ces anciens maîtres du monde, les spectacles et les gâteaux. Que-dis-je ! à Rome, les aveugles ne jouaient ni la comédie ni la tragédie ; ils n'imprimaient pas des affiches [3]. »

Les observations et la carrière de Louis-Sébastien Mercier constituent un fil rouge qui structure l'ensemble du chapitre : de l'auteur du *Tableau de Paris* décryptant les mœurs urbaines afin de moraliser le peuple à celui du *Nouveau Paris* prenant acte des échecs de certaines réformes entreprises au cours de la décennie révolutionnaire. Observateur attentif des affiches, il est particulièrement sensible aux nouveaux usages de ces éphémères [4]. À l'image de Mercier, les contemporains s'interrogent : quelle crédibilité accorder à l'affiche et plus largement aux médias imprimés qui intègrent de plus en plus à la fin du siècle les logiques marchandes [5] ? Si l'observation et la lecture des éphémères constituent un moment déterminant de l'expérience urbaine, ces objets du quotidien sont associés à des attentes contradictoires. Les élites intellectuelles investissent cette nouvelle forme médiatique d'une mission civilisatrice, mais les usages politiques et commerciaux des affiches outrepassent et déçoivent ces espoirs. Les ambivalences de l'affiche traduisent les contradictions de la publicité dans la seconde moitié du XVIIIe siècle : à la fois porteuse d'un idéal de diffusion des savoirs, mais aussi processus commercial conçu pour attiser la curiosité du plus grand nombre et fabriquer la nouveauté.

La rue, une bibliothèque à ciel ouvert ?

Au début des années 1780, l'avocat et administrateur Antoine Prost de Royer insiste sur la double fonction des affiches : « Dans les moindres villes, les affiches sont pour le magistrat de police un moyen infaillible & simple d'établir l'ordre, de maintenir la sûreté, & de propager l'instruction publique [6]. » L'affichage officiel structure et renforce l'ordre public et juridique, mais sert aussi à instruire, éduquer et impliquer les citadins. Matériel pédagogique mis en avant par les juristes des Lumières, mais aussi par les députés de l'Assemblée constituante à partir de 1789, l'imprimé affiché est conçu comme un livre, les murs comme autant d'espaces de lecture solitaire et silencieuse, et la rue comme une bibliothèque à ciel ouvert.

Les rêveries de promeneurs solitaires

Seul face à une sentence de police plus grande que lui, collé à la muraille, le lecteur de l'affiche paraît littéralement absorbé par l'imprimé (cahier II, image 33) [7]. Cet extrait d'un dessin de Victor-Jean Nicolle réalisé la même année que la sentence, en 1779, illustre bien les représentations des lecteurs/observateurs en action. Réinscrite dans l'œuvre, la scène est en périphérie du cadre. Les deux protagonistes paraissent surtout bien petits par rapport à la longue perspective de pierre, dans une vue originale : une contre-plongée sous une arcade du pont au Double. L'homme en justaucorps bleu est en fait accompagné d'un pécheur qui observe depuis son bateau la sentence de police faisant « deffance [...] de pêcher dans cette rivière depuis l'hôtel-dieu jusqu'au pont neuf ». En pied de l'affiche, un nom, « Nicolle » : l'artiste se substitue discrètement au lieutenant général de police, à la manière des peintres italiens de l'époque moderne signant leurs œuvres au moyen d'un graffiti [8].

Autre cadre, autre technique de représentation, autre figure sociale, mais même trajet du regard, même proximité entre l'objet et le corps de l'individu qui est comme attiré, hypnotisé, par l'affiche. Cette œuvre de Carmontelle représente le *Bailly de Guines*, en pleine lecture d'affiches de spectacles [9] (cahier II, images 34-37). Sur les murs, plusieurs imprimés se dessinent : une affiche de recrutement, la plus haute, puis, en dessous, l'annonce de pièces de Voltaire et Racine, *Zaïre* et *Les Plaideurs*. L'œil fatigué et la bouche crispée par un rictus, le bailli de Guines, de profil, vêtu de l'habit de Saint-Cloud et arborant la croix de Malte, n'en est pas moins absorbé par l'éphémère. La composition, qui présente ce personnage seul face au mur d'information, suggère une consultation attentive de l'imprimé qui fait écho à la temporalité de la lecture d'un livre [10]. Cette captation des regards citadins est également illustrée par l'omniprésence d'objets de vision lorsque les lecteurs/observateurs sont représentés face à l'affiche. C'est par exemple le cas d'un dessin de 1789 représentant un vieil homme qui porte des vêtements usés et l'épée au flanc. Il lit avec un lorgnon une ordonnance de police « qui deffend de porter l'épée à tous les vagabonds et gens sans aveu [11] ». De nombreuses estampes représentent des promeneurs solitaires déchiffrant les affiches à l'aide d'instruments. Les représentations de la première moitié du XVIIIe siècle utilisent la loupe [12] (fig. 73).

Puis elles montrent les binocles, voire une longue-vue sur une caricature du début du XIXe siècle, à mesure que la curiosité pour les

Figure 73. Observation/lecture solitaire de l'affiche (ci-dessus détail), XVIIIe siècle, BNF Gallica.

affiches est source de critiques et de parodies [13]. Toutes ces images sont profondément influencées par le modèle du livre, mais aussi par le recours de plus en plus fréquent aux appareils d'optique pour le travail scientifique, l'acquisition des connaissances [14]. Plus que des lectures rapides ou diagonales, des coups d'œil de citadins pressés ou blasés, elles mettent au contraire en évidence une lecture attentive, instituant l'affiche en véritable objet de connaissance. Cette vision de l'affiche à lire seul, avec intérêt et discernement, renvoie à une conception pédagogique de l'imprimé. Celui-ci est alors considéré comme un objet pour transmettre les savoirs et instruire la population.

« Véhicule de l'instruction publique »

En 1754, l'abbé Étienne Teisserenc publie un ouvrage sur les enseignes, intitulé *Géographie parisienne*, où il synthétise une double ambition : prescriptive (pour la réforme des saillants) et pédagogique. Ces objets urbains font ainsi de la ville « une école publique perpétuelle et gratuite [15] ». Il précise leur potentiel instructif, voire didactique : ils enseignent aux passants à la fois l'histoire, les marques des distinctions sociales et les signes élémentaires de la production et de l'échange. Par contraste avec l'idéal encyclopédiste qui concentrerait la somme des connaissances dans un livre unique, Teisserenc propose un modèle de connaissances éclatées dans l'espace urbain [16]. Le texte insiste sur l'importance de l'observation, à travers la figure d'un citadin-apprenant, croisant différentes données et synthétisant l'information pour se repérer. Cette appréhension des rues comme espace de l'apprentissage, constitué par les savoirs et imaginaires géographiques, est réactivée en 1793-1794 par de multiples projets où la toponymie est associée aux grands hommes, aux vertus révolutionnaires, ou à la connaissance du territoire républicain [17].

Les affiches sont au cœur de cette « pédagogie de l'espace public [18] ». Elles sont ainsi présentées dans les traités et dictionnaires de jurisprudence de la seconde moitié du XVIIIe siècle comme un moyen de présumer la connaissance des lois et règlements. En 1770, le commissaire parisien Lemaire écrit en ce sens : « Plus une loi a de publicité, plus il est facile de la faire exécuter exactement [19]. » Cette réflexion globale sur les vertus attribuées à l'affiche se précise lorsqu'il s'agit de relater les limites de l'instruction des classes populaires : « Sur vingt-quatre millions d'habitants, les [...] trois quarts de la nation n'ayant ni livres, ni de quoi en acheter, sont réduits à ce qu'ils apprennent par les relations & les affiches. [...] [Avec les affiches] on enseignerait au peuple toutes les vérités utiles à son bonheur comme à la sûreté publique ; & que par là seulement, on accomplirait le grand précepte de Charlemagne, qu'*il faut instruire le peuple, & ne pas le redouter* [20]. » Dans la seconde moitié du XVIIIe siècle, les affiches sont conçues avec la presse spécialisée comme des objets d'instruction et d'approfondissement des connaissances, alors que s'affirme chez une partie des élites intellectuelles la nécessité d'éduquer les classes populaires [21].

En mai 1769, une requête est envoyée au lieutenant général de police décrivant la constitution d'un *Journal de Législation*, réalisé à partir d'un exemplaire de chaque affiche des « Ordonnances, Arrêts, Règlements, Sentences et Jugements tant du Conseil que de tous les tribunaux et Juges de Paris [22] ». Cette feuille, censée être hebdomadaire, fut irrégulièrement envoyée à ses abonnées pendant une année, sous la houlette de l'avocat au Parlement Joseph-Léger Desprez [23]. Son prospectus place au cœur de l'entreprise la connaissance des lois. Le texte met en avant la « passion des lois » portée par une partie des philosophes des Lumières et insiste : « parce que personne n'est présumé les ignorer [24]. Il est donc d'une extrême importance de les connaître », préfigurant la formulation au XIXe siècle de l'adage juridique : « Nul n'est censé ignorer la loi [25]. » Desprez, rencontrant des difficultés à collecter les lois publiées, écrit à Joseph d'Hémery le 16 avril 1769, un mois avant d'envoyer une requête au lieutenant général afin qu'il ordonne aux afficheurs d'en coller sur la porte du Bureau royal de la correspondance générale [26]. Les affiches sont alors retranscrites, permettant de faire circuler et de compiler l'information, de former un recueil de jurisprudence, comme le résume le juriste Jacques Peuchet : « Quelqu'un, qui n'aurait point de bibliothèque, pourrait faire un cours de jurisprudence & de police, à lire toutes les affiches journellement répandues sur ces objets [27]. » Le recours aux affiches, qu'elles soient collées dans la rue ou compilées en recueils, constitue alors un vecteur de paix sociale et d'obéissance aux lois, renforçant la « sûreté publique ». Cette construction juridique amorcée au XVIIIe siècle pose les bases de la « fabrique du consentement » associée au XIXe siècle à l'affichage administratif [28].

Forts de cet héritage, les législateurs inaugurent à partir de 1789 l'âge d'or de l'affichage officiel, puisque cet éphémère devient la pièce centrale pour faire connaître la Loi. Un nouvel « esprit de publicité » émerge progressivement après 1789 et façonne la communication des autorités nouvelles. Avec la Révolution, la question de la transparence du débat public et des prises de décisions, notamment à l'Assemblée, devient une source de discussions. Alors qu'au Royaume-Uni, le sujet est matière à controverses depuis plusieurs décennies, en France, il se décline sous différents aspects techniques (comment prendre note et enregistrer les débats, comment améliorer l'acoustique des salles...) [29]. Ces réflexions et polémiques autour du couple de notions philosophiques et politiques – secret d'État/publicité des décisions – ont des impacts médiatiques [30]. Si la presse investit l'Assemblée durant l'été 1789, les transcriptions des échanges dans les journaux tels que *Le Moniteur* ou le *Journal de l'Assemblée nationale* sont souvent sujettes à commentaires et contestations [31]. Le problème de l'authenticité des débats transcrits, associé à la reformulation/simplification du langage juridique et administratif, contribue à renforcer les recours à l'imprimé affiché [32].

La réforme du droit d'affiche de 1791, présentée au chapitre précédent, vise non seulement à améliorer le maintien de l'ordre mural, mais aussi à consacrer la fonction pédagogique et didactique de ces imprimés éphémères. Isaac Le Chapelier, défendant un contrôle strict de l'affichage, se montre particulièrement sceptique : « On me dira que les affiches peuvent servir à l'instruction publique. Je réponds que ce n'est point au coin des rues que l'on s'instruit », ou, selon le rédacteur du *Moniteur universel* : « *L'instruction ne se placarde pas* [33]. » Son hostilité est d'ordre pratique et politique : « C'est dans les livres, dans la lecture des lois, dans les sociétés paisibles où l'on ne délibère pas, et où, par conséquent, on est éloigné de toutes passions [34]. » Par contraste, l'abbé Grégoire défend la liberté d'afficher, conçue comme une forme de liberté d'expression et comme un outil d'investissement civique des classes populaires : « Priver l'homme du droit naturel de manifester sa pensée parce qu'il peut en abuser, c'est vouloir paralyser toutes ses facultés, de peur qu'il n'en abuse ; engourdir son bras, de peur qu'il assassine [35]. » Droit d'affiche et droit de pétition sont alors conçus comme des moyens d'intéresser le « citoyen pauvre » à la « chose publique », et surtout comme des formes politiques et médiatiques permettant de désamorcer les tensions et d'encadrer, voire d'orienter, l'instruction des classes populaires [36].

Dès le 9 novembre 1789, un décret instaure l'affichage systématique des lois, obligation rappelée dans un décret du 2 novembre 1790 et dans la Constitution de 1791 [37]. Le contraste avec la culture juridique de la monarchie absolue est alors lié aux médias mis en place pour diffuser largement la loi à l'échelle locale. Deux caractéristiques font l'originalité de la période révolutionnaire : non seulement la diffusion d'*in-quarto* ou l'utilisation des journaux (appuyée par la lente mise en place du *Bulletin des lois* à partir de décembre 1793 et de la Commission de l'envoi des lois), mais également la centralité de l'affichage qu'inaugurent les premières années de la Révolution, perçue comme un moyen de diffuser la loi le plus rapidement possible dans les départements [38]. En septembre 1792, le député Guy-François de Kersaint, en mission dans l'armée du Centre, appelle de ses vœux la création d'un « logographe national », afin de lutter contre les rumeurs et fausses nouvelles qui circulent en province sur la journée du 10 août [39]. Cette préoccupation trouve son point d'aboutissement par le recours massif en 1793 au *Bulletin de la Convention nationale* imprimé par François-Jean Baudouin [40]. Les 16 000 exemplaires de ce journal-affiche, conçu par le Comité des pétitions, sont en théorie envoyés chaque jour aux départements, aux districts ou aux armées, mais aussi aux écoles et sociétés populaires [41].

Dans la droite ligne de la pédagogie des Lumières, l'affiche est pensée à partir de la Révolution française comme support permettant l'entraînement à la lecture et formant une bibliothèque à ciel ouvert. Mercier compare ainsi la profusion d'affiches, à partir de 1789, à une « bibliothèque instructive, permanente, et toujours renouvelée, où il ne faut point de commis, ni tenir le livre sur un pupitre, ni tourner le feuillet [42] ». Ce texte joue, comme souvent avec Mercier, sur les nuances et les ambivalences, mais il est le compagnon de route des réformateurs révolutionnaires de 1789, favorables à la liberté générale de la presse et de l'affichage. De fait, il est possible de lire en creux dans cet extrait une critique des bibliothèques royales ou aristocratiques, formulée également par l'abbé Grégoire. Ce dernier, dans un rapport d'août 1794, identifie les bibliothèques publiques qui seront créées dans les districts à de véritables « ateliers de l'esprit humain » [43]. En outre, Mercier associe aux affiches certains objets et manières d'apprendre. Les multiples éphémères se muent en « recueil ostensible de tous les actes, de tous les projets, et de toutes les conceptions fugitives et singulières des mortels » et fondent l'accumulation des connaissances [44]. Ils sollicitent la vue, identifiés à « un avertissement mué mais éloquent ». Leur lecture procède par coups d'œil, lorsqu'une « simple et courte analyse vous met à portée de juger, d'après l'échantillon, les maîtres de toute science », mais aussi par comparaison, pour « former sa propre opinion, [...] s'orienter seul dans la pensée ». Le magnétisme des affiches, ces « pierres d'aimant qui attirent les allants et venants », sollicite selon Mercier les idées, la mémoire et la raison. L'auteur du *Nouveau Paris* esquisse ici un savoir pratique du citoyen par jugement combiné, distinguant dans la masse des matières affichées celles qui valent d'être retenues et celles à oublier.

Cette conception théorique des affiches comme « véhicules de l'instruction publique » se traduit par des projets d'affiches qui visent à simplifier et favoriser la connaissance des lois. C'est par exemple le journal-affiche conçu par Jean-Lambert Tallien, *L'Ami des citoyens*, diffusé sur les murs à partir d'octobre 1791, et dont les vertus sont vantées dans un prospectus publicitaire retranscrit dans *Le Moniteur* : « Son objet est de faire connaître au peuple, de recommander à son respect toutes les lois, surtout celles dont l'exécution l'intéresse plus particulièrement, et que leur promulgation tardive soustrait longtemps à sa connaissance [45]. » La fonction du journal-affiche est triple : prévenir la diffusion de ce que les autorités considèrent comme des fausses nouvelles, resserrer les liens entre les mandataires et leurs commettants, et assurer que la méconnaissance des lois ne soit pas un argument pour y contrevenir [46]. Le recours aux affiches comme outils pédagogiques synthétiques s'inscrit plus globalement dans la perspective d'influer sur l'« esprit public ». Dans un contexte où les imprimés diffusent davantage des pamphlets, des dénonciations et des libelles que des traités et instructions éclairant les citoyens, l'instruction par l'affiche sert un objectif politique : fabriquer une nouvelle morale citoyenne et diffuser les valeurs d'un nouveau régime [47]. Ce sont les *Dix commandemens du Vrai Républicain*, imprimé en 1793, ou encore les maximes républicaines exposées sur les murs des administrations locales et des sociétés populaires, ou à coller dans les espaces de sociabilités tels que les boutiques, salles de spectacles, cafés, auberges et ateliers (fig. 74-76) [48].

Ces conceptions pédagogiques de l'affiche, à des fins d'instruction ou de communication politique, sont remises en question dès la Constitution de 1793 et la loi du 14 frimaire an II (4 décembre 1793) [49]. L'affichage ne fait plus partie des modes de publication des lois. Cette disposition sera confirmée dans les lois suivantes, en

Figure 74. « La Convention Nationale… », 1792-1795,
Ville de Paris/Musée Carnavalet

Figure 75. « Il est défendu d'entrer sans cocarde », 1792-1794,
département de l'Isère/musée de la Révolution française de Vizille

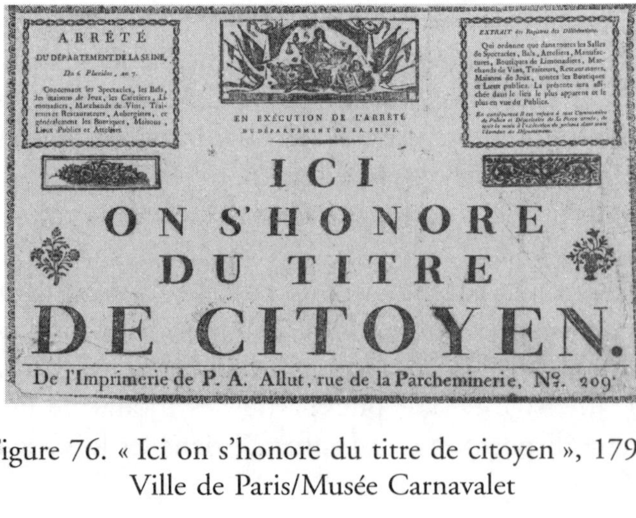

Figure 76. « Ici on s'honore du titre de citoyen », 1799,
Ville de Paris/Musée Carnavalet

particulier dans le décret du 12 vendémiaire an IV (3 octobre 1795) [50]. Si, comme le souligne Carla Hesse, il faut prendre en compte la profusion de nouvelles lois et surtout la volonté de préserver ce symbole du nouveau régime, cet abandon progressif de l'affichage peut également être interprété du point de vue de la concurrence *sur* et *pour* les murs [51]. En effet, les éphémères de la Convention sont confrontés à la multiplication des affiches politiques de particuliers et aux calomnies qu'elles diffusent, mais aussi à la concurrence toujours maintenue de l'affichage commercial. Dès lors, si le régime de l'attention dans les rues est avant tout défini par les sollicitations d'autres imprimés affichés, le journal apparaît comme un support médiatique permettant de préserver l'impératif de publicité des lois. C'est l'histoire de la création du « Journal officiel », conçu pour publiciser non seulement la loi mais également son élaboration. À partir de 1799, *Le Moniteur* rend public la fabrique des lois dans un journal privé, abondamment critiqué dans la première moitié du XIXe siècle [52]. Et, à partir du 26 février 1848, on lui adjoint le sous-titre « journal officiel de la République française », puis le 2 décembre 1851 « journal officiel de l'Empire français », et cela avant même la proclamation du nouveau régime [53].

À la fin de la décennie 1790, l'affichage officiel ne renvoie plus à un idéal pédagogique, mais sert plutôt à renforcer l'action des autorités. Mercier toujours : « Cette série non interrompue de placards blancs, rouges, aurore, jaunes, verts, bleus et gris, tous nouvellement frappés du timbre, annonce d'abord la puissance de la loi [54]. » L'affiche informe moins qu'elle donne à voir la prééminence de la loi. Elle est utile au nouveau régime en tant que source de revenus liés au timbre, introduit par la loi du 9 vendémiaire an VI (30 septembre 1797) : « Impôt indirect, tant rejeté par les économistes, oui, c'est à toi de vivifier notre République [55] ! » L'auteur du *Nouveau Paris* conclut : « L'impôt du *timbre*, qui atteint jusqu'au carlin perdu, [...] n'empêche point que pas une colonne, pas un angle de porte, pas la moindre surface ne soit couverte d'un placard grand ou petit, étroit ou large [56]. » Avec une ironie maîtrisée, Mercier décrit les contours d'un espace public du Directoire où l'affiche commerciale règne sur les murs. S'il a pu partager les ambitions de l'abbé Grégoire ou de Tallien, en 1798 il ne fonde plus la lecture des affiches sur le désir d'apprendre et de s'informer, mais plutôt sur la curiosité pour les nouveautés et les objets à la mode.

Publicité mensongère

En avril 1725, le *Mercure de France* publie une énigme : « Très souvent on me voit changer, / Tous les jours cependant j'ai la même figure ; / Ainsi qu'une Sybille on vient me consulter, / Et quoique je sois sourde & ne puisse parler, / Je donne aux curieux une réponse sûre. [...] / Chacun court pour me voir comme à la nouveauté [57]. » Ce bout-rimé, qui concerne « les affiches de la Comédie-Française », met à nouveau en avant l'importance de la lecture individuelle de l'information à travers la référence à la Sibylle, figure antique qui par contraste avec la Pythie parle à la première personne en revendiquant l'originalité de sa prophétie et le caractère indépendant de ses réponses. L'affiche est également liée aux mécanismes de la mode, à travers la figure du curieux ayant le goût de la nouveauté. Enfin, la « réponse sûre » renvoie à l'importance du crédit accordé à ces vecteurs de l'information commerciale, rappelant la centralité du crédit et du discrédit dans les échanges marchands au XVIIIe siècle [58].

Toujours dans le *Mercure de France*, l'« affiche » au sens générique est à nouveau le sujet d'une énigme en 1807 : « Tous les jours, au coin de la rue, / De diverses couleurs vêtues, / Je fais tout pour être aperçue. / Là je donne à chaque passant / Un avis triste ou plaisant. / L'un m'applaudit, l'autre me fait la moue. / Le plus souvent, on me couvre de boue. / Je deviens muette la nuit ; / Et c'est alors qu'on me détruit [59]. » L'énigme insiste ici sur la fragilité de l'affiche, du point de vue tant matériel que des différentes réceptions. Principal point commun avec le texte du début du siècle, l'image d'un flux d'informations et d'imprimés renouvelés au gré des nouveautés politiques, culturelles et commerciales. Cependant, là où, en 1725, le texte insiste sur la curiosité du public, le texte de 1807 souligne la diversité des réceptions. Cette pratique citadine souligne bien à quel point l'« activité liseuse » peut constituer une forme de braconnage, selon la formule de l'historien Michel de Certeau [60]. Les ambivalences de l'affiche tiennent dans cette pluralité de réactions. L'affichage peut occasionner des attroupements enthousiastes, mais les lecteurs/observateurs ne sont jamais dupes face aux annonces affichées. Ils sont tour à tour extrêmement critiques, indifférents ou tout simplement curieux, et l'affiche est parfois longuement consultée, souvent survolée, fréquemment ignorée.

Portraits de lecteurs de rue en lecteurs crédules

De la même manière que les *Cris publics* contribuent à donner une vision stéréotypée des petits métiers parisiens, et par prolongement des classes populaires, de plus en plus de textes font le portrait de lecteurs d'affiches représentés en lecteurs crédules [61]. À partir d'un spectacle de foire dont la publicité est diffusée sur les murs de Londres, Mercier illustre bien ce trait socio-littéraire :

> Un homme à Londres annonce publiquement, que tel jour, à telle heure, à la vue de tout un peuple, on le verra s'enfermer dans une bouteille. Qui fit courir tout le monde à cette ridicule affiche, & payer chèrement les places ? On ne peut accuser les Anglais d'une ignorance crédule ; mais l'amour du merveilleux a agi sur ce peuple, comme il aurait fait à Paris, à Madrid, à Vienne. Chacun se disait : il n'est pas possible que cet homme veuille tromper tout le monde, lorsqu'il invite avec éclat tout un public, lorsque des affiches, plaquées contre les murailles, annoncent ce prodigieux tour de force. [...] [62].

C'est ici la lecture de la « ridicule affiche », mise en parallèle avec « l'ignorance crédule ». L'auteur, qui a séjourné en Angleterre en 1780, dépeint dans cet extrait un peuple candide, quasi aliéné par les nouveaux divertissements populaires des grandes villes européennes [63]. Il poursuit :

> Si ce charlatan eût dit à chacun en particulier : venez chez moi, je me mettrai tout entier dans une pinte, on lui aurait ri au nez : mais au moyen de l'affiche imprimée & collée, au moyen de l'assurance effrontée du prometteur, vu le concours du monde, l'argent des billets, la foule & la publicité, chacun se disait secrètement : on ne saurait se jouer à ce point d'un public respectable [64].

La campagne publicitaire contribue à promouvoir le spectacle, à assurer son succès commercial et populaire. Mercier réinscrit alors l'affiche dans un système publicitaire qui abuserait de consommateurs moutonniers. Il termine par deux phrases lapidaires : « Tel est le peuple ; il ne croit pas qu'on puisse le tromper en corps. L'idée de la fuite de l'homme emportant l'argent des curieux, & laissant la bouteille vide sur la scène ne vint à personne [65]. » La conclusion est sans appel – « tel est le peuple » – superstitieux, naïf, et attribuant un crédit trop important aux imprimés publicitaires qui font écho aux spectacles de rue.

Le vaudeville *Arlequin afficheur*, représenté pour la première fois en avril 1792, réitère cette représentation du « public crédule » : « Tout Afficheur est plus ou moins / Enclin à dorer la pilule, / Et tous les jours il met ses soins, / À trouver un Public crédule. / Venez, Messieurs, venez chez nous ; / Quand plus d'un charlatan vous triche, / Nous tâcherons d'être pour vous / Ce que promet l'Affiche [66]. » La crédulité des lecteurs est une nouvelle fois dénoncée, associée à une condamnation d'ordre moral à l'encontre d'une publicité qui enjolive, « dore la pilule », triche et ment. Par prolongement, l'auteur du vaudeville raille les artistes, auteurs ou savants à la recherche d'une célébrité publicitaire : « Pour être vus, prônés, courus, / Les sots veulent qu'on les affiche [...] Sur tous les murs, en cent façons, / Et sous le prétexte d'instruire, / Changeant de couleurs & de tons, / Que d'hypocrites savent nuire ! / Les intrigants & les méchants, / Se couvrant d'un titre postiche, / Hélas ! combien d'honnêtes gens / Sont dupes de l'Affiche [67] ! » Dans ce dernier extrait, les vertus pédagogiques de l'éphémère sont mises en avant. Elles paraissent cependant dévoyées, tant par les concepteurs et commanditaires que par la crédulité des lecteurs/observateurs. Dans un registre similaire, Rétif de La Bretonne, lorsqu'il associe l'affichage à l'afflux de nouveaux spectateurs et aux effets de mode, dépeint les passants comme des badauds ingénus et bruyants : « On avait affiché une Pièce nouvelle : Grand-Dieu ! quel vacarme ! Une foule d'Étourdis, accourus pour poliçonner, bruissaient, huaient, sifflaient ; puis se demandaient ce que l'Acteur avait dit [68] ? » Cette stigmatisation des lectures d'affiches convoque de nombreux stéréotypes associés aux classes populaires du XVIIIe siècle, nigauds des villes ou sauvages tapageurs, et dépeint leurs émotions à travers ses excès [69].

Ce désintérêt pour la lecture des affiches, mobilisé pour stigmatiser le « peuple », permet également de moquer la recherche de distinction sociale. Dans le prologue d'un spectacle représenté à la Foire Saint-Germain en 1721, un échange met en scène le discrédit des élites à l'égard de ces éphémères :

> Colombine : N'en avez-vous pas lu le titre dans l'affiche ?
> Comtesse : Comment donc, dans l'affiche ? Hé, pensez-vous, ma Mie, que les personnes de qualité s'amusent à lire une affiche ?
> Le Chevalier : Fi ! Cela ne convient qu'à des Bourgeois. Nous entrons dans un Jeu, sans savoir ce qu'on y joue ; nous y restons, s'il y a du monde ; nous en sortons, s'il n'y en a pas [70].

Ne pas lire l'affiche devient ici un marqueur de dignité aristocratique, même si, dans les remarques du « Chevalier », transparaissent l'importance de la mode et le goût pour la nouveauté qui font le succès des théâtres de foire et de boulevard.

Un « savoir d'être berné »

L'affiche entretient un « savoir d'être berné », pour reprendre la formule d'Arlette Farge, qui caractérise la recherche quotidienne d'information dans un contexte marqué par le secret des affaires politiques, l'encadrement de l'information, mais aussi le goût pour la nouveauté alimentée par les entreprises commerciales et les objets de divertissement [71]. Cette quête de nouveauté, c'est « la puissance d'attraction de l'affiche » observée par Mercier, sensible au magnétisme d'imprimés qui suscitent la curiosité et stimulent le goût pour le sensationnel et le merveilleux. Ainsi, Amédée Doppet, dans ses *Numéros parisiens, ouvrage utile et nécessaire aux voyageurs à Paris*, ouvre son chapitre intitulé « Curiosité » en précisant : « à Paris on jette journellement dans les rues des petites affiches dont le style est le plus ampoulé ; les mots de *rare*, de *superbe*, d'*extraordinaire* n'y sont jamais oubliés : on vous montre un lapin pour un monstre, ou un singe pour un sauvage [72] ». Et de commenter en note, revenant au stéréotype du public crédule : « J'ai vu des curieux payer pour voir un cadavre embaumé qu'on leur disait être celui d'une des esclaves d'un sérail turc [73]. » Curiosité assumée et succès de la publicité.

Cependant, au-delà de ces prismes déformants, les moments d'observation et de lecture font apparaître une gamme de réactions beaucoup plus riche que la seule figure du citadin crédule et passif devant l'affiche : de l'enthousiasme de découvrir des nouvelles (parfois trop rapidement parcourues) au soupçon toujours présent d'une publicité trompeuse, en passant par l'indifférence assumée. À cet égard, les affiches administratives représentent non seulement un miroir de l'action policière, mais aussi un « flash info » qui attire l'attention des citadins. Mercier relate en ce sens l'intérêt pour une sentence de police affichée, condamnant un cabaretier « pour avoir fait manger aux Parisiens de la chair d'âne pour du veau », ou encore une ordonnance qui « enjoint à toute actrice ou danseuse de ne paraître sur les planches d'aucun théâtre sans caleçons [74] ». Si ses observations peuvent être associées à une critique des excès réglementaires, ces affiches officielles se mêlent aux affiches privées et leur font concurrence dans l'économie de l'attention urbaine. Les deux types d'imprimés attirent les curieux, et les règlements sont perçus au prisme de leur nouveauté, de leur audace ou de leur bizarrerie. L'actualité devient le « fait divers », contribuant à mettre sur le même plan l'annonce pour un spectacle de rue carnavalesque et une « Ordonnance (de police) portant deffenses aux pères et mères et à tous autres qui envoyent des enfans aux écoles de charité d'insulter les maistres et maistresses préposez à leur instruction [75] ».

La découverte des affiches est intimement liée au goût pour la nouveauté, notamment dans le domaine des spectacles. Lorsqu'il mentionne le spectacle des « Petits Comédiens », installé au Palais-Royal, Mayeur de Saint-Paul résume ainsi sèchement : « Je n'y retournai plus, parce que je voyais presque tous les jours la même chose sur l'affiche [76]. » De même, ce pouvoir hypnotique de la nouveauté est souligné par Auguste Imbert dans une scène de lecture des affiches de spectacles fraîchement collées : « L'homme [...] s'était placé [...] derrière le colleur d'affiches, qui laissait lire au public chaque annonce à mesure que son pinceau la déroulait, non sans envoyer une gratification de colle aux amateurs. La jaune affiche de l'Opéra attira les premiers regards. Le nom d'Ipsiboé passait de bouche en bouche, et faisait bailler par anticipation, peut-être par souvenir [77]. » La lecture collective de l'affiche correspond ici un à micro-événement au sein des sociabilités urbaines. De plus, l'observation de l'imprimé renvoie à un imaginaire culturel et critique partagé. L'affiche ne contribue pas à l'uniformisation des opinions, mais paraît au contraire stimuler l'imaginaire des promeneurs, traduisant dans les pratiques urbaines les réflexions de Malebranche sur la force de l'imagination [78]. La recherche de l'actualité se double alors d'un attrait pour le merveilleux qui devient une quête du sensationnel.

Cette recherche de la singularité, de la surprise voire du fantastique se matérialise à travers l'affiche d'une attraction qui attire les promeneurs du Palais-Royal et joue sur un orientalisme propre à séduire les Parisiens. Ces derniers, moyennant une certaine somme, peuvent admirer le corps de Zulima, qui est en réalité une figure de taille humaine, « couverte d'une peau peinte en couleur de chair ». Mayeur de Saint-Paul relate alors la force magnétique de l'affiche : « Une affiche assez bien écrite annonçait que l'on voyait là-dedans la belle Zulima, qui était morte depuis 200 ans, & que l'on avait conservée avec tant de soins, qu'elle était aussi belle & aussi agréable que quand elle vivait. Le Public, quoique bien persuadé qu'on le trompait, accourut pour voir la belle Zulima [79]. » La lecture des publicités se révèle alors dans toute son ambivalence et sa complexité : entre défiance permanente et curiosité assumée. Cet engouement pour les affiches de spectacles contraste avec le désintérêt véhiculé par d'autres imprimés. Mercier évoque ainsi l'affichage plus traditionnel des arrêts ou des annonces notariales : « Quel malheureux débordement d'inutiles paroles ! On regarde l'affiche avec étonnement ; personne ne la lit [80]. » Il tente alors de déterminer pourquoi lire ou ne pas lire, en soulignant l'importance de la mise en page des imprimés : des textes trop denses, des caractères minuscules, ou composés avec une police illisible. Cette « prose gothique » est déconsidérée non seulement par son apparence graphique, mais également parce que l'affiche tend à être discréditée en tant qu'annonce commerciale.

« Menteur comme une affiche »

« Il est menteur comme une *affiche* de Charlatan [81]. » La comparaison, sous la plume d'Antoine Furetière, illustre bien la stigmatisation associée aux affiches dès la fin du XVIIe siècle. Elle renvoie principalement aux annonces produites par les médecins et empiriques, rares métiers qui peuvent utiliser la publicité affichée [82]. Qualifiés de charlatans, la duplicité de leurs éphémères disséminés dans les rues est l'une des images utilisées par les fabulistes. Jean de La Fontaine ironise ainsi : « Le monde n'a jamais manqué de Charlatans. / Cette science de tout temps / Fut en Professeurs très fertile. / Tantôt l'un en théâtre affronte l'Achéron [83], / Et l'autre affiche par la ville / Qu'il est un Passe-Cicéron [84]. » De même en 1719, l'imprimé affiché constitue l'un des attributs décriés par Antoine Houdart de La Motte dans sa fable sur les « médecins » : « Son affiche portait en caractères d'or / Qu'à son art souverain rien n'était incurable [85]. » Et Johann Georg Heinzmann, dans le récit de son séjour parisien déjà mentionné, résume la défiance accumulée à l'encontre des annonces affichées informant de nouveaux remèdes ou des soins miraculeux vendus par tel ou tel empirique pour lutter contre les maladies vénériennes : « On maudit les affiches qu'on trouve à tous les coins des rues de Paris : – *Moyen très facile de guérir les maladies vénériennes* – les jeunes gens sont d'autant plus inconsidérés, car pour une bagatelle on promet l'entière guérison ; mais c'est presque toujours le langage des *charlatans* et des *fourbes* [86] ».

Les autorités tentent d'encadrer cette publicité médicale, et un arrêt d'octobre 1752 vise à « éviter toute surprise dans le public » en instaurant un brevet visé par un médecin sur l'annonce [87]. En vain, ces éphémères prolifèrent dans les rues. Dans le même registre, la recherche du succès commercial par tous les moyens contribue au discrédit de l'affiche. Mercier, à nouveau, conclut son chapitre sur les « Cours gratuits » de manière lapidaire : « [...] quand vous revoyez près de la borne du carrefour, Cours gratuit : affiche mensongère ; car le temps qu'on y perd est assurément ce qu'il y a de plus cher au monde, & d'un prix bien au-dessus de l'argent [88]. » Il pointe ici les ressorts de ce qu'on appellerait de nos jours une « publicité mensongère ». La quête de notoriété d'artisans, d'artistes ou d'inventeurs qui affichent et s'affichent contribue à ce discrédit, à l'image de l'auteur d'un traité sur l'art des coiffures qui fait imprimer 400 affiches pour annoncer la publication de son ouvrage : « Qui connaît le sieur Dupain, qui vient d'afficher partout *L'Art varié des coiffures* ? Qui l'a lu ? Moi seul, peut-être [89]. » Dès lors, si la publicité par voie d'affiches est au cœur d'une culture urbaine de la curiosité et de la célébrité qui émerge au XVIIIe siècle, elle est également associée à une forme nouvelle de discrédit de l'écrit imprimé [90].

Au-delà de ces annonces qui vantent les mérites de tels ou tels produits ou services, les affiches mensongères sont associées à la fraude, dans un siècle marqué par la médiatisation de contrebandiers et de hors-la-loi, mais aussi par la naissance de la catégorie juridique de l'escroc [91]. La période révolutionnaire complexifie encore cette dernière, puisque l'accapareur devient l'agioteur [92]. Ce sont par exemple les usuriers qui profitent des fluctuations et dépréciations de la valeur des assignats introduits comme monnaie d'échange en 1791, ainsi que de l'inflation liée aux guerres révolutionnaires [93]. Mercier, dans un chapitre intitulé « Affiches en 1796 », leur consacre de nombreuses lignes et décrit à nouveau de manière éloquente la prolifération de ces offres de crédits : « On ne peut faire un pas sans que l'œil se repose sur quelque annonce impudente portant qu'un tel prête, sur de bons nantissements, à un prix raisonnable [...] Comment dompter l'exécrable cupidité des usuriers qui affichent sur toutes les murailles le cachet de leur friponnerie [94] ? »

La critique des affiches mensongères se concentre aussi sur les annonces de spectacles. Il ne s'agit cependant pas de brocarder la cupidité de commanditaires malhonnêtes annonçant des produits défectueux ou des services abusifs, mais de dénoncer les libertés prises par les comédiens et directeurs de théâtres par rapport aux programmes affichés. Joseph Rosny fait des affiches de spectacles une « trompette du plaisir » et un « témoin [...] de la cupidité », tant elles anticipent et sont conçues pour satisfaire le goût des amateurs pour la nouveauté : « D'un seul et même coup-d'œil, le trop heureux Parisien voit la fastueuse nomenclature de tous les agrémens que l'on invente à l'envi pour lui complaire [95]. » La renommée d'une institution culturelle tend alors à être associée à son style de publicités commerciales. En juin 1800, la nouvelle direction du théâtre de la Cité-Variétés tente par exemple de rétablir sa réputation par une importante campagne d'affichage, moquée dans les journaux pour ses « affiches emphatiques [qui] séduiront toujours ceux qui ont de l'argent ou du temps *à perdre*. On s'empresse, on veut voir ce que promet l'affiche : La Montagne en travail enfante une Souris [96] ». Les critiques dramatiques publiées dans la presse au XVIIIe siècle multiplient les descriptions d'amateurs choqués en début de représentation, que ce soit dû à l'absence de comédiens attendus ou au changement d'œuvre présentée sur scène [97]. En février 1797, c'est par exemple un concerto de violoncelle qui est remplacé au théâtre des Arts par une symphonie : « Les amateurs s'attendaient, suivant l'affiche, à entendre M. Levasseur exécuter un concerto de violoncelle ; ils ont été trompés dans leur espérance [98]. » La presse spécialisée regorge également de lettres signalant les fautes et les maladresses d'impression. En mai 1799, le comédien et dramaturge Philippe-Antoine Dorfeuille écrit ainsi au rédacteur du *Courrier des spectacles* pour signaler une fausse nouvelle diffusée par les affiches du théâtre des Victoires Nationales, l'associant à la formation d'une jeune comédienne [99]. De même, en juin 1800, les musiciens du théâtre Feydeau, fondé en 1791 dans la rue éponyme, signalent dans le même journal qu'ils ne participeront pas à l'orchestre du théâtre de la Cité : « Il est de notre honneur, de notre loyauté, de démentir cette annonce, qui tendrait à tromper le public s'il n'était instruit à tems ou de l'erreur ou du charlatanisme qui ont pu faire naître cette assertion [100]. »

Dans la dernière décennie du XVIIIe siècle, la presse devient de plus en plus un recours pour signaler les affiches trompeuses. Un abonné du *Courrier des spectacles* signale ainsi aux rédacteurs que les éphémères du théâtre de la Cité et ceux de l'Ambigu-Comique annoncent la même pièce [101]. Le système d'information des spectacles, associant l'affiche au journal, permet souvent de contredire la fausse nouvelle et les rumeurs qui lui sont parfois liées. En 1797, Marie-Joseph Chénier, déjà célèbre, fait modifier l'annonce du théâtre de la République qui lui attribue *Junius*, nouvelle pièce des Comédiens-Français : « [il] fit mettre sur quelques affiches à la porte du spectacle une bande sur laquelle on lisait ces mots simples, mais expressifs : *cette tragédie n'est pas du citoyen Chénier* [102] ». Coller, raturer ou modifier l'affiche constituent non seulement des procédés pour actualiser l'information, mais également pour corriger la publicité mensongère. Chénier rectifie l'erreur et tente de créer un contre-feu pour limiter la diffusion de la rumeur dans la ville.

En 1807, un lecteur du *Courrier des spectacles* envoie une lettre titrée « poisson d'avril » qui joue sur le désenchantement du monde des divertissements urbains et les artifices de la publicité affichée. Il imagine une « large affiche » indiquant tous les spectacles en un coup d'œil, signalant en particulier un concert rassemblant tous « les artistes les plus distingués », mais aboutissant à la pire des représentations. Avant de conclure : « Vous sortez maugréant contre l'affiche, le concert et les artistes. C'est *un poisson d'avril.* [...] [103]. » Il complète en faisant écho aux lignes de Mercier sur les annonces de cours, publiées une trentaine d'années auparavant : « Vous essayez de l'astronomie, de la physique, des annonces de cours imprimées en lettres majuscules sur de larges placards de papier peint [...] chaque fois vous vous retirez en répétant : *C'est un poisson d'avril* [104]. » Ces critiques des affiches mensongères contribuent à discréditer un imprimé qui associe encore annonce commerciale et information culturelle [105]. Elles permettent également aux directeurs et rédacteurs de journaux de se présenter, par opposition, comme les garants d'une information vérifiée et mise à jour [106]. En cette fin du XVIIIe siècle, l'accélération du temps médiatique ainsi que la simplification des annonces sont associées à une pathologie du système médiatique. Dès lors, l'affichage des spectacles fait office de contre-modèle répulsif pour construire la figure de journalistes et critiques dramatiques disposant d'une expertise reconnue et d'informations fiables [107]. Une forme médiatique en discrédite une autre.

Conclusion. Un imprimé discrédité ?

Les rues parisiennes des premières décennies du XIXe siècle sont devenues l'« Eldorado des affiches ». C'est cette contrée que le publiciste Jacques-Barthélémy Salgues nous fait découvrir en 1813, dans un voyage où il va de déception en déception [108]. Les imprimés affichés se trouvent mélangés, fondus et mis en concurrence sur des murs recouverts de papier. Dans ce contexte, le narrateur se présente en scribe et écrivain conservant la mémoire des murs : « Dès que j'aperçois de grandes lettres rouges, bleues, vertes, jaunes ou noires, je cours, je tire mes tablettes, je saisis mon crayon [109]... » Il multiplie également les réflexions sur ses propres lectures d'affiches :

> Il y a quelques jours que je lisais ces mots en grosses lettres : VOS DESIRS SERONT SATISFAITS. Je les pris pour une expression prophétique ; je m'approchai avec avidité, et la pupille de mes yeux se dilata pour lire plus promptement ; mais, hélas ! que trouvai-je ? qu'une certaine société qui fabrique du chocolat analeptique, avait quitté la rue du Mouton, et qu'elle s'était logée dans la rue de l'Oratoire, pour satisfaire les habitants de ce quartier, qui aiment le chocolat. Je n'aime point le chocolat ; c'est une pâte lourde et épaisse qui me gonfle les intestins et me donne mal à la tête. Trompé dans ma première conjecture, je me dirigeai vers une autre affiche qui portait en tête ce mot, lequel, seul, vaut tout un dictionnaire : VÉRITÉ. La vérité est rare et difficile à découvrir, me disais-je [...] Je m'approchai, et je vis qu'il était question d'oxigène, de phlogistique et de beaucoup d'autres belles choses revêtues de noms grecs que je ne comprends pas ; je lus néanmoins jusqu'au bout, et la seule vérité que je découvris c'est que la déesse Vénus avait, dans ce pays comme à Cythère, beaucoup d'adorateurs d'une mauvaise santé [110].

Un imprimé annonçant la « Vérité », mais contenant en réalité une publicité contre les maladies vénériennes : l'extrait résume en un trait parodique l'impossible moralisation de l'affiche, dont les usages diffèrent des attentes entretenues par les élites intellectuelles et politiques. En étant imaginés comme une « bibliothèque à ciel ouvert », les éphémères affichés sont associés aux ambitions philosophiques et pédagogiques des Lumières, mises à l'ordre du jour par les réformes de la Révolution. Cependant, cet idéal politique se heurte à l'essor de la publicité commerciale. Ce désenchantement renforce les stéréotypes sociaux et la condamnation d'un public crédule, qui n'est pas encore la foule irrationnelle ou la masse aliénée, mais souvent dépeint comme blasé ou indifférent [111].

L'ironie du texte de Salgues rappelle également que les citadins sont victimes de l'inventivité des concepteurs d'affiches, sans être dupes des mécanismes publicitaires à l'œuvre. La curiosité jamais épuisée pour ces éphémères matérialisant la nouveauté souligne les limites d'une approche de la publicité commerciale qui se borne souvent à adopter le seul point de vue des publicitaires [112], mettant uniquement en avant les effets de manipulation, la fabrication de faux besoins, et des consommateurs identifiés à un groupe d'individus passifs [113]. À mi-chemin entre transmissions de l'information et distributions publicitaires, les moments de lecture des affiches réinterrogent la conception courante des foules comme récepteurs passifs, voire consommateurs moutonniers [114]. Le « savoir d'être berné » renvoie à cette capacité critique du public, à même d'identifier les tendances à l'exagération, les demi-vérités ou les mensonges assumés, la simplification de l'information pour attirer l'attention. Le critique littéraire Samuel Hazlitt résume ce phénomène en un terme : « *puffing* ». Difficilement traduisible en un mot, il correspond à une forme excessive d'autopromotion, exagérant les qualités et les mérites pour mieux se vendre [115]. Il en précise les mécanismes, symbolisés par les titres des affiches : « Les mots ont un pouvoir exceptionnel, formulés en tournures familières, et imprimés en lettres majuscules, ils emportent l'adhésion, et ce jusqu'à ce qu'on ait des preuves de leur caractère mensonger [116]. » « VOS DESIRS SERONT SATISFAITS », « VÉRITÉ », ces titres imaginaires symbolisent le jeu entre les concepteurs d'« affiches mensongères » et le public qui s'en amuse, sans être dupe d'être dupé. Ce public métropolitain, curieux, mais aussi lucide, critique et averti, fonde les ambivalences des affiches qui ne remplissent jamais vraiment le rôle qu'on leur a assigné. À nouveau, les cadres construits par les élites pour faire de l'imprimé affiché un outil de communication et d'instruction sont débordés. Cette résistance renvoie à l'expérience quotidienne des affiches et à leur lecture, parfois collective, mais aussi à l'extraordinaire inventivité de celles et ceux qui utilisent les murs pour prendre la parole.

7

Les murs ont la parole

Le 17 juillet 1791, à huit heures du matin, cinq personnes se présentent devant le commissaire de la section du Louvre. L'un d'entre eux tient un jeune homme par le col. Tandis qu'ils déposent avec application sur le bureau du greffier des morceaux de papier en lambeaux, deux d'entre eux, Jacques Frontierre, bijoutier, et Jean Gosse, chapelier, s'adressent à l'élu. Ils affirment que le « particulier [qu'ils ont entre leurs mains] arrachait une affiche [du Département] apposée au coin de la Rue Saint Germain l'Auxerrois [1] ». Le commissaire interroge alors le jeune homme, Claude Gros, élève en pharmacie habitant rue Dauphine chez un apothicaire parisien, âgé de 21 ans et originaire de Châlons-sur-Saône :

> À lui demander s'il a réellement déchiré une affiche apposée de la part du département à l'endroit indiqué. A répondu qu'il n'a pas réellement déchiré ladite affiche mais qu'ayant mis le doigt dessus étant trop fraîche elle s'est déchirée. […]
>
> À lui demander s'il n'a pas été excité par quelqu'un pour déchirer ladite affiche et qu'est ce qui a pu l'y déterminer. A répondu qu'ayant entendu plusieurs particuliers dire qu'il fallait supprimer le mot Roy qui était dans ladite affiche qu'il a mis le doigt dessus qu'elle était si fraîche s'est déchirée mais qu'il n'est excité par personne. […]
>
> À lui observer qu'il paraissait qu'il était disposé à nettoyer les murs de la Royauté, puisque l'on observait qu'il a roué dessus les boutons de son habit le mot Roy. A répondu que c'est le jour du départ du Roy qu'on l'a contraint à le faire [2].

En cherchant un commanditaire, le commissaire conçoit l'affichage et l'arrachage comme la continuation de luttes politiques par d'autres moyens. L'intervention des passants signale également l'implication de la population parisienne dans les mécanismes de surveillance des espaces publics [3]. Enfin, la dégradation du nom du roi, sur l'affiche et sur les vêtements de Claude Gros, est à réinscrire dans le contexte politique de l'été 1791 [4]. Dès le 22 juin, l'annonce du départ de Louis XVI s'est propagée dans Paris et a engendré une vague de destruction des symboles royaux [5]. Le jour de l'arrestation, La Fayette à la tête de la Garde nationale fait violemment disperser une foule rassemblée au Champ-de-Mars après plusieurs semaines d'agitations politiques, avant de faire afficher la loi martiale [6]. Cette affaire ouvre sur une histoire des usages politiques de l'affiche au XVIIIe siècle. Ces imprimés et éphémères subversifs, ou rendus subversifs, signalent la diversité des formes des oppositions aux pouvoirs, aussi bien lors des crises politiques que dans le cadre de conflits quotidiens [7]. Les murs recueillent les voix de femmes qui utilisent l'affiche pour laisser une trace et alerter sur les violences et les abus dont elles peuvent être victimes. Les gestes et comportements de ces colleuses et colleurs clandestins, mais aussi les textes des affiches soulignent toute leur inventivité pour se démarquer. Un trait caractéristique de ce « savoir militant » renvoie aux jeux pour parodier ou détourner les affiches à visées administratives ou publicitaires, subvertissant par là même l'ordre mural de la *ville captivée* [8].

Ces affichages interdits et ces détournements existent bien avant 1789. Il faut en analyser toute la gamme, afin de comprendre à quel point les bouleversements révolutionnaires consacrent, et non inventent, les usages militants de l'affiche. Ce sont non seulement les campagnes médiatiques ayant recours à l'affichage, conçues comme de véritables « guerres d'affiches » par les différents groupes politiques, mais aussi les arrachages et destructions d'éphémères, ou encore les veilles militantes pour empêcher ces dégradations. À l'image de Claude Gros qui n'a pas déchiré l'imprimé affiché, mais l'a abîmé « sans faire exprès » en posant son doigt dessus, les sources policières délivrent un portrait parfois fumeux et orienté des arracheurs d'affiches. Elles permettent cependant de repréciser les traits de ces militantes et de ces militants : d'où ils viennent, ce qu'ils font, où ils opèrent, s'ils agissent seuls ou collectivement. Dans cette

« foule » actrice de la Révolution, chère à Georges Lefebvre, Albert Soboul et Georges Rudé, ce sont alors des groupes qui se détachent, des individus qui se distinguent, des personnalités qui se justifient [9]. Les scènes de lecture ou encore les discussions avant arrachage constituent un cadre d'observation rare à l'intersection entre le public et la foule. Ces moments où celle-ci se constitue, dans un rapport spécifique à l'affiche, permettent d'approcher au plus près les gestes contestataires et les comportements politiques quotidiens [10].

« Baromètre du temps politique »

Sur les murs des grandes villes européennes recouverts d'une « multitude d'affiches, qui se renouvellent tous les jours », le juriste Antoine Prost de Royer identifie « le tableau mouvant des ressorts du gouvernement, de la marche de l'administration, des ressources du fisc, de l'instabilité de la jurisprudence, de la sûreté du commerce, & des agitations de la vie civile [11] ». Juxtaposées sur, ou à côté de textes de lois, de règlements administratifs ou d'annonces commerciales, des affiches matérialisent l'opinion de particuliers, subvertissant l'ordre mural difficilement maintenu par la police parisienne. Toujours selon Prost de Royer, elles constituent un « baromètre du temps politique, de la valeur des propriétés, de la fortune publique, des besoins, des plaisirs, des erreurs, des vices, des opinions & des mœurs [12] ». Ces éphémères sont politiques car ils constituent des objets utilisés lors de campagnes médiatiques, lors de crises qui agitent l'opinion, font fluctuer les échanges commerciaux et façonnent les réputations. Ils sont également politiques car ils servent au quotidien à rendre visibles des résistances à bas bruit et à politiser l'intime [13].

Enflammer la pierre

De l'affaire des placards – le 18 octobre 1534 – aux affiches jansénistes du premier XVIIIe siècle, en passant par les mazarinades, les récits des observateurs des rues parisiennes à l'époque moderne se focalisent sur les libelles affichés [14]. Ces éphémères symbolisent alors la contestation des autorités. Dès le XVIe siècle, dans son

Registre-journal du règne de Henri III où il relate les guerres de Religion en France, le mémorialiste Pierre de L'Estoile fait référence à des libelles « affichés et plaqués [...] par les carrefours de Paris [15] ». Ce sont également les « pasquins très séditieux, faits en vers latins : desquels on tenait pour auteur un fils de putain de la Ligue », et les feuilles de papier semées dans les rues, clouées et « imprimées en gros canon » pour attirer les passants [16]. De même, au XVIIe siècle, le cardinal de Retz recueille et transcrit dans ses *Mémoires* certains « placards affichés en différents endroits de la ville », qu'il associe aux rassemblements séditieux et aux émeutes [17]. L'historien Daniel Roche résume cette proximité entre crises politiques et affichage : « Rien n'y fait, dès que la température politique monte un peu, les affiches poussent sur les murailles comme des champignons après l'ondée [18]. »

Sous la plume des mémorialistes, les affiches subversives relaient l'émeute et la remise en question des autorités. Le cas des crises de subsistance au XVIIIe est ici exemplaire [19]. Dans les années 1720, l'avocat Mathieu Marais mentionne à plusieurs reprises ces imprimés qui constituent pour lui autant de détonateurs des émotions populaires. En 1725, après des émeutes au faubourg Saint-Antoine le 12 juillet, il précise : « Le peuple murmure beaucoup, et on a mis partout des affiches dans Paris, contre le ministère, et on menace de mettre le feu aux quatre coins [20]. » De même, quelques semaines plus tard, le 10 août, la montée du prix du pain paraît accompagnée d'une profusion d'imprimés affichés : « De marché en marché, le pain est venu à un prix exorbitant de cinq, six et jusqu'à sept sols la livre, et comme on n'a point d'argent, le trouble est venu dans tous les esprits, et il y a eu des affiches et des placards partout [21]. » Dans un registre similaire, le marquis d'Argenson relève en 1752 une affiche traitant à nouveau de l'approvisionnement. L'imprimé mentionne « huit cents personnes dans Paris bien déterminées, et qui ne craignaient ni parlement, ni souverain ; que si, dans un temps précis et déterminé, le parlement ne faisait pas diminuer le prix du pain, l'on assurait les chambres du parlement qu'elles seraient brûlées et Paris incendié [22] ». De même, en juillet 1775, le libraire Hardy rapporte qu'« on entendoit parler de placards affichés aux Halles et en différents endroits de Paris par lesquels on menaçoit de mettre le feu aux quatre coins de

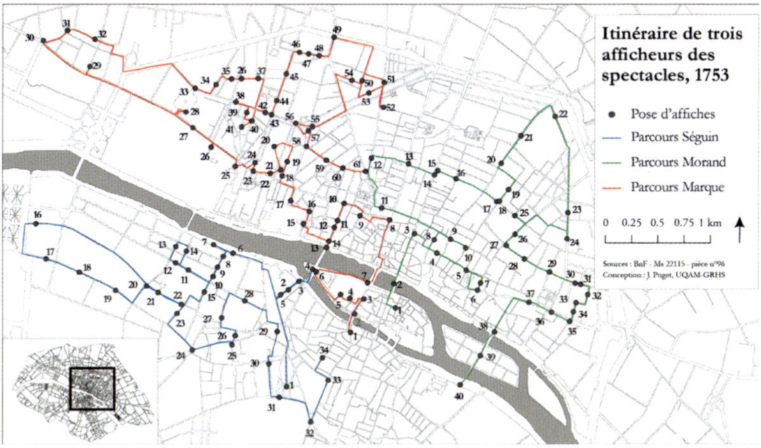
Itinéraire de trois afficheurs des spectacles, 1753
Pose d'affiches
Parcours Séguin
Parcours Morand
Parcours Marque
0 0.25 0.5 0.75 1 km
Sources : BnF - Ms 22115 - pièce n°96
Conception : J. Puget, UQAM-GRHS

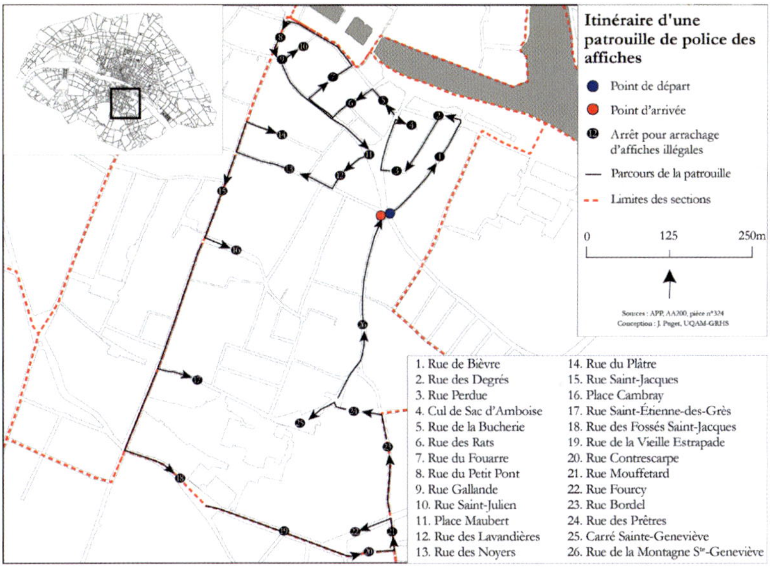
Itinéraire d'une patrouille de police des affiches
Point de départ
Point d'arrivée
Arrêt pour arrachage d'affiches illégales
Parcours de la patrouille
Limites des sections
0 125 250m
Sources : APP, AA200, pièce n°324
Conception : J. Puget, UQAM-GRHS
1. Rue de Bièvre
2. Rue des Degrés
3. Rue Perdue
4. Cul de Sac d'Amboise
5. Rue de la Bucherie
6. Rue des Rats
7. Rue du Fouarre
8. Rue du Petit Pont
9. Rue Gallande
10. Rue Saint-Julien
11. Place Maubert
12. Rue des Lavandières
13. Rue des Noyers
14. Rue du Plâtre
15. Rue Saint-Jacques
16. Place Cambray
17. Rue Saint-Étienne-des-Grès
18. Rue des Fossés Saint-Jacques
19. Rue de la Vieille Estrapade
20. Rue Contrescarpe
21. Rue Mouffetard
22. Rue Fourcy
23. Rue Bordel
24. Rue des Prêtres
25. Carré Sainte-Geneviève
26. Rue de la Montagne Ste-Geneviève

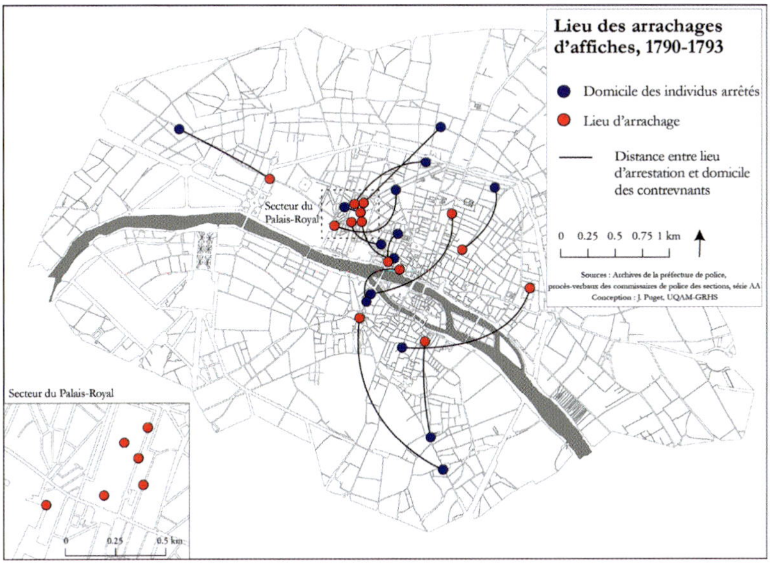
Lieu des arrachages d'affiches, 1790-1793
Domicile des individus arrêtés
Lieu d'arrachage
Distance entre lieu d'arrestation et domicile des contrevnants
0 0.25 0.5 0.75 1 km
Sources : Archives de la préfecture de police, procès-verbaux des commissaires de police des sections, série AA
Conception : J. Puget, UQAM-GRHS
Secteur du Palais-Royal
Secteur du Palais-Royal
0 0.25 0.5 km

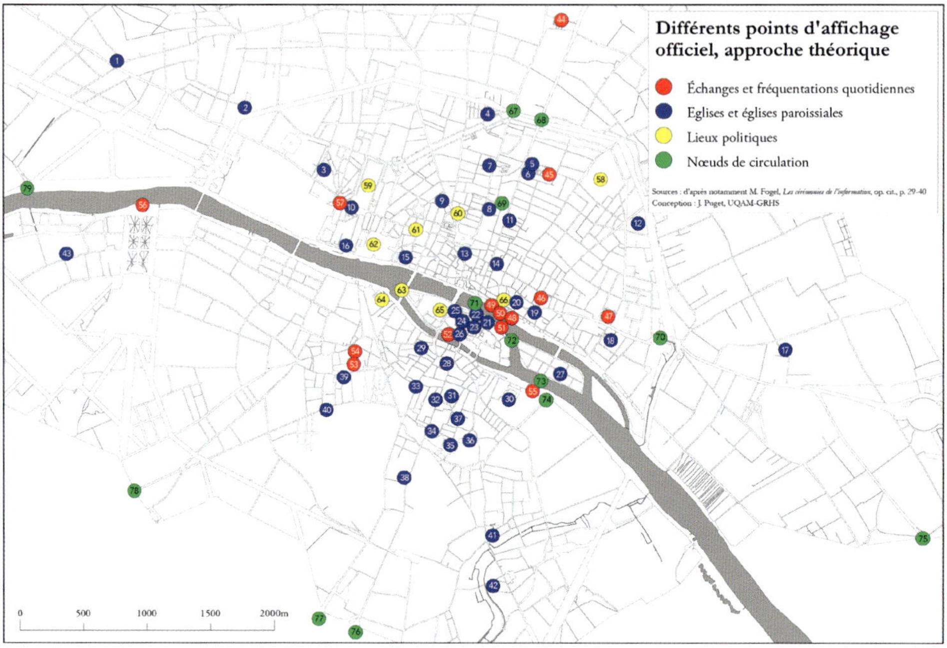

Image 21. Affiches sur les devantures de boutiques, gravure de Desrais et Fortier, *Le Sérail en boutique,* 1796-1798, BNF Gallica.

Image 22. Annonces de librairie en affiches. Léonard Defrance, *À l'égide de Minerve*, 1781, musée des Beaux-Arts de Dijon.

Image 23. Affichage à l'entrée d'une galerie marchande sur le dessin de Michel Garnier, *Le Passage du ruisseau*, 1791, collection particulière.

Image 24. Anonyme, Pièce allégorique, *Le Chiffonnier*, 1805, BNF Gallica.

Image 25. Demarne, *Un donneur de places*, 1822, Ville de Paris/Musée Carnavalet.

Image 26. Anonyme, *La Perruque enlevée*, début du XIXe siècle, BNF Gallica.

Image 27. Ordre moral et ordre mural représentés sur l'estampe *La Désolation des filles de joie*, XVIIIe siècle (ci-contre et ci-dessous, détail), BNF Gallica.

Image 28. Exécution d'une ordonnance de police concernant les femmes débauchées, XVIIIe siècle, BNF Gallica.

Image 29. Dessin anonyme, *Galeries du Palais-Royal*, XVIIIe siècle, BNF Gallica.

Image 30. Ci-contre, Georg-Emmanuel Opiz, *Palais-Royal. 1815. La sortie du n° 113*, dessin, BNF Gallica. *Image 31*. Ci-dessous, Frederick Nash, *Galeries du Palais-Royal*, 1820, BNF Gallica.

NE ME LISEZ PAS.

DIALOGUE.

L'INTERLOCUTEUR. Bah ! Toujours ces Ombres chinoiſes : on ne voit que ces affiches-là dans Paris. LE LECTEUR. Pourquoi les liſez-vous? La tête de l'affiche vous le défend.

L'Interlocuteur.— Vous la liſez bien, vous?

Le lecteur.— Mais moi, j'y trouve du plaiſir, & j'aime à tout connoître.

L'interlocuteur. — Ha ciel! Qui ne connoît pas des Ombres chinoiſes?

Le lecteur.— Peut-être vous le premier? Car je vous aſſure que moi qui vous parle, hier, j'y fus pour la première fois, & que je m'y ſuis beaucoup amuſé.

L'interlocuteur.— Pour une fois, c'eſt charmant.

Le lecteur.— Je vous avoue que ſi c'étoit toujours la même choſe, cela deviendroit ennuyeux; mais comme à chaque repréſentation on change, cela devient très-intéreſſant, en même tems très-agréable, en ce que c'eſt bon marché, & qu'un père de famille peut mener ſes enfans s'amuſer à peu de frais.

L'Interlocuteur. — Je me rappelle d'y avoir été dans le temps qu'elles étoient N°. 127. J'y ai vu auſſi des FEUX ARABESQUES.

Le lecteur. — Moi, je n'en ai point vu. Mais il y a des petits Pygmées très-jolis, & qui ſont beaucoup plus récréatifs que des Feux.

L'interlocuteur. — Mais lorſque j'y fus, les places étoient à 24 ſols & 12 ſols.

Le lect. — Hé bien! à préſent qu'il y a un ſpectacle de plus, les places ſont à 15ſ. 10ſ. & 5ſ.

L'interlocuteur. — Il eſt sûr que c'eſt bien bon marché. Ma foi, j'ai des parens qui arrivent de province, je les y mènerai. Quelle eſt leur demeure actuellement?

Le lecteur.— Sous la Galerie vitrée, vis-à-vis le Café d'Europe, N°. 225 & 226, du côté de la rue de Valois. L'Interlocuteur. — Et à quelle heure commencent-ils?

Le lecteur.— Tous les jours, à ſix heures préciſes du ſoir, excepté les Fêtes & Dimanches qu'ils donnent deux Repréſentations; la première à 5 heures, la ſeconde à 6 heures & demie. Ah! j'oubliois de vous dire qu'il y a un jeune homme qui touche ſupérieurement du forte-piano.

L'Interlocuteur. — Ha! je ſais qui : c'eſt le ſieur Mozin l'aîné.

Le lecteur. — Vous avez mis le nez deſſus.

L'interlocuteur.— Monſieur, je vous ſuis obligé. Le lecteur.— Monſieur, il n'y a pas de quoi.

Image 32. « NE ME LISEZ PAS »,
années 1790, Bibliothèque de l'Assemblée nationale.

Image 33. Dessin de Victor Jean Nicolle, *Une arcade du Pont au Double*, 1779, BNF Gallica. À droite, un détail de l'œuvre.

Image 34. Lecture solitaire de l'affiche vue par Carmontelle, *M. le Bailly de Guines*, 1770-1790, musée de Condé – RMN.

Image 35. Lecture solitaire de l'affiche vue par M. Blondel, *Un vieillard lisant avec un lorgnon*, 1789, BNF Gallica.

Image 36. Décrypter l'affiche: Henri Fontallard, *M. d'Argentcourt dans l'embarras du choix*, 1814, BNF Gallica.

Image 37. Lectures ironiques de l'affiche: Anonyme, *Pièce allégorique*, XIXe siècle, BNF Gallica.

la ville et de commencer par le château de Versailles si le pain ne diminuoit [23] ». Comme en 1725 et en 1752, l'affiche fait référence au « feu [mis] aux quatre coins de Paris », rappelant l'expression ambivalente associant ces affiches à la diffusion de « propos incendiaires ». Métaphore d'une opinion qui s'échauffe, elle sert également à discréditer les actions subversives, entretenant les fantasmes à propos d'incendiaires, de casseurs et d'émeutiers qui disséminent des placards au cours des crises. De plus, dans ce dernier extrait, le placard est associé à une autre forme de stéréotype attribué au peuple au XVIIIe siècle : sa crédulité et sa propension à croire et à propager les rumeurs. Quelques décennies après Hardy, le romancier Bernardin de Saint-Pierre rapporte dans une lettre à sa femme : « On a affiché et crié dans les rues que Paris allait périr par une pluie de feu. Une foule de gens ont accouru dans les Églises pour faire baptiser leurs enfants ou se faire administrer le sacrement de Mariage. Plusieurs personnes sont mortes de peur, d'autres en sont encore dangereusement malades. [...] la police a fait arrêter plusieurs de ces aboyeurs [24]. » Plusieurs images associées au feu s'entremêlent alors : celle de la ville exposée aux flammes dans un contexte urbain où la peur de l'incendie est omniprésente, celle du châtiment divin et des phénomènes célestes associant superstition et goût pour le merveilleux, celle enfin du feu médiatique associé aux rumeurs et aux informations qui se répandent rapidement dans la population, dont la seule qualité est de marquer davantage l'attention du public.

Politiser l'intime

« Le peuple sent ce besoin de consolation ; et ne trouvant point d'homme à qui il puisse en demander, il s'adresse à des pierres. J'ai lu quelquefois avec attendrissement, dans nos églises, des billets affichés par des malheureux au coin de quelques piliers dans une chapelle obscure. C'étaient des femmes maltraitées de leurs maris, des jeunes gens dans l'embarras [...] [25]. » Sous la plume de Bernardin de Saint-Pierre, l'affiche est le porte-voix des opprimés ; elle constitue un moyen pour faire connaître et reconnaître certaines formes d'inégalité et de domination. Elle est en ce sens un outil mis au service de « contre-public », pour reprendre le concept de la philosophe Nancy Fraser, et permet en particulier aux femmes de rendre publique la violence de la domination masculine [26]. L'action de ces colleuses du XVIIIe siècle renvoie à un continent d'imprimés publicisant des conflits de voisinage, jouant sur les logiques de réputations et politisant l'intime. C'est par exemple le cas en juin 1767 dans le bourg de Saint-Cloud à l'encontre du curé Mayer, nouvellement élu dans la paroisse. À deux reprises, durant la nuit, les portes et les murs de l'église et des environs sont recouverts d'affiches dont l'existence éphémère est conservée par le libraire Hardy. Le 6 juin, il remarque une première série de « placards infâmes », rapidement arrachés [27]. Une semaine plus tard, à nouveau en pleine nuit, une nouvelle salve d'imprimés dont le libraire parisien transcrit le contenu : « L'abbé Mayer votre curé est un scélérat qui vient de se faire guérir de la v..., il a abusé de moi, m'a perdue d'honneur et de réputation, m'a donné son mal et m'a abandonnée ; si je n'ai formé aucune plainte contre lui c'est pour ne pas l'exposer à subir la peine qu'il a justement méritée [28]. »

L'agression est soumise à la critique du voisinage, elle devient une cause médiatisée dans l'espace public. L'anonymat permet de se prémunir des retombées sociales et juridiques tout en poursuivant publiquement l'agresseur [29]. Les lieux d'affichage précisés par Hardy ont leur importance, car ils dessinent les contours d'une aire où se diffuse la dénonciation : « à la porte du doyen du chapitre », « à la porte collatérale de l'église du côté du presbitère », « à celle de [...] l'ancien premier commis du bureau des Affaires étrangères », « à la porte de la maison du procureur fiscal », « à celle du Sieur Lamarre aubergiste traiteur », « à [la porte] du moulin sur le pont », « dans le lieu où le Sieur Gabriel portier de M. le duc d'Orléans donne ses fêtes », et enfin « dans l'intérieur du parc ». L'église, édifice et institution au cœur du scandale, est l'espace privilégié non seulement pour faire savoir, mais aussi pour marquer l'espace de l'agresseur. Les placards ne se trouvent pas sur la porte principale de l'église, mais sur celle donnant accès au lieu de vie du prêtre. Au-delà de l'église, les colleurs ou colleuses se concentrent sur des espaces de sociabilités, tels que l'auberge, le parc ou le lieu des fêtes, ainsi que les portes des bâtiments où résident les notables de Saint-Cloud. Ils ou elles privilégient deux logiques d'affichage : accroître le nombre de lecteurs/observateurs potentiels en affichant dans des espaces très fréquentés quotidiennement, et cibler symboliquement des lieux pour renforcer la portée sociale et politique de l'affaire. Ces choix stratégiques sont également observables dans le cas des affiches subversives utilisées lors de crises politiques.

Géographie de la colère

Le libraire parisien Siméon-Prosper Hardy est particulièrement sensible aux campagnes d'affiches subversives qui recouvrent les murs parisiens au cours des crises[30]. Janséniste convaincu, il est profondément opposé à la réforme de Maupéou de 1770-1771 et s'attarde longuement sur les éphémères affichés qui critiquent le chancelier[31]. De même, il suit avec attention en 1774-1775 les traces de papier de la « guerre des farines » qui agitent le voisinage du quartier de la place Maubert où il réside[32]. Enfin, il loge chez le commissaire au Châtelet Convers-Désormeaux et observe donc l'activité policière au quotidien[33]. La géographie obtenue à partir des références aux affiches subversives dans son *Journal d'événements* recoupe celle des affiches privées et officielles[34]. Dès lors, ces éphémères contribuent à accentuer les concurrences pour être visible sur des murs symboles du pouvoir, mais aussi présentant une forte valeur publicitaire. Ce sont tant les espaces d'échanges et de loisirs que les points associés aux autorités : pour les premiers, des ponts, des jardins tels que ceux du Palais-Royal ou des Tuileries, des théâtres, des portes de la ville, des églises et des marchés (et en premier lieu les Halles) ; pour les seconds, des palais liés à la monarchie (le Louvre, le Palais-Royal) ainsi que les hôtels particuliers de certaines figures politiques des années 1770 (notamment la noblesse parlementaire). Un territoire particulièrement important dans cette géographie de la subversion est le Palais, au cœur de la crise parlementaire de 1771. Situé sur l'île de la Cité, il associe la fonction marchande (constituant un espace de circulation des flux d'hommes et de marchandises) aux logiques politique et judiciaire[35]. De plus, parmi ces lieux de passage, les guichets, ces ouvertures dans les portes cochères ou, comme au Louvre, dans le mur même, constituent des points privilégiés par les afficheurs. L'avocat et mémorialiste Barbier, en observateur scrupuleux des crises, relève en 1758 des placards hostiles au clergé et aux fermiers généraux affichés au « guichet de Marigny[36]. » Ce dernier est percé dans les années 1750 sur l'ordre du directeur des Bâtiments, M. de Marigny, et permet de lier la place du Carrousel au quai du Louvre et au pont Royal, à travers trois arcades séparant les flux. L'afficheur clandestin prend ici en compte l'un des rares espaces de la capitale où les piétons et les voitures sont entièrement séparés, permettant aux passants d'observer ces affiches sans risque de se faire renverser [37].

Barbier, toujours, observe quelques jours plus tard des « placards à la porte de la Comédie-Française et à celle des Pères de la Charité, toujours aussi séditieux et extravagants [38] ». Les imprimés dénonçant les excès de la fiscalité ciblent des espaces fréquentés par les élites qui organisent et perçoivent ces impôts, que ce soit l'hôpital de la rue des Saints-Pères, confié aux Pères de la Charité, ou les portes d'un lieu de divertissement mondain, la Comédie-Française. Cette association entre espace de sociabilité culturelle et cible politique figure également sous la plume de Hardy. En juillet 1788, il signale un « affreux placard, trouvé, disoit-on, le dimanche précédent sur le soir affiché au devant de la loge de la Reine dans la salle du Théâtre Italien, dont on remarquoit encore l'empreinte sur cette loge [39] ». Il ajoute que l'affiche était écrite « en lettres majuscules, et qui avoit pu être lu d'un grand nombre de personnes, lorsque tout avoit été allumé, contenoit ces mots adressés à Leurs Majestés, le Roi et la Reine ; Tremblez tyrans votre règne va finir ». Une série d'éléments soulignent le souci de marquer les esprits : le choix du lieu d'affichage, un espace privatisé où l'on observe et où l'on est observé ; la mention des lettres majuscules ; jusqu'à la trace laissée par le papier après décollement. Cette loge occupée par Marie-Antoinette devient une cible politique. L'affiche subversive génère le scandale et souligne la prouesse de l'afficheur. Elle est perçue comme un moyen de braver ou de ridiculiser les autorités : peu après la tentative d'assassinat de Louis XV par Damiens, en avril 1757, un « placard séditieux » est ainsi affiché au corps de garde du Louvre, un observateur notant alors que « tout le corps de garde a été mis en prison pour sa négligence inexcusable à laisser placarder un pareil écrit à sa porte sans s'en apercevoir [40] ».

Lorsque les lieux du pouvoir sont ciblés, les bâtiments des agents de la lieutenance générale de police sont particulièrement visés. Le 15 décembre 1785, il est « affiché sur la porte du commissaire du quartier, un placard conçu à peu-près en ces termes : Nous sommes six cents et nous nous f... du commissaire, du guet à pied à cheval, &c. &c [41]... ». L'affichage subversif sur les portes cochères des hôtels particuliers met en avant les ambivalences de ces « espaces du pouvoir » qui peuvent servir de résidence privée, de local commercial ou d'édifice administratif [42]. Cette confusion des espaces domestique et public est au cœur des campagnes d'affichage. En novembre 1768, c'est le duc de Choiseul qui est la cible de placards. Le 3, Hardy mentionne des « placards affichés en différents endroits le long de la rue de Richelieu, où est situé l'hôtel du duc de Choiseul [43] ». Quelques jours plus tard, le 17, c'est toujours à la porte de Choiseul qu'un imprimé est retrouvé, « représentant en fort mauvais dessin, le roi tenant une tasse et demandant l'aumône à ce duc, que le bourreau se disposoit à monter à une potence [44] ». Afficher ces figures politiques à la porte de leur domicile souligne ici la porosité existante entre personnes privées et publiques, entre espace intime et espace public.

Le choix d'apposer certaines affiches illégales au Palais-Royal est également lié aux ambiguïtés qui caractérisent cet espace de pouvoir, de promenades, d'échanges et de divertissements. Le duc de Chartres (puis duc d'Orléans à partir de 1785) symbolise ces ambiguïtés, lui qui est non seulement opposant politique à la monarchie et favorable aux parlementaires en 1771, mais également maître d'ouvrage d'une vaste opération immobilière lancée au Palais-Royal à partir de 1781 [45]. Ces travaux de lotissement génèrent une campagne d'opposition par voie d'affiches relevée par Hardy : « le public en manifestoit de bien des manières son mécontentement ; car on avoit osé afficher, disoit-on, aux portes dudit palais différents placards injurieux à Son Altesse Sérénissime Mr le duc de Chartres, entre-autres celui-ci : Le premier arbre coupé servira à vous brûler vif [46] ». Comme pour les affiches collées rue Richelieu et rue Saint-Honoré à l'adresse du duc de Choiseul, la fonction symbolique du Palais-Royal et l'identité du quartier sont intimement liées à une personnalité publique et médiatique, le lieu d'affichage prenant alors tout son sens politique. Hardy, de nouveau, recueille avec soin les outils mobilisés à l'été 1781 pour dénigrer les travaux entrepris. Il signale des affiches collées sur la porte du duc de Chartres indiquant « hôtel des Rues [47] ». Le procédé joue et ironise sur une triple référence : la diffusion de la toponymie urbaine au cours du siècle, l'ouverture de nouvelles allées prévue par l'aménagement urbain tant décrié et la mémoire des exécutions publiques. Cette dernière renvoie à la mise à mort du marchand épicier Antoine-François Desrues, quatre ans auparavant, figure populaire accusée d'avoir empoisonné son créancier [48]. Dans cette lutte locale pour s'opposer à un projet immobilier, l'affiche est un support parmi d'autres. Elle est ainsi associée aux graffitis, aux lettres anonymes, aux libelles, aux gravures satiriques, jusqu'aux slogans et chansons : reprise sur plusieurs airs, cette tirade est dédiée au propriétaire du Palais-Royal : « poltron sur mer, escrocq sur terre, poliçon partout et prince nulle part [49] ».

Au bout du compte, l'affichage subversif révèle trois logiques. La plus évidente est d'ordre symbolique : fragiliser le pouvoir en dégradant son incarnation matérielle. La deuxième inscrit l'affichage dans un espace public où les médias jouent un rôle déterminant, contribuant à faire et à défaire les renommées [50]. Les imprimés rendent alors visible l'attaque politique ou la dénonciation, ils matérialisent et font vivre les revendications politiques. Enfin, troisième élément, souvent trop rapidement évacué, la pose de ces affiches relève de la prouesse, ou de la performance, à l'image des éphémères collés dans la loge de la reine. Ce dernier registre se fait d'ailleurs de plus en plus important au XVIIIe siècle, à mesure que l'affiche devient un objet quotidien de l'expérience urbaine.

Manuel de l'affichage subversif

Dans les campagnes d'agitation médiatique, les afficheurs comme ceux qui colportent et « sèment » les libelles doivent échapper non seulement à la surveillance des mouches, des commissaires et des soldats du guet mobilisés par la lieutenance générale de police, mais également à la délation d'autres citadins. Prudence et discrétion sont de rigueur, et Mercier décrit un procédé ingénieux et pittoresque : « Un homme chargé d'une grande hotte, en la reposant s'arrêtait sur une borne, contre laquelle il restait appuyé, la hotte toujours sur le dos et l'air fatigué. Pendant ce temps, un petit garçon, accroupi dans le fond de la hotte, n'avait qu'à passer les deux mains pour plaquer contre la muraille l'affiche enduite de colle [51]. » L'organisation méthodique de tournées d'afficheurs clandestins apparaît également sous la plume de Hardy lorsqu'il transcrit un échange présumé entre trois colleurs. Ces derniers font preuve de vigilance et de rapidité, tout en dissimulant le plus possible l'affichage : « toi, tu iras au marché Saint-Jean, toi aux Halles, et moi au marché neuf, notre signal sera de frapper chacun deux fois dans une de nos mains (il leur montroit en même temps comment il falloit faire) on se rassemblera sur-le-champ et tout ira bien [52] ».

Au-delà de ces scènes de genre, deux affaires d'individus emprisonnés à la Bastille et accusés de diffuser des « placards incendiaires » permettent de reconstituer certains comportements, certains gestes, et de préciser les traits de ces afficheurs clandestins. La première concerne les sœurs Moreau, âgées de 50 et 52 ans, arrêtées selon le commis-greffier au Parlement de Paris, Jean-Gilbert Delisle, « pour avoir mis, à ce que l'on disoit, des affiches aux arbres concernant les affaires du temps [53] ». Elles sont en effet appréhendées dans le jardin des Tuileries en avril 1730 et accusées d'entretenir l'agitation janséniste [54]. L'avocat Barbier précise ainsi qu'elles « avoient, ce matin à six heures, affiché et distribué aux Tuileries des placards écrits à la main, où il y avoit : Vive le Roi ! périsse la Constitution et ceux qui la soutiennent [55] ! ». Leur choix de coller sur les arbres est loin d'être anodin, tant ces espaces de loisirs et de consommation que constituent les jardins induisent des régimes de publicité spécifiques où la concurrence est rude entre l'affichage commercial et les annonces de particuliers. Une cinquantaine d'années plus tard, l'inspecteur des Tuileries Paul Duparc signale au lieutenant général de police la prolifération d'affiches placardées dans l'enceinte du jardin [56].

La seconde affaire est celle du sieur Poleins, déjà mentionnée, qui se déroule à trois heures de l'après-midi, là où les sœurs Moreau, pour éviter d'être vues, affichent aux Tuileries « vers six ou sept heures du matin [57] ». Les colleurs, pour éviter d'être reconnus, se dissimulent le visage et fixent trois imprimés sous une arcade qui ouvre sur la place de Grève, véritable poumon politique et marchand de la capitale [58]. Poleins, contrairement aux veuves Moreau, semble posséder un véritable savoir-faire dans la confection d'affiches, comme l'illustre son dossier d'arrestation, dans lequel figurent plusieurs affiches de sa main. Il paraît également utiliser fréquemment ce médium pour s'informer, conservant des annonces de remèdes et de combats d'animaux[59]. Principal trait commun entre ces deux affaires : le très faible nombre d'imprimés placardés par les accusés – trois joints au dossier du Sieur Poleins, « sept ou huit » selon l'interrogatoire de Marie-Madeleine Moreau. Plus globalement, que ce soit à travers les textes des observateurs de placards illégaux ou dans les dossiers constitués par la police parisienne, les collages clandestins impliquent moins d'une dizaine d'affiches. Deux explications justifient ce faible nombre de documents. Outre l'efficacité de la surveillance policière empêchant l'activité prolongée de presses clandestines, il s'agit généralement de documents manuscrits, longs et difficiles à reproduire, tels ceux de Poleins, qui « imite la lettre moulée à la main », ou de Moreau, qui compose seule, « dans sa chambre », des placards composés de quelques mots ou d'une phrase (« Vive le Roy » ; « la Constitution met en danger la Couronne du Roy ; Et ceux qui veulent qu'on se soumette à ce dernier sont infidèles et les plus grands ennemis du prince »)[60]. Ces traits formels font état de l'ingéniosité des afficheurs clandestins pour rédiger des textes qui attirent l'attention.

L'imagination au pouvoir

Les affiches subversives révèlent de multiples jeux sur les formes et les styles, reprenant les codes et les contenus stéréotypés des imprimés commerciaux et officiels. Ces détournements soulignent à quel point celles et ceux qui utilisent l'affiche dans une perspective critique sont sensibles aux mutations de l'attention urbaine, qui stimulent leur imagination. Ces imprimés, parce qu'ils imitent et parodient les papiers du quotidien, interpellent et interrogent la population urbaine. Ils inspirent alors une connivence toute politique qui vient subvertir l'ordre mural mis en place par la police parisienne.

Affiches mondaines, tacles assassins

Pour tromper la surveillance policière et surtout séduire et attirer l'attention de certains publics, les affiches subversives multiplient procédés littéraires et jeux formels. Ce sont des poèmes ou des jeux de mots qui constituent autant d'échos à la circulation orale de l'information et de la subversion[61]. Le marquis d'Argenson rapporte par exemple, le 18 décembre 1751, qu'un prince a trouvé à l'entrée de l'Opéra une affiche contenant « une chanson affreuse contre le Roi. On a jeté aux Jésuites billets et affiches conçus à peu près ainsi : "Vous, mes révérends frères, qui avez su faire périr Henri III et Henri IV, n'auriez-vous pas quelque Jacques Clément, quelque Ravaillac pour nous défaire de Louis XV et de sa p... [62] ?" ». Dans le même ordre d'idées, ces placards font souvent apparaître des vers, tels l'« abominable épigramme de quatre vers françois contre le Roi et la Reine qui se répandoit depuis quelque temps » affiché sur le pignon d'une maison parisienne, ou encore les vers satiriques entièrement retranscrits par le libraire Hardy en juillet 1774 contre un président à mortier du Parlement et Louis XVI [63]. Enfin, injures et jeux de mots lapidaires fourmillent et attirent l'attention des passants comme des mémorialistes, à l'exemple de l'imprimé évoqué par Bachaumont dans ses *Mémoires secrets*, le 3 avril 1771 : « Le bruit général de Paris est qu'on a trouvé à la statue de Louis XV, un placard exécrable, qui a fait frémir les premiers bons citoyens qui ont eu le malheur de le lire. Il portoit : *Arrêt de la cour des monnoies, qui ordonne qu'un Louis mal frappé soit refrappé* [64]. » Ces jeux sur le langage sont parfois associés aux caricatures griffonnées sur les imprimés affichés, ou aux graffitis peints à l'huile ou tracés à la craie sur les murs [65]. Que ce soit la roue destinée au comte de Strafford au début du siècle, ou encore la potence pour le duc de Choiseul en 1768 et pour le chancelier Maupéou en 1771, ces caricatures puisent dans l'imaginaire des scènes d'exécutions publiques, se réappropriant tout en les subvertissant les symboles associés à la théâtralisation de la violence d'État [66].

Si ces procédés contribuent à élargir l'audience des propos subversifs, il faut cependant en souligner certaines limites. La rareté des dessins affichés, la vigilance des agents de police, mais aussi les limites de l'alphabétisation et des lectures collectives limitent l'influence de ces imprimés. De plus, à l'image de certaines inscriptions épigraphiques qui façonnent la ville à l'époque moderne, des affiches subversives sont rédigées en latin, réduisant encore davantage le nombre de lecteurs potentiels [67]. Le marquis d'Argenson se procure ainsi, le 1er août 1752, « une affiche manuscrite en latin [qui] annonce grande fureur des molinistes contre le parlement et ses arrêts [68] ». De même, en plein cœur de la crise parlementaire de 1771, ceux qui parviennent à afficher sur la porte de la Grande Chambre au Palais font figurer une inscription en latin : « *Olim sacra Thémis, nunc spelunca latronum* [69]. » Ici, la langue latine et la référence à la mythologie grecque, et plus spécifiquement à la déesse Thémis associée à la Justice et à la Loi, sont autant d'éléments qui indiquent que les rédacteurs ont pris en compte non seulement le lieu d'exposition (le centre des institutions judiciaires à Paris), mais également les lecteurs potentiels : juristes et membres de la basoche maîtrisant le latin. Au-delà même de la maîtrise de la lecture, des critères d'érudition précisent l'audience de certaines affiches subversives. Dans le même ordre d'idées, d'Argenson mentionne une affiche lapidaire collée sur la porte du duc et de la duchesse de Chaulnes, indiquant seulement : « *Anne de Bretagne* [70] ». Le placard matérialise un double prisme de lecture dans la rue parisienne : la référence historique à la femme qui aurait souffert de son mariage forcé avec Charles VIII en 1491 et l'anecdote mondaine que décode d'Argenson commentant : « La duchesse de Chaulnes est revenue à Paris, y déplaisant et s'y déplaisant [71]. »

Les éphémères ciblant une audience bien particulière font écho aux multiples imprimés du quotidien animant, entretenant et relançant des micro-conflits locaux. Ils mobilisent anecdotes et rumeurs, et contribuent à façonner les réputations dans le milieu mondain parisien. En 1736, le départ précipité vers Londres de Lord Kingston et de Mme de La Touche fait fleurir les placards calomnieux, dont l'un est titré : « *Cent guinées à gagner : Chienne Chaude perdue* [72] ». Caricaturant la fuite du « dogue d'Angleterre » et de sa maîtresse, le document participe de la diffusion des *gossips* à la cour et dans les salons parisiens en reprenant les traits des billets et des annonces qui tapissent les murs de la capitale. Les rédacteurs d'affiches subversives parcourent quotidiennement les rues de la *ville captivée*, et cette culture citadine s'exprime dans les documents politiques. Encore plus que les poèmes et les jeux de mots, ils détournent et parodient les affiches commerciales.

La beauté est dans la rue

« Cha[m]bres à Louer » : c'est ainsi que Poleins titre l'un des placards illégaux conservés dans son dossier, reprenant l'en-tête des nombreuses annonces qui couvrent les murs parisiens. Il termine son texte : « À ces causes pour ne poin rendre dinjustice ny fair mourir par ordre gens qui crient au pain, lequel etant trop cher, & ne pouvan rien faire, le dit Parlemen quittera Boutique le VII septembre sans délais les Chambres seront a loüer [73]. » Barbier, comme Poleins en 1725, introduit l'attaque politique sous la forme de l'annonce de vente observée dans le Palais en 1732 : « Palais à vendre. – Les fondements et les dedans sont bons ; il n'y a que le *portail* qui n'en vaut rien ; et le *parquet* qui est "pourri [74]". » Une cinquantaine d'années plus tard, le même procédé est utilisé, en mai 1788, au Palais-Royal : « Palais à vendre, conseillers à louer, ministres à pendre, couronne à donner [75]. » Au-delà des annonces de ventes, le modèle des billets qui couvrent les murailles parisiennes, et qui permettent les liens de particuliers à particuliers, est également amplement utilisé. En mai 1720, après la publication d'un arrêt réduisant les billets de banque à la moitié de leur valeur, le marquis d'Argenson tombe en disgrâce. Barbier mentionne alors une affiche de recherche pour un chien perdu bien particulier : « On fit une affiche : Il a été perdu un grand chien noir, avec un collier rouge et les oreilles plates. Ceux qui le trouveront s'adresseront à l'abbesse de Traisnel, et on les récompensera [76]. » Il décode immédiatement : « M. d'Argenson est grand et noir, il est chancelier de l'ordre de Saint-Louis, et il a le grand cordon rouge et les oreilles plates, à cause de l'événement. » Dans le même ordre d'idées, Mathieu Marais signale en 1728 des éphémères visant le cardinal de Noailles après son soutien tardif à la bulle *Unigenitus* : « On a affiché cent mille écus à gagner pour qui retrouvera l'esprit et l'honneur du cardinal de Noailles, et l'affiche dit que les fonds sont entre les mains de sa famille, qui lui a fait cette dernière démarche [77]. » Objets ou animaux perdus, annonces de vente ou de location, ces imprimés sont régulièrement pastichés.

Les annonces de spectacles, abondamment lues et diffusées, sont également parodiées dans les affiches subversives. Les attaques répétées contre les Jésuites au cours du siècle puisent dans ce répertoire et cette pratique du détournement. Barbier transcrit, non sans une pointe d'ironie, en août 1729, un éphémère placé à leur porte : « Les comédiens ordinaires du pape représenteront aujourd'hui sur leur théâtre de la rue Saint-Jacques : les *Fourberies d'Ignace*, et pour petite pièce, *Arlequin Jésuite*, en attendant la farce des *Tableaux*, qui est une affaire qui se plaide [78]. » L'auteur détourne les titres de comédies de Molière ou de Regnard, mais s'inscrit également dans l'actualité, à travers la « farce des *Tableaux* ». Cette affaire, alors en cours au Parlement, porte sur la contestation d'un legs d'une centaine de tableaux qu'un particulier a confiés aux Jésuites, et engendre la publication de nombreux libelles et chansons [79]. Enfin, les formules consacrées et les habitudes de lecture associées à ces premières lignes des affiches de spectacles appuient la parodie : « Les comédiens ordinaires... représenteront aujourd'hui sur leur théâtre de... ».

Dans le même registre, les placards apposés au Palais lors de la crise parlementaire de 1771, suite à la réforme judiciaire impulsée par le chancelier Maupéou, utilisent largement cette imitation : « Spectacle gratis. La grande troupe étrangère des voltigeurs de Sa Majesté, donnera aujourd'hui vendredi 25 janvier 1771, la seconde représentation des audiences parades en deux actes, suivie du Procureur malgré lui, comédie donnée en 1757 [...] [80]. » Le 28 janvier, une seconde affiche parodiant les annonces de spectacles est placardée à la porte de la Grande Chambre du Parlement : « Aujourd'hui jour de Saint Charlemagne relâche au théâtre, à demain la troisième représentation de la Comédie de Maupéou [81]. » Et le 31 du même mois, au même point d'affichage : « Les comédiens ordinaires du Roi, donneront aujourd'hui Arlequin chancelier, suivi de la Fuite des procureurs [82]. » Cette campagne d'affiches subversives est associée aux tombereaux de livres et brochures pamphlétaires à l'encontre du gouvernement [83]. Les imprimés utilisent les formules et la mise en page de la publicité des spectacles pour dramatiser l'actualité parlementaire. Les formules telles que « Les comédiens ordinaires du Roi » ou « Spectacle gratis » mobilisent des observations routinières et s'appuient donc sur l'environnement publicitaire pour attirer l'attention des passants. De plus, en filant la métaphore associant vie publique et mondes théâtraux, ces éphémères matérialisent la centralité du théâtre au sein de l'espace public et médiatique [84]. Ils ouvrent également sur une série d'imitations, détournements et subversions des écritures publiques du pouvoir, dernière forme du canevas utilisé pour contester les autorités.

Il est interdit d'interdire

« De par le roi, défense à Dieu de faire miracle en ce lieu » : ainsi commence une affiche retrouvée à la porte de l'église Saint-Médard [85]. Alors que le récit de guérisons miraculeuses fait vaciller le pouvoir, ces premières lignes reprennent le titre couramment utilisé sur les publications royales. De même, c'est le dispositif des sentences affichées du Parlement qui est réutilisé pour un placard à la main observé en octobre 1732 dans le quartier de la Sorbonne : « Il est défendu, de la part de nos seigneurs de parlement, d'exiger le droit des quatre sous pour livre, sous peine de la vie, jusqu'à ce qu'il en ait été autrement ordonné par nos dits seigneurs [86]. » Quelques années plus tard, dans un contexte encore marqué par les tensions religieuses et les mobilisations jansénistes, deux afficheurs sont arrêtés pour avoir diffusé une « Sentence de mort contre Jésus-Christ [87] » (fig. 77). L'éphémère reprend alors la forme des annonces d'exécution publique. Il mêle le récit biblique aux réalités des années 1740, comme le signale la permission d'imprimer au nom du lieutenant général de police, Nicolas Ravot d'Ombreval.

Comme pour les affiches commerciales, différents types de publications sont imités. En 1782, alors que la municipalité parisienne s'apprête à organiser une fête très critiquée en l'honneur du couple royal, Hardy mentionne le détournement d'un arrêt du Parlement annonçant une condamnation, suivie d'une exécution. Dans un texte saisissant par l'attaque politique à l'encontre de Louis XVI et Marie-Antoinette, le rédacteur de l'affiche annonce : « Le Roi et la Reine seront conduits le lundi 21 janvier sous bonne escorte en place de Grève, ils monteront à l'Hôtel de Ville suivant l'usage, puis ensuite passeront par une fenêtre dudit hôtel sur un échafaud pour y être brûlés vifs [88]. » Onze ans avant l'exécution de Louis XVI, le 21 janvier 1793, l'imprimé reprend la forme consacrée des affiches annonçant les sentences et les peines, concluant en un dernier trait d'humour noir : « La Grève sera illuminée en bougies pour éviter la mauvaise odeur [89]. »

Le mémorialiste Mathieu Marais retranscrit quasiment intégralement le pastiche de listes d'officiers, ces affiches réglementaires très répandues et renouvelées, collées à l'entrée des bureaux et bâtiments occupés par l'administration [90]. Le document, titré « Camp de

SENTENCE DE MORT CONTRE JESUS-CHRIST.

L'AN dix-ſeptiéme de l'Empire de Tibere, Empereur de tout le Monde, Monarque invincible, & de l'Olimpiade 121. de la Cliede de l'année 84. de la creation du Monde, ſuivant le mileſime & la partition des Juifs, quatre fois 1174, de la propagation & accroiſſement de l'Empire Romain, l'an 78. de la delivrance de la ſervitude des Babiloniens l'an 480, de la reſtitution du ſacré Empire 497, du Conſulat du Peuple Romain de Juſtus, Puſo, du Proconſulat de Marcus Iſaurus, du Commandement Public, Gouverneur de la Judée Reliſius Puleſtina, du tems que Zuentus Flovius gouvernoit en la Ville & Cité de Jeruſalem, dans laquelle étoit Preſident très agreable Ponce Pilate, Regent & Gouverneur de la Baſſe Galilée, du tems d'Herode Antipater, du tems des Souverains Sacrificateurs du Temple, du tems des Chefs du ſaint Temple Rabahani Auchac, & Joachim, & des Centeniers Comtes Romains, & de la Cité de Jeruſalem, Zuentus Cornelius ſublima & ſextus Pompilius Ruffus, le 25 Mars.

J'ai Ponce Pilate Preſident pour l'Empire Romain, entré au Palais & Siege Preſidial, jugé & condamné par Sentence de mort JESUS, nommé CHRIST Nazaréen, du Païs de Galilée, comme un homme ſeditieux ſur la Loi Moſaïque, & contraire à la Loi de l Empereur Tibere ; que nous condamnons à être attaché avec des cloux à une croix, à la maniere des criminels & malfaicteurs, & étant ici en l'aſſemblée de pluſieurs riches & pauvres, comme ainſi ſoit qu'il n'ait ceſſé de commettre troubles & diſſenſion par toute la Judée, ſoi diſant Fils de Dieu, Roi d'Iſraël, avec menace de la ruine de cette Cité de Jeruſalem & du ſaint Temple ; & eſt comme ainſi ſoit, qu'il ait refuſé de payer le tribut à Ceſar, ayant pris la hardieſſe d'entrer en cette digne Cité de Jeruſalem & au ſaint Temple, avec palmes & magnificences comme Roi, menant après ſoi une grande multitude de Peuple. Nous commandons à notre premier Centenier Quintus Cornelius, de mener publiquement par cette Cité ledit JESUS-CHRIST, lié, flagellé, vêtu de pourpre & couronné d'épines, portant ſa croix ſur ſes épaules, afin de ſervir d'exemple à tous malfaicteurs ; nous voulons qu'avec icelui ſoient menés deux voleurs meurtriers, puis après qu'il ſorte par la porte de la Ville Geagalole, & nommée Anthuiéme, pour être mené au lieu public de la Montagne dite de Calvaire, pour y être crucifié, & quand il ſera mort, nous voulons que le corps demeure pendu ſur la croix pour un commun ſpectacle de tous malfaicteurs, & que ſur la croix ſoit miſe cette inſcription en trois Langues, en Hebreu *Jelindum Melec noſtri Jeſchua*, en Grec *Jiſos Nazarios avaſi Leſtou Jodajon*, en Latin *Jeſus Nazarenus Rex Judæorum*. Nous ordonnons en outre que perſonne de quelque qualité & condition n'entreprenne, & ſoit ſi temeraire d'empêcher telle Juſtice par nous faite, adminiſtrée & executée ſelon les rigueurs & Loix des Romains ſur les Juifs, ſur peine d'être rebelle à l'Empire Romain. Et témoins de cette Sentence ſont les douze Tribus d'Iſraël, par les Phariſiens Rabbai le 2. Joanni, Bonnical, Carbani, Zaſabec Dericulus, Simoon Bonnet Jelile ; par les ſouverains Prêtres Rabbanij Jodos, Bonnila Saldo, Notaire du preſent Acte publié criminel, Notaire Behla de l'Empire & Preſident des Romains.

Permis d'imprimer ce 17 Juin 1724. RAVOT D'OMBREVAL.

A Paris chez la Veuve N. OUDOT, rue de la Boucleric.

Figure 77. « Sentence de mort contre Jésus-Christ », 1743, BNF Gallica.

Condé à la place Vendôme », joue sur la réputation de figures publiques en leur attribuant les fonctions d'un corps d'armée. Guillaume Law est *commis des vivres*, et son frère, John, *médecin empirique*, alors que d'Argenson est nommé *chirurgien major*. Les affiches officielles sont non seulement moquées, mais aussi détournées. Le libraire Hardy décrit des lettres patentes du roi « portant établissement d'un nouveau parlement, à la tête desquelles on avoit mis ces mots grossiers on s'en f.... et on s'en f.....ra toujours ». À côté du nom des magistrats est ajoutée une « épithète infamante et caractéristique pour chacun d'eux ; à côté du nom du sieur abbé Terray contrôleur général, on lisoit ce mot, monopoleur à côté de celui de Mr Joly de Fleury 3ème avocat général, ceux-ci, m.... de sa femme, perdu d'honneur et banqueroutier public [91] ». La lisibilité des injures manuscrites, remarquée par Hardy, et la place des ratures avoisinant le titre, constituent autant d'éléments qui renvoient en filigrane aux lectures ou observations régulières des affiches officielles.

Affichage et militantisme en période révolutionnaire

> À dater de l'époque où la première étincelle de la liberté apparut aux Français, une légion d'hommes oisifs, d'artisans délaissés, d'avocats sans cause, de demi-savants, de faux philosophes, de prêtres sans bénéfices, de médecins ignorants barbouilla impunément du papier, et mêla aux justes doléances des Français ses écrits imprudents, séditieux et destructeurs de la morale. [...] Des millions d'affiches bleues, violettes, jaunes et rouges, affichées à chaque heure du jour, devenaient autant de tribunes publiques qui attiraient des flots de peuple autour d'elles ; les murs parlaient, conseillaient le meurtre et le pillage, et jamais prédicateurs ne furent plus avidement écoutés, ni plus ponctuellement obéis. [...] on vit à chaque pas des sentences de mort de six pieds de longueur couvrir les murailles, et pendre comme des épées menaçantes sur les têtes [92].

Cette réécriture de l'histoire des cinq premières années de la Révolution au prisme de l'affichage politique met en avant le rejet profond et la dénonciation par Mercier de ses excès. L'auteur du *Nouveau Paris* n'est plus l'homme d'avant 1789 : l'expérience de la prison et des violents affrontements politiques à la Convention l'amène à condamner, à travers les usages de l'affiche, le désordre provoqué par la « populace » participant au jeu trop compliqué pour elle de la science politique [93]. À l'image des réseaux sociaux représentés aujourd'hui comme un espace exutoire, il présente les murs comme un espace où les calomnies se multiplient. À partir de ce tableau de Paris, il s'agit de revenir sur les recours à l'éphémère affiché dans les premières années de la Révolution. En effet, représentants politiques, clubs, sociétés populaires ou simples citadins affichent, font afficher et se livrent de véritables « guerres d'affiches » sous les galeries, aux portails des églises ou des bâtiments officiels et aux coins des rues de la capitale. Dans le même registre, l'analyse du journaliste et juriste Pierre-Louis Roederer des formes médiatiques et des supports écrits à la fin des années 1790 fait écho à l'association établie par Louis-Sébastien Mercier entre les périodes d'agitation politique et la multiplication de placards subversifs. Roederer lie en effet ces imprimés affichés aux « temps d'agitation » et aux « circonstances », « parce qu'il est de leur nature de rassembler la multitude autour d'eux, et qu'ils deviennent harangue dans la bouche de quelque lecteur qui se charge de les déclamer avec l'accent nécessaire [94] ». Cette « Analyse comparée du Livre, du Journal & du Placard » est publiée à la fin de l'année 1796, dans le contexte d'une nouvelle réforme du droit d'affiche, au moment où les rues parisiennes sont le théâtre d'intenses campagnes d'affichage à l'encontre des autorités. Le placard est rapproché non seulement des crises politiques, mais également des foules contestatrices, de la « multitude » critique à l'encontre du pouvoir. De fait, les affiches contribuent tout autant à la formidable démocratisation de la parole engendrée par 1789 qu'à la profusion de dénonciations calomnieuses qui saturent l'espace public et médiatique [95].

La rue : une arène médiatique

Au printemps 1791, l'opposition politique entre les autorités constituées et les sociétés populaires parisiennes aboutit à une véritable guerre d'affiches, une lutte pour occuper les murs et exprimer ses positions politiques. Les éphémères sont ainsi mobilisés pour subvertir les paysages urbains. En mai, le journal de James Rutlidge, proche du club des Cordeliers, vante la diffusion d'« une [affiche] mémorable » de ce club, recouvrant les « débris du ridicule et illégal réquisitoire » de la municipalité parisienne [96]. Les clubistes manifestent leur opposition à la loi en recouvrant les affiches officielles et organisent de véritables campagnes d'affichage. Le 22 juin, alors que la nouvelle de la fuite du roi s'est répandue dans Paris, afficher devient un acte politique, scruté et surveillé par les différents camps politiques. Vers quatre heures de l'après-midi, un caporal de la Garde nationale en poste au Palais-Royal est alerté par la « clameur publique ». Flanqué de ses hommes, il arrête un membre du Club des Cordeliers en train de coller des affiches dans le jardin, tandis qu'un second afficheur est ceinturé par des membres de la foule assemblée et conduit devant les gardes. Un troisième homme intervient. Il harangue la foule pour s'opposer à l'arrestation et accepte de suivre ses deux compagnons au Comité de la section. On lui confisque en chemin un pistolet chargé et une canne avant de lui demander de se présenter : « François Robert, membre du Club des Cordeliers, de la Société des amis de la Constitution, de la Société fraternelle, de la Société des Indigens, du Comité central des sociétés patriotiques de Paris, Auteur du Mercure National, journal démocratique, auteur du Républicanisme adapté à la France, auteur de la motion faite hier au Club des Cordeliers de demander la suppression de la Monarchie, principal Rédacteur de la pétition qui a suivi la dite motion [97]. »

Cette longue titulature, retranscrite par le commissaire, permet d'entrevoir en creux le rapport de force instauré dès le début de l'interrogatoire. Il justifie ensuite son intervention en mettant en avant la fin du régime de censure des imprimés affichés, garantie depuis 1789. L'échange se conclut par le récit du passage de François Robert au poste de garde, où il aurait été roué de coups par les soldats présents. La bavure policière illustre l'animosité existant au printemps-été 1791 entre certains membres de la Garde nationale et les militants du club des Cordeliers, mais aussi l'écart en termes de classes sociales entre le journaliste et les gardes présents [98]. Très rapidement, le commissaire de section reçoit de nombreuses lettres demandant la libération du journaliste, jointes dans le dossier d'interrogatoire : « note de la Société fraternelle de Patriotes des Deux sexes, défenseur de la Constitution séante aux Jacobins » ; « lettre de la Société des Amis de la Constitution pour réclamer la libération du Sieur Robert » ; « lettre de l'Assemblée générale de la Section des quatre nations, nommant des citoyens pour aller s'informer de l'état du Sieur Robert et demander sa libération » [99]... François Robert relâché, le conflit lié à l'arrachage des affiches du club des Cordeliers ne s'arrête pas là. Une semaine plus tard, un sergent de la Garde nationale est arrêté à sept heures du soir au Palais-Royal par des membres de la société populaire et conduit de force aux Jacobins, où il est accueilli par les injures – « voilà le Mouchard de La Fayette et du maire » – et accusé d'avoir fait arrêter les trois clubistes, dont François Robert [100]. L'intervention rapide du commissaire de police de la section de la butte des Moulins permet de l'exfiltrer précipitamment, mais cette séquence illustre les effets sociaux et politiques de la guerre d'affiches qui agitent les rues parisiennes au printemps 1791.

La campagne d'affichage de la société populaire est relayée dans la presse et les journaux, alimentant la controverse à travers d'autres supports médiatiques. Dès le 2 mai 1791, François Robert annonçait dans le *Mercure national*, dans un article intitulé ironiquement « Des factieux » : « Voyez ce club des Cordeliers, jusqu'où il pousse le délire ; voyez les placards incendiaires qu'il affiche ; voyez cette populace, dite société fraternelle, qui veut les imiter [101]. » Il évoque ensuite les ripostes affichées de la Municipalité, après une réunion houleuse avec certains représentants des Cordeliers, le 30 avril : « [...] voilà que toutes les rues sont tapissées d'un arrêté en forme de la municipalité, qui, sur les conclusions du procureur-Syndic, dénonce les délibérations et affiches des Cordeliers : c'est un coup de maître [102] ». Ce conflit par affiches interposées est également relayé et prolongé à travers une importante production pamphlétaire distribuée et vendue dans Paris. C'est par exemple un imprimé de six pages, intitulé *Opinion d'un citoyen sur une affiche intitulée : Réflexions du club des Cordeliers*, dénonçant « le club des Cordeliers, [qui] avec un million d'affiches, n'a pas trouvé un coin de rue pour afficher celle qu'il cache. Les Droits de l'homme touchent peu le club des Cordeliers ; mais la perte d'un homme l'intéresse infiniment [103] ». L'auteur, en extrapolant le nombre d'imprimés affichés, met en valeur les attaques contre La Fayette qui se sont multipliées sur les murs de Paris. Dans un registre similaire, la « Lettre de condoléance d'un citoyen au club des Cordeliers » moque ironiquement ces recours à l'affiche : « Allons, allons, ne vous rebutez pas, encore une petite affiche contre les murs. Bien des gens ont besoin dans la journée de s'arrêter au coin des rues, cela les amuse [104]. » Ce texte, publié en juillet 1791, comme le précédent, dépeint l'usage intensif de l'affichage par les clubs et sociétés populaires qui s'emparent, dès 1789, de ce procédé érigé en véritable outil médiatique et politique. Ces campagnes d'affichage sont ainsi associées à une abondante production de libelles et de journaux. À l'image de l'arrestation de François Robert, elles exposent celles et ceux qui affichent à la répression des autorités et posent la question de leur engagement.

Afficher pour ses idées ?

Qui affiche les « tribunes publiques » décriées par Louis-Sébastien Mercier ? L'arrestation de Thomas Goupil, en avril 1791, donne un premier élément de réponse. Ce cocher de 36 ans, natif de Maupertuis en Normandie et logeant dans un garni, est arrêté en possession de 51 affiches du club des Jacobins, constituant des réponses aux affiches des administrateurs du Département publiées peu de temps auparavant [105]. L'affaire permet d'avoir une idée du nombre d'affiches tirées et confiées à un particulier, puisqu'il répond avoir reçu le matin même, à cinq heures, 135 imprimés à afficher. Arrêté peu avant treize heures, Thomas Goupil aurait donc collé 84 éphémères en huit heures, entretenant un rythme d'une dizaine d'affiches par heure, moitié moins qu'un afficheur de métier. Se dessinent également les espaces ciblés pour ces campagnes d'affichage, puisqu'il se voit donner pour consigne d'aller afficher faubourg Saint-Jacques, place Maubert, faubourg Saint-Marcel et faubourg Saint-Antoine, visant les faubourgs et quartiers populaires. Les deux derniers sont connus pour leurs mobilisations politiques, rassemblant en tout un peu plus de 100 000 habitants, peuplés pour les deux tiers d'une immigration récente et concentrant des travailleurs modestes, artisans, ouvriers, monde des petits métiers [106]. En demandant à leur afficheur de cibler ces espaces faubouriens, les Jacobins veulent maximiser les effets de leur campagne d'affichage. En d'autres termes, ils utilisent l'affiche non seulement pour diffuser leur tribune, mais également pour toucher un public particulier. Enfin, cette affaire est emblématique, car Goupil a été recruté le matin même par un membre des Jacobins qui le conduit chez un imprimeur place Dauphine [107]. Il précise ainsi au commissaire qu'« un Particulier s'est présenté à lui et lui a demandé s'il voulait gagner de l'argent qu'il n'avait qu'à le suivre [108] ». Après lui avoir donné les affiches, l'imprimeur lui confie alors un seau et un pinceau avec de la colle. Une campagne d'affichage politique s'appuie donc non seulement sur la mobilisation de militants, mais aussi sur l'emploi de travailleurs précaires, souvent à la recherche d'un travail. D'une part parce qu'ils coûtent moins cher (Goupil est payé 20 sous la centaine d'affiches, là où un afficheur aurait demandé au moins le double), d'autre part car ces particuliers sont souvent moins attentifs aux risques que peut induire tel ou tel document à afficher (contenu subversif, respect des normes du droit d'affiche...). L'accusé est d'ailleurs conscient de ce dernier problème, puisqu'il rapporte une partie de sa conversation matinale au commissaire : « [...] il a observé aux dits imprimeurs s'il n'y avait pas de danger pour lui d'afficher les dits imprimés qu'on lui a répondu qu'ils n'étaient pas faits pour l'exposer en le chargeant d'afficher, s'il n'en avait pas le droit [109] ». La contrepartie, lorsque les sociétés populaires ou les particuliers ont recours à ces afficheurs précaires, c'est qu'il faut souvent les surveiller ou les faire surveiller pour s'assurer qu'ils collent bien les imprimés qui leur sont confiés : « Pour s'assurer de son exactitude un Particulier l'a accompagné, lequel particulier s'est dit Commissaire de la Société mentionnée en ladite affiche [110]. » En mentionnant cette contrainte, Thomas Goupil se démarque des clubistes et insiste pour faire apparaître l'affichage comme un travail ponctuel, une activité de subsistance et non un acte d'engagement politique. Questionné par le commissaire sur sa proximité éventuelle ou sa fréquentation du club des Jacobins, il nie en bloc.

Au-delà du cas de Thomas Goupil symbolisant les afficheurs occasionnels et travailleurs journaliers recrutés au hasard, ces campagnes d'affichage politique sont également confiées aux professionnels. Que ce soient les sociétés populaires jacobines ou les partisans du roi et les contre-révolutionnaires, tous ces différents groupes politiques emploient des afficheurs de métier. En juillet 1791, Jean-Baptiste Rencontre, afficheur, et Jacques Girouard, imprimeur, sont arrêtés pour avoir conçu et diffusé une *Pétition à l'Assemblée nationale* en faveur du roi [111]. De même, le 26 octobre, Nicolas Louis Mansard est appréhendé alors qu'il affiche un placard bleu ayant pour titre *Les Emigrans au peuple français* [112]. Sommé par le commissaire d'expliquer l'affichage d'un placard « contraire aux lois, au bon ordre et à la sûreté publique », il se justifie, non sans maladresse, en ne citant que la signature qui figure au bas de l'affiche. En mettant en avant cette marque de légalité, il sous-entend qu'il n'a pas lu l'affiche et avoue s'être contenté de faire confiance à son commanditaire. Il signale en effet qu'il dispose d'un papier lui donnant pouvoir d'afficher, cette preuve matérielle suffisant selon lui à le dédouaner [113]. De même, quelques jours plus tard, le 6 novembre 1791, l'afficheur Séguin est arrêté en possession d'une centaine d'affiches hostiles à la municipalité. Il prétend alors ne pas avoir lu les imprimés, qu'il a reçus de son confrère et voisin de la rue de la Huchette, Mansard [114]. Lorsqu'on lui fait observer que le « règlement défend l'impression en affiche de tout ce qui n'est pas loix et règlements sur papier blanc, et sans nom d'auteur ou d'imprimeur », il prétend ne pas connaître ces mesures, au cœur de la réforme du droit d'affiche quatre mois auparavant. Par contraste, certains afficheurs professionnels mettent en avant leur légalisme. Le 10 décembre 1791, un jeune homme de 17 ans, Charles-Antoine Chatel, est amené devant le commissaire de la butte des Moulins pour avoir affiché un éphémère minutieusement décrit dans le procès-verbal, joint au dossier d'accusation et intitulé « À monsieur Brissot, sur son projet de décret concernant Saint-Domingue [115] ». Le nom de l'imprimeur est collé à la main au bas de l'affiche afin d'éviter que l'éphémère soient considéré comme illégal et rapidement arraché par la police des affiches. Comme Séguin, Charles-Antoine Chatel s'est vu confier « quatre ou cinq cents [imprimés] par madame la Veuve Dion, afficheuse demeurant même maison que lui rue des Rats [116] ».

Pour compléter cette équipe de colleurs professionnels ou ponctuellement attirés par les gains, il faut souligner l'activité de citadins également motivés par leur désir de s'engager politiquement. Cependant, leur implication se dérobe souvent sous les questions des commissaires, afin d'éviter des poursuites et de prouver leur innocence. Un cas particulièrement intéressant est consigné le 14 juillet 1791 dans les papiers des commissaires de police de la section de la place Vendôme. Trois individus sont ainsi arrêtés devant la mairie de Paris alors qu'ils sont en train de placarder des affiches du club des Cordeliers. Repérés par la sentinelle, ils lui demandent de pouvoir coller sur les portes de l'Hôtel de Ville. Celle-ci examine rapidement l'affiche, parcourant du regard les six premières lignes, et ordonne aux trois hommes de cesser immédiatement et de la suivre jusqu'au commissaire de la section [117]. Le premier à comparaître est Jean-Michel Duffour, orfèvre qui tente de se dédouaner en affirmant qu'il n'a fait qu'accompagner deux autres membres du club des Cordeliers et qu'il n'a pas affiché un seul imprimé. Se présente ensuite Jean-Louis Macloud, cordonnier, qui va encore plus loin puisqu'il précise qu'il ne connaît pas les deux personnes qui l'accompagnaient pour afficher, et qu'il les a rencontrées en sortant du club des Cordeliers, « qu'il y est allé sans même lire l'affiche ni savoir ce qu'elle contient [118] ». Comme l'afficheur de métier Mansard, le clubiste Macloud parvient à obtenir l'indulgence du commissaire en clamant son ignorance du texte. Enfin, le troisième suspect interrogé est un certain Pierre Damouret, imprimeur. Lors de son premier interrogatoire par la sentinelle de garde, il affirme afficher ces placards « comme membre de la société du club des Cordeliers », dont il possède la carte de membre [119]. Emmené devant l'administrateur de police et à nouveau interrogé, il module alors sa justification, en affirmant que : « [...] lors de la dernière séance a été distribué des affiches aux différents citoyens et qu'il a eu le malheur d'être du nombre de ceux qui en ont eu pour afficher et qu'avant de sortir de l'assemblée de lad. Société il a invité le s. Mauclou ou Maclou et un soldat du même bataillon que lui [...] à l'accompagner pour afficher, [il] avoue qu'il n'a pas même lu ladite affiche [...] ajoute [...] qu'il renonce à toute société quelconque pour preuve de sa promesse ; il a déchiré en notre présence sa carte d'entrée pour ladite société des Cordeliers [120] ». Damouret revient ainsi sur sa première déclaration pour se décharger de toute responsabilité politique ou, du moins, pour se dédouaner de toute velléité subversive. Cependant, la comparaison des deux interrogatoires montre à quel point l'affichage constitue une occasion de mettre en scène son engagement politique, ici auprès d'amis et d'autres membres du club, quitte à contrevenir aux termes mêmes de la loi. Cette situation mettant en jeu l'adhésion politique tout comme la mise en scène de son engagement évoque les traits du « protagonisme révolutionnaire », que ce soit à travers l'affichage marquant l'adhésion aux prises de position des Cordeliers ou via la désaffiliation brutale de Damouret soumis aux contraintes policières et judiciaires des autorités [121].

Arracher

La véritable « guerre d'affiches » à laquelle se livrent les sociétés populaires proches des Jacobins et la municipalité parisienne implique non seulement la diffusion d'éphémères, mais aussi le fait de recouvrir ou d'arracher des imprimés du camp opposé. En avril 1791, le club des Cordeliers fait par exemple afficher un imprimé hostile au nouveau serment imposé à la Garde nationale, dont les exemplaires sont rapidement arrachés [122]. La presse évoque alors ces initiatives de militants qui raturent, déchirent et dégradent les affiches [123]. Marat, dans *L'Ami du peuple*, relate les arrachages, et va plus loin en les imputant aux autorités constituées : « Les municipaux ont fait courir, deux nuits consécutives, des hommes par tout Paris, pour arracher les affiches du Club des Cordeliers, et ces mêmes prévaricateurs viennent d'envoyer à la Force, M. Feneau, artiste estimable et patriote excellent, pour avoir enlevé une affiche anonyme, que venait de poser un quidam du club monarchique [124]. » Par contraste, certains journaux adoptent un point de vue hostile aux Cordeliers. *Le Moniteur* met ainsi en avant le légalisme des citoyens pour justifier l'arrachage : « Le club (des Cordeliers) aurait fait afficher des réflexions sur le serment prêté par la très grande majorité des bataillons de la Garde nationale, mais les exemplaires auraient été arrachés aussitôt qu'apposés, l'opinion d'une partie des citoyens étant contraire aux principes de cette Société [125]. » Cette couverture médiatique d'un conflit politique souligne à quel point l'arrachage des affiches façonne l'espace public révolutionnaire. Elle esquisse différentes figures et gestes de militants aux contours schématiques. Les procès-verbaux des commissaires de police des sections parisiennes permettent d'en préciser les traits [126]. Ces représentants, élus dans chacune des 48 sections à partir de mai 1790, traitent entre 1790 et 1794 plus de 70 affaires touchant à l'affichage, et essentiellement des arrachages et dégradations d'imprimés affichés [127]. Ces documents manuscrits révèlent des pratiques de police en profonde mutation, de nouvelles logiques de maintien de l'ordre et des concurrences entre ses acteurs (commissaires, gardes nationaux et citadins s'impliquant dans la surveillance des placards) [128]. Surtout, ils permettent d'accéder aux justifications des arracheurs arrêtés, à leurs motivations politiques, à la part importante de hasard, d'incertitude, ou encore de ruse qui transparaît dans leurs choix et dans leurs réponses face à l'autorité policière. Il s'agit de redonner du crédit au point de vue de ces militants, à ce qu'ils disent, tout en intégrant les biais de sources judiciaires où les accusés neutralisent souvent la portée subversive de leurs actes [129].

Les interrogatoires des commissaires de police ouvrent sur une étude au ras du sol de l'engagement politique. Profil type de ces arracheurs d'affiches : un jeune homme des classes populaires. Plus de la moitié d'entre eux a moins de 30 ans, et le plus jeune, Joseph Schieuse, apprenti tailleur au faubourg Saint-Germain, est âgé de 15 ans [130]. Deux cas détonnent : Pierre-Étienne Bonnet et Antoine Rivière, qui ont tous les deux 60 ans. Le premier est peintre en bâtiment, arrêté alors qu'il s'amuse à arracher des affiches de ventes de biens nationaux lors d'une soirée arrosée en compagnie de deux amis marchand et couvreur [131]. Le second est un homme de loi, juge suppléant, qui s'emporte à la lecture d'une affiche de la section des Gravilliers et est arrêté en septembre 1792 [132]. La majorité d'entre eux sont artisans, c'est-à-dire boulanger, tailleur en apprentissage ou confirmé, compagnon orfèvre, ou encore peintre en bâtiment [133]. Ils sont au cœur des mobilisations populaires dans les faubourgs, et impliqués dans les « guerres d'affiches » entre autorités et sociétés populaires [134]. Ce sont également des représentants des petits métiers de rue : vendeur de périodiques, toiseur, ou encore porteur à la Halle [135]. Enfin, deux cas font intervenir des Parisiens affairés au monde de la justice et de l'administration (un ancien commissaire et contrôleur des bois et bâtis, ou encore un juge suppléant [136]). La moitié de ces arracheurs est originaire de Paris, alors que l'autre est issue des flux constants de migrations de travail dans une ville qui atteint environ 700 000 habitants dans les années 1780 [137]. Ces travailleurs proviennent de l'ensemble du Bassin parisien (Berry, Normandie, Champagne, jusqu'à la Somme), ainsi que de certaines villes d'importance, Lyon, Nantes et Rouen. La capitale constitue en ce sens une matrice contribuant à la politisation pour ces travailleurs saisonniers. La carte mettant en perspective lieux d'habitation et lieux d'arrestation montre l'importante distance entre ces deux points. C'est l'amplitude croissante de trajets pendulaires qui transparaît, tout en soulignant l'engagement d'un geste politique nouveau. Les affiches visées constituent des cibles politiques, y compris dans des espaces qui ne sont pas familiers et où le voisinage est inconnu (cahier II, carte 3). Cette géographie des affaires d'arrachage souligne également la centralité du Palais-Royal, aux alentours duquel se déroulent un tiers des cas étudiés [138]. Cet espace de circulation de l'information demeure un lieu important de la vie politique dans le Paris révolutionnaire. Ses pans de murs sont prisés des afficheurs professionnels et amateurs, que ce soient les colonnades des galeries du Palais ou des espaces plus à l'écart de la surveillance policière, telles la rue de Valois ou encore la rue des Bons-Enfants.

Raturer, déchirer, arracher sont autant de gestes qui signifient aux yeux des passants l'appropriation politique de l'espace urbain. Ils s'inscrivent en un sens à la suite d'un iconoclasme politique qui s'exprime dès 1790, visant tout signe associé à la monarchie sur les enseignes, les tableaux ornant les portes, les inscriptions en fronton des bâtiments ou des fontaines, ou encore la statuaire [139]. Dans ce contexte et alors que l'hostilité à l'encontre de la monarchie s'est considérablement renforcée à partir de la fuite du roi, certains arrachages d'affiches sont clairement associés à la vague iconoclaste de l'été 1791 [140]. Le 21 juin, un maître tailleur et costumier justifie la dégradation d'une affiche portant les noms des citoyens éligibles de la section des Enfants-Rouges en précisant « qu'il luy était aussi permis d'arracher les affiches comme il était permis d'effacer le mot Royal [141] ». La dégradation des affiches officielles vise non seulement à déchirer et effacer, mais également à réécrire et recouvrir. En mai 1792, une lettre du maire de Paris Pétion à ses concitoyens est ainsi raturée au crayon par Antoine Dupuis, immédiatement arrêté par des passants. Phénomène original, le commissaire de police envoie alors un de ses collègues sur le lieu de l'arrachage afin de relever la preuve, minutieusement décrite dans le procès-verbal : « ladite lettre était déchirée à gauche d'environ deux ou trois pouces et qu'il y avait en marge [...] vis-à-vis et au-dessous de la déchirure des traits de crayon en forme de paraphes [142] ». Le représentant de police est alors interpellé par les habitants du quartier, lesquels approuvent l'arrestation de Dupuis, le dépeignant comme un agitateur omniprésent dans le quartier du Louvre. Celui-ci parvient cependant à désamorcer la gravité de son geste lors de son interrogatoire : « [...] A répondu qu'il n'avait pas déchiré la lettre de M. Pétion et que lorsqu'il a tracé des lignes avec le crayon sur cette lettre il avait intention d'écrire dessus guerre aux tirans, et comme le papier était plié dans cet endroit le crayon [l'avait] déchiré [143]. » Bien qu'étant réputé hostile au maire de Paris, Dupuis parvient ici à maquiller son geste en travestissant son sens, et par là même donne au commissaire des gages de sa valeur politique.

L'arrachage d'affiches officielles a non seulement une portée symbolique et politique, mais contribue également à affaiblir la communication des autorités constituées. C'est l'objectif des citoyens Miquet et Hamel qui sont arrêtés le 21 juin 1791, alors qu'ils arrachaient des affiches apposées par ordre de l'Assemblée nationale. Louis XVI et sa famille viennent de quitter la ville en pleine nuit, et cette fuite du roi marque une césure dans l'histoire révolutionnaire, renforçant les oppositions politiques et augmentant les peurs de complot [144]. Ce dernier élément se traduit par la multiplication des rumeurs. Les nouvelles, vraies ou fausses, ne cessent de circuler, et l'attente d'information générée par l'observation routinière des affiches constitue un terreau fertile. À partir de huit heures du matin, les rues de Paris bruissent en effet de rumeurs, de « fausses nouvelles, et d'informations contradictoires quant à la situation du roi. L'Assemblée fait alors publier une affiche annonçant que le roi a été « enlevé », mais très rapidement certaines sections contredisent l'information [145]. Dans ce contexte, Miquet et Hamel sont présentés devant le commissaire de la section du Palais Royal à six heures de l'après-midi et accusés d'avoir « mutilé les affiches » rapportant l'enlèvement [146]. Le premier, Jean-Baptiste Miquet, répond pour justifier son geste que c'est bien pour corriger ce qu'il considère comme une « fausse nouvelle » qu'il a déchiré une partie de l'affiche : « Il s'était permis de dire que le roy n'avait pas été enlevé qu'il s'était absenté de son plein gré, et qu'alors il s'était permis d'effacer ce mot de l'affiche [147]. » De même, le second, Jean-Jacques Hamel, affirme « que voyant le mot d'enlèvement inséré dans l'affiche, il s'était persuadé que c'étaient encore des affiches incendiaires et qu'il avait cru bien faire de les arracher [148] [...] ».

Se justifier

À l'image de Miquet et Hamel, la valeur informative des imprimés éphémères est régulièrement mise en avant pour expliquer leur décollement. Toujours en juin 1791, le 23, c'est un négociant de Lyon, Étienne Puech, qui est conduit à quatre heures de l'après-midi devant le commissaire de police, après avoir été surpris en train d'arracher des affiches du Département de Paris [149]. À nouveau, l'accusé met en valeur le rétablissement de la vérité au sujet de la fuite du roi et son arrestation à Varennes, et insiste pour se dédouaner : son geste ne visait pas les autorités, mais plutôt la diffusion de « fausses nouvelles [150] ». Arracher l'affiche servirait à prévenir les rumeurs, mais aussi à s'approprier l'imprimé. Un compagnon sculpteur déclare ainsi en avril 1791 qu'il a arraché une affiche pour la garder, la rapporter chez lui et la lire plus calmement [151]. Dans le même ordre d'idées, Jean-Baptiste Boulanger, membre de la section de Bonne-Nouvelle, alors qu'il se rend avec un député à l'Assemblée « pour y apprendre les nouvelles du jour », s'arrête devant une affiche du Conseil général de la Commune de Paris adressée aux quarante-huit sections [152]. Repérant un passage important, il l'aurait arraché pour le présenter à ses camarades de section et le lire collectivement [153]. Son geste n'est alors plus considéré par le commissaire comme une dégradation de la parole des autorités, mais réinterprété au prisme de la nécessité de diffuser leurs nouvelles décisions. Ces procès-verbaux des interrogatoires d'arracheurs illustrent toutes les ruses et les justifications pour neutraliser la portée subversive des arrachages.

Faire comme son voisin, refaire ce qu'on a vu dans la rue, arracher par mimétisme sans mauvaise intention ni objectif militant :

tous ces motifs sont les plus utilisés par les accusés pour réduire la portée de leurs actes. Lorsque, le 16 avril 1791, un maître perruquier est interrogé pour l'arrachage d'une affiche relative au culte religieux à l'église des Théatins, il répond qu'il n'a agi que sur l'ordre d'un commandant de la Garde nationale rencontré aux Tuileries [154]. Le commissaire clôt son procès-verbal en libérant le perruquier et précise en conclusion qu'il a arraché sans savoir pourquoi. De même, en août 1791, lorsque la Garde nationale disperse une foule d'une vingtaine de personnes à un point d'affichage officiel devant le cimetière Saint-Nicolas, les individus appréhendés affirment n'avoir agi que par mimétisme. L'un d'entre eux précise ainsi « qu'il avait vu, aujourd'hui, arracher cet écrit dans différents endroits, ce qui lui fait croire qu'il est mauvais, et au surplus qu'il ignorait qu'il fût défendu d'arracher de semblables affiches [155] ». Autre manière de se dédouaner : plaider l'étourderie, voire les gestes irréfléchis en état d'ivresse ; c'est le cas du peintre en bâtiment déjà mentionné, interrogé par le commissaire de la section du Panthéon : « A répondu que c'était un verre d'eau de vie qui lui avait fait commettre cette imprudence et qu'il reconnaissait tous ses torts [156] ». En plus de l'ivresse, Pierre-Étienne Bonnet justifie son acte en attirant l'attention du commissaire sur ses difficultés professionnelles et sollicite, sinon sa sympathie, tout du moins sa clémence. Cependant, en se reconnaissant coupable, il est immédiatement condamné et emprisonné à l'hôtel de la Force [157]. Dans un registre proche, l'arrachage par maladresse est également la défense de Jean-Jacques l'Allemand Beaucourt, arrêté en janvier 1793 après avoir dégradé « une affiche de couleur rouge [158] ». L'accusé blâme alors la fragilité du papier, assurant que son geste était involontaire : « [l'affiche] tenait à peine y ayant mis la main, elle lui est resté dedans, que pour preuve qu'il n'avait aucune mauvaise intention, ce qu'il ne s'est aucunement sauvé et qu'il a été arrêté comme il en continuait encore la lecture [159] ». S'il tente, en vain, de prouver sa bonne foi, les commissaires de police, alertés par le procès du roi et son exécution proche, redoublent de sévérité.

Si ce dernier cas aboutit à l'emprisonnement de l'arracheur d'affiche, la majorité des affaires d'arrachage traitées par la police parisienne met plutôt en évidence l'indulgence des agents [160]. Entre juin 1790 et mars 1793, deux tiers des personnes arrêtées et interrogées sont relâchées, tandis que le tiers restant est soit emprisonné, soit libéré pour être ensuite jugé. Les lois du 4 décembre 1792 et du 29 mars 1793, condamnant les écrits en faveur du rétablissement de la monarchie, les incitations aux pillages ou au meurtre, contribuent à durcir la réaction des commissaires [161]. Cependant, avant cette montée des tensions et de la répression, un ou plusieurs garants proches de l'individu arrêté et la promesse de ce dernier de ne plus arracher d'affiches suffisent souvent à obtenir sa libération. Le 6 septembre 1792 par exemple, un sergent conduit le sieur Pierre Satin au poste de police après l'avoir arrêté avec un morceau d'une affiche de Marat entre les mains [162]. Comme l'Allemand Beaucourt, il met en avant sa bonne volonté, assurant qu'une partie de l'affiche était déjà déchirée et qu'« il n'avait pas cru faire mal » en déchirant l'autre partie [163]. Il conclut « qu'au surplus il promettait bien à l'avenir de ne jamais déchirer aucune affiche, pourquoi il nous priait de vouloir bien le laisser aller en liberté [164] […] ». Pierre Satin est relâché ; cependant, le commissaire s'assure qu'il n'a jamais été inquiété pour d'autres affaires d'arrachage non seulement en le questionnant à ce sujet, mais également en faisant interroger ses garants et ses voisins. Le représentant de police de la section du Muséum est en effet à la recherche des citadins qui ont érigé en habitude, voire en spécialité, la veille militante pour arracher ou empêcher l'arrachage [165].

Protéger

Marat, dans un pamphlet de 1792, dénonce les initiatives des Girondins et des époux Roland, qui feraient arracher ses affiches : « […] un mot à la femme Roland. Vous êtes priée de ne plus dilapider les biens de la nation à soudoyer deux cents mouchards pour arracher les affiches de l'ami du peuple. Citoyens, vous êtes requis, au nom de la patrie, de corriger ces mouchards, s'ils ont l'audace de reparaître [166]. » Ces citoyens requis, ce sont souvent les membres des clubs et sociétés politiques révolutionnaires qui veillent et protègent les affiches contre l'arrachage. Le 29 avril 1791, par exemple, le citoyen Chaney, membre du club des Cordeliers, est arrêté au Palais-Royal. Le procès-verbal d'arrestation précise : « Un particulier posait une affiche dans le palais Royal et y causait un rassemblement de monde ; ce particulier avait un sabre dont il menaçait d'abattre la main de quiconque oserait arracher l'affiche [167]. » Selon sa déposition, Chaney, quincaillier travaillant en région parisienne, sortait d'une séance aux Cordeliers et s'est procuré une poignée de pains à cacheter pour poser ses affiches [168]. Ici, le clubiste réalise un geste militant qui prend une nouvelle ampleur avec la Révolution : afficher sur les murs de la ville des marques formant une *résistance visuelle* aux autorités [169].

Si Chaney a été arrêté car menaçant la foule avec une arme, d'autres citadins parviennent quelquefois à leurs fins en traînant les arracheurs devant les commissaires de police. En août 1791, des passants arrêtent un homme au coin de la rue du Four. Le vif échange qui s'ensuit souligne l'importance accordée par certains Parisiens à la surveillance des murs : « [...] le particulier arrêté luy a demandé en réponse de quoy il se mêlait et s'il était un mouchard que le comparant luy a observé que tous les citoyens étaient mouchards dans les circonstances et qu'il était dès lors à propos de s'en saisir qu'un particulier l'a saisi alors au collet et luy a pris dans les mains l'affiche arrachée [170] ». L'initiative des citadins fait apparaître les débats pour savoir qui prend en charge la surveillance [171]. Leur implication et leur intervention pour empêcher l'arrachage peuvent donner lieu à des litiges opposant une foule réduite à la Garde nationale. C'est ce que décrit Claude Coder, sergent en poste rue de la Seine, le jeudi 21 avril 1791. Vers sept heures et demie du matin, il observe un groupe qui se forme devant des affiches venant d'être collées. Il s'approche et à la lecture trouve « ces affiches incendiaires même d'après l'avis de ceux qui les lisaient, que craignant d'après cette lecture l'effet de semblables écrits sur l'esprit public il a cru devoir les arracher [172] ». Un homme s'interpose, appelle ses camarades et l'insulte, « le traitant de mouchard de M. de la Fayette, qu'il était sûrement payé pour enlever des affiches aussi patriotiques et qu'il fallait mettre le comparant à la lanterne [173] ». Emporté par la foule, qui le traîne et l'entraîne, le sergent Coder doit faire appel à ses soldats qui arment leurs fusils pour disperser l'attroupement. La description des militants et militantes qui protègent l'affiche est ici saisissante. Ils sont perçus avant tout à travers les « clameurs » et « injures », dans un magma informe où seule une figure est mise en avant, celui qui aurait excité les autres passants, érigé en leader par la perception du représentant de l'autorité et qui va faire l'objet des recherches du commissaire de police. Celui-ci est identifié et appréhendé dans un café. Il s'agit d'un valet de chambre, François Geoffrenet, âgé de 48 ans, qui travaille pour M. Defranges, chargé d'affaire de la République de Genève à Paris. Il nie catégoriquement avoir injurié ou menacé les gardes en faction, ameuté la foule ou invectivé des passants arrachant l'affiche des Cordeliers. Cependant, il admet « avoir ses entrées » au club des Cordeliers, sans en être membre, et avoir empêché l'arrachage. Dès lors, son action vient redoubler et renforcer l'acte militant que constitue déjà l'affichage [174].

Cette défense des imprimés affichés et l'opposition collective à l'arrachage s'inscrivent dans une tradition des mobilisations locales antérieures à la Révolution, notamment des micro-conflits avec certains représentants de la lieutenance générale de police [175]. Néanmoins, la profusion d'affiches politiques, associée à l'apparition de nouveaux journaux, de tracts, de slogans, contribue à mettre en avant ce geste militant. L'arrachage est ainsi représenté en images, comme l'illustre une estampe de 1791 (fig. 78) [176]. L'arracheur, qui ne semble pas inquiété par la foule en formation, contribue selon la légende de l'estampe à la révocation rapide de l'ordonnance du Département de police de Paris du 17 mai 1791, « aussi inepte qu'inique », « inconstitutionnelle et vexatoire ». À travers cette représentation, l'arrachage intègre pleinement le répertoire politique révolutionnaire. Autre exemple, la veille militante pour empêcher la destruction d'éphémères politiques est mise en scène et en image (fig. 79) [177]. La gravure symbolise la circulation des nouvelles depuis Paris jusqu'à Bruxelles, et plus spécifiquement les échos de la nuit du 4 août 1789 [178]. Dans la maintenance et la surveillance des murs, nulle trace de la garde, l'auteur anonyme insiste au contraire sur la vigilance et l'intervention de citadins. Un homme est violemment pris à partie par un couple dans une scène qui souligne les contrastes sociaux et politiques : l'épée contre l'échelle et le pot, le tricorne contre la coiffe, l'aristocrate seul et acculé opposé à la coordination des deux militants des classes populaires.

Figure 78. Représenter l'arrachage d'affiches, 1791, BNF Gallica.

Conclusion. Médias et Révolution

Les affiches sont non seulement utilisées pour contester les autorités, mais également pour s'exprimer dans des conflits de voisinage. Dans le cadre de ces micro-conflits locaux, elles entrelacent publicité de la vie privée et appropriation de l'espace public. Elles matérialisent également les luttes pour la reconnaissance d'un « contre-public » qui donne à voir, à lire et à soutenir ses revendications [179]. Les procès-verbaux de police et les témoignages littéraires retracent l'activité d'afficheurs clandestins qui recouvrent les écritures publiques du pouvoir et les affiches commerciales. Au même titre que ces éphémères, les affiches subversives participent des mutations de l'attention urbaine. Colleurs et colleuses, militantes et militants jouent de cet essor des sollicitations dans les rues. Les détournements d'affiches de spectacles, d'annonces de ventes ou de règlements traduisent la vitalité d'une culture citadine de l'affiche où les réglementations administratives et la marchandisation des murs sont subvertis au profit de causes et de luttes politiques.

À partir de 1789, l'observation des affiches, la surveillance des murs, les veilles pour empêcher l'arrachage sont autant de *situations* qui soulignent l'importance de visualités associées à des objets et des gestes politiques. La Révolution française ouvre un espace inédit en termes d'occupation militante de la ville. La politisation des citadins se traduit par le recours aux affiches, pour les coller mais aussi pour les lire, ou empêcher qu'elles soient arrachées. Ces éphémères politiques font apparaître une pluralité d'enjeux : les efforts pour être visible dans l'espace urbain transformé en arène médiatique, les luttes entre camps politiques par affiches interposées, mais aussi l'importante réflexivité des citadins par rapport à l'exercice de leurs droits et leur légitimité à agir, à s'engager. Les motivations avancées par les arracheurs d'affiches (ou par ceux qui les en empêchent) et les hésitations des gardes nationaux ou des rédacteurs de procès-verbaux de police soulignent le rôle déterminant de ces fragiles feuilles de papier. Les affiches impliquent les Parisiennes et les Parisiens dans la vie politique. Bien qu'elles soient perçues au prisme des sources de leur répression, elles génèrent une série de manifestations d'« énergies révolutionnaires [180] ». Elles traduisent également des relations de pouvoir instables ainsi que les tentatives

Figure 79. S'opposer à l'arrachage d'affiches politiques, 1791, BNF Gallica.

des autorités pour canaliser la participation populaire et prévenir des dynamiques de radicalisation. Entre le pragmatisme des commissaires qui libèrent rapidement les arracheurs et les veilles militantes pour protéger ces éphémères, l'activité politico-administrative et la « spontanéité militante s'entremêlent parfois [181] ».

Cette évolution souligne le progressif désinvestissement de l'administration par rapport à ces délits, à mesure que la publicité des lois quitte les murs pour s'établir dans le journal [182]. Elle traduit également l'efficacité grandissante du maintien de l'ordre mural et la limitation progressive de la liberté d'expression. Celle-ci, amorcée dès la Convention en raison de la guerre, s'accentue encore davantage sous le Directoire, aboutissant à un renforcement de la censure de la presse. Bien que conservateur et profondément anti-jacobin, l'avocat Jean-Baptiste-Moïse Jollivet déplore ce retour progressif à un régime strict de surveillance des médias dans les colonnes du *Gardien de la constitution* : « Si les journalistes ne peuvent pas dire tout ce qu'ils pensent dans leurs feuilles, n'est-il pas à craindre qu'ils y suppléent par la voie des affiches. » À « un curieux qui paye un journal », il oppose les « mille lecteurs » d'une affiche et conclut : « Ces lecteurs sont précisément dans la classe la moins aisée, chez laquelle les impressions sont toujours plus vives et plus dangereuses [183]. » Cette présentation du paysage médiatique issu de la Révolution ancre les affiches dans un fonds d'écrits subversifs et populaires observables au XIXe siècle [184]. Se rejoue ici l'opposition entre « peuple grossier » et « peuple civilisé » observable chez Roederer. Celui-ci, comme Jollivet, se présente en défenseur d'une « censure douce, civile et civilisatrice » afin d'encadrer les excès de la liberté d'expression [185]. Cependant, cet appel à modérer les médias, pour ne pas qu'ils servent d'exutoire à la « populace », induit souvent un discours discréditant celles et ceux qui s'en emparent. Lorsque les murs ont la parole, c'est aussi pour exprimer une parole différente, souvent minoritaire et critique du public dominant.

À qui appartiennent les murs ?

Formant d'épaisses croûtes de papier collées les unes sur les autres et recouvrant les murs, les affiches construisent la *ville captivée*. Elles donnent naissance à de nouveaux paysages, réaménagent l'espace et inventent de nouveaux usages des murs. Si les citadins des siècles précédents étaient déjà familiers des affiches, symboles de décisions officielles ou signaux d'une crise politique, le XVIIIe siècle marque une rupture. Ces éphémères se multiplient et se diversifient, couronnant les affiches privées et le rôle structurant des activités économiques dans la métropole des Lumières [1]. De plus en plus, dès la seconde moitié du siècle, les murs appartiennent aux entreprises commerciales. Ce sont non seulement les marchands, les artisans, les savants qui ont recours à l'affiche, mais aussi les grands théâtres parisiens et les nouvelles salles qui se multiplient sur les boulevards, ainsi que les spectacles de curiosités qui s'installent au Palais-Royal. L'accès à des pratiques de divertissement et à des biens de consommation de plus en plus variés et fréquents contribue à faire des murs des espaces dédiés aux annonces et à la nouveauté, que ce soient les colonnes des galeries du Palais-Royal, les portes cochères des hôtels particuliers ou les arbres des jardins des Tuileries et du Luxembourg. Dans ces zones dynamiques et fréquentées, les points d'affichage mettent en scène la marchandise. La *ville captivée* du XVIIIe siècle préfigure la capitale du XIXe siècle au cœur de l'enquête de Walter Benjamin [2]. Le capitalisme s'empare des murs et organise la ville, à mesure que les entrepreneurs de l'information leur confèrent une valeur publicitaire. Cette privatisation de l'espace urbain est alors présentée comme une entreprise vertueuse et bénéfique pour les citadins. À l'image d'autres aménagements contemporains (renouvellement du mobilier urbain, végétalisation des rues, réfection de façades de monuments prestigieux), l'investissement privé dans l'affichage prend soin de se justifier, et les bénéfices marchands sont associés aux attentes de la population. Pour reprendre les termes mis en avant par l'Entreprise générale des placards et affiches au milieu du XVIIIe siècle, il s'agit bien de souligner la proximité entre « le service du public et l'intérêt des particuliers ». De ce point de vue, la *ville captivée* annonce les métropoles multipliant les formes de cogestion des territoires urbains entre services publics et entreprises privées.

La domination marchande des murs n'est cependant jamais acquise. Elle dépend d'une série d'aléas, et notamment du travail quotidien des afficheurs parisiens, longtemps invisibilisés ou réduits à la figure emblématique de l'afficheur représenté par Bouchardon dans les *Cris de Paris*. L'un des enjeux de ce livre a été de redonner toute leur importance à ceux, et celles, qui assurent dans une situation précaire la maintenance de la *ville captivée*. Car l'affichage représente au XVIIIe siècle une activité d'appoint, peu rémunératrice, réalisée bien souvent dans des conditions pénibles, mais dont les commandes sont toujours renouvelées et en croissance au fil des décennies : de quelques dizaines de documents à plusieurs milliers à la fin du siècle. Ce métier se structure progressivement, des afficheurs privilégiés de la fin du XVIIe aux compagnies d'affichage qui émergent dans la première moitié du XIXe siècle. Leurs activités éclairent sous un jour nouveau les mutations socio-économiques de l'imprimerie parisienne déjà bien étudiée [3]. Ces afficheurs, aux côtés des imprimeurs, typographes, graveurs, chiffonniers, entrepreneurs d'information, jusqu'aux concepteurs de mobiliers urbains, s'inscrivent dans une économie de l'affiche qui est aussi une économie de l'attention. Tous ces professionnels de l'imprimé et de la ville s'efforcent de rendre l'affiche lisible, mais aussi visible sur les murs. La *ville captivée*, ville de l'attention captive et ville capturée par une nouvelle économie de l'attention, est marquée par l'accélération du temps social, l'actualité et le goût pour la nouveauté. Elle voit la notion d'attention changer de sens. Cette dernière renvoie de moins en moins à la lecture attentive et approfondie du document affiché, mais plutôt à une ressource limitée, qu'il s'agit de préserver mais aussi de capter ou de contrôler.

Dans ce contexte, les autorités urbaines mettent en place une « politique de l'attention » afin d'encadrer et de limiter la prolifération des affiches. La police parisienne élabore un maintien de l'ordre mural, soucieuse à la fois de surveiller les affiches subversives et de réguler les effets du capitalisme commercial sur les murs. Si, aux XVIe-XVIIe siècles, les murs appartiennent aux autorités et sont dédiés aux « cérémonies de l'information », cette emprise est de plus en plus remise en question, malgré l'essor de l'affichage administratif au cours du XVIIIe siècle [4]. En ce sens, l'histoire de la *ville captivée* est aussi celle d'un renoncement progressif au contrôle total des murs. Au fantasme d'identification policière de tout ce qui s'affiche se substitue une action de maintenance pour éviter la surcharge, assurer la visibilité des imprimés officiels et concentrer les efforts sur les éphémères subversifs. Un siècle avant la loi de 1881 qui essaime l'injonction « Défense d'afficher » sur les murs des bâtiments officiels et dans l'esprit des citadins, la police des affiches doit s'assurer que les édifices publics ne soient pas recouverts d'annonces commerciales et d'imprimés contestataires. La surabondance de feuilles affichées à partir de 1789 pose alors un triple défi aux autorités constituées : garantir l'existence d'un débat public libre et transparent, assurer la visibilité de la loi et des décisions, tout en préservant la réputation et la considération accordée aux nouveaux représentants politiques. Comme l'a souligné Anne Simonin : « La Révolution n'a pas connu sa loi », tant celle-ci est demeurée « difficilement accessible voire inaccessible [5] ». Cette difficulté renvoie, sur le plan matériel, aux limites du système d'affichage des lois, confronté à l'antagonisme physique, mais aussi politique, des affiches d'opposants. De plus en plus visibles, ces imprimés produits par les militants et groupes politiques n'hésitent pas à commenter, à contester, voire à se substituer aux actes du pouvoir. La concurrence sur les murs devient ainsi une concurrence pour les murs.

Alors que la Révolution française consacre la « liberté des presses » et la démocratisation de nouvelles normes de consommation, l'affiche révèle les contradictions de la liberté d'expression [6]. Elle est tout d'abord pensée comme un dispositif civique et pédagogique pour enseigner la loi et inculquer de nouveaux principes politiques. Dans cette perspective, les autorités révolutionnaires, bien plus que l'administration monarchique, privilégient le recours à l'affiche. Cependant, cet idéal se heurte aux nouveaux usages médiatiques et commerciaux de l'imprimé. Malgré la réforme du droit d'affiche et de pétition de 1791, les autorités ne parviennent pas à légiférer sur les regards ni à rendre les murs responsables. La fin de la Convention et surtout la période du Directoire viennent clore l'âge d'or du *citoyen observateur* conçu comme *citoyen lecteur* instruit par l'affiche. L'affichage systématique des lois est abandonné, et ce malgré les protestations de néo-Jacobins et des courants les plus démocrates du Conseil des Cinq-Cents [7]. Deux enseignements sont à tirer de cet échec. Le premier renvoie à l'incapacité des autorités à réguler les effets du capitalisme commercial sur les murs. Le second est lié au succès d'une forme médiatique, l'affiche, qui traduit à la fois la politisation croissante de la population et son attrait pour l'actualité politique. Utiliser l'affiche comme un objet éducatif, alors même qu'il s'agit d'un medium privilégié par les opposants pour contester et subvertir le pouvoir en place, est moins une erreur politique qu'une faute d'appréciation des évolutions de la culture urbaine. Les promoteurs de l'affiche « véhicule de l'instruction publique » associent encore ces imprimés éphémères aux livres, ainsi qu'à une lecture attentive et minutieuse. Ils n'ont pas pris la mesure des mutations de ce qu'on commence alors à appeler l'« attention publique ». Mises en miroir, les annonces commerciales et les tribunes politiques affichées soulignent à quel point deux processus qui prédéterminent les contours de la modernité s'entremêlent sur les murs de la *ville captivée* : les conséquences du capitalisme commercial d'une part et l'élaboration de pratiques politiques démocratiques d'autre part. Dès lors, ce n'est pas un hasard si les pathologies d'un espace public commercial, associées aux affiches mensongères abusant d'un public crédule, sont réutilisées pour alerter sur les transformations des murs devenus des espaces exutoires saturés de calomnies et de fausses informations. De ce point de vue, l'étude des affiches rouvre la question ancienne des effets politiques du capitalisme, c'est-à-dire des liens entre pratiques politiques et modes de consommation [8].

Si, de nos jours, des affiches collées à la porte des particuliers ou sur leurs immeubles représentent un désagrément aussi passager que répétitif, le rapport des citadins de la *ville captivée* à ces imprimés est bien plus ambivalent. La critique des excès de l'affichage qui défigurent les paysages urbains et constituent une forme de pollution visuelle se développe à la fin du XVIIIe siècle. Paradoxalement, l'influence d'un propriétaire se mesure aussi au nombre des affiches annonçant les spectacles sur le mur de sa maison, de son immeuble ou de son hôtel particulier. Ce prestige local explique en partie le rôle des habitants dans la surveillance de l'éphémère, afin d'éviter qu'il ne soit dégradé ou arraché. Il rappelle également que l'ordre urbain au XVIIIe siècle, malgré les prétentions de certains réformateurs policiers, dépend en grande partie de la population [9]. L'implication du voisinage pour s'assurer que les afficheurs des spectacles fassent bien leur travail est le signe de cet investissement des notables locaux dans la gestion urbaine. Cette attente d'une information renouvelée traduit la démocratisation des loisirs. La culture de l'affiche contribue à ancrer dans les habitudes citadines le goût pour la nouveauté, médiatique et commerciale. Dans un registre similaire, les discussions entre citadins à partir de 1789 pour savoir s'il faut ou non arracher une affiche traduisent un souci nouveau de l'actualité et la recherche des dernières informations politiques. Au cours de ces moments de politisation s'affirment également les attentes et les exigences vis-à-vis des gouvernants, ainsi que l'exercice de droits acquis avec la Révolution française.

En proliférant sur les murs, l'affiche fait évoluer les manières d'habiter la ville. L'expérience de l'urbanité et l'attention urbaine ne sont plus uniquement structurées par les sons et l'oralité, mais de plus en plus par les sollicitations visuelles des imprimés et des images qui recouvrent les murs. La vie urbaine intensifiée, rythmée par l'observation routinière des affiches élargit l'horizon d'attente des citadins. Dans une ville marquée par un accroissement des échanges et de nouvelles mobilités, les affiches relaient et s'appuient sur ces évolutions socio-économiques. Ces annonces disséminées uniformisent les paysages et rendent plus familier des territoires auparavant inconnus. L'espace vécu ne se limite plus aux liens d'interconnaissance et aux relations à l'échelle de la rue ou du quartier. Lorsque le juriste Prost de Royer écrit en 1788 que c'est bien « dans quelques capitales, [qu'une] multitude d'affiches, [...] se renouvellent tous les jours », il signale un phénomène à dimension européenne [10]. Au tournant des XVIIIe et XIXe siècles, les dynamiques qui caractérisent la ville captivée s'observent à des intensités différentes dans des villes équivalentes mais aussi de taille inférieure à Paris. Les affiches se multiplient et se diversifient sur les murs de Londres ou de Madrid, mais aussi de Marseille ou de Bordeaux. Comme l'attestent les affiches administratives conservées dans les archives coloniales, ces éphémères sont collés et visibles sur les places des villes des grands empires européens. Ces questions ouvrent un chantier de recherche centré sur la présence matérielle du pouvoir et sa légitimité en situation coloniale, dans un contexte de strict encadrement des imprimés en général, et des affiches en particulier [11]. Plus largement, les affiches matérialisent en un sens une première mondialisation de la condition urbaine. Ce qui s'élabore à Paris entre 1750 et 1850, gagnerait à être étudié dans d'autres situations. L'affiche constituerait alors un objet pour mettre en œuvre une « micro-histoire globale » attentive à d'autres configurations commerciales, à un maintien de l'ordre mural différent de celui élaboré à Paris, à des recours à l'affichage subversif visibilisant d'autres revendications et légitimant d'autres luttes [12].

Faire l'histoire de Paris au XVIIIe siècle à partir de ses murs c'est accorder de l'importance à la multitude d'affiches subversives qui marquent non seulement les crises politiques mais aussi les conflits quotidiens. Lorsque les murs ont la parole, c'est bien souvent pour remettre en question un ordre dominant, qu'il soit religieux ou administratif, qu'il concerne les inégalités de classe ou de genre. Ces affiches sont elles aussi façonnées par les mutations de l'attention urbaine. Pour échapper aux regards distraits ou complaisants des agents de maintenance, mais aussi pour mieux capter les regards, elles empruntent la forme des éphémères commerciaux et officiels. C'est toute une économie morale de la subversion que mettent en place les colleurs et les colleuses d'affiches, développant une rationalité de la ruse, de l'esquive, du jeu avec les autorités [13]. Ils et elles inaugurent une pratique du détournement des slogans publicitaires qui sera portée au rang d'art par les affiches de Mai 68, inscrites dans la mémoire collective [14]. Les recours à l'affiche ou son arrachage en période révolutionnaire sont des remises en cause de l'ordre mural qui traduisent la politisation des citadins et une forme de contre-pouvoir se manifestant par l'appropriation de l'espace urbain [15]. Ils constituent autant de gestes politiques, en marge des prises de parole des clubs, des sociétés patriotiques, des comités de quartier ou des sections [16]. Par complémentarité mais aussi par opposition avec les journaux, ils font ressortir un espace médiatique où la question de l'accès à l'information est déterminante. Avec la multiplication des affiches politiques et des titres de presse s'opère une accélération du temps médiatique. Ces imprimés ouvrent la réflexion sur les manières dont les sociétés de l'époque moderne ont conçu, représenté et distingué les rumeurs et les fausses nouvelles, et soulignent les écarts entre la communication officielle et sa réception dans les rues.

Au final, si les murs n'appartiennent jamais complètement à l'État ou aux entreprises commerciales, c'est qu'ils appartiennent aussi à celles et ceux qui luttent et qui s'en servent comme support pour exprimer leurs revendications. La *ville captivée* est aussi une ville que s'approprient celles et ceux qui contestent, ces « contre-publics » qui tentent de s'exprimer dans l'espace public. Les affiches, en tant qu'elles offrent un mode d'expression à la fois familier, accessible et facilement renouvelable, fournissent des styles alternatifs de pratiques politiques. Elles sont associées à des manières d'exprimer des paroles publiques minoritaires, subvertissant celle produite par le pouvoir. En ce sens, l'histoire de l'affichage subversif s'inscrit dans une histoire des « luttes et [des] rêves » où les affiches rendant publics les violences et les abus sexuels d'un mari ou d'un curé sur les murs du XVIIIe siècle font écho aux collages féministes contemporains [17]. Revenons une dernière fois sur l'imprimé qui en 1752 angoisse autant la police parisienne qu'il amuse le voisinage, titré « Avis au public » et rédigé en *lorem ipsum* par des compagnons imprimeurs. Si cette affiche aux accents dadaïstes signale toutes les limites de la hiérarchie sociale adossée aux corporations, les lettres peintes dénonçant de nos jours les féminicides rappellent aux passants la violence sourde instituée par la domination patriarcale. Subvertir l'ordre mural et contester les cadres de domination : c'est là toute la force de ces fragiles feuilles de papier qui édifient les murs de la *ville captivée*.

Annexes

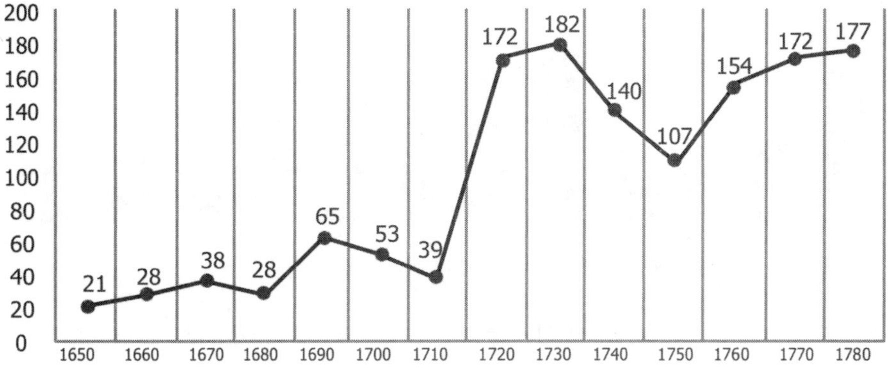

Affichage par décennie – 1650-1789.
Synthèse des corpus (1364 documents)

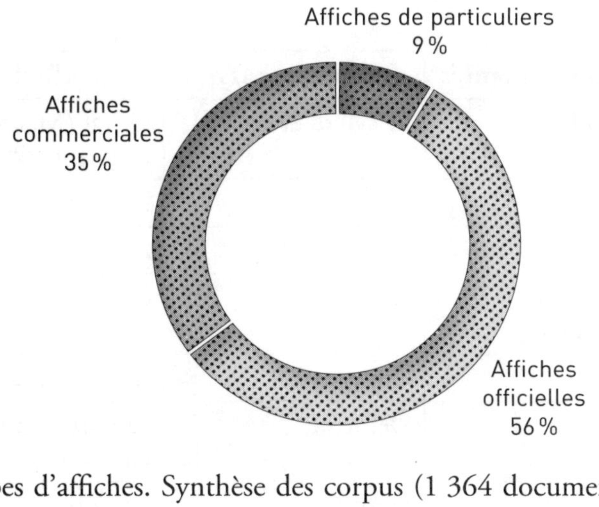

Types d'affiches. Synthèse des corpus (1 364 documents)

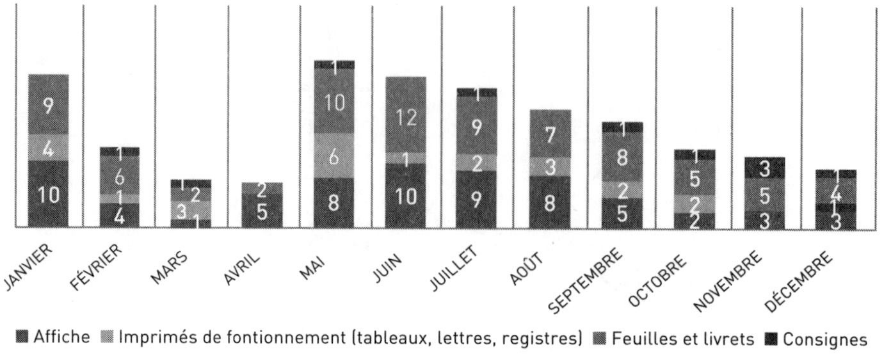

Commandes pour une année, par genre d'imprimés,
Imprimeur de la lieutenance générale de police

« État des imprimeurs et des afficheurs qui travaillent pour eux », et la liste des corps et communautés qui font poser des affiches, 1753

Corps et communautés	**Imprimeurs**	**Afficheurs**
L'hôtel de ville	Le Mercier	Duval (Marque et Poignant sont pour lui)
Le Châtelet	Boudet	La Fontaine Cadet
Le Parlement	Simon	La Folie
Imprimerie royale et Grand Conseil	Anisson	Crespin
Les loteries	Thiboust	La Fontaine Cadet
Les spectacles	Delormel	Morand Louis La Fontaine Aîné
La Chirurgie	Desprez	La Folie
La Chirurgie	La Guette	Ricard, père
L'École de médecine	La veuve Quillau	Delalande
Les programmes du Collège de droit	Ballard Paulus-Dumesnil	La Folie
La Police	Guerrin	La Folie
L'archevêque	Simon, Labotte	La Folie
L'université	Thiboust	La Fontaine Cadet

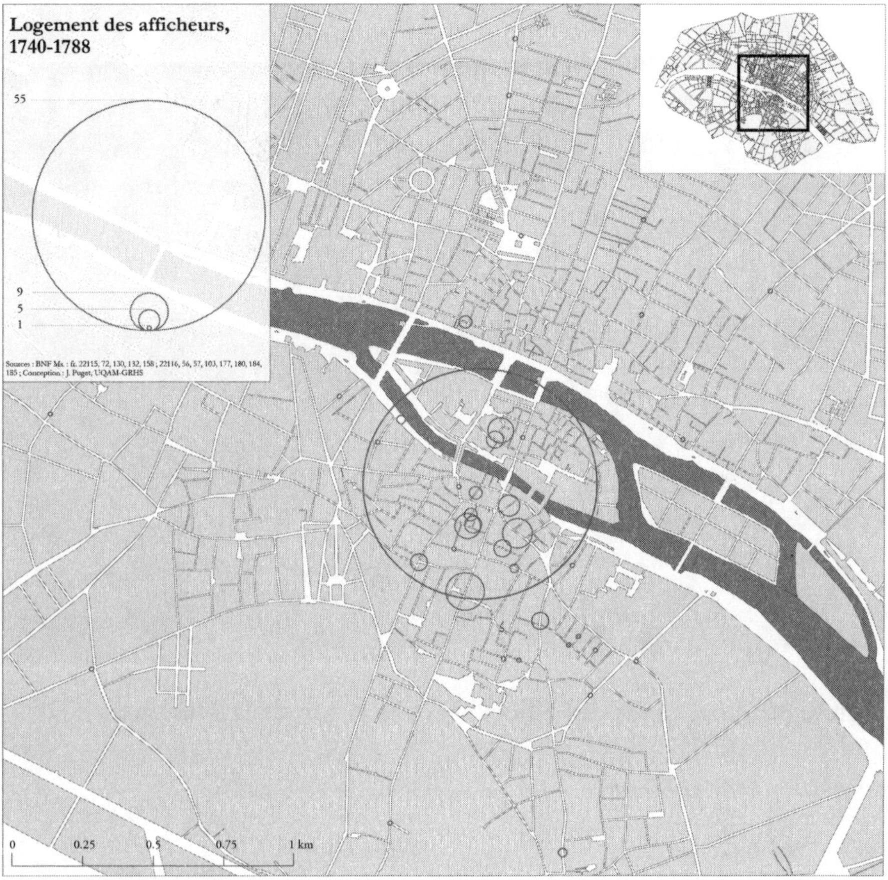

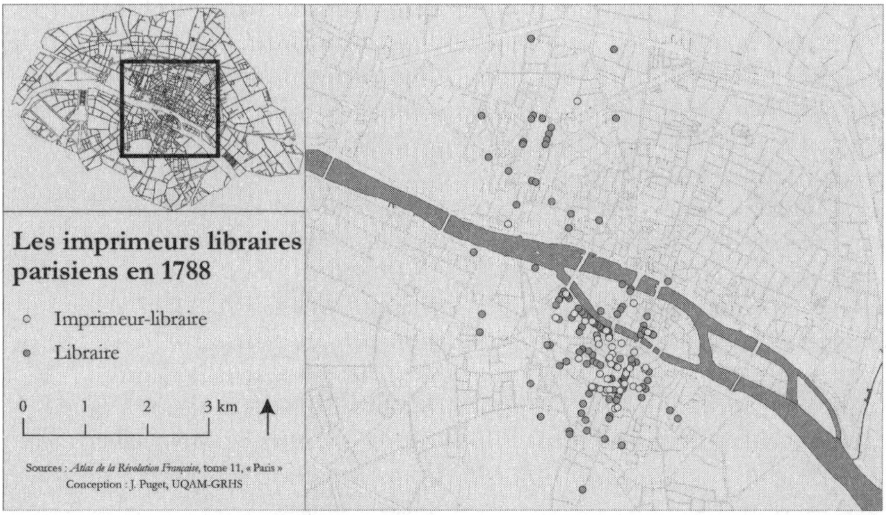

Cartes 5 et 6. Carte des implantations des afficheurs et des imprimeurs à Paris, Cuvelier/Puget/Carbonnier

Figure 80. Logements des afficheurs dans la rue de la Huchette, BNF

1 Chez M. Leclerc Epicier
Fusy-Tirard (1765-…)
2 Chez le boulanger
Jean-Louis Boullé (1788-…)
Jean-René Boullé (1782-…)
3 Aux trois bourses
François La Folie (1741-1754)
Veuve La Folie (1741-1749)
4 Aux Trois Chandeliers
Joseph Ricard (1748-1784)
5 À l'Imagerie Saint-André
Jean-François de Lalande (1740-1785)
6 Chez un chirurgien
Adrien Le Blay (1740-1747)
Charles de la Serre (1741-1746)
7 Au Panier Fleuri
Claude-François Burgevin (1761-1763)
8 Au Soleil d'or
Louis Dugenet (1761-1772)
Adolphe-Marie Robiche (1782-…)
Louis-Antoine Bonnevie (1773-…)
9 À la Cloche
François Houssin (1782-…)
Jean-Mathurin Jourdain (1768-1785)
Guillaume Groux (1766-1782)
Jean-Baptiste Rencontre (1780-…)
Gabriel-Augustin Gonichon (1780-1786)
Louis Louis (1748-1778)
Louis-Philibert Ricard (1746-1779)
Antoine-Philibert Ricard (1747-1770)
François Morand (1741-1770)
Jean-Baptiste Morand (1761-1769)
10 Chez M. Graval horloger
Jacques Truillier (1769-…)
11 Au Muletier de Montpellier
Jean Sigot (1761-1780)
Henri Fourqueux (1751- …)
Veuve d'Henri Fourqueux (…-…)

Comparaison des tarifs d'affichage selon Tonnelier

Commandes de 100 affiches (associées aux formats et aux lieux)	**Afficheurs (en livres / sous)**	**Bureau général (en livres / sous)**
Format carré – « au centre de Paris vers le Louvre, le Palais-Royal, la place des Victoires »	1,10	1,10
Format demi-feuille – mêmes lieux	1,10	1,10
+ 100 en carré ou demie – mêmes lieux	**NR**	**1,05**
Format feuille entière – mêmes lieux	2	2
+ 100 feuilles entières – mêmes lieux	**NR**	**1,15**
« Affichage plus étendu » – jusqu'aux boulevards	2 – 3	**2**
Dans « toute l'étendue de la ville et faubourgs de Paris, ainsi qu'aux barrières »	**3 – 6**	**2**
+ 100 feuilles supplémentaires	**1,10**	
Dans des lieux spécifiques, aux barrières, à la porte d'artisans, de marchands, ou d'huissiers	**NR**	**3**
Dans la « ville et Banlieue de Paris »	**12 – 24**	**6**
« Affichage pressé » – dans l'hyper-centre	NR	2,10
« Affichage pressé » – dans la couronne jusqu'aux faubourgs	NR	3
« Affichage pressé » – dans lieux spécifiques	NR	4
« Affichage pressé » – dans la Banlieue de Paris	NR	9

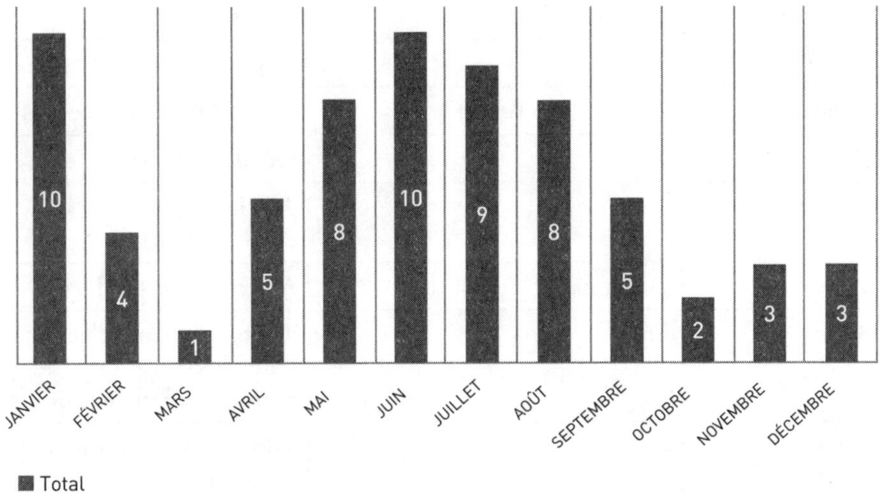

Décisions affichées de la lieutenance générale, en 1752

La codification du droit d'affiche en France. Tableau récapitulatif du corpus juridique (XVIe-XIXe siècles)

Dates	**Textes**	**Objets concernés**
1560 et 1562	Édits	Délits d'affichage
1574	Ordonnance de police	Affiches (permission de justice nécessaire)
1669, 14 mai	Arrêt du conseil d'État du roi	Affiches (permission du magistrat de police nécessaire)
1680	Ordonnance de la lieutenance Générale de police	Délits d'affichage
1722	Ordonnance royale	Afficheurs et colporteurs (règlement)
1725	Ordonnance de la lieutenance de police	Affiches (rappel de 1669)
1727	Arrêt du conseil d'État du roi	Affichage des sentences de police par les jurés-crieurs
1732	Ordonnance royale	Colporteurs (rappel règlement)
1740	*Idem*	*Idem*
1791, 22 mai	**Décret**	**Dérégulation. Distinction entre affichage public/privé ; lieux.**
1791, 28 juillet	Loi	*Idem*
1798, 30 Septembre	Loi du 9 vendémaire an VII	Timbre (introduction pour les affiches privées)
1810, 12 février	Code pénal	Délits d'affichage
1816, 28 avril	Loi	Timbre (confirmation)
Dates	**Textes**	**Objets concernés**
1819, 17 mai	Loi	Délits d'affichage
1830, 10 décembre	Loi	Afficheur (refonte du règlement)
1848, 22 avril	Ordonnance de police	Affichage électoral
1868, 11 mai	Loi	Timbre (affiches électorales d'un candidat nommé, affranchies de timbre)
1868, 25 juillet	Loi	Timbre (prix en fonction de la taille)
1881, 29 juillet	Loi	Règlement de la presse

Le second Bureau de la lieutenance générale de police (1765-1788)

Dates	Attributions du bureau	Membres et Géographie du bureau
1765	Approvisionnement de Paris. Illumination et nettoiement des rues. Renvoi des placets & des Mémoires pour les Informations, **Affiches et placards**, Colporteurs, Spectacles, foires, bureaux des Nourrices, Permissions pour les aubergistes pendant le Carême, Billets pour les Hôpitaux, ce qui concerne le Militaire. Rapports de la Garde de Paris. Prisonniers de Police, Nouveaux convertis, dépôt des archives	Puissan, rue. S. Marc. De la Fosse, place de Louis le Grand. Laurent, rue du Four St Honoré. Imbert, rue de Ve(o ?)ntadour. Pitre de la Roche, rue des Cordeliers. Hochet de la Terrie, rue du Grand Hurleur, maison de M. Martel, Négotiant
1767	Idem	Puissan, rue S. Marc. Laurent, rue du Four St Honoré Imbert, rue du Chantre, Caffé militaire. Pitre de la Roche, rue Froidmanteau Hochet de la Terrie, Chaussée d'Antin.
1777	Approvisionnement de Paris. Illumination et nettoiement des rues. Renvoi des placets & des Mémoires pour les Informations, **Affiches et placards**, Colporteurs, Spectacles, foires, bureaux des Nourrices, Permissions pour les aubergistes pendant le Carême, Billets pour les Hôpitaux, ce qui concerne le Militaire. Rapports de la Garde de Paris. Prisonniers de Police, *Ferme générale.*	Puissan, rue de la Saint-Marc Puissan des Landes, rue Saint-Marc Nogaret, rue de Grammont Bouffaton, rue de la Lune. Coquereau, rue du Foin, au Collège de Maitrr Gervais. Barbeau, rue ???
Dates	**Attributions du bureau**	**Membres et Géographie du bureau**
1780	Approvisionnement de Paris. Illumination et nettoiement des rues. *Les Permissions d'imprimer*, **Affiches et placards**, Colporteurs, Spectacles, foires, bureaux des Nourrices, Permissions pour les aubergistes pendant le Carême, Hôpitaux, Périls imminens. Pompes et Incendies. Rapports de la Garde de Paris. Prisonniers de Police. Ferme générale, Placets et mémoires	Puissan, rue Sainte-Anne Puissan des Landes, rue Sainte Anne. Barbau, rue Montmartre, au petit hôtel Charost. Bouffaton, rue de la Lune. Coquereau, rue du Foin, au Collège de Me Gervais.
1788	Idem	Puissan, rue de la Michodière Puissan des Landes, Adjoint, rue de la Michodière Bouffaton, place du Théâtre Italien. Coquereau, rue de l'Éperon, vis-à-vis celle du Battoir Delasest (?), rue Saint-Honoré, près le Palais Royal. Puissan Ducluceau, rue de la Michodière.

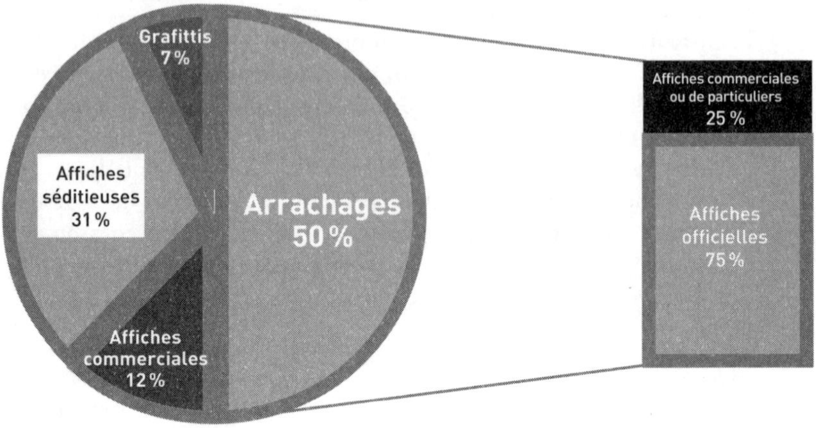

Objets des procès-verbaux. Affaires d'affichage (1789-1793)

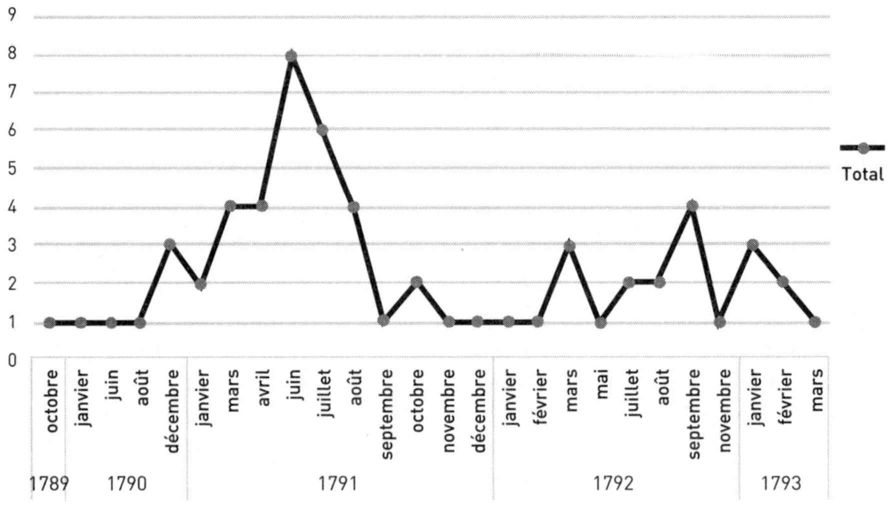

Rythme des interventions policières. Affaires d'affichage (1789-1793)

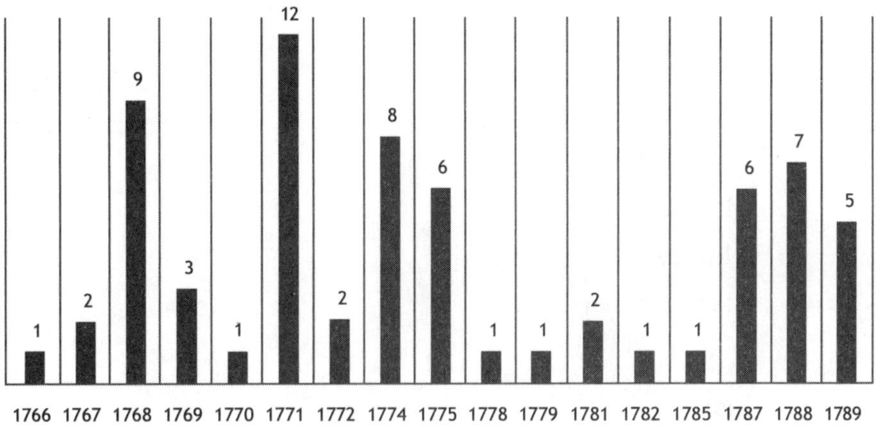

Placards subversifs relevés par Hardy

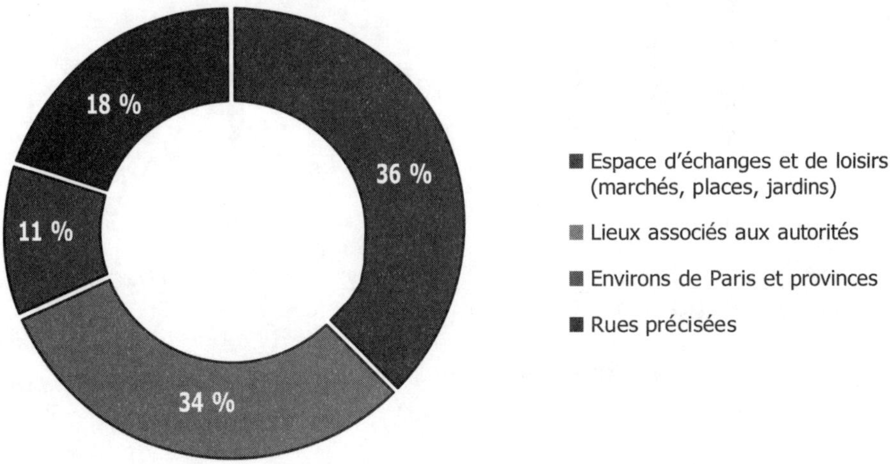

Lieux d'affichage des placards subversifs relevés par Hardy

Métiers des arracheurs d'affiches

Artisans	40 %
Commerce	10 %
Domestiques	15 %
Justice et administration	20 %
Petits métiers de rue	15 %

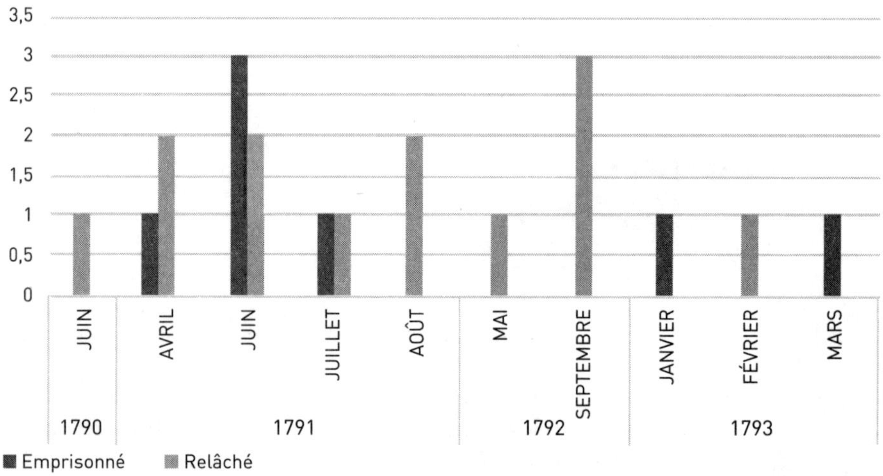

Issue des arrestations pour arrachage

Notes

Introduction

1. *Le Courrier des spectacles, ou Journal des théâtres*, 5 mars 1799, p. 3-4. **2.** Charles Walton, *La Liberté d'expression en Révolution. Les mœurs, l'honneur, la calomnie*, Rennes, Presses universitaires de Rennes, 2014, p. 81-104. **3.** Jürgen Habermas, *L'Espace public. Archéologie de la publicité comme dimension constitutive de la société bourgeoise*, Paris, Payot, 1988. Sur les commentaires historiens d'Habermas : Patrick Boucheron et Nicolas Offenstadt (dir.), *L'Espace public au Moyen Âge. Débats autour de Jürgen Habermas*, Paris, Presses universitaires de France, 2011, notamment Stéphane Van Damme, « Farewell Habermas ? Deux décennies d'études sur l'espace public », p. 43-61. **4.** Sur l'éclairage publicitaire à l'époque contemporaine : Stéphanie Le Gallic, *Lumières publicitaires. Paris, Londres, New York*, Paris, CTHS, 2019. Philippe Artières, *Les Enseignes lumineuses : des écritures urbaines au XXe siècle*, Paris, Bayard, 2010. Sur l'importance de la science-fiction pour penser les transformations urbaines, Alain Musset, *Station Metropolis. Direction Coruscant. Ville, science-fiction et sciences sociales*, Saint-Mammès, Le Bélial', 2019. **5.** Dans les années 2010, certaines villes ont tenté de limiter, voire d'interdire, cette prolifération d'affiches et d'enseignes lumineuses : São Paulo au Brésil, Madras en Inde, ou encore Grenoble en France ; avec plus ou moins de succès. Néanmoins, ces expériences d'interdiction de l'affichage commercial ont fait émerger un autre argument venant le sauver et le sanctuariser. Il renvoie à l'importance de ces objets du quotidien pour se repérer, se familiariser et s'informer dans l'espace urbain. Dans ces villes sans affiches, les murs dénudés seraient alors autant de pages illisibles pour une population déboussolée. **6.** Yves Citton, *Pour une écologie de l'attention*, Paris, Seuil, 2014, p. 73-98. Jonathan Crary, *24/7. Le capitalisme à l'assaut du sommeil*, Paris, La Découverte, 2016. **7.** Par comparaison avec la situation dans les villes anglaises, voir James Raven, *Publishing Business in Eighteenth-Century England*, Woodbridge, The Boydell Press, 2014. James Raven, « Why Ephemera Were Not Ephemeral. The Effectiveness of Innovative Print in the Eighteenth Century », *The Yearbook of English Studies*, 2015, n° 45, p. 56-73. **8.** Neil MacKendrick, John Brewer et John H. Plumb, T*he Birth of a Consumer Society. The Commercialization of 18th-Century England*, London, Hutchinson, 1982. Michael Kwass, *The Consumer Revolution, 1650-1800*, Cambridge, Cambridge University Press, 2022. **9.** Colin Jones et Dror Wahrman (dir.), *The Age of Cultural Revolutions. Britain and France (1750-1820)*, Berkeley, University of California Press, 2002. **10.** Voir Annik Pardailhé-Galabrun, *La Naissance de l'intime. 3 000 foyers parisiens XVIIe-XVIIIe siècles*,

1re éd., Paris, Presses universitaires de France, 1988. Natacha Coquery (dir.), Dossier « Ville, consommation, exotisme dans l'Europe atlantique (XVe-XVIIIe siècle) », *Histoire urbaine*, n° 30, 2011. Claire Walsh, « Shopping et tourisme. L'attrait des boutiques parisiennes au XVIIIe siècle », dans *La Boutique et la Ville. Commerces, commerçants, espaces et clientèles. XVIe-XXe siècle*, Natacha Coquery (dir.), Tours, Presses universitaires François-Rabelais, 2000, p. 223-237. **11.** Stéphane Van Damme, *Paris, capitale philosophique de la Fronde à la Révolution*, Paris, Odile Jacob, 2005. Bruno Belhoste, *Paris savant. Parcours et rencontres au temps des Lumières*, Paris, Armand Colin, 2011. **12.** Parmi les nombreuses synthèses sur l'histoire de Paris au XVIIIe siècle : Jean Chagniot, *Nouvelle Histoire de Paris au XVIIIe siècle*, Paris, Association pour la publication d'une histoire de Paris, 1988. Daniel Roche, *Le Peuple de Paris. Essai sur la culture populaire au XVIIIe siècle*, Paris, Fayard, 1998. David Garrioch, *La Fabrique du Paris révolutionnaire*, Paris, La Découverte, 2013. **13.** François Furet et Jacques Ozouf, *Lire et écrire. L'alphabétisation des Français de Calvin à Jules Ferry*, Paris, Minuit, 1977, vol. 2/1, p. 16-44 et 229-269. Alain Blum et Jacques Houdaille, « L'Alphabétisation aux XVIIIe et XIXe siècle. L'illusion parisienne », *Population*, 1985, 40e année, n° 6, p. 45-69. **14.** Roger Chartier et Daniel Roche, « Les pratiques urbaines de l'imprimé », dans *Histoire de l'édition française*, Paris, Fayard/Promodis, 1990, vol. 2, p. 521-558. Robert Darnton, *The Revolutionary Temper. Paris, 1748-1789*, New York, W. W. Norton & Company, 2023. **15.** Louis-Antoine Caraccioli, *Dictionnaire critique, pittoresque et sentencieux*, tome I, Lyon, B. Duplain, 1768, p. 4. **16.** Jean-Luc Chappey, « Pierre-Louis Roederer et la presse sous le Directoire et le Consulat. L'opinion publique et les enjeux d'une politique éditoriale », *Annales historiques de la Révolution française*, n° 334, 2003, p. 1-21. **17.** *Journal d'économie publique, de morale et de politique, 20 novembre 1796*, « Essaie analytique sur les diverses moyens établis pour la communication des pensées entre les hommes en société », rédigé par Roederer, p. 428. **18.** Gabriel Tarde, *L'Opinion et la foule*, Paris, Presses universitaires de France, 1989 [1901], p. 8-9. Sur l'importance de Gabriel Tarde pour penser l'espace public au XVIIIe siècle, voir Antoine Lilti, *L'Invention de la célébrité*, Paris, Arthème Fayard/Pluriel, 2022, p. 18. **19.** Gabriel Tarde, *L'Opinion et la foule*, *op. cit.*, p. 10. **20.** Louis Abel Beffroy de Reigny, *Dictionnaire néologique des hommes et des choses…*, vol. 1, Paris, chez Moutardier, 1801, p. 49. **21.** Colin Jones, « The Great Chain of Buying. Medical Advertisement, the Bourgeois Public Sphere, and the Origins of the French Revolution », *The American Historical Review*, 1996, n° 101, vol. 1, p. 13-40. **22.** Antoine Lilti, *Figures publiques. L'invention de la célébrité*, Paris, Fayard, 2014, p. 75-121. **23.** *Mercure galant*, mai 1711, Extrait des pièces fugitives du *Mercure Galant*, « Le R.P.D.C. à Monsieur Estienne, Libraire de Paris », p. 20. **24.** Antoine Furetière, *Dictionnaire universel, contenant généralement tous les mots françois tant vieux que modernes & les termes des sciences et des arts…*, 2e édition revue, corrigée et augmentée par M. Basnage de Bauval, La Haye et Rotterdam, chez Arnoud et Reinier Leers, 1702, vol. 1, article « Afficher », p. 42. **25.** Antoine Lilti, *L'Héritage des Lumières. Ambivalences de la modernité*, Paris, EHESS/Gallimard/Seuil, 2019, p. 182-196. **26.** Michèle Fogel, *Les Cérémonies de l'information dans la France du XVIe au milieu du XVIIIe siècle*, Paris, Fayard, 1989. Nicolas Offenstadt, *En place publique. Jean de Gascogne, crieur au XVe siècle*, Paris, Stock, 2013. Alain Bresson, Anne-Marie Cocula et Christophe Pébarthe (dir.), *L'Écriture publique du pouvoir*, Bordeaux, Ausonius, 2005. Antonio Castillo Gómez, « Imprimerie et information publique dans la ville hispanique à l'époque Baroque », dans *L'Imprimé et ses pouvoirs dans les langues romanes*,

Ricardo Saez (dir.), Rennes, Presses universitaires de Rennes, 2010, p. 129-147. **27.** Christian Jouhaud, *Mazarinades. La Fronde des mots*, Paris, Aubier, 1985. Arlette Farge, *Dire et mal dire. L'opinion publique au XVIII*e *siècle*, Paris, Seuil, 1992. Robert Darnton, *Le Diable dans un bénitier. L'art de la calomnie en France (1650-1800)*, Paris, Gallimard, 2010. Robert Darnton, *L'Affaire des Quatorze. Poésie, police et réseaux de communication à Paris au XVIII*e *siècle*, Paris, Gallimard, 2014. **28.** Gilles Feyel « Presse et publicité en France (XVIIIe et XIXe siècles) », *Revue historique*, 2003, n° 628, p. 837-868. **29.** Georg Simmel, « Les grandes villes et la vie de l'esprit », dans *Philosophie de la modernité*, Paris, Payot, 1903, p. 169-200. **30.** David Garrioch, « Sounds of the City. The Soundscape of Early modern European Towns », *Urban History*, 2003, n° 30, vol. 1, p. 5-25. **31.** Ann Blair, *Tant de choses à savoir. Comment maîtriser l'information à l'époque moderne*, Paris, Seuil, (2010) 2020. **32.** Georges Perec, *L'Infra-Ordinaire*, Paris, Seuil, 1989, p. 11. **33.** Daniel Roche, *Histoire des choses banales. Naissance de la consommation dans les sociétés traditionnelles (XVII*e*-XIX*e *siècles)*, Paris, Fayard, 1997, p. 58. **34.** Charles Baudelaire, *Œuvres posthumes et correspondances inédites*, Paris, Quantin, 1887, « Mon cœur mis à nu », p. 99. **35.** Fonds Portiez de l'Oise – Carton n° X 147-3 (1) – chemise n° 1 – pièce n° 26. **36.** Jeremy D. Popkin, *Press, Revolution, and Social Identities in France, 1830-1835*, University Park, The Pennsylvania State University Press, 2002. **37.** Antoine-Prosper Soulès, *Événemens de Paris ou Procès-verbal de ce qui s'est passé en ma présence, depuis le 12 juillet 1789*, Paris, de l'impr. de Cailleau, 1789, p. 1. **38.** Carla Hesse, *Publishing and Cultural Politics in Revolutionary Paris, 1789-1810*, Berkeley, University of California Press, 1991. **39.** Nancy Fraser, « Rethinking the public sphere : a contribution to the critique of actually existing democracy », *Social Text*, n° 25-26, 1990, p. 56-80. **40.** Fonds Portiez de l'Oise – Carton n° X 147-5 – chemise n° 13 – pièce n° 5. **41.** Fonds Portiez de l'Oise – Carton n° X 147-5 – chemise n° 5 – pièce n° 1. **42.** Nicolas Petit, *L'éphémère, l'occasionnel et le non-livre (XV*e*-XVIII*e *siècles)*, Paris, Klincksieck, 1997, p. 22. **43.** Avec Anne Simonin et Pierre Serna, j'ai pu présenter une partie des documents de cette collection dans *La Révolution s'affiche*, Paris, Fayard, 2019. **44.** Laurent Cuvelier, « L'affiche d'avant l'affiche. Biographies d'une archive urbaine », *Histoire urbaine*, 2020/3, n° 59, p. 85-103. Albert Labarre, « Sur l'éminente dignité des "pièces" », *Revue française d'histoire du livre*, 1994, n° 84-85, p. 335-340. À titre d'exemple, Marck Vareschi et Mattie Burkert étudiant les affiches de spectacles du XVIIIe siècle signalent que l'œuvre de référence sur l'étude des éphémères de Maurice Rickards et Michael Twyman (*Encyclopedia of Ephemera*) ne comporte pas d'entrée sur ce type d'imprimés. Mark Vareschi et Mattie Burkert, « Archives, Numbers, Meaning. The Eighteenth-Century Playbill at Scale », *Theatre Journal*, 2016, n° 68, vol. 4, p. 597-613. Dans le registre politique, Hélène Duccini souligne que, dès la première moitié du XVIIe siècle, la baisse des prix des libelles contribua à en faire du papier à jeter, absent des inventaires de décès. Hélène Duccini, *Faire voir, faire croire*, *op. cit.*, p. 13. **45.** Nicolas-Henri Zmelty, *L'Affiche illustrée au temps de l'affichomanie (1889-1905)*, Paris, Mare & Martin, 2014. Ce sont les affiches de Toulouse-Lautrec, au premier rang desquelles la célèbre représentation du « Moulin Rouge » en 1891. Ce sont également les affiches de Mucha, qui se caractérisent par la profusion des détails décoratifs et des arabesques. Depuis la fin du XIXe siècle, les affiches illustrées ont fait l'objet de nombreuses publications d'histoire de l'art et de la publicité. Françoise Enel, *L'Affiche. Fonctions, langage, rhétorique*, Tours, Mame, 1971. Anne-Sophie Aguilar, Éléonore Challine, « Introduction. Tout le monde déteste la publicité ? », *Sociétés & Représentations*,

2022/2 (n° 54), p. 9-30. **46.** Lucien Febvre et Henri-Jean Martin, *L'Apparition du livre*, Paris, Albin Michel, 1958, p. 430. **47.** Laurent Gervereau, *La propagande par l'affiche*, Paris, Alternatives, 1991 ; ou encore Alain Gesgon, *Sur les murs de France : 2 siècles d'affiches politiques*, Paris, Éditions du Sorbier, 1979. La généalogie reconstituée de l'affiche politique renvoie alors à l'épigraphie monumentale de l'Antiquité, puis aux placards parcheminés de l'époque médiévale. Claudia Moatti, « Introduction : de la communication publique écrite », dans *L'Écriture publique du pouvoir, op. cit.* p.18. **48.** Lucien Febvre, « L'origine des placards de 1534 », *Bibliothèque d'Humanisme et Renaissance*, 1945, VII, p. 62-75. Voir également Robert Hari, « Les Placards de 1534 », dans *Aspects de la propagande religieuse*, G. Berthoud et al. (dir.), Genève, Droz, 1957, p. 79-142. **49.** Rosa M. Salzberg, *Ephemeral City. Cheap Print and Urban Culture in Renaissance Venice*, Manchester, Manchester University Press, 2014. Tim Somers, *Ephemeral Print Culture in Early Modern England. Sociability, Politics and Collecting*, Woodbridge, Boydell Press, 2021. Anne Béroujon, *Les Écrits à Lyon au XVIIe siècle. Espaces, échanges, identités*, Grenoble, Presses universitaires de Grenoble, 2009. **50.** Annik Pardailhé-Galabrun, *La Naissance de l'intime. 3 000 foyers parisiens (XVIIe-XVIIIe siècles)*, Paris, Presses universitaires de France, 1988. Maxine Berg, *Luxury and Pleasure in Eighteenth-Century Britain*, Oxford, Oxford University Press, 2007. Natacha Coquery, *Tenir boutique à Paris au XVIIIe siècle. Luxe et demi-luxe*, Paris, Comité des travaux historiques et scientifiques, 2011. **51.** Roger Chartier, *L'Ordre des livres. Lecteurs, auteurs, bibliothèques en Europe entre XIVe et XVIIIe siècle*, Aix-en-Provence, Alinéa, 1992, p. 9. **52.** Arjun Appadurai (dir.), *The Social Life of Things. Commodities in Cultural Perspective*, Londres/New York, Cambridge University Press, 1986. **53.** Armando Petrucci, *Jeux de lettres. Formes et usages de l'inscription en Italie (XIe-XXe siècle)*, Paris, Éditions de l'École des hautes études en sciences sociales, 1993. Béatrice Fraenkel, « Actes d'écriture. Quand écrire, c'est faire », *Langage et Société*, 2007, n° 121-122, vol. 3, p. 101-112. Jérôme Denis et David Pontille, *Le soin des choses. Politiques de la maintenance*, Paris, La Découverte, 2022. **54.** Laurent Bourquin et Philippe Hamon, « Introduction », dans *La Politisation. Conflits et construction du politique depuis le Moyen Âge*, Laurent Bourquin, Philippe Hamon (dir.), Rennes, Presses universitaires de Rennes, 2010, p. 7-20. **55.** Voir l'inventaire des sources. Robert Venturi, Denise Scott Brown et Steven Izenour, *Learning from Las Vegas. The Forgotten Symbolism of Architectural Form*, Cambridge, MIT Press, 1977. **56.** Le corpus ayant fait l'objet d'un traitement quantitatif renvoie à trois fonds conservés aux Archives nationales, à la Bibliothèque nationale de France et à la Bibliothèque historique de la Ville de Paris. Il s'agit de 670 documents pour le fonds « Placards et affiches du Minutier central » aux AN ; 386 documents d'Ancien Régime inventoriés pour la thèse au cours de l'été 2015 à la BHVP ; 308 documents référencés au département des Manuscrits de la BNF. Pour le corpus au sens large, il faut ajouter les affiches de la Révolution française (2 141 affiches conservées à la bibliothèque de l'Assemblée nationale et 2 250 à la BHVP), ainsi que les collections de placards de décès des Archives nationales et de la BHVP. Ce sont enfin les documents étudiés dans d'autres fonds et collections plus modestes (au musée Carnavalet, à la bibliothèque de Médecine, à la bibliothèque-musée de la Comédie-Française, à la bibliothèque Saint-Geneviève). Voir graphiques en annexe. **57.** Christian Jouhaud, Dinah Ribard et Nicolas Schapira, *Histoire, littérature, témoignage. Écrire les malheurs du temps*, Paris, Gallimard, 2009. Étienne Anheim et Antoine Lilti, « Introduction au dossier "savoirs de la littérature" »,

Annales. Histoire, Sciences Sociales, 2010, 65e année, n° 2, p. 253-260. **58.** Fabio La Rocca, *La Ville dans tous ses états*, Paris, CNRS Éditions, 2013.

1. Les travailleurs de l'affiche

1. Anne Claude Philippe, comte de Caylus, *Œuvres badines complettes, du comte de Caylus*, Paris, Chez Visse, 1787, vol. 10, p. 341-392. **2.** Simone Gougeaud-Arnaudeau, *Le Comte de Caylus (1692-1765). Pour l'amour des arts*, Paris, L'Harmattan, 2010. **3.** *Ibid.*, p. 344. **4.** Remarquons qu'ils se voient attribuer la création du « libro unitario », rupture technique décisive ayant contribué à l'invention du livre. Sur ce dispositif, voir Roger Chartier, *La Main de l'auteur et l'esprit de l'imprimeur (XVIe-XVIIIe siècle)*, Paris, Gallimard, 2015, p. 39. **5.** BNF Ms. : fr 21832, f° 76 verso. **6.** Sabine Juratic, « Le Monde du livre à Paris entre absolutisme et Lumières. Recherches sur l'économie de l'imprimé et sur ses acteurs », thèse de doctorat en histoire, sous la direction de Frédéric Barbier, Paris, EPHE, 2003, p. 262. Jean-Pierre Vittu, « Louis-Pierre Couret de Villeneuve. Libraire-imprimeur orléanais (vers 1770-vers 1792) », *Bulletin de la société archéologique et historique de l'Orléanais*, n° 187, 2022, p. 45-64. **7.** Voir liste en annexe. BNF Ms. : fr. 22115, 94. « État des imprimeurs et des afficheurs qui travaillent pour eux », avec la liste des corps et communautés qui font poser des affiches. (1753) – 2f. **8.** BNF Ms. : fr. 22081, 188 bis. **9.** Maxime Préaud, « L'Imprimerie royale et le cardinal de Richelieu », dans *Richelieu. L'art et le pouvoir*, Hilliard Todd Goldfarb (dir.), Paris, Quo Vadis, 2002, p. 210-243. **10.** Pour une liste des imprimeurs royaux au cours du siècle, Georges Lepreux, *Gallia Typographica. Paris et l'Île-de-France, t. I : Livre d'or des imprimeurs du roi*, Paris, Honoré Champion, 1911. **11.** Voir l'introduction d'Ernest Coyecque à l'*Inventaire de la collection Anisson sur l'histoire de l'imprimerie et la librairie, principalement à Paris (du XIIIe au XVIIIe siècle)*, Paris, E. Leroux, 1900, p. LXVI et suivantes. **12.** Précisons cependant que les bouleversements révolutionnaires eurent raison d'Anisson-Duperron, puisqu'il est progressivement supplanté par l'imprimeur de l'Assemblée nationale, François-Jean Baudouin, et guillotiné le 25 avril 1794. **13.** Sabine Juratic, « Le Monde du livre à Paris entre absolutisme et Lumières », *op. cit.*, p. 282. L'acquisition de nouveaux locaux afin d'accueillir davantage de presses est souvent un facteur déterminant pour permettre aux imprimeurs-libraires de continuer à prospérer. Voir pour le cas londonien James Raven, *Bookscape. Geographies of Printing and Publishing in London before 1800*, 1re éd., London, British Library, 2014, p. 150-151. **14.** Pierre Casselle, « Imprimeurs et publications des administrations parisiennes du XVIIe au XIXe siècle », dans *Paris et Île-de-France. Mémoires*, R. Amadou, H. Brussier, P. Casselle, L. Le Loup (dir.), Paris, Fédération des sociétés historiques et archéologiques de Paris et Île-de-France, 1986, p. 185-245. **15.** Jean-Dominique Mellot, Élisabeth Queval et Nathalie Aguirre (dir.), *La Police des métiers du livre à Paris au siècle des lumières*, Paris, Bibliothèque nationale de France, 2017, p. 324. **16.** BNF Ms. : fr. 22078, f° 252. **17.** Il les vend notamment à l'imprimeur de l'*Encyclopédie*, André-François Le Breton. Frank A. Kafker et Jeff Loveland, « André-François Le Breton, initiateur et libraire en chef de l'*Encyclopédie* », *Recherches sur Diderot et sur l'Encyclopédie*, 2016, n° 51, p. 107-125. **18.** BNF Ms. : fr. 22078, 122. **19.** BNF Ms. : fr. 22078, f° 275. Voir en annexe le tableau récapitulatif des impressions échelonnées sur l'année. Il précise le rythme de travail de Guérin et de ses ouvriers d'imprimerie. **20.** BNF Ms. : fr. 22078, 122. **21.** Soit 15 450 affiches sur 59 886 imprimés sur une année. **22.** 929 livres sur

2 872 au total. Soit 32 % pour les affiches, 29 % pour les feuilles, 25 % pour les imprimés de fonctionnement et 13 % pour les consignes. **23.** BNF Ms. : fr. 22078, 119 ; 122 ter. **24.** BNF Ms. : fr. 22078, f° 260. Nicolas Vidoni, *La Police des Lumières. XVII*e*-XVIII*e *siècle*, Paris, Perrin, 2018. **25.** Ben Kafka, *The Imaginary State. Paperwork and Political Thought in France (1789-1860)*, Stanford (CA), Stanford University Press, 2004. **26.** BNF Ms. : fr. 22078, f° 262. **27.** BNF Ms. : fr. 22078, f° 263. **28.** Sabine Juratic, « Le Monde du livre à Paris entre absolutisme et Lumières », *op. cit.*, p. 286-287. AN Y 13617 Compte de tutelle Collombat. **29.** BNF Ms. : fr. 22081, f° 338. Sur le procès-verbal de la visite de 1770, 94 % des imprimeurs ayant une charge officielle produisent également des ouvrages de ville. BNF Ms. : fr. 22081, 184. **30.** *Encyclopédie ou Dictionnaire raisonné des sciences, des arts et des métiers. t. II : Azyme-Cezimbra*, Paris, Le Breton et al., 1751-1765, article « Bilboquet », p. 249. Sur ces éphémères dans le contexte britannique : James Raven, *Publishing Business in Eighteenth-Century England*, Woodbridge, The Boydell Press, 2014, p. 75. Sarah Lloyd, « Ticketing the British Eighteenth Century. "A Thing… Never Heard of Before" », *Journal of Social History*, juin 2013, n° 46, vol. 4, p. 843-871. **31.** BNF Ms. : fr. 22081, f° 130 verso. **32.** BNF Ms. : fr. 22081, 64 ; Bibliothèque de l'Arsenal Ms. : 10299, 36 ; BNF Ms. : fr. 22081, 184. **33.** Sabine Juratic, « Le Monde du livre à Paris entre absolutisme et Lumières », *op. cit.*, p. 275. **34.** *Ibidem*, p. 75. **35.** John Feather, *The Provincial Book Trade in Eighteenth-Century England*, Cambridge, Cambridge University Press, 1985, p. 3. **36.** Philippe Minard, *Typographes des Lumières suivi des Anecdotes typographiques de Nicolas Contat*, Seyssel, Champ Vallon, 1989. **37.** Gilles Feyel, « Presse et publicité en France (XVIIIe et XIXe siècles) », *Revue historique*, 2003, n° 628, p. 837-868. **38.** Jean Sgard, « Annales historiques et périodiques », *Dictionnaire des journaux 1600-1789, tome I*, Jean Sgard (dir.), Paris, Universitas, 1991, p. 133. Anne-Marie Chouillet, « Annales de chimie », *Ibid.*, p. 131. **39.** BNF Ms. : fr. 22081, 184. **40.** *Ibid.* Marie-Laure Legay, *Les Loteries royales dans l'Europe des Lumières (1680-1815)*, Villeneuve-d'Ascq, Presses universitaires du Septentrion, 2014. **41.** Gilles Feyel, *L'Annonce et la nouvelle. La presse d'information en France sous l'Ancien Régime (1630-1788)*, Oxford, Voltaire Foundation, 2000, p. 331-342. **42.** BNF Ms. : fr. 21817, f° 245-246. **43.** Patricia Gray et Wallace Kirsop, « L'art du prospectus : l'écrivain éditeur et son public », *Travaux de littérature*, 2001, n°14, p. 361-374. Robert Darnton, *L'Aventure de l'Encyclopédie : 1775-1800 ; un best-seller au siècle des Lumières*, Paris, Perrin, 1982, p. 337-345. **44.** « Décret de l'Assemblée nationale du 17 mars 1791 », *Collection générale des décrets rendus par l'Assemblée nationale*, Paris, Baudouin, 1791, p. 52-62. Carla Hesse, « Le Sort des imprimeurs et libraires parisiens après la chute de la Chambre syndicale en 1791 », dans *Livre et Révolution. Mélanges de la bibliothèque de la Sorbonne offerts à André Tuilier*, Actes réunis par Frédéric Barbier, Claude Jolly et Sabine Juratic, présentés par Daniel Roche et Roger Chartier, Paris, Aux amateurs de livres, coll. « Mélanges de la bibliothèque de la Sorbonne », p. 21-32. **45.** Carla Hesse, « La Fin de l'Ancien Régime typographique », dans *L'Affiche en Révolution*, Alan Marshall et Thierry Gouttenègre (dir.), Vizille, Musée de la Révolution française, 1998. **46.** Carla Hesse, *Publishing and Cultural Politics in Revolutionary Paris (1789-1810)*, Berkeley, University of California Press, 1991. **47.** Louis Bertrand-Quinquet, *Traité de l'imprimerie*, Paris, 1798, p. 258. **48.** Pour une analyse complète de cette campagne médiatique, voir Laurent Cuvelier, « Du chant du coq au chant du coquin. Affichage et communication royaliste à Paris en 1791 », *Annales historiques de la Révolution française*, n° 403, vol. 1, 2021, p. 63-78.

49. Sur ce point, Bertrand-Quinquet précise : « Pour les ouvrages de ville, comme affiches, billets de mariages, factures, registres, etc., les prix ont une sorte de cours connu de tous les Imprimeurs ; et s'il s'en trouve quelques-uns qui, nouvellement établis, ne les connaissent pas encore, ils doivent s'en informer soit dans la ville qu'ils habitent quand ils y ont des confrères, soit dans les villes environnantes. » Louis Bertrand-Quinquet, *Traité de l'imprimerie*, *op. cit.*, p. 254. **50.** *Dépenses et recettes journalières de la Comédie-Italienne*, du 27 avril 1772 au 27 mars 1773, p. 5. **51.** Malesherbes, *Mémoires sur la librairie, Mémoire sur la liberté de la presse*, Paris, Imprimerie nationale éditions, 1994, p. 259. **52.** Jeanne Veyrin-Forrer, « Aperçu sur la fonderie typographique parisienne au XVIIIe siècle », dans *La Lettre et le texte. Trente années de recherches sur l'histoire du livre*, Paris, collection de l'École normale supérieure de jeunes filles, 1987, p. 89-108. **53.** Auguste Imbert, *Voyage autour du Pont-Neuf, et promenade sur le quai aux Fleurs, par Rossignol Passe-partout*, Paris, A. Imbert, 1824, p. 7-8. **54.** BNF Ms. : fr. 22154, 90. **55.** BNF Ms. : fr. 22154, f° 128. **56.** BNF Ms. : fr. 22154, f° 129. **57.** BNF Ms. : fr. 22154, f° 130 verso. **58.** Frédéric Barbier, Sabine Juratic, Annick Mellerio (dir.) *Dictionnaire des imprimeurs, libraires et gens du livre à Paris. 1701-1789*, Genève, Droz, 2007, « DAUPHIGNY ou DAUPHIGNY BEAUVAIS Nicolas François ». **59.** Bibliothèque de l'Arsenal. Archives de la Bastille Ms. : 11802, f°s 222 et suivants. **60.** BNF Ms. : fr. 22062, 109. **61.** AN MC/PL//13, 1803. « Placard de décès de Geneviève Valleyre, épouse Gonichon », 1750. **62.** J.-D. Mellot, É. Queval et N. Aguirre (dir.), *La Police des métiers du livre*, *op. cit.* p. 236. **63.** Ces éphémères liés aux rites funéraires ont fait l'objet de nombreuses études et monographies, depuis les amateurs de vieux papiers (Louis Esquieu, *Vieux Papiers rennais. Les Placards mortuaires*, Rennes, P. Malbrand, 1904), jusqu'aux études d'histoire religieuse (Pierre Clauer, « Des billets d'enterrement au XVIIIe siècle », *Études religieuses, philosophiques, historiques et littéraires par des Pères de la Compagnie de Jésus*, Paris, Lyon, Lecoffre, 1877, t. XII, p. 374-385), en passant par les approches de bibliographie matérielle (Maxime Préaud, « On ne meurt qu'une fois. Note sur l'initiale V des billets d'enterrement aux XVIIe et XVIIIe siècles », *Revue de la BnF*, 2002, n° 10, p. 73-76). **64.** Nous avons essentiellement travaillé sur 936 placards et billets conservés à la Bibliothèque historique de la Ville de Paris (BHVP), datant du XVIIIe siècle et des premières années du XIXe (seuls 17 sont imprimés au XVIIe siècle). Un fonds important d'environ 8 000 « placards après décès » est également conservé aux Archives nationales, étudié et numérisé par Marie-Françoise Limon-Bonnet et Alexandre Cojannot, « Placards funéraires du Minutier central des notaires de Paris », dans *La mort et l'écrit à Paris, du Moyen Âge à la Grande Guerre*, à paraître. **65.** Arina Makarova, « La Fonction sociale de la rubrique nécrologique. L'annonce de décès à travers la presse des XVIIIe-XIXe siècles », *Hypothèses 2006. Travaux de l'École doctorale d'histoire*, 2007, p. 113-121. **66.** Antoine Lilti, *Figures publiques. L'invention de la célébrité*, Paris, Fayard, 2014, p. 104 et suivantes. **67.** BHVP – 4-AFF-001066. **68.** Pierre Chaunu, *La Mort à Paris. XVIe, XVIIe, XVIIIe siècles*, Paris, Fayard, 1984, p. 351. **69.** Joseph-Nicolas Guyot, *Répertoire universel et raisonné de jurisprudence civile, criminelle, canonique et bénéficiale*, Paris, chez Visse, 1775, t. VI, article « Crieur », p. 164-169. **70.** Erin-Marie Legacey, *Making Space for the Dead. Catacombs, Cemeteries, and the Reimagining of Paris, 1780-1830*, Ithaca, Cornell University Press, 2019. **71.** Pour les pièces de l'affaire : BNF Ms. : fr. 22062, 100 à 113 ; 22063, 1. Également BNF, Département Droit, économie, politique, F-21151 (5). **72.** BNF Ms. : fr. 22062, 103, 104, 105. **73.** Vincent Milliot, *Les*

Cris de Paris ou le Peuple travesti. Les représentations des petits métiers parisiens (XVIe-XVIIIe siècle), Paris, Publications de la Sorbonne, 1995. **74.** BNF Ms. : fr. 22062, 109. **75.** BNF Ms. : fr. 22062, 101. **76.** BNF Ms. : fr. 22062, 109. **77.** *Ibid.* **78.** Un phénomène similaire est cependant observable pour les imprimeurs de province. Il serait possible de le repérer à travers l'enquête menée en 1764 délivrant les « États de la Librairie et Imprimerie du Royaume » (BNF Ms. : fr. 22184 et 22185) et précisant « à quels ouvrages ces imprimeries sont ordinairement employées ». Remarquons de la même manière qu'en Angleterre, les imprimeurs des villes modestes intègrent dans leurs impressions les ouvrages de villes. C'est par exemple John Soulby et fils qui impriment à Ulverston dans le Lancashire (ville d'environ 3 000 habitants à la fin du XVIIIe siècle) de nombreuses affiches pour les ventes de biens mobiliers ou immobiliers. Michael Twyman et William Rollinson, *John Soulby, printer, Ulverston : a study of the work printed by John Soulby, father and son, between 1796 and 1827*, Reading, England, Museum of English Rural Life, 1966. **79.** James Raven, *Publishing Business in Eighteenth-Century England, op. cit.*, p. 116. **80.** *Ibid.* **81.** BNF, Ms. : fr. 22115, 95. **82.** Jérôme Denis et David Pontille, *Le soin des choses. Politiques de la maintenance*, Paris, La Découverte, 2022. **83.** Haïm Burstin, « Unskilled Labor in Paris at the End of the Eighteenth Century », dans *The Workplace before the Factory. Artisans and Proletarians (1500-1800)*, T. M. Safley, L. N. Rosenband (dir.), Ithaca/New York/Londres, Cornell University Press, 1993, p. 63-72. **84.** David Garrioch, *Neighbourhood and Community in Paris, 1740-1790*, Cambridge, Cambridge University Press, 2002. Vincent Milliot, « La police des métiers ambulants et des métiers non corporés de Paris au XVIIIe siècle », dans *La Polizia del lavoro : il definirsi di un ambito di controllo*, Livio Antonielli (dir.), Soveria Mannelli, Rubbettino Editore, 2011, p. 47-61. **85.** Louis-Sébastien Mercier, *Tableau de Paris, vol. II*, Jean-Claude Bonnet (dir.), Paris, Mercure de France, 1994, p. 1322. **86.** *Ibid.* p. 1322. **87.** Nous avons essayé de préciser le plus possible les points d'affichage, bien que les simples mentions de noms de rues ne permettent pas, parfois, d'identifier le point exact. En ce qui concerne les trajets des afficheurs, ces derniers ont été produits de manière semi-automatisée, corrigée ensuite manuellement du plus court au plus court, grâce à l'aide précieuse et déterminante de Julien Puget. Sur les 151 points d'affichage indiqués, nous avons pu en intégrer 135 dans un système d'information géographique, ce qui donne par afficheur la répartition « document d'origine/SIG » : Marque 67/61 ; Morand 43/40 ; Séguin 41/34. **88.** BNF Ms. : fr. 22115, 134. **89.** *Dépenses et recettes journalières de la Comédie-Italienne*, du 9 juin 1723 au 1er avril 1724, n° 36. *Ibid.* du 2 mai 1729 au 24 mars 1730, n° 113 verso. **90.** Posons une vitesse moyenne de marche d'un adulte en milieu urbain : 4 km/h. Nous avons également ajouté une minute par point d'affichage (en prenant en compte l'encollage du mur, la fixation des affiches puis leur encollage). À la fin, cela donne environ trois heures d'affichage pour Séguin et Morand, presque quatre heures pour Marque. **91.** Jacques Peuchet, *Encyclopédie méthodique. Jurisprudence, t. IX, [Police et Municipalités, t. I : Abandon-Cutwal]*, Paris, chez Panckoucke ; Liège, chez Plomteux, 1791, p 245. **92.** BNF Ms. : fr. 22115, 134. **93.** Laurent Cuvelier et Suzanne Rochefort, « Une nouveauté permanente ? Regards croisés sur la presse et les affiches à la fin du XVIIIe siècle », *Histoire, Économie et Société*, à paraître en 2024. **94.** *Décret de l'Assemblée nationale, du 16 août 1792*, Paris, Imprimerie nationale, 1792. **95.** Guillaume Imbert de Boudeaux, *Recueil de lettres secrètes. Année 1783*, Genève, Librairie Droz, 1997, p. 367. **96.** Anonyme, *Bureau de la lotterie* [estampe], Landry, 1701, BNF, Hennin, 6670. Anonyme, extrait de *Un homme portant* *sur son dos un crochet chargé de paquets* [estampe], Paris, chez Crepy, s.d., BNF, Hennin, 7865. Louis Jacob (d'après Antoine Watteau), *Départ des Comédiens italiens* [estampe], Paris, sans éditeurs, sans date, BNF, Dacier et Vualfart, 184. *Anonyme, extrait de Le Bruit court* [estampe], Paris, Langlumé, sans date, BNF, De Vinck, 9418. Caylus, *Mémoires de l'Académie des colporteurs*, Paris, Imprimerie de l'Académie, 1748, [estampe], p. 240-241. **97.** Anne Claude Philippe, comte de Caylus, *Œuvres badines complettes, du comte de Caylus*, Paris, Chez Visse, 1787, vol. 10, p. 373-374. **98.** *Ibid.* **99.** BNF Ms. : fr. 21832, f°s 72-81 ; 22115, 134. **100.** BNF Ms. : fr. 21847, f° 1 ; 21854, f° 185. **101.** Pour une étude du métier d'afficheur au prisme du genre au début du XXe siècle : Juliette Rennes, *Métiers de rue. Observer le travail et le genre à Paris en 1900*, Paris, Éditions de l'EHESS, 2022. **102.** AN Minutier central /ET/L/401/N. Sur les permissions d'afficher, voir chapitre 5. **103.** Archives de la préfecture de police (APP) – AA215 – 207-209. **104.** BNF Ms. : fr. 21854, f° 166. **105.** BNF Ms. : fr. 21854, f° 181. **106.** BNF Ms. : fr. 21854, f° 172. **107.** BNF Ms. : fr. 21854, f° 161, et *Journal de Paris*, 22 février 1779, n° 53, « Extrait du Registre des scellés apposés dans la Ville & Fauxbourg de Paris, après le décès », p. 213. **108.** À partir d'un dépouillement partiel de trois listes de colporteurs en 1740, 1750 et 1761, nous avons identifié dix individus qui font partie des deux groupes. BNF Ms. : fr. 21846 ; 21854, 1 ; 22115, 72. **109.** BNF Ms. : fr. 22115, 17. **110.** BNF Ms. : fr. 21854, f° 29 ; 21847, f° 69. **111.** BNF Ms. : fr. 21854, f°s 166 et 32 ; 21846, f° 16. **112.** BNF Ms. : fr. 21847, f° 67. **113.** BNF Ms. : fr. 22115, 72. **114.** BNF Ms. : fr. 22115, 94. Sur les placards de thèse, voir l'étude complète de Véronique Meyer, *L'Illustration des thèses à Paris dans la seconde moitié du XVIIe siècle. Peintres, graveurs, éditeurs*, Paris, Commission des travaux historiques de la Ville de Paris, 2002. **115.** BNF Ms. : fr. 21854, f° 175. **116.** Robert Darnton, *Le Grand Massacre des chats. Attitudes et croyances dans l'ancienne France*, Paris, Robert Laffont, 1985, p. 114-115. **117.** BNF Ms. : fr. 21854, f° 160. **118.** BNF Ms. : fr. 22116, 185. **119.** Voir carte en annexe. La carte des imprimeurs a été réalisée par Julien Puget à partir de celle figurant dans Youri Carbonnier, « Le Cœur de Paris à la veille de la Révolution », *Histoire urbaine*, 2002, n° 6, p. 43-68. **120.** Sabine Juratic, « Les Métiers du livre à Paris au dernier siècle de l'Ancien Régime (vers 1680-1789) », *Bibliologia. An International Journal of Bibliography, Library Science, History of Typography and the Book*, 2007, vol. 2, p. 51-75. **121.** Youri Carbonnier, « Le Cœur de Paris à la veille de la Révolution », *art. cit.* **122.** Louis-Sébastien Mercier, *Tableau de Paris, vol. I*, Jean-Claude Bonnet (dir.), Paris, Mercure de France, 1994, p. 453. **123.** Edmond Jean François Barbier, *Chronique de la Régence et du règne de Louis XV (1718-1763), ou Journal de Barbier, tome I (1718-1726)*, Paris, Charpentier, 1857, p. 1-7. Jean-Louis Harouel, *L'Embellissement des villes L'urbanisme français au XVIIIe siècle*, Paris, Picard, 1993, p. 228. Youri Carbonnier, « La monarchie et l'urbanisme parisien au siècle des Lumières », *Histoire urbaine*, 2009, n° 24, p. 33-46. **124.** D'après un extrait du *Plan de Paris en 20 planches*, dessiné et gravé sous les ordres de Michel-Étienne Turgot, prévôt des marchands, commencé en 1734, achevé de graver en 1739. Également : Archives nationales, *Cartes et plans*, N/III/Seine/346 – Maison entre les rues de la Huchette, Zacharie [Xavier-Privas], du Petit-Pont et Saint-Séverin. Les dates indiquées correspondent à la période où ces afficheurs déclarent cette adresse sur leur visa. **125.** Voir carte en annexe. BNF Ms. : fr. 21847, f° 5 ; 21854, f° 191. **126.** Nous nous inspirons ici de l'étude de Joanne M. Ferraro, « Making a Living. The Sex Trade in Early Modern Venice », *The American Historical Review*, 2018, n° 123, vol. 1, p. 30-59. **127.** AN Minutier Central /

ET / XCI / 1255. **128.** Jules Guiffrey, *Scellés et inventaires d'artistes français du XVIIe et du XVIIIe siècle*, Paris, Charavay frères, libraires de la société, 1885, partie II, p. 412-413. AN/Y/11083 ; *Ibid.*, p. 234. AN/Y/13764. Jèze, *Tableau universel et raisonné de la ville de Paris*, Paris, J. P. Costard, 1757, p. 110. **129.** Ce faible nombre de changements d'adresse est d'autant plus accentué que certaines modifications peuvent être liées aux erreurs commises par les autorités qui corrigent d'une liste à l'autre. Le cas extrême est sans doute celui de Jean-Alexis Pognant, afficheur pendant trente-et-un ans, qui déménage à quatre reprises. Il loge tout d'abord chez son père, rue Saint-Éloi, sur l'île de la Cité, puis rue de la Calandre, au coin de la même rue, avant de rejoindre le quartier de l'Université (rue du Plâtre-Saint-Jacques, puis rue Galande). BNF Ms. : fr. 21850, f° 47 ; 22115, 130 ; 22116, 103 ; 22116, 185. **130.** Arlette Farge, *Vivre dans la rue à Paris au XVIIIe siècle*, Paris, Gallimard, 1992, p. 31. **131.** Rosa Salzberg, « Mobility, Cohabitation and Cultural Exchange in the Lodging Houses of Early Modern Venice », *Urban History*, 2019, n° 46, vol. 3, p. 398-418. **132.** Archives de la préfecture de police (APP) – AA87 – pièces n° 272-273. **133.** BNF Ms. : fr. 21850, f° 37 ; 21847, f° 17. **134.** BNF Ms. : fr. 21854, f° 195. **135.** 90 % pour les relations pères-fils, 7 % pour les couples et 3 % pour les fratries. **136.** BNF Ms. : fr. 22115, 29. **137.** BNF Ms. : fr. 22115, 19. **138.** Christian Jouhaud, *Mazarinades. La Fronde des mots*, Paris, Aubier, 1985. **139.** BNF Ms. : fr. 22116, 24. Stéphane Haffemayer, « Mazarin, Information and Communication During the Fronde (1648-1653) », *Media History*, 2016, n° 22, vol. 3-4, p. 386-400. **140.** BNF Ms. : fr. 21749, f° 38. Nicolas Vidoni, *La Police des Lumières. XVIIe-XVIIIe siècle*, Paris, Perrin, 2018, p. 56-63. **141.** Bibliothèque de l'Arsenal, Archives de la Bastille, Ms. 10299, f° 34. Voir chapitre 7. **142.** Henri-Jean Martin, *Livre, pouvoirs et société à Paris au XVIIe siècle (1598-1701)*, Genève, Droz, 1969, vol. 2. Pour le code de la Librairie : Claude-Marin Saugrain, *Code de la librairie et imprimerie de Paris...*, Paris, imprimerie de Quillau, 1744. Sur les métiers non corporés : Vincent Milliot, « La police des métiers ambulants et des métiers non corporés de Paris au XVIIIe siècle », *art cit.* Philippe Minard, « Corporations », dans *Dictionnaire historique de l'économie-droit, XVIIIe-XIXe siècles*, Alessandro Stanziani (dir.), Paris, Librairie générale de droit et de jurisprudence, 2007, p. 103-113. **143.** BNF, Ms. : fr. 22115, 45. **144.** BNF Ms. : fr. 22115, 46. **145.** BNF Ms. : fr. 22116, 2. **146.** BNF Ms. : fr. 22115, 114. **147.** BNF Ms. : fr. 22115, 116. **148.** Vincent Denis, *Une histoire de l'identité : France, 1715-1815*, Seyssel, Champ Vallon, 2008. **149.** AN – AD/VIII/6. Également BNF Ms. : fr. 22116, 119. **150.** BNF Ms. : fr. 22115, 45. **151.** Véronique Sarrazin, « Les Almanachs parisiens au XVIIIe siècle », thèse d'histoire moderne sous la direction de Daniel Roche, Paris, université Paris 1, 1997. Anton Tantner, *Les Ancêtres des moteurs de recherche. Bureaux d'adresse et feuilles d'annonces à l'époque moderne*, Paris, Éditions de la Maison des Sciences de l'Homme, 2017. **152.** BNF Ms. : fr. 22116, 155 et 156. **153.** BNF Ms. : fr. 22115, 24 et 25. **154.** BNF Ms. : fr. 22115, 45. **155.** BNF Ms. : fr. 22085, 27. **156.** MM. Radet, Desfontaines & Barré, *Arlequin afficheur, comédie-parade*, Paris, Chez Brunet, 1792, p. 4-5. **157.** BNF Ms. : fr. 22116, 2 et 186. **158.** AN AD/VIII/7 – « Ordonnance de Monsieur le Lieutenant général de police portant règlement pour les Colporteurs et les Afficheurs, 5 février 1749 ». **159.** BNF Ms. : fr. 21854, f° 169 ; 21847, fos 11 et 55. **160.** Vincent Milliot, *Les Cris de Paris*, *op. cit.* **161.** Edmé Bouchardon, *Études prises dans le bas peuple ou les Cris de Paris*, Paris, chez Joullain Quay de la Mégisserie, 1737-1746. **162.** *Les Français peints par eux-mêmes. Encyclopédie morale du dix-neuvième siècle.* Paris, L. Curmer, 1840-1842, t. X. Sur l'entreprise, voir Judith

Lyon-Caen, « Saisir, décrire, déchiffrer. Les mises en texte du social sous la monarchie de Juillet », *Revue historique*, 2004, n° 630, p. 303-331. **163.** D'après Edmé Bouchardon, Valiquet, « Carte réclame – afficheur, 1750 », Baster et Vieillemard, 4e quart du XIXe siècle, Mucem, 1995.1.1010.1. **164.** Jillian Lerner, *Graphic Culture. Illustration and Artistic Enterprise in Paris (1830-1848)*, Ontario, McGill-Queen's Press, 2018, p. 79-82. Notons que l'estampe est réactualisée au prisme des afficheurs du XIXe siècle, « Assiette plate », 2e moitié du 19e siècle, Mucem, 1960.13.2. Auguste Bouquet, *L'Afficheur* [estampe], Paris, chez Aubert, 1832, BNF, De Vinck, 12161. **165.** Sabine Barles, *La ville délétère, Médecins et ingénieurs dans l'espace urbain, XVIIIe-XIXe siècles*, Seyssel, Champ Vallon, 1999. **166.** Jacques Peuchet, *Encyclopédie méthodique. Jurisprudence, t. IX, op. cit.*, p. 245. **167.** Louis-Sébastien Mercier, *Tableau de Paris, vol. I, op. cit.*, p. 132. **168.** *Ibid.*, p. 712. **169.** Sur la réussite de la pièce *Arlequin afficheur* : « Le succès [...] fut si grand, si complet dans Arlequin afficheur, qu'il faut compter par centaines les représentations qu'on donna de cette pièce, chose d'autant plus extraordinaire, qu'au commencement de ce siècle les affiches n'étaient point stéréotypées comme de nos jours » (Édouard Montagne, *Le Manteau d'Arlequin*, Paris, Librairie internationale, 1866, p. 292). **170.** MM. Radet, Desfontaines & Barré, *Arlequin afficheur, op. cit.*, p. 40. **171.** BNF Ms. : fr. 22115, 71. **172.** BNF, Ms. : fr. 21836, 66. Sur les chiffonniers, voir chapitre 3. **173.** BNF Ms. : fr. 22115, 93. **174.** BNF Ms. : fr. 22115, 122. **175.** BNF Ms. : fr. 22085, 31. **176.** BNF Ms. : fr. 22085, 32. **177.** *Almanach royal*, Paris, Le Breton, 1769, p. 154 et 316. **178.** AN – O/1/1207. **179.** BNF Ms. : fr. 22067, 152. **180.** Newberry Library, Case Wing broadside Z 3239.314. **181.** *Collection générale des décrets rendus par l'Assemblée nationale (Coll. Baudouin)*, Chez Baudouin, imprimeur de l'Assemblée nationale, rue du Foin-Saint-Jacques, n° 31, numérisés dans le cadre de l'ANR RevLoi 2009-2013, vol. 51, p. 10 : Décret du 2 Messidor an II (20 juin 1794). **182.** Bibliothèque de l'Arsenal (BA), Archives de la Bastille, Ms. 11827, f° 122. **183.** BA, Archives de la Bastille, Ms. 11827, f° 124. **184.** BA, Archives de la Bastille, Ms. 11827, f° 127. **185.** BA, Archives de la Bastille, Ms. 11827, f° 129. **186.** Laurent Cuvelier, « Les travailleurs de l'affiche. La professionnalisation à deux vitesses d'un métier de l'information au XVIIIe siècle », *Le temps des Médias*, à paraître en 2024. Pour une étude de cas proche sur les porteurs d'eau devenus de « petits entrepreneurs de l'eau » : Constance de Font-Réaulx, « Du porteur au consommateur d'eau. Parcours et quantités d'eau livrées dans les foyers parisiens au XVIIIe siècle », *Histoire & Mesure*, n° 34, vol. 2, 2019, p. 31-66.

2. « Dialogue entre l'affiche et le passant »

1. Léonard Defrance, *Intérieur d'imprimerie* [huile sur bois], 1782, collection particulière, A. De Heuvel, Bruxelles. Françoise Dehousse, Maïté Pacco et Maurice Pauchen, *Léonard Defrance – l'œuvre peint*, Liège, Éd. du Perron et Wahle, 1985, p. 167-168. **2.** Notre étude de la typographie au XVIIIe siècle est enrichie de travaux soulignant les liens entre matérialité technique et contextes culturels : Virginie Vignon, « L'imaginaire de la typographie : objets et pratiques d'un appareil d'incarnation », thèse de doctorat en sciences de l'information et de la communication sous la direction d'Emmanuël Souchier, Paris 4, Paris, 2014. Alexandra Aïn, « La Typographie à l'ère postmoderne », thèse de doctorat en arts (histoire, théorie, pratique) sous la direction de Cécile Croce, Bordeaux 3, Bordeaux, 2018. Sébastien Morlighem, « The "modern face" in France and

Great Britain, 1781-1825 », thèse de doctorat du département typographie et communication graphique, université de Reading, 2014 **3.** Philippe Minard, « Travail et travailleurs dans les imprimeries sous la Révolution : permanences et mutations », dans *Livre et Révolution, Mélanges de la Bibliothèque de la Sorbonne*, Paris, Aux amateurs de livres, 1989, p. 47-62. **4.** Joseph Addison, *The Tatler*, 14 septembre 1710, n° 224 : « The great Art in writing Advertisements, is the finding out a proper Method to catch the Reader's Eye ; without which, a good Thing may pass over unobserved or be lost among Commissions of Bankrupt. » Traduction Laurent Cuvelier. **5.** *Ibid.*, « I must not omit the blind Italian character, which being scarce legible, always, finds and detains the Eye, and give the curious Reader something like the Satisfaction of prying into a Secret ». **6.** Yves Citton, *Pour une écologie de l'attention*, Paris, Seuil, 2014, p. 89. « Course aux armements attentionnels » : « Plus une société marchande se médiatise, plus elle doit consacrer une part importante de son activité à la production de la demande, en investissant des ressources toujours plus grandes dans les appareils d'attraction de l'attention. » **7.** Henri-Jean Martin, « Les styles typographiques », dans *Histoire de l'édition française*, Paris, Fayard/Promodis, 1990, vol. 2, p. 149-155. Yves Perrousseaux, *Histoire de l'écriture typographique, de Guttenberg au XVII*^e^ *siècle*, Méolans-Revel, Atelier Perrousseaux, 2005, p. 284-290. Rémi Jimenes, *Claude Garamont, typographe de l'humanisme*, Paris, Éditions des Cendres, 2022. **8.** Ce sont la verticalité des traits et les empâtements horizontaux au sommet des b, d, h, j, k, ou l en minuscules. Sur ces contrastes typographiques, voir Rémy Peignot, « L'Esprit des lettres », dans *De plomb, d'encre et de lumière. Essai sur la typographie et la communication écrite*, Paris, Imprimerie nationale, 1982, p. 69-164. **9.** Il correspond à des lettres mesurant 56 points Truchet (unité de mesure typographique qui apparaît au début du XVIIIe siècle), soit 23,7 cm. Auguste Bernard, *Histoire de l'imprimerie royale du Louvre*, Paris, Imprimerie impériale, 1867, p. 82. **10.** Le nom est alors conçu par comparaison et contraste avec les « Grecs du roi » gravé par Claude Garamond au XVIe siècle. Yves Perrousseaux, *Histoire de l'écriture typographique, Le XVIII*^e^ *siècle, tome I*, Méolans-Revel, Atelier Perrousseaux, 2010, p. 26. Musée de l'imprimerie et de la communication graphique (dir.), *Le Romain du roi : la typographie au service de l'Etat, 1702-2002*, Lyon, Musée de l'imprimerie, 2002. Voir également André Jammes, *La Réforme de la typographie royale sous Louis XIV : Le Grandjean. Etude accompagnée de CX cuivres originaux conservés à l'Imprimerie Nationale*, Paris, Librairie Paul Jammes, 1961. **11.** Martin-Dominique Fertel, *La Science pratique de l'imprimerie contenant des instructions très faciles pour se perfectionner dans cet art…*, Saint-Omer, M.-D. Fertel, 1723, p. 102. Y. Perrousseaux, *Histoire de l'écriture typographique, Le XVIII*^e^ *siècle, tome I*, *op. cit.*, p. 78. Fertel publie son manuel une quarantaine d'années après l'imprimeur anglais Joseph Moxon, dont les *Mechanick Exercises, or the Doctrine of Handy-Works* paraissent en 1677. Ce dernier est souvent considéré en histoire de la typographie comme le premier manuel à destination des imprimeurs-typographes. Voir par exemple Robert Kinross, *Modern typography. An essay in critical history*, Londres, Hyphen Press, 1992, p.15. **12.** Martin-Dominique Fertel, *La Science pratique*, *op. cit.*, p. 83. **13.** *Ibid.*, p. 104. **14.** *Ibid.*, p. 106. **15.** Pierre-Simon Fournier, *Manuel typographique, utile aux gens de lettres & à ceux qui exercent les différentes parties de l'Art de l'Imprimerie*, Paris, chez Barbou, 1764. **16.** Y. Perrousseaux, *Histoire de l'écriture typographique, Le XVIII*^e^ *siècle, tome I*, *op. cit.* p. 138-173. Gérard Blanchard dans son article « Le "Fournier" : caractère du bicentenaire », *Communication & Langages*, 1989, n° 82, vol. 1, p. 32-48. Henri-Jean Martin, « Les styles typographiques », *art. cit.* Fournier demeure cependant célèbre pour son travail de rationalisation de l'échelle des corps typographiques, basée sur une unité de longueur, le « point Fournier ». Dans cette perspective, il publie en 1737 la *Table des proportions qu'il faut observer entre les caractères.* **17.** Pierre-Simon Fournier, *Modèles des caractères de l'imprimerie et des autres choses nécessaires audit art, nouvellement gravés*, Fournier, Paris, 1742, Introduction (sans page). **18.** Pierre-Simon Fournier, *Manuel typographique, op. cit.*, volume 1, p. 21. **19.** Pierre-Simon Fournier, *Manuel typographique, op. cit.*, volume 2, p. 86-87 et 93. **20.** G. Blanchard, « Le "Fournier" : caractère du bicentenaire », *art. cit.* **21.** *Encyclopédie ou Dictionnaire raisonné des sciences, des arts et des métiers. Tome second*, Paris, Briasson, David, Le Breton, Durand, 1751-1765, article « Caractères d'imprimerie », p. 661. Jean-Michel Papillon, *Traité historique et pratique de la gravure en bois, tome premier*, Paris, Chez Simon, 1766, p. 255. Papillon, s'il mentionne l'usage de « grands caractères » dans l'impression de placards en Chine, insiste cependant sur le contexte européen (p. 61). **22.** Antoine-François Momoro, *Traité élémentaire de l'imprimerie*, ou *Le manuel de l'imprimeur*, Paris, chez A-F Momoro imprimeur, 1793, p. 188 et 323. Louis Bertrand-Quinquet, *Traité de l'imprimerie*, Paris, B. Quinquet, An VII, 1798-1799, p. 80. **23.** Dans l'ordre chronologique, citons : B. Vinçard, *L'Art du typographe*, Paris, Chez Vinçard, 1806, p. 47 ; Claude-François Achard, *Cours élémentaire de Bibliographie ou la science du bibliothécaire*, Marseille, De l'imprimerie de Joseph Achard Fils et Compagnie, 1806, p. 157 ; Hendrik Jansen, *Essai sur l'origine de la gravure en bois et en taille-douce, et sur la connaissance des estampes des XV et XVIe siècles, tome premier*, Paris, Chez F. Schoell, 1808, p. 30-31. **24.** Yves Perrousseaux, *Histoire de l'écriture typographique, Le XVIIIe siècle, tome I, op. cit.* **25.** James Raven, *Publishing Business in Eighteenth-Century England*, Woodbridge, The Boydell Press, 2014, p. 33-62. **26.** Carla Mulford, « Benjamin Franklin's Savage Eloquence : Hoaxes from the Press at Passy, 1782 », *Proceedings of the American Philosophical Society*, 2008, n° 152, vol. 4, p. 490-530. **27.** Edmund Fry, *A Specimen of Printing-Types, made by Joseph Fry and Sons*, Londres, Joseph Fry and Sons, 1785, p. 1. James Raven, « Why Ephemera Were Not Ephemeral : The Effectiveness of Innovative Print in the Eighteenth Century », *The Yearbook of English Studies*, 2015, n° 45, p. 56-73. **28.** L'imprimeur du Bureau de la Ville, Augustin-Martin Lottin, publie en 1781 des *Modèles des caractères de l'Imprimerie*, reprenant les capitales ornées, les filets et les vignettes de Fournier. **29.** Pour les corps des textes, on a mesuré, à partir du « e », 334 documents. Pour les titres des affiches, ce sont 263 documents. L'ensemble s'échelonne entre 1591 et 1789. **30.** Bibliothèque historique de la Ville de Paris (BHVP) – 4-AFF-001382. **31.** Jean-Michel Papillon, *Traité historique et pratique de la gravure en bois, tome second, op. cit.*, p. 312. **32.** BHVP – 4-AFF-001182. **33.** BNF Ms. : fr. 21832, f°s 72-81 et 82-86. **34.** Louis de Jaucourt, article « Placard », dans *Encyclopédie ou Dictionnaire raisonné des sciences, des arts et des métiers. Tome douze*, Neufchastel, chez Samuel Faulche & Compagnie, 1765, p. 671. **35.** BHVP – 2-AFF-000001. **36.** BHVP – 4-AFF-000248. Seize annonces de cours sont conservées à la bibliothèque du muséum d'Histoire naturelle. Pour les cours de Joseph Pitton de Tournefort en 1702, 1703 et 1708, d'Antoine de Jussieu en 1715, 1719, 1727, 1728, 1730, 1731, 1741, 1747 et 1755, d'Antoine-Laurent de Jussieu et d'André Thouin en 1804, et de Jean-Baptiste Baumes à l'École de médecine, Ms 3309. Il faut ajouter à ce corpus cinq imprimés affichés conservés au Musée Carnavalet et ceux de la BNF signalés par Christine Lehman, « Les multiples facettes des cours de chimie en France au milieu du XVIIIe siècle », *Histoire de l'éducation*, 2011, n° 130, p. 31-56. **37.** Archives nationales (AN) AD/XXc/65 – n° 108 ; AD/XXc/63 – n° 36 ; AD/XXc/63 – n° 8 ; AD/XXc/66 –

n° 3. **38.** AN AD/XXc/65 – n° 134. **39.** *Journal de Paris*, 26 octobre 1784, n° 300, p. 1263. **40.** AN AD/III/14 – n° 91. **41.** *Arcana recludo. Errata repurgo* [Texte imprimé], Paris, L'on sçaura des nouvelles du personnage au Faux-bourg S. Honoré, après 1725. « Je révèle un secret. Je nettoie les erreurs » ; *À l'Orangerie de Provence* [Texte imprimé], Paris, sans imprimeur, après 1723. **42.** AN T//970/1 ; BNF – *À la levrette* [Texte imprimé], Paris, P. Fr. Gueffier, après 1783. **43.** Voir Maxine Berg et Helen Clifford, « Commerce and the commodity. Graphic display and selling new consumer goods in XVIIIth-century England », dans *Art markets in Europe, 1400-1800*, Michael North, David Ormrod (dir.), Aldershot, Ashgate, 1998, p. 187-200. Également Kate Scott, « Archives and collections. The Waddesdon manor trade cards. More than one history », *Journal of Design History*, 2004, XVII, n° 2, p. 91-108. **44.** Honoré de Balzac, *La Comédie humaine, tome V, Les illusions perdues*, Paris, Gallimard, 1977, p. 449. **45.** Henri-Jean Martin, « Les styles typographiques », *art cit.* **46.** Sur la dynastie des Papillon, Maxime Georges Métraux, « La dynastie des Papillon et la gravure sur bois aux XVIIe et XVIIIe siècles », thèse d'histoire de l'art sous la direction de Marianne Grivel, Sorbonne Université, Paris, En cours. Également l'article de Thierry Depaulis, « La contribution de Jean-Michel Papillon à l'*Encyclopédie* », *Recherches sur Diderot et sur l'Encyclopédie*, 2018, n° 53, n° 1, p. 85-112. **47.** Jean-Michel Papillon, *Traité historique et pratique de la gravure en bois, tome second*, Paris, Chez Simon, 1766, p. 300. Pierre-Simon Fournier, *Manuel typographique, op. cit.*, p. 125. William Caslon, *A specimen of cast ornaments*, Londres, C. Whittingham, 1795, sans page. **48.** *Mercure de France*, juin 1737, volume 2, p. 1096. **49.** Louis-René Luce, *Essai d'une nouvelle typographie…*, Paris, Imprimerie de J. Barjou, 1771. **50.** Pour une étude de cas sur les mandements et ordonnances de l'archevêché de Paris, voir Laurent Cuvelier, « Visibilité des institutions catholiques sur les murs de Paris au XVIIIe siècle », dans *La visibilité du religieux dans l'espace urbain de l'Europe moderne*, Elise Boillet et Gaël Rideau (dir.), Rennes, Presses universitaires de Rennes, 2021, p. 287-300. **51.** Martin-Dominique Fertel, *La Science pratique de l'imprimerie op. cit.*, p. 56. **52.** Jean-Michel Papillon, *Traité historique et pratique de la gravure en bois, tome second, op. cit.*, p. 313. **53.** AN AD/XXc/63 – n° 2. **54.** Edme Boursault, *La Comédie sans titre ou Le Mercure galant, première représentation le 5 mars 1683 à la Comédie-Française*, Toulouse, chez Brouilhet, en 1782, p. 23. **55.** Jean-Michel Papillon, *Traité historique et pratique de la gravure en bois, tome second, op. cit.*, p. 314. Pierre Chaunu, *La Mort à Paris : XVIe, XVIIe, XVIIIe siècles*, Paris, Fayard, 1984, p. 355-356. **56.** Musée des civilisations de l'Europe et de la Méditerranée (Mucem) – 1955.57.5. **57.** Jean-Michel Papillon, *Traité historique et pratique de la gravure en bois, tome second, op. cit.*, p. 132. **58.** Mucem – 1955.57.3.1 ; 1955.57.3.2 ; 1955.57.3.3 ; 1955.57.3.4. Nous trouvons également des encadrements gravés par les Papillon dans les volumes conservés au Cabinet des Estampes de la BNF. Ce sont notamment les affiches de l'Opéra : Jean-Michel Papillon, *Traité historique et pratique de la gravure en bois, tome second, op. cit.*, p. 131. **59.** Bibliothèque-Musée de la Comédie-Française, Affiche du 2 février 1779. **60.** Jean-Michel Papillon, *Traité historique et pratique de la gravure en bois, tome premier, op. cit.*, p. 425. **61.** Je m'appuie sur 103 documents : 56 éphémères conservés à la Bibliothèque-Musée de la Comédie-Française (B-M C-F), s'échelonnant entre 1732 et 1814, et 47 documents conservés au Musée Carnavalet (MC), entre 1770 et 1799. **62.** BMCF – Affiche du XVIIe siècle, Hôtel du Marais ; BMCF – Affiche des Comédiens-Français, 10 août 1727 ; BMCF – Affiche des Comédiens-Français, 12 février 1732 ; BMCF – Affiche des Comédiens-Français, 18 mai 1779 ; BMCF – Affiche des Comédiens-Français, 1er janvier 1780 ; BMCF – Affiche des Comédiens-Français, 30 novembre 1785. **63.** MC – Comédiens-Italiens, 16 décembre 1778 ; BMCF – Affiche des Comédiens-Italiens, 10 août 1783. MC – Académie royale de musique, 14 décembre 1778 ; MC – Académie royale de musique, 14 décembre 1778, 17 mars 1789. MC – Grands Danseurs du roi, 24 janvier 1785 ; MC – Grands Danseurs du roi, 26 octobre 1787. MC – Affiches de l'Ambigu-Comique 1785 ; 1787 ; 1788. BMCF – Affiche pour le Waux-Haal d'hiver de la Foire Saint-Germain, 28 janvier 1779 ; BMCF – Affiche pour le Waux-Hall d'été, 4 septembre 1788. Sur le Vauxhall ou Wauxhall, voir Pauline Beaucé et Cyril Triolaire, « Les Wauxhalls de province en France. Nouveaux espaces hybrides de divertissement et de spectacle d'une ville en mutation », *Dix-huitième siècle*, 2017, n° 49, vol. 1, p. 27-42. **64.** B-M C-F – Affiche de la Troupe royale du Grand Scot, 1681. **65.** MC – Affiche du Concert spirituel, 1787. François de Dainville, « Les lieux d'affichage des comédiens à Paris en 1753 », *Revue de la société d'histoire du théâtre*, 1951, III, p. 248-255. **66.** Sur les « playbills » anglais du XVIIIe siècle, voir une première approche sommaire d'un corpus : Mark Vareschi et Mattie Burkert, « Archives, Numbers, Meaning : The Eighteenth-Century Playbill at Scale », *Theatre Journal*, 2016, n° 68, vol. 4, p. 597-613. **67.** Bodleian Library – London Playbills Drury Lane box 1 (68). British Museum – J,9.531. **68.** Karen Newman, *Cultural Capitals. Early Modern London and Paris*, Princeton, N.J., Princeton University Press, 2007. **69.** Sur la fabrication de papiers peints voir Christine Velut, *Décors de papier. Production, commerce et usages des papiers peints à Paris, 1750-1820*, Paris, Monum/Éd. du patrimoine, 2005. **70.** Jean-Michel Papillon, *Traité historique et pratique de la gravure en bois, tome premier*, *op. cit.*, p. 424. **71.** *Ibid.*, p. 425. **72.** Musée de l'Imprimerie de Lyon, *Ours et Taureau à Mort*, Paris, Lamesle, 1734. Sur ce « combat du taureau » également annoncé dans l'Almanach et organisé au nord de Paris, près de la barrière de Sèvres, voir Pierre Serna, *Comme des bêtes. Histoire politique de l'animal en Révolution (1750-1840)*, Paris, Fayard, 2017, p. 65-70. Les gravures sur bois utilisées pour nos documents sont en grande partie héritières de celles figurant sur les Canards des XVIe et XVIIe siècles, étudiés dans l'ouvrage classique de Maurice Lever, *Canards sanglants. Naissance du fait divers*, Paris, Fayard, 1993. **73.** Véronique Meyer, *L'Illustration des thèses à Paris dans la seconde moitié du XVIIe siècle : peintres, graveurs, éditeurs*, Paris, Commission des travaux historiques de la Ville de Paris, 2002. **74.** Pour intégrer des affiches de recrutement à notre étude, on s'appuie sur les 44 exemplaires reproduits en fac-similé, s'échelonnant entre 1692 et 1815, dans Albert Depreaux, *Les Affiches de recrutement du XVIIe siècle à nos jours*, Paris, J. Leroy, 1911, planche n° 11. Ces éphémères sont essentiellement des pièces isolées issues de collections privées, d'éphémères conservés dans les Bibliothèques municipales, ou au Musée de l'Armée. Pour un bois d'impression, voir Mucem – 1954.18.69. **75.** Daniel Roche, *Le peuple de Paris. Essai sur la culture populaire au XVIIIe siècle*, Paris, Fayard, 1998, p. 111. **76.** Albert Depreaux, *Les Affiches de recrutement du XVIIe siècle à nos jours*, *op. cit.*, planche n° 16. **77.** Siméon-Prosper Hardy, *Mes Loisirs ou Journal d'événemens tels qu'ils parviennent à ma connoissance (1753-1789), volume IV (1775-1776)*, Paris, Hermann, 2013, p. 637. **78.** BHVP – 4-AFF-000263. Au dos de l'affiche, une note manuscrite, probablement de la main d'un bibliothécaire de la BHVP ou d'un collectionneur du XIXe siècle : « Cette singulière annonce, placardée dans les rues de Paris, avait frappé Locke qui voyageait alors en France et qui la transcrit dans son Journal de voyage, publié en 1829 par lord King ». **79.** Ce sont par exemple les prospectus avec gravure annonçant de « nouvelles expériences d'une jeune personne qui marche sur l'eau » – Anonyme, *Nouvelles expériences d'une jeune personne qui marche sur l'eau*, Paris, sans éditeur, 1788 [estampe] BNF, Hennin, 10204. **80.** Reproduction dans Edward McKnight Kauffer, *The Art Of The Poster. Its Origin, Evolution & Purpose*, Londres, Cecil Palmer, 1924, p. 34. **81.** Sur la diffusion des objets portatifs, voir Gianenrico Bernasconi, *Objets portatifs au siècle des Lumières*, Paris, CTHS, 2015. Barbara Burman, Ariane Fennetaux, *The Pocket. A Hidden History of Women's Lives, 1660-1900*, New Haven, Yale University Press, 2019. **82.** Liliane Hilaire-Pérez, *L'Invention technique au siècle des Lumières*, Paris, Albin Michel, 2000, p. 296-297. **83.** Joseph Amy, *Tableau des acheteurs des nouvelles fontaines filtrantes, domestiques, militaires & marines, nouvellement perfectionnées…*, Rotterdam et Paris, chez Antoine-Chrétien Boudet, 1759, p. 149. **84.** *Ibid.*, p. 150. **85.** *Ibid.*, p. 151. **86.** Procédé mis au point par Aloys Senefelder en 1796, mais qui n'est introduit en France qu'en 1802 et ne prend de l'importance qu'au milieu des années 1810. Sur l'invention de la lithographie, voir Michael Twyman, *Lithography, 1800-1850. The techniques of drawing on stone in England and France and their application in works of topography*, London/New York, Oxford University Press, 1970. Sur son introduction à Paris, voir Corinne Bouquin, « Recherches sur l'imprimerie lithographique à Paris au XIXe siècle. L'imprimerie Lemercier (1803-1901) », thèse d'histoire contemporaine sous la direction d'Henri-Jean Martin, université Paris I, Paris, 1993. **87.** Carla Hesse, « La fin de l'Ancien Régime typographique », dans *L'Affiche en Révolution*, Alan Marshall, Thierry Gouttenegre (dir.), Vizille, musée de la Révolution française, 1998, p. 65-72. **88.** Malcolm Dick, « The Topographies of a Typographer. Mapping John Baskerville since the Eighteenth Century », dans *John Baskerville. Art and Industry of the Enlightenment*, Caroline Archer-Parré & Malcolm Dick (dir.), Liverpool, Liverpool University Press, 2017, p. 9-24. André Jammes, *Les Didot : trois siècles de typographie et de bibliophilie, 1698-1998*, Paris, Agence culturelle de Paris, 1998. **89.** Francis Hopkinson, « A typographical method of conducting a quarrel », dans *The Miscellaneous Essays and Occasional Writings of Francis Hopkinson, Esq, vol. II*, Philadelphia, T. Dobson, 1792, p.181-182 : « […] the degrees of vociferation – such as pianissimo, piano forte, fortissimo, with all the intermediate gradations designated by the size of the letters […] ». **90.** *Annonce de publication dans le Journal des lois de la République française, une et indivisible*, jeudi 16 avril 1795, n°920, p. 4. *Révélation nécessaire des six lettres au ci-devant comité d'enfer-public, envoyées dans le tems de sa plus haute toute puissance, ou Plusieurs adresses d'un commettant indigné, à des mandataires indignés*, Paris, chez Laurens, 1795, p. 53. **91.** Pierre-Louis Roederer, *Journal d'économie publique, de morale et de politique*, 20 novembre 1796, p. 428. **92.** L'expression est également utilisée par Louis-Sébastien Mercier : BNF Ms. : Papiers de Louis-Sébastien Mercier 15079 – 2, f°s 302-305. **93.** *Le Censeur dramatique*, 1797, t. II, p. 429. **94.** Frédéric Barbier, « Les innovations technologiques », dans *Histoire de l'édition française*, Paris, Fayard/Promodis, 1990, vol. 2, p. 721-279. **95.** Encyclopédie méthodique. *Arts et métiers mécaniques, tome cinquième*, Paris, chez Panckoucke, 1788, p. 323. **96.** Philippe-Denis Pierres, *Description d'une nouvelle presse d'imprimerie…*, Paris, Pierres, 1786. **97.** *Ibid.*, p. 25-28. **98.** *Ibid.*, p. 32. **99.** Louis André, *Machines à papier. Innovations et transformations dans l'industrie papetière en France, 1798-1860*, Paris, Éditions de l'EHESS, 1996, p. 55-58. **100.** Anne Bassanoff, « Le papier botanique », *Revue française d'histoire du livre*, Année 1977, p. 107-135. Louis André, *Machines à papier, op. cit.*, p. 43. **101.** Sabine Juratic, « Le Monde du livre à Paris entre absolutisme et Lumières : recherches sur l'économie de l'imprimé et sur ses acteurs », thèse de doctorat en histoire sous la direction de Frédéric

Barbier, EPHE, Paris, 2003, p. 77. Leonard N. Rosenband, *La Fabrication du papier dans la France des Lumières : les Montgolfier et leurs ouvriers ; 1761-1805*, Rennes, Presses universitaires de Rennes, 2005. **102.** Henri-Jean Martin, « Les styles typographiques », *art. cit.* **103.** Yves Perrousseaux, *Histoire de l'écriture typographique, Le XVIIIe siècle, tome II*, Méolans-Revel, Atelier Perrousseaux, 2010, p. 170. **104.** Jeanne Veyrin-Forrer, « La fonderie typographique et la lettre d'imprimerie au début de la Révolution française », dans *Livre et Révolution. Mélanges de la Bibliothèque de la Sorbonne*, Paris, Aux amateurs de livres, 1989, vol. 9, p. 75-100. **105.** Jeanne Veyrin-Forrer, « Aperçu sur la fonderie typographique parisienne au XVIIIe siècle », dans *La Lettre et le texte. Trente années de recherches sur l'histoire du livre*, Paris, collection de l'École normale supérieure de jeunes filles, 1987, p. 89-108. **106.** *Recueil des divers caractères, signes, fleurons, vignettes et ornements de la fonderie des Frères Delemer*, Bruxelles, de l'Imprimerie des Frères Delemer, 1821, p. 18. **107.** André Jammes, *Les Didot, op. cit.* **108.** James Raven, *Publishing Business in Eighteenth-Century England, op. cit.*, p. 116 : « Model notices were offered, incorporating "neater" type, greater use of white space, and combinations of print, woodcuts and engravings. » **109.** Multigraph Collective (Scholarly group) (dir.), *Interacting with Print : Elements of Reading in the Era of Print Saturation*, Chicago, The University of Chicago Press, 2018, chapter 16 : « Spacing ». **110.** Antoine-François Momoro, *Traité élémentaire de l'imprimerie, op. cit.*, p. 286 : « Ce sont des châssis qui n'ont point de barre, et dans lesquels on impose les placards. Il y a de grandes et petites ramettes. Dans les petites, on impose de petites affiches, d'une demi-feuille, d'un carré, d'un huitième et des cartes. » *Ibid.*, p. 291-292. **111.** *Ibid.*, p.81. **112.** Louis Bertrand-Quinquet, *Traité de l'imprimerie, op. cit.*, p. 78. **113.** François Chamoulaud, « Bien public », sans date, collection Portiez de l'Oise, Carton n° X 147-4 (1). **114.** Antoine-François Momoro, *Traité élémentaire de l'imprimerie, op. cit.*, p. 256 et 43. Louis Bertrand-Quinquet, *Traité de l'imprimerie, op. cit.*, p. 78. **115.** Edward Rowe Mores, *Dissertation upon English typographical founders*, Oxford, Carter and Ricks, (1778) 1961, p. 76-77. Voir également l'introduction de James Mosley à S. & C. Stephenson, *A Specimen of printing types & Various ornaments, 1796*, Londres, Printing Historical Society, 1990, p. 9. **116.** BNF Ms. : fr. 6687, f° 300. **117.** Anonyme, *On ne le croira pas. Grande fureur du P. Duchêne contre le club des Cordeliers*, avril 1791, BNF, p. 5-6. **118.** Michel Vovelle, La *Révolution française. Images et récit, 1789-1799*, Paris, Messidor, 1986. Antoine de Baecque, *La Caricature révolutionnaire*, Paris, Presses du CNRS, 1988. **119.** Richard Taws, *The Politics of the Provisional Art and Ephemera in Revolutionary France*, University Park, Pa., Pennsylvania State University Press, 2013. **120.** Laetitia Simonetta, *La Connaissance par sentiment au XVIIIe siècle*, Paris, Honoré Champion, 2018. **121.** Katlyn Carter, *Democracy in Darkness. Secrecy and Transparency in the Age of Revolutions*, New Haven, Yale University Press, 2023. Dominique Godineau, *Citoyennes tricoteuses. Les femmes du peuple à Paris pendant la Révolution française*, Aix-en-Provence, Alinéa, 1988. **122.** Sur le droit d'affiche pendant la Révolution française, voir chapitre 5. **123.** À partir du décret du 16 août 1792, ce sont quatre membres du comité des décrets (dont deux suppléants) chargés de l'inspection du bureau des procès-verbaux. Ils distinguent les lois générales qui seront affichées et celles concernant des affaires particulières qui ne le seront pas. Martine Sin Blima Barru, « Le Comité des décrets », *La Révolution française. Cahiers de l'Institut d'histoire de la Révolution française*, 2012, n° 3. Anne Simonin, « L'impression de la loi dans la collection Baudouin : l'invention de la loi législative », *Clio@Themis. Revue électronique d'histoire du droit*, 2013, n° 6 [en ligne].

124. *Collection générale des décrets rendus par l'Assemblée nationale (Coll. Baudouin)*, Chez Baudouin, imprimeur de l'Assemblée nationale, rue du Foin-Saint-Jacques, vol. 44, p. 245 : Décret du 27 frimaire an II (17 décembre 1793), titre VIII. **125.** Carla Hesse, *Publishing and Cultural Politics in Revolutionary Paris, 1789-1810*, Berkeley, University of California Press, 1991, p. 131. **126.** *Coll. Baudouin*, vol. 58, p. 52 : Décret du 8 pluviôse an III (27 janvier 1795). *Coll. Baudouin*, vol. 60, p. 114 : décret 18 germinal an III (7 avril 1795). Pour une histoire économique et sociale renouvelée de l'Imprimerie nationale, nous renvoyons au travail en cours de Juliette Milleron, « Imprimer au service de la nation. L'imprimerie nationale au travail sous la Révolution et l'Empire », thèse d'histoire moderne sous la direction d'Anne Conchon, Paris 1, Paris. **127.** La diffusion du Didot dans les imprimés officiels est alors liée à leur implication dans la production des assignats à partir de 1790. Des millions de feuilles de papier sont ainsi produites avec leurs caractères, et surtout grâce à la mise au point de nouvelles méthodes de stéréotypage (mouler dans un bloc de plomb un texte composé de caractères mobiles). Jeanne Veyrin-Forrer, « La fonderie typographique et la lettre d'imprimerie au début de la Révolution française », *art cit.* **128.** « Loi. », Paris, Imprimerie de J-J. Rainville, Imprimeur de la Commission des Monnaies 1792, collection Portiez de l'Oise, Carton n° X 147-3. « Les Conseils-Généraux du Département du Nord, du district et de la Commune de Douay », Douai, Imprimerie de F. Descamps, 1793, collection Portiez de l'Oise, Carton n° X 147-5. **129.** Anne de Mathan, « 10 août 1792. L'Assemblée législative et la Commune de Paris, ou les conséquences politiques de la chute de la royauté », *Parlement[s], Revue d'histoire politique*, 2017, n° 26, n° 2, p. 187-204. **130.** Giambattista Bodoni, *Fregi e majuscole incise e fuse da Giambattista Bodoni...*, Parme, G. Bodoni, 1771. **131.** Pour une étude de cas sur les imprimeurs de Perpignan Pourtet et Julia, voir Laurent Cuvelier, « Rendre visible l'autorité. Politiques de l'information et communication des représentants en mission à l'armée des Pyrénées-Orientales », *Annales historiques de la Révolution française*, 2015, n° 382, p. 31-61. **132.** Antoine-François Momoro, *Traité élémentaire de l'imprimerie, op. cit.*, p. 223. **133.** Louis Bertrand-Quinquet, *Traité de l'imprimerie, op. cit.*, p. 35. **134.** Carla Hesse montre bien que le Code pénal, imprimé après sa promulgation en octobre 1791 et orné de symboles monarchiques, fut, en 1793, noirci et griffé par le préposé au greffe. Carla Hesse, « La logique culturelle de la loi révolutionnaire », *Annales, Histoire, Sciences Sociales*, 2002, n° 57, vol. 4, p. 915-933. **135.** Guillaume Mazeau, « Révolution et construction de l'espace public. L'iconoclasme à Paris en 1790 », dans *Iconoclasme et révolutions*, Emmanuel Fureix (dir.), Seyssel, Champ Vallon, 2014, p. 81-93. Voir également, pour la période 1815-1871, l'ouvrage d'Emmanuel Fureix, *L'œil blessé. Politiques de l'iconoclasme après la Révolution française*, Ceyzérieu, Champ Vallon, 2019. **136.** AN AD/XXc/67 – n° 11. Armando Petrucci, *Jeux de lettres : formes et usages de l'inscription en Italie (XIe-XXe siècle)*, Paris, Éditions de l'École des hautes études en sciences sociales, 1993, p. 10. **137.** Villeneuve, *Marat vainqueur de l'aristocratie : Diogenes couvert d'un bonnet rouge quitte son tonneau pour donner la main à Marat qui sort d'une cave par le soupirail...* [estampe], Paris, Villeneuve, 1793, BNF, De Vinck 5285. **138.** Guillaume Mazeau, *Le bain de l'histoire : Charlotte Corday et l'attentat contre Marat, 1793-2009*, Seyssel, Champ Vallon, 2009. Darrin M. McMahon, « Illuminating the Enlightenment. Public Lighting Practices in the Siècle Des Lumières », *Past & Present*, 2018, n° 240, vol. 1, p. 119-159. Voir également la thèse de Benjamin Bothereau, « À la lanterne ! Modes d'existence d'un objet banal entre imaginaire technique et politique. Invention, économie urbaine, publics et circulations du « réverbère »,

Paris, Barcelone, XVIIIe siècle », thèse d'histoire moderne sous la direction de Liliane Hilaire-Pérez et Antoni Roca-Rosell, EHESS, Centre Alexandre Koyré, Paris, 2018. **139.** De manière significative, sur d'autres tirages de la même estampe, ce titre est encore moins lisible, et semble progressivement disparaître. Voir Villeneuve, *Marat vainqueur de l'aristocratie...* [estampe], Paris, Villeneuve, 1793, BNF, Hennin, 11206. Christoph Streb, *Radical writers and the media revolution in the late Enlightenment*, Oxford, Voltaire Foundation, 2024. **140.** Collection Portiez de l'Oise, huit documents extraits des cartons n° X 147-1 et 2. **141.** Maillard, « Tappe-Culs, Tappe-Dru, ou Tappe Dur », Paris, Clément, 1793, collection Portiez de l'Oise, Carton n° X 147-10. **142.** Laurent Cuvelier, « Les on dit. Rumeurs et calomnies par voie d'affiches pendant la Révolution française », dans *La Révolution s'affiche*, Paris, Fayard, 2019. **143.** Sur l'essor de l'optique et des techniques d'observation mis en lien avec l'apparition d'une conscience civique dans l'Europe de l'époque moderne, voir Eileen Reeves, *Evening News. Optics, Astronomy, and Journalism in Early Modern Europe*, Philadelphia, University of Pennsylvania Press, 2014. **144.** *Le scrutateur universel*, Paris, Imprimerie de J. Girouard, 1793, collection Portiez de l'Oise, Carton n° X 147-1. **145.** Martine Lapied, « Le rôle des comités de surveillance dans la circulation de l'information, à partir de l'étude des comités du Sud-Est », *Annales historiques de la Révolution française*, 2002, n° 330, p. 29-39. **146.** L'affiche de *La Sentinelle* est conservée au Musée Carnavalet (MC – AFF1198), celle du *Bulletin des amis de la vérité* à l'Assemblée nationale (« Bulletin des amis de la vérité », Paris, Imprimerie du Cercle social, 1792, collection Portiez de l'Oise, Carton n° X 147-1). **147.** Villeneuve, *Louis le traitre lis ta sentence* [estampe], Paris, 1793, BNF, Hennin, 11427. **148.** *Livre de Daniel*, chapitre 5, verset 25 à 28. Annie Duprat, « Autour de Villeneuve, le mystérieux auteur de la gravure La Contre-Révolution », *Annales historiques de la Révolution française*, 1997, n° 309, vol. 1, p. 423-439. **149.** Annie Duprat, « Le regard d'un royaliste sur la Révolution : Jacques-Marie Boyer de Nîmes », *Annales historiques de la Révolution française*, 2004, n° 337, p. 21-39. Annie Duprat, *Les rois de papier. La caricature de Henri III à Louis XVI*, Paris, Belin, 2002, p. 81-84. **150.** Sur ces représentations du festin de Balthazar, Stéphane Lojkine, *Image et subversion*, Paris, Éditions Jacqueline Chambon, 2005, chapitre 9. **151.** « J.-F. Magenthies, à ses créanciers légitimes », Paris, G.-F. Galletti, sans date. « Le Consolateur ou journal des honnêtes-gens », Paris, sans éditeur, sans date, collection Portiez de l'Oise, Carton n° X 147-1. **152.** « Journal de pensées », Paris, sans date, collection Portiez de l'Oise, Carton n° X 147-1. Cette impression recto-verso peut être liée à des essais réalisés par l'imprimeur. Elle laisse également la possibilité de varier l'apparence de l'affiche. **153.** Les cadres des affiches de spectacles sont alors très proches des motifs de certains papiers peints et papiers dominotés du second XVIIIe siècle. Odile Blanc et Florence Charpigny (dir.), *Tissu-papier, échanges d'impressions. Question de points de vue*, Lyon, ENS, Institut d'histoire du livre, 2005. **154.** Richard Wrigley, *The Politics of Appearances. Representations of Dress in Revolutionary France*, Oxford, Berg, 2002. Leora Auslander, *Cultural Revolutions. Everyday Life and Politics in Britain, North America, and France*, Berkeley, University of California Press, 2009. Natacha Coquery, « Luxe et Révolution : marchands et politiques, entre dirigisme et libéralisme », dans *Faire de l'histoire économique aujourd'hui*, J.-C. Daumas (dir.), Dijon, Éditions universitaires de Dijon, 2013, p. 213-224. **155.** MC – G.28671 ; MC – G.28956. Sur l'inscription républicaine, voir Branislaw Baczko, « Ici on s'honore du titre de citoyen », dans *Citoyens et citoyenneté sous la Révolution française*, Paris, Société des études robespierristes, 2006, p. 9-23.

156. « Cartes nouvelles de la République française », Paris, De l'Imprimerie des Nouvelles Cartes de la République française, 1793, collection Portiez de l'Oise, Carton n° X 147-3. **157.** BMCF – Affiche du Théâtre-Français, 24 floréal an II. **158.** BMCF – Affiche du 8 octobre 1792. **159.** « L'Affiche des Affiches, Prospectus », 1791, Bibliothèque de l'Assemblée nationale, collection Portiez de l'Oise, X-147 1. **160.** MC – Affiche pour Tivoli, 5 floréal an X (25 avril 1802) ; MC – Affiche pour le « Grand Bal Masqué », 9 ventôse an X (24 février 1802) ; « Affiche pour le Pavillon d'Hanovre », Paris, Imprimerie de Roussot, sans date, BNF, Hennin, 12731. **161.** Joseph-Gaspard Gillé, *Recueil des divers caractères, vignettes et ornements de la fonderie et imprimerie*, Paris, Gillé, 1808, p. 3. **162.** Sébastien Morlighem, « The "modern face" », *op. cit.*, p. 273. **163.** Yves Perrousseaux, *Histoire de l'écriture typographique, Le XVIII*e *siècle, tome II*, *op. cit.*, p. 117. **164.** William Caslon, *A Specimen of cast ornaments*, Londres, Caslon, 1798, n° 52 à 58. **165.** Pierre Serna, « Tenir les noirs à l'œil. Hypothèse pour une "iconoirlogie" », *Annales historiques de la Révolution française*, 2019, n° 395, n° 1, p. 171-191. **166.** Maurice Rickards, *The Public Notice : An Illustrated History*, Newton Abbot, David and Charles, 1973, p. 10. **167.** Joseph Rosny, *Voyage autour du Pont-Neuf, formant suite à la collection des voyages au long cours*, Paris, Lemarchand, 1802, p. 27-28.

3. ÉCOLOGIE URBAINE DE L'AFFICHAGE

1. « Projet pour donner au public en feuilles, ou en petits livres, par semaine, par quinzaine, ou par mois, un recueil des affiches de Paris, des Provinces, & des païs étrangers », dans *Mémoires pour l'histoire des Sciences & des Beaux-Arts*, Paris, A. Trevoux, 1715, p. 2380. **2.** Jean-Claude Bonnet (dir.), Louis-Sébastien Mercier, *Le Nouveau Paris*, Paris, Mercure de France, 1994, p. 755. **3.** Roger Chartier (dir.), « La culture de l'imprimé », dans *Les usages de l'imprimé*, Paris, Fayard, 1987, p. 10-11. **4.** Melissa Calaresu, « Representing the street in words and images », dans *Early Modern Streets. A European Perspective*, Danielle van den Heuvel (dir.), Londres, Routledge, 2023, p. 50-80. **5.** Sabine Barles, « La rue parisienne au XIXe siècle. Standardisation et contrôle ? », *Romantisme*, 2016, n° 171, p. 15-28. Grégory Quenet, *Qu'est-ce que l'histoire environnementale ?*, Seyssel, Champ Vallon, 2014, chapitre 4. **6.** Jean-Claude Bonnet (dir.), *Louis Sébastien Mercier, Un hérétique en littérature*, Paris, Mercure de France, 1995. **7.** 2440. **8.** Louis-Sébastien Mercier, *L'An deux mille quatre cent quarante. Rêve s'il en fût jamais*, sans nom, Londres, 1771, p. 14. Emmanuel De Ghendt, *J'ai sept cens ans* [gravure], 1786, BNF, TOL : 8° Li3 38E. **9.** Claire Judde de Larivière, *L'ordinaire des savoirs. Une histoire pragmatique de la société vénitienne (XV*e*-XVI*e *siècle)*, Paris, Éditions de l'EHESS, 2023. **10.** Agnès Levitte, « Intrigues de piétons ordinaires », *Communications*, 2012, n° 90, vol. 1, p. 63-81. **11.** Olivier Balaÿ (dir.), « L'ambiance comme objet historique », dans *Les Cinq Sens de la ville : du Moyen Âge à nos jours*, Robert Beck, Ulrike Krampl, Emmanuelle Retaillaud-Bajac (dir.), Tours, Presses universitaires François-Rabelais, 2013, p. 29-51. **12.** Jacques Revel, « Forms of Expertises : Intellectuals and "Popular" Culture in France (1650-1800) », dans *Understanding Popular Culture. Europe frome the Middle Ages to the Nineteenth Century*, Steven L. Kaplan (dir.), Berlin, New York, Amsterdam, Mouton Publishers, p. 225-274. **13.** Karlheinz Stierle, *La Capitale des signes. Paris et son discours*, Paris, Éditions de la Maison des sciences de l'homme, 2001, p. 87. **14.** Louis-Sébastien Mercier, *Tableau de Paris, vol. I*, *op. cit.*, p. 14. **15.** Louis-Sébastien Mercier, *Tableau de Paris, vol. II*, *op. cit.*, p. 651. **16.** Jèze, *Tableau universel et raisonné de la ville* *de Paris*, Paris, J.-P. Costard, 1761. **17.** Pensons par exemple à la série des Hermites d'Étienne de Jouy. Le premier publié : *L'Hermite de la Chaussée d'Antin, ou observations sur les mœurs et les usages français au commencement du XIXe siècle*, Paris, Pillet, 1812-1814, 5 vol. Ce sont également les huit volumes de *Les Français peints par eux-mêmes*, Paris, Curmer, 1839-1841, 8 volumes ; réédition partielle, Paris, Éditions Omnibus, 2003. Sara Thornton, *Advertising, Subjectivity and the Nineteenth-Century Novel : Dickens, Balzac and the Language of the Walls*, Basingstoke, Palgrave Macmillan, 2009. **18.** Louis-Sébastien Mercier, *Tableau de Paris, vol. I, op. cit.*, p. 802-803. **19.** Paul Veyne, « L'interprétation et l'interprète. À propos des choses de la religion », *Enquête*, 1996, vol. 3, p. 160-180. **20.** Nicolas-Edmé Rétif de La Bretonne, *Le Paysan perverti ou les Dangers de la ville, tome troisième*, La Haye, Chez Esprit, 1776, p. 88. **21.** Annik Pardailhé-Galabrun, *La Naissance de l'intime. 3 000 foyers parisiens XVIIe-XVIIIe siècles*, Paris, Presses universitaires de France, 1988. **22.** Giuseppe Maria Crespi, *La Femme à la puce*, [huile sur toile], Bolgne, 1720/1730, Département des peintures du Musée du Louvre. **23.** Marie-Annie Moulin, *Les Maçons de la Haute-Marche au XVIIIe siècle*, Clermont-Ferrand, Publications de l'Institut d'études du Massif central, 1986, p. 200. **24.** John Brewer et Roy Porter (dir.), *Consumption and the World of Goods*, London, Routledge, 1994. **25.** *Le Censeur dramatique*, 1797, t. II, p. 425. **26.** Friedrich Wolfzettel, *Le Discours du voyageur. Pour une histoire littéraire du récit de voyage en France du Moyen Âge au XVIIIe siècle*, Paris, PUF, 1996, p. 2. **27.** Alexander Cowan et Jill Steward (dir.), *The City and the Senses. Urban Culture since 1500*, Aldershot, England ; Burlington, VT, Ashgate, 2007, p. 3-4. **28.** Johann Georg Heinzmann, *Voyage d'un Allemand à Paris et retour par la Suisse*, Paris, les marchands de nouveautés, 1800, p. 119. **29.** August Von Kotzebue, *Souvenirs de Paris, en 1804, tome I*, Paris, Barba, 1805, p. 293. **30.** *Ibid*, p. 294. **31.** Andrea Mansker, « Amour, fiction, et voyeurisme dans les petites annonces sous l'Empire », *Histoire, Économie et Société*, n° 39, vol. 3, 2020, p. 27-44. Claire-Lise Gaillard, *Pas sérieux s'abstenir. Histoire du marché de la rencontre (XIXe-XXe siècle)*, Paris, CNRS Éditions, 2024. **32.** Giuseppe Baretti, *Voyage de Londres à Gênes, passant par l'Angleterre, le Portugal, l'Espagne et la France. Tome 2*, Amsterdam, M. Rey, 1777, p. 318. **33.** *Ibid.*, p. 319. **34.** Joachim Heinrich Campe, *Été 89. Lettres d'un Allemand à Paris*, texte de Joachim Heinrich Campe traduit par Jean Ruffet, Paris, Éditions du May, 1989, p. 42. **35.** Anna Francesca, dit Mme Cradock, *Journal de Mme Cradock, voyage en France (1783-1786)*, Paris, Perrin, 1896, p. 32. **36.** *Ibid.*, p. 256. **37.** Joseph Rosny, *Voyage autour du Pont-Neuf, formant suite à la collection des voyages de longs cours*, Paris, Lemarchand, 1802, p. 7-9. **38.** *Ibid.*, p. 29-30. **39.** *Ibid.*, p. 26. **40.** Étienne Bonnot de Condillac, *Traité des sensations*, Paris, Fayard, 1984 (1754). **41.** Jessica Riskin, *Science in the Age of Sensibility : the Sentimental Empiricists of the French Enlightenment*, Chicago, Ill, University of Chicago Press, 2002. **42.** Anne Lafont, « Les formes du XVIIIe siècle, ou la connaissance par la vue et le toucher », *Publications du musée des Confluences*, 2013, n° 10, vol. 1, p. 17-25. Charlotte Guichard, « Image, art, artefact au XVIIIe siècle. L'histoire de l'art à l'épreuve de l'objet », *Perspective. Actualité en histoire de l'art*, n° 1, 2015, p. 95-112. **43.** Hans-Jürgen Lüsebrink, « Du "Messager boiteux" au "Père Gérard" : les figures de narrateurs populaires dans les almanachs, XVIIIe-XIXe siècle », dans *De l'écrit à l'écran. Littératures populaires : mutations génériques, mutations médiatiques*, Jacques Migozzi (dir.), Limoges, Presses universitaires de Limoges, 2000, p. 53-71. **44.** Dessiné par Bertaux, gravé par Gleich, *Le Charlatan français* [estampe], Paris, Chez Gleich, sans date, BNF, Hennin, 9627. **45.** Voir chapitre 5.

46. Roger Chartier et Daniel Roche, « Les pratiques urbaines de l'imprimé », dans *Histoire de l'édition française*, Paris, Fayard/Promodis, 1990, vol. 2, p. 548. **47.** Barbara Stafford, *Artful Science. Enlightenment Entertainment and the Eclipse of Visual Education*, Cambridge (Ma), The MIT Press, 1996. **48.** Ségolène Le Men (dir.), *Lanternes magiques, tableaux transparents*, Paris, Éditions de la Réunion des musées nationaux, 1995, p. 23-30. Johanna Daniel, « Un "Théâtre sans pareil". Nouveautés et innovations des spectacles d'optique en France dans la seconde moitié du XVIIIe siècle », *Histoire, Économie et Société*, à paraître en 2024. **49.** Anonyme, *La Curiosité* [estampe], Paris, chez Basset, sans date, BNF, Hennin, 9197. **50.** Tim Cresswell, *In Place/Out of Place. Geography, Ideology, and Transgression*, Minneapolis, Mn., University of Minnesota Press, 1996. **51.** Alain-René Lesage, *Histoire de Gil Blas de Santillane, tome second*, Paris, Veuve Ribou, 1732, p. 76-77. **52.** Étienne de Jouy, *L'Hermite de la Chaussée-d'Antin, ou Observations sur les mœurs et les usages parisiens au commencement du XIXe siècle. Tome 3*, Paris, Pillet, 1813, p. 329. **53.** Charles Sorel, *Le Berger extravagant, où, parmy des fantaisies amoureuses, on void les impertinences des romans et de la poésie*, Paris, T. Du Bray, 1627, p. 97. **54.** *Le Courrier des spectacles, ou Journal des théâtres*, 29 mars 1807, p. 4. Extrait de Poésies, Paris, à la librairie stéréotype, chez H. Nicole, rue des Petits-Augustins, n° 15. **55.** BNF Ms. : Papiers de Louis-Sébastien Mercier 15079 – 2, fos 302-305. **56.** Léonard Defrance, *L'abolition de la servitude dans les domaines du roi de France* [Huile sur toile], collection particulière, Liège. **57.** Carl Gottlieb Guttenberg, d'après un tableau de Léonard Defrance, *Joseph der 2.te Roemischer Kaiser* [estampe], Paris, chez Guttenberg, De Vinck, 3349. **58.** Daniel Droixhe, *Une histoire des Lumières au pays de Liège. Livre, idées, société*, Liège, Éditions de l'ULG, 2007, p. 288. **59.** Daniel Roche, *La culture des apparences. Une histoire du vêtement (XVIIe-XVIIIe siècle)*, Paris, Fayard, 1989. **60.** Anonyme, *La Marchande de légumes et de fruits* [estampe], s.d., s.n., BNF. Recueil, collection Michel Hennin. Estampes relatives à l'histoire de France (Hennin), pièce 9983. **61.** Ces images proviennent essentiellement de deux collections rassemblées par les diplomates Michel Hennin (1777-1863) et Carl de Vinck (1859-1931), conservées au Département des estampes de la Bibliothèque nationale de France. **62.** Michèle Fogel, *Les Cérémonies de l'information dans la France du XVIe au milieu du XVIIIe siècle*, Paris, Fayard, 1989. **63.** *Ibid.*, p. 29-30. **64.** Henri Sauval, *Histoire et recherches des antiquités de la ville de Paris. Tome 1*, Paris, Chez Charles Moette, libraire, 1724, p. 30. Voir également Jean-Aymar Piganiol de La Force, *Description historique de la ville de Paris et de ses environs. Volume 1*, Paris, Libraires Associés, 1765, p. 13. **65.** Edme Beguillet, *Description historique de Paris, et de ses plus beaux monuments*, Dijon, chez Frantin, 1779, p. 60. **66.** Jean Favier, *Paris au XVe siècle, 1380-1500*, Paris, Hachette, 1974, p. 51. **67.** Kevin Lynch, *The Image of the City*, Cambridge, Mass., MIT Press, 1960. **68.** Daniel Roche, *La Ville promise. Mobilité et accueil à Paris (fin XVIIe-début XIXe siècle)*, Paris, Fayard, 2000. **69.** Michèle Fogel, *Les Cérémonies de l'information*, *op. cit.*, p. 29-40. **70.** Pierre-Victor Olagnon, *L'Entrée à l'Église* [tableau], sans date, vente à Paris, Hôtel Drouot, le 24 novembre 2014, n° 122. **71.** AN AD/XXc/66. **72.** Gaël Rideau, *Une société en marche. Les processions en France au XVIIIe siècle*, Seyssel, Champ Vallon, 2021. **73.** BNF – Avis aux porteurs d'effets visez, sans lieu, sans imprimeur, 1722. **74.** Natalia Platonova précise qu'en 1721-1722, la monarchie fait appel aux notaires en raison du nombre trop important de créanciers (environ 100 000 rien qu'à Paris). Le certificat permet aux particuliers de réinvestir, notamment pour obtenir des rentes viagères ou perpétuelles. Natalia Platonova, « Le Visa des papiers royaux en France au début du XVIIIe siècle », dans *Les Modalités de paiement de l'État moderne. Adaptation et blocage d'un système comptable*, Marie-Laure Legay (dir.), Vincennes, Institut de la gestion publique et du développement économique, 2018, p. 179-205. **75.** Louis-Marin Bonnet, *Jeannot et un Clerc de Commissaire* [estampe], 1779, BNF, Hennin 10087. **76.** Charles Desmarquets, *Nouveau stile du Châtelet de Paris, et de toutes les jurisdictions ordinaires du Royaume, tant en matière civile, criminelle, que de Police…*, Paris, Chez Saugrain fils, 1746, p. 106. **77.** Jacques Peuchet, *Encyclopédie méthodique. Jurisprudence. t. I*, [A-Bayonne], Paris, À Paris, chez Panckoucke, 1782. p. 195. **78.** Bibliothèque historique de la Ville de Paris (BHVP), Ms 129, f° 189. **79.** Pascal Bastien, *L'Exécution publique à Paris au XVIIIe siècle. Une histoire des rituels judiciaires*, Seyssel, Champ Vallon, 2006. **80.** Adrien Pitor, « L'espace du Palais au XVIIIe siècle », thèse de doctorat en histoire moderne sous la direction de Reynald Abad, Paris, Sorbonne Université, 2019. **81.** AN – Z^2 3077. Également Daniel Jousse, *Traité de l'administration de la justice. Tome 2*, Paris, Debure, 1771, p. 621 et 630. **82.** Jean-Baptiste Lallemand, *Ancienne porte du Palais avant la grille* [dessin], Paris, sans éditeur, 1783, BNF, Destailleur Paris, t. 5, 1022. **83.** Jacques Peuchet, *Encyclopédie méthodique. Jurisprudence. t. V*, *op. cit.*, p. 411. **84.** Laurent Turcot, *Le Promeneur à Paris au XVIIIe siècle*, Paris, Gallimard, 2007. Jan Synowiecki, *Paris en ses jardins. Nature et culture urbaines au XVIIIe siècle*, Seyssel, Champ Vallon, 2021. **85.** Bibliothèque du muséum d'Histoire naturelle, Ms 3309. **86.** Jacques Peuchet, *Encyclopédie méthodique. Jurisprudence. t. V*, *op. cit.*, p. 268-269. **87.** Jacques Peuchet, *Encyclopédie méthodique. Jurisprudence, t. IX*, *op. cit.*, article « Affiche », p. 245. **88.** Jacques Peuchet, *Encyclopédie méthodique. Jurisprudence, t. IV*, *op. cit.*, article « Entrée », p. 307. **89.** Jacques Peuchet, *Encyclopédie méthodique. Jurisprudence. t. II*, *op. cit.*, article « Changeur », p. 494. **90.** Jacques Peuchet, *Encyclopédie méthodique. Jurisprudence. t. VI*, *op. cit.*, article « Pancarte », p. 326. **91.** *Gazette nationale, ou le Moniteur universel*, volume 6, Paris, Leriche, n° 17 – Mardi 17 janvier 1792. « Arrêté sur l'affiche des lois et autres actes de l'autorité publique », p. 65. **92.** *Ibid.* **93.** Louis-Léopold Boilly, *L'Entrée du théâtre de l'Ambigu-Comique à une représentation gratis* [tableau], Salon de 1819, Musée du Louvre, Département des Peintures. **94.** Nicolas de Lamessin, *Relation de ce qui est arrivé de plus remarquable en l'année 1700* [estampe], Paris, Chez P. Landry, 1701, BNF, Hennin 6669. **95.** Anonyme, *Bartholomew Fair, 1721* [estampe], années 1820, Bodleian Library Posters. **96.** BNF Ms. : fr. 21817, f°s 611-612. Gilles Feyel, *L'Annonce et la nouvelle. La presse d'information en France sous l'Ancien Régime (1630-1788)*, Oxford, Voltaire Foundation, 2000, p. 331. Cette promotion publicitaire s'adresse notamment aux étudiants qui fréquentent alors les cours de l'Université. **97.** Sabine Juratic, « Le Monde du livre à Paris entre absolutisme et Lumières. Recherches sur l'économie de l'imprimé et sur ses acteurs », thèse de doctorat en histoire, sous la direction de Frédéric Barbier, EPHE, Paris, 2003, p. 367-368. Pour le cas anglais : Robin Myers, Michael Harris et Giles Mandelbrote (dir.), *Books for Sale. The Advertising and Promotion of Print since the Fifteenth Century*, New Castle (DE)/Londres, Oak Knoll Press/British Library, 2009. **98.** Jean-Daniel Candaux et Claire Lesage, « Le Premier Âge du prospectus. Suivi d'une annexe : localisation de quelques prospectus (1684-1789) », dans *Le Livre entre le commerce et l'histoire des idées. Les catalogues de libraires (XVe-XIXe siècle)*, Annie Charon, Claire Lesage, Ève Netchine (dir.), Paris, Publications de l'École nationale des chartes, 2011, p. 145-186. **99.** Annie Charon-Parent, Claire Lesage et Ève Netchine (dir.), *op. cit.* **100.** Robert Darnton, *Un tour de France littéraire. Le monde du livre à la veille de la Révolution*, Paris, Gallimard,

2018. **101.** Léonard Defrance, *À l'égide de Minerve* [peinture sur toile], 1781, Dijon, musée des Beaux-Arts. Cette dernière a été abondamment commentée, notamment par Roger Chartier, « Librairie et Lumières », dans *Histoire de l'édition française*, Paris, Fayard/Promodis, 1990, vol. 2, p. 394-395. **102.** Jean-Marc Besse, Hélène Blais et Isabelle Surun (dir.), *Naissances de la géographie moderne (1760-1860). Lieux, pratiques et formation des savoirs de l'espace*, Lyon, ENS, 2010. **103.** C. Walsh, « The Advertising and Marketing of Consumer Goods in Eighteenth Century London », *art cit.* **104.** Anonyme, M. de La Jobardière chez son secrétaire [estampe], s.l., s.d., BNF, De Vinck, 9222. Christine Métayer, *Au tombeau des secrets. Les écrivains publics du Paris populaire. Cimetière des Saints-Innocents (XVIe-XVIIIe siècle)*, Paris, Albin Michel, 2000. **105.** Victor Jean Nicolle, *Cloître des Carmes de la place Maubert* [dessin], BNF, Destailleur Paris, t. 2, 269. **106.** Nicolas Lyon-Caen, « Les Marchands du temple. Les boutiques du palais de justice de Paris aux XVIe-XVIIIe siècle », *Revue historique*, 2015, n° 674, p. 323-352. **107.** Michel Garnier, *Le Passage du ruisseau* [tableau], 1791, vente à Paris, Hôtel Drouot le 10 juin 2011, n° 42. **108.** Natacha Coquery, *Tenir boutique à Paris au XVIIIe siècle. Luxe et demi-luxe*, Paris, Éd. du Comité des travaux historiques et scientifiques, 2011. **109.** Pierre-Nolasque Bergeret, *Les Musards de la rue du Coq* [estampe], vers 1810, Musée Carnavalet, G. 18430. Clyde Plumauzille, *Prostitution et Révolution. Les femmes publiques dans la cité républicaine (1789-1804)*, Ceyzérieu, Champ Vallon, 2016. **110.** AN AD/XXc/65 – n° 50. **111.** AN AD/XXc/65 – n° 83 et AN – Y – 11579. **112.** Michel de Certeau, *L'invention du quotidien. 1, Arts de faire*, Paris, Gallimard, 1990, p. 77. **113.** David Garrioch, « House Names, Shop Signs and Social Organization in Western European Cities (1500-1900) », *Urban History*, 1994, n° 21, vol. 1, p. 20-48. Laurent Cuvelier, « Les codes de l'enseigne dans l'espace public parisien, XVIIe-XXe siècles », dans *L'Enseigne. Une histoire visuelle et matérielle (1850-1939)*, Anne-Sophie Aguilar, Eléonore Challine (dir.), Paris, Citadelles et Mazenod, 2020. **114.** Brice Germain, *Description de la ville de Paris, et de tout ce qu'elle contient de plus remarquable, huitième édition, Tome second*, Paris, Théodore Le Gras, Julien Michel Gandouin, François Fournier, 1725, p. 14-15. **115.** *Ibid*, p. 15. **116.** *Mercure de France*, Paris, chez Guillaume Cavelier, La Veuve Pissot, Jean de Nully, 1742, p. 2511. **117.** Maurice Garden, « Histoire de la rue », *Pouvoirs*, 2006, n° 116, p. 5-17. **118.** Louis-Sébastien Mercier, *Tableau de Paris, vol. I*, Jean-Claude Bonnet (dir.), Paris, Mercure de France, 1994, p. 1322. **119.** Pierre-Laurent Auvray, *Une bouquetière*, s.l., s.d., BNF, Hennin, 9195. **120.** Louis-Sébastien Mercier, *Tableau de Paris, vol. I, op. cit.*, p. 805-806. **121.** Ces lieux de pouvoir ont fait l'objet d'une attention particulière, que ce soit en tant qu'objets architecturaux que du point de vue des usages économiques, politiques et culturels. Natacha Coquery, *L'Espace du pouvoir. De la demeure privée à l'édifice public (Paris 1700-1790)*, Paris, Seli Arslan, 2000. Michel Figeac (dir.), *L'Habitat des élites urbaines en Europe à l'époque moderne*, Bordeaux, Publications de la Maison des sciences de l'homme d'Aquitaine, 2019. **122.** Abraham Girardet (dessinateur), Claude Niquet (graveur), *Attroupement au fauxbourg St Antoine le 26 avril 1789* [estampe], Paris, BNF, Hennin 10223. Philibert-Louis Debucourt, *Les Courses du matin ou la porte d'un riche* [estampe], s.l., 1805, BNF, Hennin 12978. **123.** Natacha Coquery, « Hôtel, luxe et société de cour. Le marché aristocratique parisien au XVIIIe siècle », *Histoire & Mesure*, 1995, n° 10, vol. 3, p. 339-369. **124.** « Projet pour donner au public en feuilles, ou en petits livres, par semaine, par quinzaine, ou par mois, un recueil des affiches de Paris, des Provinces, & des païs étrangers », dans *Mémoires pour l'histoire des Sciences & des*

Beaux-Arts, Paris, A. Trevoux, 1715, p. 2380. **125.** *Le Censeur dramatique*, 1797, t. II, p. 428. **126.** *Ibid.* **127.** Anonyme, *Désespoir des pensionnaires* [estampe], s.l., s.d., BNF, Hennin 10585. **128.** Jacques Peuchet, *Encyclopédie méthodique. Jurisprudence, t. IX, op. cit.*, article « Affiche », p. 245. **129.** BNF Manuscrits de la bibliothèque de l'Arsenal. Archives de la Bastille : 10905, afficheur de placard. **130.** Sabine Barles, *L'Invention des déchets urbains, France, 1790-1970*, Seyssel, Champ Vallon, 2005. Voir aussi la perspective de la sociologue Jennifer Gabrys, *Digital Rubbish. A Natural History of Electronics*, Ann Arbor, (MI), University of Michigan Press, 2013. **131.** Nicolas-Edmé Rétif de La Bretonne, *Nuits de Paris, ou le Spectateur nocturne*, Londres, 1788, t. VII, p. 1587. **132.** L. Turcot, *Le Promeneur à Paris au XVIII*[e] *siècle, op. cit.*, p. 359-364. **133.** Rétif de La Bretonne, *Nuits de Paris, op. cit.*, t. VII, p. 1587-1588. **134.** Anonyme, *Pièce allégorique, Le Chiffonnier* [estampe], s.l., 1805, BNF, Hennin 13044. À droite – Demarne, *Un donneur de places* [estampe], s.l., 1822, Musée Carnavalet, G.34515. **135.** Antoine Compagnon, *Les Chiffonniers de Paris*, Paris, Gallimard, 2017, p. 9. **136.** Sabine Barles, « Les chiffonniers, agents de la propreté et de la prospérité parisiennes au XIXe siècle », dans *Les Travailleurs des déchets*, Delphine Corteel (dir.), Toulouse, ERES, 2011, p. 45-67. **137.** André Guillerme, *La Naissance de l'industrie à Paris. Entre sueurs et vapeurs 1780-1830*, Seyssel, Champ Vallon, 2007, p. 112. **138.** *Ibid.*, p. 111. **139.** Jérôme Denis et David Pontille, *Le soin des choses. Politiques de la maintenance*, Paris, La Découverte, 2022. **140.** Archives de la préfecture de police – AA215 – pièces n°s 157-158. **141.** Anonyme, *Membre du Comité des recherches* [estampe], vers 1790, *Journal pittoresque, ou Tableau vivant du génie français pendant le temps de la Révolution*, BNF, Département estampes et photographie, FOL-QB-1 (1789-10-21). A. Compagnon, *Les Chiffonniers de Paris, op. cit.*, p. 191-197. **142.** Anonyme, *La Perruque enlevée* [estampe], sans date, BNF, De Vinck 8714. **143.** Maurice Descotes, *Histoire de la critique dramatique en France*, Paris, Éditions Jean-Michel Place, 1980, p. 188-193. **144.** Anonyme, *Les Embarras de Paris* [estampe], Veuve Maillot, Paris, sans date, BNF, Hennin 8123. **145.** Arnaud Baubérot et Florence Bourillon (dir.), *Urbaphobie. La détestation de la ville aux XIX*[e] *et XX*[e] *siècles*, Pompignac, Éditions Bière, 2009. **146.** Louis-Sébastien Mercier, *Tableau de Paris, vol. I, op. cit.*, p. 804-805. **147.** Multigraph Collective (Scholarly Group), *Interacting with Print. Elements of Reading in the Era of Print Saturation*, Chicago, University of Chicago Press, 2018. Voir chapitre 15 : « Proliferation », p. 243-259. **148.** Robert Darnton, *L'Affaire des Quatorze. Poésie, police et réseaux de communication à Paris au XVIII*[e] *siècle*, Paris, Gallimard, 2014. **149.** Recueil Clairambault-Maurepas, *Chansonnier historique du XVIII*[e] *siècle. Volume 8*, Paris, A. Quantin, 1879-1884, p. 96. **150.** Louis-Sébastien Mercier, *Le Nouveau Paris, op. cit.*, p. 756. **151.** Camille Saint-Aubin, *Marchand d'oignons devroit se connoître en ciboules, ou Application de cette maxime à plusieurs articles d'un arrêté du Comité de sûreté générale, concernant la vente des comestibles à la halle et aux marchés*, Paris, Desenne, 1794, p. 9 et 13. **152.** *Annales de chimie, ou recueil de mémoires concernant la chimie et les arts qui en dépendent*, Paris, Guillaume et Fuchs, 1797, p. 237-252. « Rapport sur la refonte du papier », de Deyeux, Mollard, Pelletier et Verkaven, **153.** Louis Abel Beffroy de Reigny, *Dictionnaire néologique des hommes et des choses…, vol. 1*, Paris, chez Moutardier, 1801, p. 49. **154.** Laurent Cuvelier, « L'Ancien Régime des graffitis. Contestations graphiques et ordre mural à l'époque moderne », *20 & 21. Revue d'histoire*, 2022/4, n° 156, p. 23-39. **155.** Molière, *Œuvres complètes et annexes*, Édition numérique, Arvensa Éditions, p. 119. **156.** Louis-Sébastien Mercier, *Tableau de Paris, vol. I, op. cit.*, p. 100. **157.** *Ibid.*,

p. 101. **158.** John Grand-Carteret, *L'Enseigne. Son histoire, sa philosophie, ses particularités, les boutiques, les maisons, la rue, la réclame commerciale à Lyon*, Grenoble, H. Falque et F. Perrin, 1902, p. 16. **159.** Érica-Marie Benabou, *La prostitution et la police des mœurs au XVIIIe siècle*, Paris, Perrin, 1987. **160.** Jean-Baptiste Huet, *La Désolation des filles de joie* [estampe], s.d., BNF, Hennin 9713. Anonyme, *La Désolation des filles de joie* [estampe], s.d., BNF, Hennin 9714. Anonyme, *Exécution d'une ordonnance de police concernant les femmes débauchées* [estampe], s.d., BNF, Hennin 9716. Sur ces représentations, voir Benoîte Legeais, « Le pilocentrisme de la France d'Ancien Régime. Évolution des représentations de la pilosité de François Ier à Louis XVI », thèse d'histoire, sous la direction de Jean-Jacques Courtine et Dominique Deslandres, université Sorbonne-Nouvelle Paris 3, 2015, p. 273-276. **161.** Sabine Barles, *La Ville délétère. Médecins et ingénieurs dans l'espace urbain XVIIIe-XIXe siècle*, Seyssel, Champ Vallon, 1999 ; Thomas Le Roux, *Le laboratoire des pollutions industrielles. Paris, 1770-1830*, Paris, Albin Michel, 2011. **162.** Charles Walton, *La Liberté d'expression en Révolution. Les mœurs, l'honneur, la calomnie*, Rennes, Presses universitaires de Rennes, 2014.

4. Le capitalisme à l'assaut des murs

1. BNF Ms. : fr. 22115, 134. **2.** Jean-Dominique Mellot, Élisabeth Queval et Nathalie Aguirre (dir.), *La Police des métiers du livre à Paris au siècle des lumières. Historique des libraires et imprimeurs de Paris existans en 1752, de l'inspecteur Joseph d'Hémery*, Paris, Bibliothèque nationale de France, 2017. Cette approche comptable de l'affichage par l'inspecteur d'Hémery, afin de mieux l'encadrer, est comparable à la gestion des déchets étudiée par Nicolas Lyon-Caen et Raphaël Morera, « Naissance, réorganisation ou formalisation d'un système d'information ? La propreté des rues de Paris (XVIe-XVIIIe siècle) », *Flux*, 2018, n°s 111-112, 1, p. 44-56. **3.** Lauren Clay, *Stagestruck. The Business of Theater in Eighteenth-Century France and Its Colonies*, Ithaca, Cornell University Press, 2013. **4.** Neil MacKendrick, John Brewer et John H. Plumb (dir.), *The Birth of a Consumer Society. The Commercialization of Eighteenth-Century England*, London, Hutchinson, 1983. Daniel Roche, *Histoire des choses banales. Naissance de la consommation dans les sociétés traditionnelles (XVIIe-XIXe siècle)*, Paris, Fayard, 1997. Natacha Coquery, *Tenir boutique à Paris au XVIIIe siècle : luxe et demi-luxe*, Paris, Éd. du Comité des travaux historiques et scientifiques, 2011. Maxine Berg et Elizabeth Eger (dir.), *Luxury in the Eighteenth Century. Debates, Desires and Delectable Goods*, Basingstoke/New York, Palgrave Macmillan, 2002. **5.** *Gazette de France*, 16 décembre 1776, p. 458. Sur le rejet de la publicité, voir Marc Martin, *Trois Siècles de publicité en France*, Paris, Odile Jacob, 1992, p.151-177. **6.** Colin Jones, « The Great Chain of Buying. Medical Advertisement, the Bourgeois Public Sphere, and the Origins of the French Revolution », *The American Historical Review*, 1996, n° 101, vol. 1, p. 13-40. William H. Sewell, *Capitalism and the Emergence of Civic Equality in Eighteenth-Century France*, Chicago, Chicago University Press, 2021. Michael Kwass, *The Consumer Revolution, 1650-1800*, Cambridge, Cambridge University Press, 2022. **7.** Arthur Dillon, *Utilité, possibilité, facilité de construire des trottoirs dans les rues de Paris*, Paris, Chez Desenne, 1803, p. 16. **8.** Alain-René Lesage, *Le Théâtre de la foire, ou l'Opéra-Comique...*, Paris, chez Étienne Ganeau, 1721, p. 101-102. **9.** Marc Berdet, *Fantasmagories du capital. L'invention de la ville-marchandise*, Paris, La Découverte (Zones), 2013. Matthieu Giroud, « Les rêves urbains du capitalisme », *Métropolitiques*, 17 mai 2013 [en ligne]. **10.** Vanessa R. Schwartz,

Spectacular Realities. Early Mass Culture in Fin-de-Siècle, Berkeley, University of California Press, 1998. Haejeong Hazel Hahn, *Scenes of Parisian modernity. Culture and consumption in the Nineteenth Century*, New York, Palgrave Macmillan, 2009. **11.** Louis-Sébastien Mercier, *Le Nouveau Paris*, 1 vol., Jean-Claude Bonnet (dir.), Paris, Mercure de France, 1994, p. 752. **12.** Claire Walsh, « Shopping et Tourisme : l'Attrait des boutiques Parisiennes au XVIIIe siècle », dans *La Boutique et la ville. Commerces, commerçants, espaces et clientèles. XVIe-XXe siècle*, N. Coquery (dir.), Tours, Presses universitaires François-Rabelais, 2000, p. 223-237. **13.** André Lelarge, « Le numérotage des maisons de Paris sous Louis XVI et pendant la Révolution », *Bulletin de la Société de l'histoire de Paris et de l'Ile-de-France*, 1933, 60e année, p. 60-81. Vincent Denis, « Les Parisiens, la police et les numérotages des maisons, du XVIIIe siecle à l'Empire », *French Historical Studies*, 2015, n° 38, vol. 1, p. 83-103. **14.** « Mémoire sur le numérotage des sections de Paris », 7 avril 1791, signé Martin Kreenfelt de Storcks : Archives de Paris, D1Z – Collection Lazare-Montassier, D1Z 105 – « Rue » – f°s 1817-1818. **15.** Vincent Denis, *Une histoire de l'identité : France, 1715-1815*, Seyssel, Champ Vallon, 2008, p. 287. **16.** Louis-Sébastien Mercier, *Tableau de Paris, vol. I, op. cit.*, p. 403. **17.** Mathieu Marraud, *De la ville à l'État, la bourgeoisie parisienne, XVIIe-XVIIIe siècle*, Paris, Albin Michel, 2009. **18.** BNF Ms. : fr. 22084, 64 et 68. Un processus similaire est mis en place à Londres un an après, avec le Westminster Paving Act. Jonathan Conlin, « "At the Expense of the Public" : the 1762 Signpainters' Exhibition and the Public Sphere », *Eighteenth-Century Studies*, 2002, n° 36, vol. 1, p. 1-21. **19.** BNF Ms. : fr. 22084, 61-62-63. **20.** Certaines expériences originales ont contribué à faire évoluer les conceptions des commerçants hostiles en 1669 à la disparation des « saillants », à l'image de l'enseigne célèbre du marchand de tableaux Gersaint, réalisée par Antoine Watteau et exposée dans la rue pendant deux semaines en 1720. Guillaume Glorieux, *À l'enseigne de Gersaint. Edme-François Gersaint, marchand d'art sur le pont Notre-Dame*, Seyssel, Champ Vallon, 2002. **21.** BNF Ms. : fr. 22084, 63. Sur la notion de « grandeur urbaine », Stéphane Van Damme, *Métropoles de papier. Naissance de l'archéologie urbaine à Paris et à Londres (XVIIe-XXe siècle)*, Paris, Les Belles lettres, 2012, p. 13. **22.** Edmond Jean François Barbier, *Chronique de la Régence et du règne de Louis XV (1718-1763) ou Journal de Barbier, t. 7*, Paris, Charpentier, (1760-1761), 1857-1866, p. 416. **23.** Alphonse-Louis-Dieudonné Martainville, *Pataquès, ou le Barbouilleur d'enseignes*, Paris, Montansier-Variétés, 1802, p. 6. **24.** Théophile Marion Dumersan, *M. Sopajou, ou l'Enseigne du singe*, Paris, théâtre Montansier, 1805, p. 7. **25.** Ambrose Heal, *The Signboards of Old London Shops*, London, B.T. Batsford, 1947, p. 4-5. Sur les cartes de commerce, voir la thèse de Philippa Hubbard, « The art of advertising : trade cards in eighteenth-century consumer cultures », thèse d'histoire sous la direction de Colin Jones et Maxine Berg, University of Warwick, Warwick, 2009. **26.** Laurent Cuvelier et Suzanne Rochefort, « Une nouveauté permanente ? Regards croisés sur la presse et les affiches à la fin du XVIIIe siècle », *Histoire, Économie et Société*, à paraître en 2024. **27.** Abraham du Pradel, *Le Livre commode des adresses de Paris pour 1692*, Paris, P. Daffis, 1878, p. xxxii. **28.** BNF Ms. : fr. 22115, 96. « État des endroits où l'on pose les affiches de l'Opéra, Comédies française et italienne, divisées en trois parties ». **29.** Voir Mathieu Marraud, *La Noblesse de Paris au XVIIIe siècle*, Paris, Seuil, 2000. Et Natacha Coquery, *L'Espace du pouvoir. De la demeure privée à l'édifice public (Paris 1700-1790)*, Paris, Seli Arslan, 2000. **30.** Daniel Roche, « Recherches sur la noblesse parisienne au milieu du XVIIIe siècle. La noblesse du Marais », dans *Actes du LXXXVIe Congrès des sociétés savantes (Montpellier, 1961)*, Paris, Imprimerie nationale,

1963, p. 541-578. **31.** *Le Censeur dramatique*, 1797, t. II, p. 427. **32.** Gilles Feyel, *L'Annonce et la nouvelle. La presse d'information en France sous l'Ancien Régime (1630-1788)*, Oxford, Voltaire Foundation, 2000, p. 941-942. Roxana Fialcofschi, Le *Journal de Paris et les arts visuels, 1777-1788*, thèse de lettres et arts, université Lyon II, 2009. **33.** *Le Censeur dramatique*, 1797, t. II, p. 428-429. **34.** Jack Richard Censer, *The French Press in the Age of Enlightenment*, London New York, Routledge, 1994, p. 216-217. **35.** BNF Ms. : fr. 22085, 28 et 30. **36.** BNF Ms. : fr. 22085, 28. **37.** BNF Ms. : fr. 22085, 29. **38.** Anonyme, *Galeries du Palais-Royal* [dessin], s.d., BNF, Destailleur Paris, t. V, 1012. Georg-Emmanuel Opiz, *Palais-Royal. 1815. La sortie du n° 113* [dessin], s.l., 1815, BNF, Destailleur Paris, t. 5, 927. Frederick Nash, *Galeries du Palais-Royal* [dessin], dans *Picturesque Views of the City of Paris and its Environs*, Londres, James Moyes, 1820, p. 31. **39.** Stéphanie Le Gallic, *Lumières publicitaires, Paris, Londres, New York*, Paris, CTHS, 2019. **40.** Olivier Dautresme, « Du Palais-Cardinal à l'"enceinte magique". La représentation du Palais-Royal dans les guides de Paris aux XVIIe et XVIIIe siècles », dans *Les Guides imprimés du XVIe au XXe siècle. Villes, paysages, voyages*, Gilles Chabaud (dir.), Paris, Belin, 1998, p. 391-402. Olivier Dautresme, « La Promenade, un loisir urbain universel ? L'exemple du Palais-Royal à Paris à la fin du XVIIIe siècle », *Histoire urbaine*, 2001, n° 3, p. 83-102. Olivier Dautresme, « Une boutique de luxe dans un centre commercial à la mode. L'exemple du "Magasin d'effets précieux à prix fixe" au Palais-Royal à la fin du XVIIIe siècle », dans *La Boutique et la ville. Commerces, commerçants, espaces et clientèles (XVIe-XXe siècle)*, Natacha Coquery (dir.), Tours, Presses universitaires François-Rabelais, 2000, p. 239-247. **41.** AN R^4 282 – titres de propriété pour le XVIIe siècle. **42.** Musée Carnavalet – AFF1472 et AFF1486. **43.** Soit en théorie plus de 200 kg. **44.** *Affiche indiquant que le géant P. Butterbrodt se voit au Palais-Royal, aux entresols du sieur Curtius* [estampe], BNF, Hennin, 10083. Steven L. Kaplan, « Les temps du pain dans le Paris du XVIIIe siècle », dans *Le temps de manger. Alimentation, emploi du temps et rythmes sociaux*, Maurice Aymard, Claude Grignon, Françoise Sabban (dir.), Paris, Éditions de la Maison des sciences de l'homme, 1993, p. 235-271. **45.** Joseph Rosny, *Voyage autour du Pont-Neuf, formant suite à la collection des voyages au long cours*, Paris, Lemarchand, 1802, p. 29-30. **46.** Julien Puget, « From Public Garden to Public City. The Controversy Over the Housing Project at the Palais-Royal in 1781 », *French History*, 2017, n° 31, vol. 2, p. 174-193. **47.** Louis Petit de Bachaumont, Mathieu-François Pidansat de Mairobert et Barthélémy-François-Joseph Mouffle d'Angerville, *Mémoires secrets pour servir à l'histoire de la république des lettres en France, depuis MDCCLXII jusqu'a nos jours ; ou Journal d'un observateur*, Londres, chez John Adamson, 1782, tome XVII, p. 118 **48.** *Ibid.*, p. 262-263. **49.** *Picturesque Views of the City of Paris and its Environs, op. cit.*, p. 32. Original page 31 : « These galleries are a perpetual and universal bazaar ; for here are to be found and procured, at any hour of the day, the productions of the four quarters of the globe. » **50.** BNF Ms. : fr. 21749, f° 38. Gilles Feyel, *L'Annonce et la nouvelle…, op. cit.*, p. 11-42. Hélène Duccini, *Faire voir, faire croire. L'opinion publique sous Louis XIII*, Seyssel, Champ Vallon, 2003. **51.** Il précise : « La voie du Journal est plus abrégée, et beaucoup plus sûre » (*Journal general de France, ou Inventaire des adresses du Bureau de Rencontre ou chacun peut donner et recevoir avis de toutes les necessitez et commoditez de la vie et société humaine. Par permission du Roy contenue en ses Brevets, Arrests de son Conseil d'Etat, Declaration, Privilege, Confirmation, Arrest de sa Cour de Parlement, Sentences, et Jugemens donnez en conséquence*, Paris, chez Claude Blageart, 1681. Cité dans Jean Sgard (dir.), *Dictionnaire des journaux 1600-1789*, tome I, Paris, Universitas, 1991, notice n° 840, p. 763-772. **52.** *Ibid.* **53.** Gilles Feyel, article n° 840 « Liste des Avis du Bureau d'adresse », dans Jean Sgard (dir.), *Dictionnaire des journaux 1600-1789, op. cit.* C'est la première feuille d'annonces à utiliser le terme « affiches » pour son titre. Également G. Feyel, *L'Annonce et la nouvelle…, op. cit.*, p. 395-408. **54.** « Projet pour donner au public en feuilles, ou en petits livres, par semaine, par quinzaine, ou par mois, un recueil des affiches de Paris, des Provinces, & des païs étrangers », *op. cit.*, p. 2380. **55.** *Ibid.*, p. 2381. **56.** Christophe Studeny, *L'Invention de la vitesse, France XVIIIe-XXe siècle*, Paris, Gallimard, 1995. **57.** *Bureau général d'Indication, d'Avis, d'Adresse et de Rencontre, rue Saint-Honoré, à l'Hôtel d'Aligre ci-devant le Grand Conseil*, 3 avril 1764. **58.** BNF Ms. : fr. 22085, 8. **59.** Sur les descriptions littéraires et policières des brigands au XVIIIe siècle, voir les nombreuses contributions dans Lise Andries (dir.), *Cartouche, Mandrin et autres brigands du XVIIIe siècle*, Paris, Desjonquères, 2010. **60.** BNF Ms. : fr. 22085, 8. **61.** *Bureau général d'Indication, op. cit.*, p. 4. **62.** Steven Laurence Kaplan, *La Fin des corporations*, Paris, Fayard, 2001, chapitre 3. Sur la valorisation de la figure de l'entrepreneur dans la pensée de Turgot : Joël Thomas Ravix, « Turgot et la physiocratie : les raisons d'un divorce », dans Gérard Klotz, Philippe Minard, Arnaud Orain (dir.), *Les voies de la richesse ? La physiocratie en question (1760-1850)*, Rennes, Presses universitaires de Rennes, 2017, p. 193-218. **63.** BNF Ms. : Joly de Fleury, 1078, f° 212. **64.** BNF Ms. : Joly de Fleury, 1078, f° 214-215. **65.** BNF Ms. : Joly de Fleury, 1078, f° 212-213. **66.** Voir chapitre suivant. **67.** BNF, Ms. : fr. 21832, f° 58. **68.** BNF Ms. : fr. 21832, f° 55. **69.** Seul l'inventaire après décès de Marie Catherine Fouquet, morte le 28 juin 1775, mentionne Charles Étienne Tonnelier, marchand mercier demeurant à l'angle de la rue Saint-Denis et de la rue aux Ours, dans le cœur historique du Paris boutiquier. AN – MC/ET/X/649. N. Coquery, *La Boutique à Paris au XVIIIe siècle, op. cit.*, p. 242-245. **70.** BNF Ms. : fr. 21832, f°s 55 et 61. **71.** BNF Ms. : fr. 21832, f° 71. **72.** BNF Ms. : fr. 21832, f°s 66-71 et f°s 55-57. **73.** Sous les traits de l'entrepreneur transparaissent alors ceux de l'inventeur, voire de l'administrateur de l'espace urbain. Liliane Hilaire-Pérez, *L'Invention technique au siècle des Lumières*, Paris, Albin Michel, 2000, p. 70-71. **74.** BNF Ms. : fr. 21832, f°s 62-63 et 64-65. Voir tableau de synthèse en annexe. **75.** BNF Ms. : fr. 21832, f°s 72-81 et 82-86. **76.** La position centrale et quasi-monopolistique des deux projets de système d'affichage fait écho au « Système de Law » mis en place au début du siècle et conçu pour « concilier intérêt privé et bien public », Arnaud Orain, *La politique du merveilleux. Une autre histoire du Système de Law (1695-1795)*, Paris, Fayard, 2018, p. 153. **77.** BNF Ms. : fr. 21832, f°s 58-61. **78.** « il est de notoriété que le service public se fait à cet égard à la satisfaction de tous les citoyens […] les syndics et adjoints de la librairie qui ont, de leur côté, inspection sur les afficheurs pourraient à peine citer un seul exemple de plaintes portées contre les afficheurs pour raison des prétendus délits qui leurs sont imputés » (BNF Ms. : fr. 21832, f°s 72-81). **79.** BNF, Ms. : fr. 21832, f° 58. **80.** « Lesdites affiches après avoir été exactement distribuées et rangées par ordre seront remises à autant de journaliers afficheur, qu'il y a de quartiers en la ville et faubourgs de Paris pour les dits journaliers afficheurs être soumis à la jurisdiction du Commissaire du quartier auquel ils seront attachés » (BNF Ms. : fr. 21832, f° 59). **81.** Justine Berlière, *Policer Paris au siècle des lumières. Les commissaires du quartier du Louvre dans la seconde moitié du XVIIIe siècle*, Paris, École nationale des chartes, 2012. **82.** Tonnelier semble ici désigner l'ensemble des territoires où droits féodaux, propriétés foncières et activités agricoles sont liés à Paris. Sur les multiples sens associés à la banlieue de Paris au Moyen Âge et à l'époque moderne : Hélène Noizet et Caroline Bourlet, « La Banlieue de Paris du XIIe au XVIIIe siècle. Critères de définition, extension et spatialités », dans *Les Limites de Paris (XIIe-XVIIIe siècle)*, Anne Conchon, Hélène Noizet, Michel Ollion (dir.), Villeneuve-d'Ascq, Presses universitaires du Septentrion, 2017, p. 23-56. Sur la formalisation des limites fiscales à Paris dans les années 1780, voir Momcilo Markovic, *Paris brûle ! L'incendie des barrières de l'octroi en juillet 1789*, Paris, L'Harmattan, 2019. Sur les barrières de l'octroi avant la construction du mur des Fermiers généraux, voir Nicolas Lyon-Caen, « Les barrières de l'octroi de Paris au XVIIIe siècle avant le mur des Fermiers généraux », dans *Les Limites de Paris*, *op. cit.*, p. 77-92. **83.** BNF Ms. : fr. 21832, f° 80. **84.** BNF Ms. : fr. 21832, f° 65. **85.** BNF Ms. : fr. 21832, f° 82. **86.** BNF Ms. : fr. 21832, f° 78. **87.** Voir chapitre suivant. **88.** « NE ME LISEZ PAS. », sans date, collection Portiez de l'Oise, Carton n° X 147-3 (1) – chemise n° 1 – pièce n° 33. **89.** Elle est mentionnée dans le *Times* du 15 octobre 1794. Voir l'étude de Neil McKendrick, « George Packwood and the commercialization of shaving », dans *The Birth of a Consumer Society. The Commercialization of 18th-century England*, N. Mc Kendrick, J. Plumb (dir.), London, Hutchinson, 1983, p. 146-194. **90.** « Dialogue entre l'Affiche et le Passant », Paris, Imprimerie des Sciences et Arts, sans date, collection Portiez de l'Oise, Carton n° X 147-3 (1) – chemise n° 1 – pièce n° 31. **91.** Jean-Dominique Augarde, « Noël Gérard (1685-1736) et le Magasin Général à l'Hôtel Jabach », dans *Luxury Trades and Consumerism in Ancien Régime Paris : Studies in the History of the Skilled Workforce*, Robert Fox, Anthony Turner (dir.), Aldershot, Routledge, 1998, p. 169-188. Également Natacha Coquery, *La Boutique à Paris au XVIIIe siècle*, dossier d'habilitation à diriger des recherches, sous la direction de Dominique Margairaz, université Paris 1 Panthéon-Sorbonne, Paris, 2006, p. 45-48. **92.** BNF Ms. : fr. 22084, f° 7, *Avis au public sur l'établissement du magasin général* [d'Hubert Houdar, marchand-mercier-joaillier et banquier] *à l'Hôtel Jabach*, rue Neuve St Merry, à Paris, s.d. **93.** Fonds Portiez de l'Oise – Carton n° X 147-3 (1) – chemise n° 1 – pièce n° 26. **94.** *Ibid.* **95.** Reformulation libre qui doit beaucoup à l'ouvrage de Luc Boltanski et Ève Chiapello, *Le nouvel esprit du capitalisme*, Paris, Gallimard, 1999. **96.** Jacques-Louis Ménétra, *Journal de ma vie : édition critique du journal de Jacques-Louis Ménétra, compagnon vitrier au XVIIIe siècle*, Paris, Albin Michel, 1998, p. 169. **97.** *Le Siècle*, 26 avril 1838, p. 3. Cet encart publicitaire est financé par l'« Entreprise générale des affiches peintes et posage d'affiches ordinaires » de deux entrepreneurs, Lestang et Harpé. Publié à l'identique dans *Le Constitutionnel*, 3 mai 1838, p. 5. **98.** Frédéric Graber, « Le timbre des affiches. Comment une politique fiscale redéfinit les frontières de l'État », *Le Mouvement Social*, n° 278, vol. 1, 2022, p. 55-72. **99.** *La Presse*, 20 juillet 1845, p. 3. **100.** Institut national de la propriété industrielle (INPI), Base Brevet (BB), 1BA2242, 1825. Claude Pierre Molard, *Description des machines et procédés spécifiés dans les brevets d'invention, tome XLIV*, Paris, Chez L. Bouchard-Huzard, 1841, p. 99. **101.** Lebrun et Nicolas-Edme Roret, *Manuel complet du voyageur dans Paris*, Paris, Roret, 1828, p. 511, article « Affiches ». **102.** Darrin McMahon, « Illuminating the Enlightenment. Public Lighting Practices in the *Siècle Des Lumières* », *Past & Present*, Volume 240, Issue 1, 2018, p. 119-159. **103.** Liliane Hilaire-Pérez, *L'Invention technique au siècle des Lumières*, *op. cit.*, p. 292. Sur les conceptions des lampes optiques dans la seconde moitié du XVIIIe siècle : Benjamin Bothereau, « À la lanterne ! Modes d'existence d'un objet banal, entre imaginaire technique et politique. Invention, économie urbaine, publics et circulations du "réverbère", Paris, Barcelone, XVIIIe siècle », thèse d'histoire moderne sous la direction de Liliane Hilaire-Pérez et Antoni Roca-Rosell, EHESS, Centre Alexandre Koyré, Paris, 2018. **104.** *L'Avant-Coureur*, 7 Septembre 1761, p. 565-566. **105.** La Société de « Candélabre-affiche » est mise en liquidation en avril 1846 (*La Presse*, 22 avril 1846, p. 4). **106.** *Le Constitutionnel*, 8 mars 1837, p. 2. **107.** *Le Constitutionnel*, 4 septembre 1840, p. 4. **108.** INPI, BB, 1BA5356, 1836. **109.** Sur la conception et l'attribution du marché des colonnes aux imprimeurs Morris, voir Bernard Landau, Vincent Sainte-Marie Gauthier, « Espace modèle et lieu d'exception », dans *Les Grand Boulevards. Un parcours d'innovation et de modernité*, Bernard Landau, Claire Monod et Évelyne Lohr (dir.), Paris, Action artistique de la Ville de Paris, 2000, p. 94-95. **110.** INPI, BB, 1BB4052, 1846; INPI, BB, 1BB4979, 1847 ; INPI, BB, 1BB6780, 1847. Ségolène Le Men (dir.), *Lanternes magiques, tableaux transparents*, Paris, Éditions de la réunion des musées nationaux, 1995, p. 33-34. Pour les trois images à suivre : INPI, BB, 1BA5356 ; 1BB4979 ; 1BB14372. **111.** INPI, BB, 1BB4052, 1846. **112.** INPI, BB, 1BA8750, 1839 ; INPI, BB, 1BA10139, 1842. **113.** Christophe Studeny, *L'invention de la vitesse : France, XVIIIe-XXe siècle*, Paris, Gallimard, 1995. **114.** INPI, BB, 1BA2304, 1825 ; INPI, BB, 1BB8835, 1849 ; INPI, BB, 1BB6224, 1847. **115.** INPI, BB, 1BB6224, 1847. **116.** Simone Delattre, *Les douze heures noires. La nuit à Paris au XIXe siècle*, Paris, Albin Michel, 2000 **117.** INPI, BB, 1BB4400. **118.** Jean-Henri Marlet, « L'Homme-affiche sur la place des Victoires », dans Pierre-Joseph-Spiridion Dufey, *Tableau de Paris*, Paris, 1821-1824, p. 264. **119.** *Ibid.* **120.** *Times*, 21 August 1823, p. 2, column 2. « The French have given this non-descript animal – this walking placard – the title of l'Homme-affiche, or biped advertisement ». **121.** *Le Siècle*, 19 juillet 1846, p. 3 ; *La Presse*, 4 janvier 1841, p. 3 ; *Le Figaro*, 30 mai 1838, p. 3 ; *Le Figaro*, 13 septembre 1828, p. 1. **122.** *L'Illustration, tome XV*, Paris, A. Le Chevalier et Cie, 1850, p. 74. Le « vexilium » est un étendard utilisé dans les armées romaines. « On a beaucoup parlé, il y a quelque temps, de l'homme-affiche, espèce de muraille mobile qui colporte dans tout Paris les annonces, les prospectus et les avis de toute espèce : eh bien ! c'est encore à la Chine que nous devons cette machine organisée du commerce et de l'industrie », *Le Constitutionnel*, 8 septembre 1827, p. 3. Sur les pratiques publicitaires en Chine aux XIXe et XXe siècles, voir l'importante thèse de Cécile Armand, « "Placing the history of advertising" : une histoire spatiale de la publicité à Shanghai (1905-1949) », thèse d'histoire contemporaine sous la direction de Christian Henriot et Carol Benedict, École normale supérieure de Lyon, Lyon, 2017. **123.** Stéphane Haber, « Un espace public néocapitaliste ? Habermas, un demi-siècle après », *Variations. Revue internationale de théorie critique*, 2012, n° 16 [en ligne]. **124.** Marc Berdet, *Le Chiffonnier de Paris. Walter Benjamin et les fantasmagories*, Paris, Vrin, 2015, p. 13. **125.** Pétrus Borel, *Champavert : les contes immoraux*, Paris, Eugène Renduel, 1833, p. 228. **126.** Marc Martin, *Les pionniers de la publicité. Aventures et aventuriers de la publicité en France (1836-1839)*, Paris, Nouveau Monde, 2012. **127.** Jonathan Crary, *Techniques of the Observer. On Vision and Modernity in the Nineteenth Century*, Cambridge, Mass, MIT Press, 1990, et *Suspensions of Perception. Attention, Spectacle, and Modern Culture*, London and Cambridge, MIT Press, 1999.

5. Un maintien de l'ordre mural

1. *Le Courrier des spectacles, ou Journal des théâtres*, 21 décembre 1798, p. 2. **2.** Robert Darnton, *Le Diable dans un bénitier. L'art de la calomnie en France, 1650-1800*, Paris,

Gallimard, 2010. **3.** Emmanuel Fureix, *L'œil blessé. Politiques de l'iconoclasme après la Révolution française*, Ceyzérieu, Champ Vallon, 2019, p. 9. Alain Bresson, Anne-Marie Cocula et Christophe Pébarthe (dir.), *L'Écriture publique du pouvoir*, Bordeaux, Ausonius, 2005. **4.** Michèle Fogel, *Les Cérémonies de l'information dans la France du XVIe au milieu du XVIIIe siècle*, Paris, Fayard, 1989. Frédéric Graber, *L'affichage administratif au XIXe siècle. Former le consentement*, Paris, Éditions de la Sorbonne, 2023. **5.** La démarche rejoint celle entreprise par Ulrike Krampl, *Les secrets des faux sorciers. Police, magie et escroquerie à Paris au XVIIIe siècle*, Paris, Éditions de l'EHESS, 2011. **6.** Pour une étude de cas du maintien de l'ordre mural, voir Laurent Cuvelier, « Un savoir policier sur l'affichage ? Retour sur l'affaire Moriceau de la Motte, Paris, 1758 », dans *Écritures exposées : la fabrique des espaces publics*, Béatrice Fraenkel, Catherine Saliou (dir.), Leyde, Brill, à paraître. **7.** Pierre-Samuel Dupont de Nemours, *De la loterie, par l'assemblée électorale du ci-devant bailliage de Nemours publié par Dupont de Nemours*, Paris, Imprimerie nationale, mars 1791, p. 7. Cité dans l'étude de Marie-Laure Legay, *Les loteries royales dans l'Europe des Lumières (1680-1815)*, Villeneuve-d'Ascq, Presses universitaires du Septentrion, 2014, p. 141. **8.** Catherine Denys, *Police et sécurité au XVIIIe siècle dans les villes de la frontière franco-belge*, Paris, L'Harmattan, 2002. Voir également Pierre Bergel et Vincent Milliot, « Volcans artificiels : les sociétés urbaines à l'épreuve de l'ébullition » dans *La ville en ébullition. Sociétés urbaines à l'épreuve*, Pierre Bergel, Vincent Milliot (dir.), Rennes, Presses universitaires de Rennes, 2014, p. 9-25. **9.** Paolo Napoli, *Naissance de la police moderne. Pouvoirs, normes et société*, Paris, La Découverte, 2003. **10.** Nicolas Vidoni, « La publicité de la police dans la ville de Paris dans la deuxième moitié du XVIIIe siècle », *Crime, Histoire & Sociétés*, 2015, n° 19, vol. 2, p. 93-118. **11.** BNF Ms. : fr. 21578, ordonnance de juin 1699, f° 97. Archives de la préfecture de police (APP), collection Lamoignon 21, ordonnance du roi du 13 juin 1703 qui « fait deffenses aux Laquais et gens de livrée de commettre aucun désordre à l'entrée des promenades » et interdit aux laquais les « portes du cours la Reine, du Parc de Vincennes et des Thuileries, [et] l'entrée des spectacles », f° 528. **12.** AN AD/XXc/66 – n° 57 ; AN AD/XXc/66 – n° 56. **13.** BHVP – 4-AFF-000154 à 4-AFF-000156. François Leimdorfer et Paul Wald (dir.), *Parler en ville, parler de la ville. Essais sur les registres urbains*, Paris, UNESCO et Maison des sciences de l'homme, 2004. Christian Topalov (dir.), *Les divisions de la ville*, Paris, Éditions UNESCO/Éditions de la Maison des sciences de l'homme, 2002. **14.** Brigitte Marin, « Administrations policières, réformes et découpages territoriaux (XVIIe- XIXe siècles) », *Mélanges de l'École française de Rome. Italie et Méditerranée*, 2003, n° 115, vol. 2, p. 745-750. Vincent Milliot, « Saisir l'espace urbain : mobilité des commissaires et contrôle des quartiers de police à Paris au XVIIIe siècle », *Revue d'histoire moderne et contemporaine*, 2003, n° 50, vol. 1, p. 54-80. **15.** BNF Ms. : fr. 22078, 122. Voir graphiques en annexe. **16.** Reynald Abad, « Un indice de déchristianisation ? L'évolution de la consommation de viande à Paris en carême sous l'Ancien Régime », *Revue historique*, 1999, n° 301, vol. 2, p. 237-275. **17.** Paolo Piasenza, *Polizia e città. Strategie d'ordine, conflitti e rivolte a Parigi tra sei e settecento*, Bologne, Il Mulino, 1990, p. 101-117. **18.** Reynald Abad, *Le grand marché. L'approvisionnement alimentaire de Paris sous l'Ancien Régime*, Paris, Fayard, 2002. Steven L. Kaplan, *Le complot de famine. Histoire d'une rumeur au XVIIIe siècle*, Paris, Éditions de l'EHESS, 1982. **19.** *Journal de Paris*, 27 février 1778, n° 58, p. 231-232. **20.** AN AD/XXc/64 – n° 37. **21.** Sur la notion « d'intervention de l'État » dans le marché du grain en France aux XVIIIe et XIXe siècles, voir Judith Miller, *Mastering the Market. The State and the Grain Trade in*

Northern France, 1700-1860, Cambridge, Cambridge University Press, 1999. **22.** BNF Ms. : 22153, f° 117, verso. **23.** Sophie Reculin, « Le règne de la nuit désormais va finir. L'invention et la diffusion de l'éclairage public dans le royaume de France (1697-1789) », thèse de doctorat sous la direction de Catherine Denys, université Lille 3, Lille, 2017. Darrin M. McMahon, « Illuminating the Enlightenment. Public Lighting Practices in the Siècle des Lumières », *Past & Present*, 2018, n° 240, vol. 1, p. 119-159. **24.** AN AD/XXc/66 – n°102. **25.** Jacques Peuchet, *Encyclopédie méthodique. Jurisprudence. t.* X, À Paris, chez Panckoucke, libraire, hôtel de Thou, rue des Poitevins ; À Liège, chez Plomteux, imprimeur des États, 1791, p. 292. **26.** Louis Petit de Bachaumont, *Mémoires secrets pour servir à l'histoire de la République des Lettres en France, tome 5*, Londres, John Adamson, 1783-1789, p. 50. **27.** Christophe Loir et Mélanie Traversier, « Pour une perspective diachronique des enjeux urbanistiques et policiers de la circulation autour des théâtres », *Histoire urbaine*, 2013, n° 38, p. 5-18. **28.** Bibliothèque-musée de la Comédie-Française, « Affiche du Panthéon », 11 décembre 1785. **29.** Peter Borsay et Paula Salnot, « Transport et divertissement dans les villes anglaises à travers le long XVIIIe siècle, Transport and leisure in English towns in the long 18th century », *Histoire urbaine*, 2013, n° 38, p. 89-110. **30.** Sur les risques urbains, voir Claude Chaline et Jocelyne Dubois-Maury, *La ville et ses dangers : prévention et gestion des risques naturels, sociaux et technologiques*, Paris, Masson, 1994. Thomas Le Roux (dir.), *Risques industriels : savoirs, régulations, politiques d'assistance, fin XVIIe-début XXe siècle*, Rennes, Presses universitaires de Rennes, 2016. **31.** Catherine Denys, « La mort accidentelle à Lille et Douai au XVIIIe siècle : mesure du risque et apparition d'une politique de prévention », *Histoire urbaine*, 2000, n° 2, p. 95-112. **32.** Nicolas-Toussaint des Essarts, *Dictionnaire universel de police, contenant l'origine et les progrès de cette partie importante de l'administration civile en France. Tome 7*, Paris, chez Moutard, 1786, article « Noyés », p. 309. Pour injecter dans l'intestin du noyé la fumée de tabac et provoquer un spasme et le retour de la respiration, Anton Serdeczny, *Du tabac pour le mort. Une histoire de la réanimation*, Ceyzérieu, Champ Vallon, 2018. Isabelle Backouche, *La trace du fleuve. La Seine et Paris, 1750-1850*, Paris, Éditions del'École des hautes études en sciences sociales, 2000. **33.** Frédéric Caille, *La Figure du sauveteur. Naissance du citoyen secoureur en France, 1780-1914*, Rennes, Presses universitaires de Rennes, 2015, p. 189-260. **34.** Catherine Denys, « Ce que la lutte contre l'incendie nous apprend de la police urbaine au XVIIIe siècle », *Orages, Littérature et culture (1760-1830)*, Association Orages, 2011, p. 17-36. Liliane Hilaire-Pérez et Marie Thébaud-Sorger, « Risque d'incendie en milieu urbain et "industrious revolution" : le cas de Londres dans le dernier tiers du XVIIIe siècle », *Le Mouvement Social*, 2014, n° 249, n° 4, p. 21-39. **35.** Nicolas-Toussaint des Essarts, *Dictionnaire universel de police, op. cit., tome 5*, p. 362. **36.** AN AD/XXc/66 – n° 55. **37.** Florence M. Jumonville, « Free for All : Broadsides on the Streets of New Orleans, 1764-1900 » dans *Free Print and Non-Commercial publishing since 1700*, James Raven (dir.), Aldershot, England ; Burlington, VT, Ashgate, 2000, p. 99. **38.** Siméon-Prosper Hardy, *Mes Loisirs, vol. IV, op. cit.*, p. 447-448. Sur l'activité d'Outrequin, Nicolas Lyon-Caen et Raphaël Morera, *À vos poubelles citoyens ! Environnement urbain, salubrité publique et investissement civique (Paris, XVIe- XVIIIe siècle)*, Ceyzérieu, Champ Vallon, 2020. **39.** Vincent Milliot, *« L'admirable police ». Tenir Paris au siècle des Lumières*, Seyssel, Champ Vallon, 2016. **40.** Daniel Roche, *La Ville promise. Mobilité et accueil à Paris (fin XVIIe-début XIXe siècle)*, Paris, Fayard, 2000. **41.** Louis-Sébastien Mercier, *Tableau de Paris, vol. II*, Jean-Claude Bonnet (dir.), Paris, Mercure de France,

1994, p. 176. **42.** Sur cette vision de l'ordre urbain, voir Gaël Rideau et Pierre Serna, « Introduction générale », dans *Ordonner et partager la ville. XVIIe-XIXe siècle*, Gaël Rideau, Pierre Serna (dir.), Rennes, Presses universitaires de Rennes, 2011, p. 13-27. Sur la notion de « résistance à bas bruit » travaillée dans un contexte colonial, voir James C. Scott, *La domination et les arts de la résistance. Fragments du discours subalterne*, Paris, Éditions Amsterdam, 2009. **43.** BNF Ms. : fr. 22085, 27. **44.** BNF Ms. : fr. 22085, 27. **45.** Robert Descimon, « Les notaires de Paris du XVIe au XVIIIe siècle. Office, profession, archives », dans *Offices et officiers « moyens » en France à l'époque moderne*, M. Cassan (dir.), Limoges, Presses universitaires de Limoges, 2004, p. 15-42. **46.** BNF Ms. : fr. 22085, 27. **47.** Vincent Milliot, « "Divise et commande" ou le rêve de Guillauté. Essai sur les pratiques policières de l'espace à Paris au XVIIIe siècle », dans *La ville en ébullition. Sociétés urbaines à l'épreuve*, P. Bergel, V. Milliot (dir.), Rennes, Presses universitaires de Rennes, 2014, p. 269-305. **48.** Jean Boutier, Jean-Yves Sarazin et Marine Sibille, *Les Plans de Paris. Des origines (1493) à la fin du XVIIIe siècle : étude, carto-bibliographie et catalogue collectif*, Paris, Bibliothèque nationale de France, 2007. Notice 202 pour le plan Delagrive, p. 238-240, et notice n° 206 pour celui de Roussel, p. 242-243. **49.** Sur les mutations urbaines dans le nord-ouest de Paris dans la seconde moitié du XVIIIe siècle, voir Natacha Coquery, « L'hôtel aristocratique et le changement urbain au XVIIIe siècle. Les opérations immobilières du comte de Choiseul-Gouffier dans le nord-ouest parisien (1777-1782) », dans *Habitat et cadre de vie à l'époque moderne. Association des historiens modernistes des universités françaises*, Paris, Presses de l'université Paris-Sorbonne, 2016, p. 47-67. **50.** *Le Censeur dramatique*, 1797, t. II, p. 427. **51.** *Ibid.* **52.** BNF Ms. : fr. 22154, 117. **53.** BNF Ms. : fr. 22085, 27. **54.** BMCF – Dossier individuel de Des Essarts, lettre du 25 mars 1775 à Desplais. **55.** BMCF – Dossier individuel de Molé, 27 mai 1793. Philippe Bourdin, *Aux origines du théâtre patriotique*, Paris, CNRS Éditions, 2017. **56.** Auguste-Philippe Herlaut, « L'éclairage des rues à Paris à la fin du XVIIe et au XVIIIe siècles », *Mémoires de la Société de l'histoire de Paris et de l'Île-de-France*, 1916, n° 43, p. 186. Les allumeurs sont des habitants élus dans chaque quartier, sous la supervision du commissaire. Nicolas Lyon-Caen et Raphaël Morera, « Naissance, réorganisation ou formalisation d'un système d'information ? La propreté des rues de Paris (XVIe-XVIIIe siècle) », *Flux*, 2018, n°s 111-112, 1, p. 44-56. **57.** BNF Ms. : fr. 22085, 27. **58.** Voir les deux contributions de Robert Carvais, « Les voisins et le voisinage saisis par le droit », dans *Voisiner. Mutations urbaines et construction de la cité du Moyen Âge à nos jours*, Laurent Besse, Albane Cogné, Ulrike Krampl et Stéphanie Sauget (dir.), Tours, Presses universitaires François-Rabelais, 2018, p. 61-84, et Nicolas Vidoni, « Le Voisinage comme catégorie policière », dans *Voisiner, op. cit.*, p. 101-117. **59.** MM. Radet, Desfontaines & Barré, *Arlequin afficheur, comédie-parade*, Paris, Chez Brunet, 1792, p. 13. **60.** Don Mitchell et Lynn Staeheli, *The People's Property ? Power, Politics, and the Public*, New York, Routledge, 2007. Également Pauline Guinard, « La Folie des images… et leur(s) raison(s) d'être ? Compte rendu du colloque "Que font les images dans l'espace public ?" », *Urbanités*, n° 9, 2017. **61.** Mathieu Marais, *Journal et Mémoires, tome 2*, Paris, Firmin Didot, 1864, p. 193. **62.** Jean-Baptiste Denisart, Jean-Baptiste Bayard et Armand-Gaston Camus, *Collection de décisions nouvelles et de notions relatives à la jurisprudence, vol. 1*, Paris, Chez Desaint, 1783, article « Affiche », p. 303. **63.** Louis-Sébastien Mercier, *Tableau de Paris, vol. I*, Jean-Claude Bonnet (dir.), Paris, Mercure de France, 1994, p. 1166. **64.** *Ibid.*, p. 132-1322. **65.** Nicolas-Toussaint des Essarts, *Dictionnaire* *universel de police, contenant l'origine et les progrès de cette partie importante de l'administration civile en France. Tome 1*, Paris, chez Moutard, 1786, article « Affiches, Afficheurs », p. 174. **66.** BNF Ms. : fr. 22061, 17 et 19. **67.** Jacques Peuchet, *Encyclopédie méthodique. Jurisprudence. t. I, [A-Bayonne]*, Paris, chez Panckoucke ; Liège, chez Plomteux, 1782, article « Affiche », p. 194. **68.** BNF Ms. : fr. 22061, 8. **69.** BNF Ms. : fr. 22087, 127 et 22061, 109. « Arrest du Conseil d'Estat du Roy portant deffences de vendre ou afficher aucunes feuilles ou placards imprimez sans la permission du sieur lieutenant général de la police de Paris. », 4 mai 1669. **70.** Claude Marin Saugrain, *Code de la librairie et de l'imprimerie de Paris*, Paris, imprimerie de Quillau, 1744. **71.** BNF Ms. : fr. 22115, 53. **72.** BNF Ms. : fr. 22076, 38. **73.** BNF Ms. : fr. 22083, 56. **74.** BNF Ms. : fr. 22115, 53. **75.** AN AD/VIII/7 – *Arrêt du Conseil d'État du roi du 25 mai 1781*, Paris, Imprimerie royale, 1781. **76.** Antoine-François Momoro, *Traité élémentaire de l'imprimerie, ou Le manuel de l'imprimeur*, Paris, chez A-F Momoro imprimeur, 1793, p. 240. **77.** Laurence Croq, *Les bourgeois de Paris au XVIIIe siècle. Identification d'une catégorie sociale polymorphe*, Villeneuve d'Ascq, Presses universitaires du Septentrion, 2000. Également Laurence Croq et Nicolas Lyon-Caen, « La notabilité parisienne, entre la police et la ville au XVIIIe siècle : des définitions aux usages sociaux et politiques » dans *La Notabilité urbaine, Xe-XVIIIe siècle*, Laurence Jean-Marie (dir.), Caen, CRHQ, 2007, p. 132-137. **78.** BNF Ms. : fr. 22115, 53. **79.** BNF Ms. : fr. 22073, 93. **80.** BNF Ms. : fr. 22073, 94. **81.** *Ibid.* **82.** Tableau des adresses en annexe. Vincent Milliot, *Un policier des Lumières, Suivi de Mémoires de J. C. P. Lenoir, ancien lieutenant général de police de Paris*, Seyssel, Champ Vallon, 2011, p. 934-935. Adresses extraites de l'Almanach royal. Sur l'importance de la territorialisation de l'action policière, voir Catherine Denys, « La territorialisation policière dans les villes au XVIIIe siècle », *Revue d'histoire moderne et contemporaine*, 2003, n° 50, vol. 1, p. 13-26. Vincent Milliot, « Saisir l'espace urbain : mobilité des commissaires et contrôle des quartiers de police à Paris au XVIIIe siècle », *Revue d'histoire moderne et contemporaine*, 2003, n° 50, vol. 1, p. 54-80. **83.** Jean-Pierre Vittu et Sabine Juratic, « Surveiller et connaître, le Journal de la librairie de Joseph d'Hémery, instrument de la police du livre à Paris au XVIIIe siècle », dans *Censure et statut du livre imprimé au siècle des Lumières en Russie et en France*, Jean-Dominique Mellot et Sergueï Karp (dir.), Moscou, Naouka, 2008, p. 90-107. **84.** Voir Rachel Couture, « "Inspirer la crainte, le respect et l'amour du public" : les inspecteurs de police parisiens, 1740-1789 », thèse d'histoire moderne sous la direction de P. Bastien et V. Milliot, université de Caen ; université du Québec à Montréal, 2013. **85.** BA, Archives de la Bastille, Ms. 10181. AN MC/ET/VII – 293. Voir Vincent Milliot, *« L'admirable police », op. cit.*, p. 85. **86.** Jean Chagniot, « Le Guet et la Garde de Paris à la fin de l'Ancien Régime », *Revue d'histoire moderne et contemporaine*, 1973, n° 20, vol. 1, p. 57-71. **87.** BNF Ms. : fr. 22116, 67. Nomination par le lieutenant général de police de Recoquillier, ancien brigadier de la compagnie de robe courte, pour faire, avec Devaux et Guibert, la police des colporteurs et afficheurs (28 novembre 1771). **88.** BNF Ms. : fr. 22115, 100. Hémery précise que ses hommes devront se concentrer sur « l'Imprimerie Royale, ou rue de la Harpe chez Simon Imprimeur du Parlement, et place Cambray chez Thiboust, imprimeur de la liste ». **89.** Jacques Peuchet, *Encyclopédie méthodique. Jurisprudence. t. I*, [A-Bayonne], *op. cit.*, p. 192-193. **90.** Michèle Fogel, *Les Cérémonies de l'information, op. cit.*, p. 105. **91.** Ordonnance de Nicolas de La Reynie du 17 mai 1680 qui précise : « Faisons défenses de couvrir ou arracher les affiches des Arrêts, Règlements et Ordonnances ». BNF Ms. : fr. 22115, 29. **92.** BA, Archives de la Bastille, Ms. 11373, 87.

93. BA, Archives de la Bastille, Ms. 10496, f° 221. **94.** BA, Archives de la Bastille, Ms. 10496, f° 221. Et François Ravaisson, *Archives de la Bastille. Documents inédits recueillis et publiés par François Ravaisson, tome 10*, Paris, A. Durand et Pedone-Lauriel, 1879, p. 12. **95.** Voir l'introduction de Pascal Bastien et Daniel Roche dans Siméon-Prosper Hardy, *Mes Loisirs, vol. I, op. cit.*, p. 1-29. **96.** Siméon-Prosper Hardy, *Mes Loisirs, vol. I., op. cit.*, p. 352. **97.** Sur le rôle des commissaires de police, voir Justine Berlière, *Policer Paris au siècle des Lumières : Les commissaires du quartier du Louvre dans la seconde moitié du XVIIIe siècle*, Paris, École des chartes, 2012. Également, Vincent Milliot, *"L'admirable police"*, *op. cit.*, p. 33-72. **98.** Siméon-Prosper Hardy, *Mes Loisirs, vol. II, op. cit.*, p. 69. **99.** Vincent Milliot, *"L'admirable police"*, *op. cit.*, p. 316-137. **100.** BNF Ms : fr. 6687, f° 11. **101.** Siméon-Prosper Hardy, *Mes Loisirs, vol. II, op. cit.*, p. 143-144. **102.** Siméon-Prosper Hardy, *Mes Loisirs, vol. III, op. cit.*, p. 377. **103.** Siméon-Prosper Hardy, *Mes Loisirs, vol. V, op. cit.*, p. 423. **104.** Siméon-Prosper Hardy, *Mes Loisirs, vol. I, op. cit.*, p. 352. **105.** *Ibid.*, p. 357. **106.** Edmond Jean François Barbier, *Journal historique et anecdotique du règne de Louis XV, tome 4, op. cit.*, p. 289-290. **107.** *Ibid.*, 28 janvier 1769 – « On trouve au pont Saint-Michel, un nouveau placard séditieux qui y avoit été sans doute affiché pendant la nuit, ce placard portoit des menaces de mettre le feu aux quatre coins de Paris si le pain ne diminuoit ; il fut levé par un commissaire qui en dressa son procès-verbal, qu'il fit signer des voisins et de plusieurs autres personnes qui l'avoient vu. » **108.** Steven L Kaplan et Vincent Milliot, « La police de Paris, une "révolution permanente" ? Du commissaire Lemaire au lieutenant de police Lenoir, les tribulations du Mémoire sur l'administration de la police (1770-1792) », dans *Réformer la police. Les mémoires policiers en Europe au XVIIIe siècle*, Catherine Denys, Brigitte Marin et Vincent Milliot (dir.), Rennes, Presses universitaires de Rennes, 2009, p. 69-116. **109.** Daniel Roche, « Mémoires policiers : une culture du corps », dans *Réformer la police les mémoires policiers en Europe au XVIIIe siècle*, Catherine Denys, Brigitte Marin et Vincent Milliot (dir.), Rennes, Presses universitaires de Rennes, 2009, p. 229-238. **110.** Philippe Artières, *La police de l'écriture. L'invention de la délinquance graphique (1852-1945)*, Paris, La Découverte, 2012. **111.** BA, Archives de la Bastille, Ms. 10905. Sur les maîtres écrivains à Paris à l'époque moderne, voir Christine Métayer, *Au tombeau des secrets. Les écrivains publics du Paris populaire, Cimetière des Saints-Innocents (XVIe-XVIIIe siècle)*, Paris, Albin Michel, 2000. **112.** Entendu ici comme « un homme habile & connaissant en quelque chose, qu'on nomme pour la visiter & en faire le rapport ». Antoine Furetière, *Dictionnaire universel, contenant généralement tous les mots françois tant vieux que modernes & les termes des sciences et des arts... 2e édition revue, corrigée et augmentée par M. Basnage de Bauval, vol. I*, La Haye et Rotterdam, chez Arnoud et Reinier Leers, 1702, article « Expert », p. 866. **113.** BA, Archives de la Bastille, Ms. 10905. **114.** Voir Anne Béroujon, « Comment la science vient aux experts. L'expertise d'écriture au XVIIe siècle à Lyon », *Genèses*, 2008, n° 70, vol. 1, p. 4-25. **115.** BA, Archives de la Bastille, Ms. 10905. **116.** BA, Archives de la Bastille, Ms. 11802, f° 222. **117.** BA, Archives de la Bastille, Ms. 11802, f° 222. **118.** BA, Archives de la Bastille, Ms. 11802, f° 225. **119.** BA, Archives de la Bastille, Ms. 11802, f° 233. **120.** BNF Ms. : fr. 22064, 107 : « Rebour est celuy qui les a affichés. Bertrand est celuy qui portoit le chaudron. Rénier est celuy qui a donné le plan de faire la planche. Bernard servoit d'escortes. Ils ont tiré quatorze affiches, à l'insue du mattre et de la maîtresse. » BA, Archives de la Bastille, Ms. 11802, f° 229-230. Hémery note ainsi dans une lettre adréssée au lieutenant général de police : « À l'egard de celuy qui me les a denoncer, je leur ay fait croire que je l'avoit mis à la Bastille et en consequence je l'ay fait disparoitre que cela paraisse vraysemblable et qu'il ne soit jamais compromis. » **121.** BNF Ms. : fr. 22107, f° 50. **122.** À l'image de l'affaire étudiée par Robert Darnton, *Le Grand Massacre des chats. Attitudes et croyances dans l'ancienne France*, Paris, Robert Laffont, 1985. **123.** *Ibid.*, p. 114. **124.** Selon Robert Darnton, l'embauche de plus en plus importante d'alloués dans le monde de l'imprimerie parisienne traduirait « la tendance du travail à devenir une marchandise au lieu d'une association ». R. Darnton, Le *Grand Massacre des chats. Attitudes et croyances dans l'ancienne France*, *op. cit.*, p. 115. **125.** BA, Archives de la Bastille, Ms. 11802, f° 233. **126.** Arlette Farge et Jacques Revel, *Logiques de la foule : l'affaire des enlèvements d'enfants, Paris, 1750*, Paris, Hachette, 1988. **127.** Louis-Sébastien Mercier, *Tableau de Paris, vol. I*, *op. cit.*, p. 1318. **128.** Jacques Peuchet, *Encyclopédie méthodique. Jurisprudence. t. IX*, Paris, chez Panckoucke ; Liège, chez Plomteux, 1791, article « Affiche », p. 245. **129.** Charles Walton, *La Liberté d'expression en Révolution. Les mœurs, l'honneur, la calomnie*, Rennes, Presses universitaires de Rennes, 2014. **130.** BNF Ms. : fr. 6687, f° 239. **131.** Carla Hesse, « La fin de l'Ancien Régime typographique », dans *L'Affiche en Révolution*, Alan Marshall, Thierry Gouttenegre (dir.), Vizille, musée de la Révolution française, 1998, p. 65-72. Timothy Tackett, *Par la volonté du peuple. Comment les députés de 1789 sont devenus révolutionnaires*, Paris, Albin Michel, 1997. **132.** BHVP, fonds Cousin, 10 065, f° 55 bis, « Extrait des registres des Délibérations de l'Assemblée du district des Cordeliers », 29 décembre 1789. **133.** *Archives Parlementaires de 1787 à 1860 – Première série (1787-1799), tome XXV – Du 13 avril 1791 au 11 mai 1791*, Paris, Librairie Administrative P. Dupont, 1886, p. 352. **134.** Philippe-Joseph-Benjamin Buchez, Prosper-Charles Roux, « Discussion sur le droit d'affiche », *Histoire parlementaire de la Révolution française ou Journal des Assemblées nationales de 1789 jusqu'en 1815*, Paris, Paulin, 1834, vol. X, p. 4. **135.** *Le Moniteur universel*, volume 3, « Du jeudi 12 mai 1791 », p. 184. **136.** Philippe-Joseph-Benjamin Buchez, Prosper-Charles Roux, « Discussion sur le droit d'affiche », *op. cit*, p. 4. **137.** *Le Moniteur Universel*, volume 3, « Du jeudi 12 mai 1791 », p. 184. **138.** P.-J.-B. Buchez, P.-C. Roux, « Discussion sur le droit d'affiche », *op. cit*..., p. 4. **139.** Yann-Arzel Durelle-Marc, « Nature et origines du droit de pétition », *La Revue Administrative*, 2008, numéro spécial *L'individu face au pouvoir*, p. 47-60. **140.** Philippe-Joseph-Benjamin Buchez, Prosper-Charles Roux, « Discussion sur le droit d'affiche », *op. cit*, p. 21. **141.** *Ibid.*, p. 17. **142.** Charles Walton, *La Liberté d'expression*, *op. cit.*, p. 133-179. **143.** *Ibid.*, p. 18. **144.** *Ibid.* **145.** *Ibid.* **146.** *Ibid.* **147.** *Club des Cordeliers. Explication au Peuple, Sur l'Arrêté du dix-sept avril mil sept cent quatre-vingt-onze*, Paris, imprimerie Momoro, s.d. – LB 40 – 2377. **148.** *Appel à la nation des décrets inconstitutionnels surpris à l'Assemblée nationale et notamment de celui du 10 mai 1791 relatif au droit de pétition et d'affiche, interjeté par la Société fraternelle de patriotes des deux sexes, défenseurs de la constitution séante aux Jacobins Saint-Honoré 1791*, Paris, Chez A. Trasseux, 1791, BHVP – cote 957882. **149.** APP – AA157 – pièce n° 180 – afficheur Seguin arrêté le 6 novembre 1791 ; AA166 – pièce n° 23 – afficheur Beaudouin arrêté le 18 janvier 1792. **150.** « Pour empêcher que, dorénavant la multitude de placards que les particuliers font afficher, ne gêne le genre de publicité que les loix & les actes de l'autorité reçoivent par cette voie, le Corps Municipal vient de rendre un arrêté conforme à la loi du 22 mai dernier ; il porte qu'il sera désigné des lieux dans Paris, où l'on affiche exclusivement les lois et les actes de l'autorité publique ; ces endroits, ainsi désignés, porteront, en grosses lettres : Lois & Actes de l'autorité publique. Les Commissaires des Sections sont chargés de veiller à l'exécution de cet arrêté, & de constater les contraventions, qui, aux termes de la Loi, seront punies d'une amende de cent livres, dont la condamnation sera prononcée par voie de Police. » – *Gazette de France*, Vendredi 28 octobre 1791, n° 86, p. 378. **151.** Philippe-Joseph-Benjamin Buchez, Prosper-Charles Roux, « Discussion sur le droit d'affiche », *op. cit*, p. 17. **152.** *Ibid.* **153.** *Ibid.* **154.** Philippe-Joseph-Benjamin Buchez, Prosper-Charles Roux, « Discussion sur le droit d'affiche », *op. cit*, p. 22. **155.** *Archives Parlementaires, tome 28, op. cit*, séance du 22 juillet 1791, p. 508. **156.** Voir graphiques en annexe. **157.** Timothy Tackett, *Le roi s'enfuit. Varennes et l'origine de la Terreur*, Paris, La Découverte, 2004. **158.** Ils sont impliqués pour 85 % des affaires d'arrachage étudiées (voir chapitre 7), les cas restants sont appréhendés par la population. Sur la Garde nationale et le maintien de l'ordre, voir Guy Saupin, « Milice bourgeoise et sociabilité de quartier à Nantes au début du XVIIIe siècle », dans *La Garde nationale, entre nation et peuple en armes*, Serge Bianchi, Roger Dupuy (dir.), Rennes, Presses universitaires de Rennes, 2006, p. 41-57. **159.** APP – AA156 – pièce n° 174. **160.** APP – AA206 – pièces nos 376-377. **161.** *Collection Baudouin*, volume 16, « Décret du 26 & 27 juillet 1791 », p. 306-318. Les décrets cités proviennent de la *Collection générale des décrets rendus par l'Assemblée nationale*, Chez Baudouin, imprimeur de l'Assemblée nationale, rue du Foin-Saint-Jacques, n° 31, numérisés dans le cadre de l'ANR RevLoi 2009-2013. Anne Simonin, « L'impression de la loi dans la collection Baudouin : l'invention de la loi législative », *Clio@Themis. Revue électronique d'histoire du droit*, 2013, n° 6 [en ligne]. **162.** Vincent Denis, « Police et ordre public dans les rues du Paris révolutionnaire », *art cit.* **163.** Clément Weiss, « Cannes à épée ou à dard, bâtons plombés ou ferrés : culture et usages des "armes offensives cachées et secrètes" à Paris (1790-1800) », *Annales historiques de la Révolution française*, 2018, n° 393, n° 3, p. 99-123. **164.** Vincent Denis, *Policiers de Paris. Les commissaires de police en Révolution (1789-1799)*, Paris, Champ Vallon, 2022. Quentin Deluermoz et Boris Gobille, « Énergies révolutionnaires. Une anthropologie politique de la Révolution française », *Politix*, 2015, n° 112, vol. 4, p. 167-175. Richard M. Andrews, *Law, Magistracy, and Crime in Old Regime Paris, 1735-1789*, Cambridge, Cambridge University Press, 1994. **165.** Marion Brétéché et Évelyne Cohen, « La fausse information de la Gazette à Twitter – Présentation », *Le Temps des médias*, 2018, n° 30, vol. 1, p. 11-16. **166.** Décret du 18 juillet 1791, collection Baudouin, volume 16, p. 210. **167.** APP – AA200 – pièce n° 324. **168.** APP – AA84 – pièces n° 286-287. **169.** Un registre conservé à la Bibliothèque nationale indique la volonté des autorités de garder traces des affiches du Département et de la Municipalité de Paris pour les premières années de la Révolution : *Registres contenant tous les placards et affiches de la capitale, en générale (sic), depuis 1790*, 1789-1792, BNF Ms. 4047. **170.** *Archives Parlementaires, tome XXV, op. cit.*, p. 352. **171.** APP – AA215 – pièces nos 157-158. **172.** Ann Laura Stoler, *Along the Archival Grain. Epistemic Anxieties and Colonial Common Sense*, Princeton, NJ, Princeton University Press, 2009. Elle montre bien comment les lignes biffées, les ratures sur les textes administratifs peuvent être interprétées, et renvoient parfois aux hésitations et tâtonnements pour identifier ou catégoriser. **173.** APP – AA84 – pièce n° 270. **174.** APP – AA166 – pièce n° 23. **175.** APP – AA166 – pièce n° 26. **176.** *Ibid.* **177.** APP – AA166 – pièce n° 27. **178.** APP – AA68 – pièce n° 286. **179.** *Ibid.* **180.** *Ibid.* **181.** Laurent Cuvelier, « Du chant du coq au chant du coquin. Affichage et communication royaliste à Paris en 1791 », *Annales historiques de la Révolution française*, 2021/1 (n° 403), p. 63-78. **182.** Il est cependant possible que la police de l'affiche soit intégrée à la routine des

« visites » réalisées régulièrement par les commissaires dans le territoire de la section afin de repérer les problèmes d'éclairage, de nettoiement des rues ou d'éventuels troubles à l'ordre public. **183.** APP – AA200 – pièce n° 324. **184.** *Ibid.* **185.** Les décrets du 21 mai et 27 juin 1790 attribuent aux commissaires les tâches de police de propreté, salubrité, sûreté et tranquillité dans les lieux publics. Thomas Le Roux, *Le Laboratoire des pollutions industrielles. Paris, 1770-1830*, Paris, Albin Michel, 2011, p. 168. **186.** Catherine Denys, « La police du nettoiement au XVIIIe siècle », *Ethnologie française*, 2015, n° 153, vol. 3, p. 411-420. **187.** Allan Potofsky, *Constructing Paris in the Age of Revolution*, Basingstoke and New York, Palgrave-Macmillan, 2009. **188.** Paul d'Estrée, « Anarchistes parisiens sous l'Ancien Régime », *Bulletin de la Société historique et archéologique du IVe*, Paris, H. Champion, juillet 1911, p. 1-15. Robert Muchembled, *Les Ripoux des Lumières, Corruption policière et Révolution*, Paris, Seuil, 2011. **189.** Philippe Artières, *La police de l'écriture. L'invention de la délinquance graphique (1852-1945)*, Paris, La Découverte, 2012. **190.** Roger Chartier, *Les origines culturelles de la Révolution française*, Paris, Seuil, (1990) 2000, p. 138-166. **191.** Vincent Milliot, *« L'admirable police »*, *op. cit.*, p. 341-343. **192.** *Le Courrier des spectacles, ou Journal des théâtres*, 24 mai 1800, p. 5. **193.** Marc Martin, « L'affiche de publicité à Paris et en France à la fin du XIXe siècle », dans *La Terre et la cité, Mélanges offerts à Philippe Vigier*, Alain Faure, Alain Plessis, Jean-Claude Farcy (dir.), Paris, Créaphis, 1994, p. 373-387. Frédéric Graber, « Le timbre des affiches. Comment une politique fiscale redéfinit les frontières de l'État », *Le Mouvement Social*, 2022/1, n° 278, p. 55-72. **194.** Elles figurent par exemple dans les manuels et dictionnaires de police de la première moitié du XIXe siècle. Voir les entrées « Affiches » et « Afficheurs » dans *Lois municipales, rurales, administratives et de police… et Dictionnaire municipal, rural, administratif et de police*, vol. 1, Paris, Lavigne, libraire-éditeur, 1834, p. 616-168. Sur les réinterprétations par le bas des lois et règlements par les agents de police au XIXe siècle, voir Quentin Deluermoz, *Policiers dans la ville. La construction d'un ordre public à Paris*, Paris, Publications de la Sorbonne, 2012, p. 103-135.

6. Ambivalences de l'affiche

1. Louis-Sébastien Mercier, *Le Nouveau Paris*, 1 vol., Jean-Claude Bonnet (dir.), Paris, Mercure de France, 1994, p. 751. **2.** *Ibid.*, p. 752. **3.** *Ibid.*, p. 753. **4.** Daniel Roche, *Le peuple de Paris. Essai sur la culture populaire au XVIIIe siècle*, Paris, Aubier, 1981, p. 59. Pierre Frantz, « L'usage du peuple », dans Jean-Claude Bonnet (dir.), *Louis Sébastien Mercier (1740-1814). Un hérétique en littérature*, Paris, Mercure de France, 1995, p. 55-79. **5.** Multigraph Collective (Scholarly group) (dir.), *Interacting with Print. Elements of Reading in the Era of Print Saturation*, Chicago, University of Chicago Press, 2018, p. 30-32. **6.** Antoine Prost de Royer, *Dictionnaire de jurisprudence et des arrêts, ou Nouvelle édition du Dictionnaire de Brillon. Tome 3*, Lyon, A. de La Roche, 1783, article « Affiche », p. 333. **7.** Victor-Jean Nicolle, *Une arcade du Pont au Double* [dessins], Paris, 1779, BNF, Destailleur Paris, t. 6, 1156. **8.** Charlotte Guichard, *Graffitis. Inscrire son nom à Rome. XVIe-XIXe siècle*, Paris, Seuil, 2014. **9.** Louis Carrogis dit Carmontelle, *M. le Bailly de Guines, 1770-1790* [dessin], Chantilly, musée de Condé, CAR 72 – cote : T 8 ; n° 1. Voir également François-Anatole Gruyer, *Les portraits de Carmontelle*, Chantilly, 1902, n° 72. **10.** Christina Lupton, *Reading and the Making of Time in the Eighteenth Century*, Baltimore, Johns Hopkins University Press, 2018. **11.** C.M. Blondel, *Un* *vieillard lisant avec un lorgnon...* [dessin], Paris, 1789, BNF, Hennin, 10517. **12.** Antoine Humblot, *Hôtel de Soissons établie pour le commerce du papier en 1720* [estampe], Paris, chez F. Gérard Jollain, 1720. BNF, Hennin, 7776. **13.** Henri Fontallard, *M. d'Argentcourt dans l'embarras du choix* [estampe], s.l., s.d., BNF, De Vinck, 9215 ; Anonyme, *Pièce allégorique* [estampe], s.l., s.d., BNF, Hennin, 13937. **14.** Alina Alexandra Payne et Michael Wayne Cole (dir.), *Vision and its Instruments. Art, Science, and Technology in Early Modern Europe*, University Park, Pennsylvania, Pennsylvania State University Press, 2015. Sur l'influence des dispositifs et objets de vision dans l'évolution des régimes scopiques, voir Jonathan Crary, *Techniques of the Observer. On Vision and Modernity in the Nineteenth Century*, Cambridge, Mass, MIT Press, 1990. **15.** Étienne Teisserenc, *Géographie parisienne, en forme de dictionnaire, contenant l'explication de Paris ou de son plan, mis en carte géographique du royaume de France, pour servir d'introduction à la géographie générale*, Paris, Veuve Robinot, Veuve Amaury, Vilette, 1754, p. XII. **16.** Bernard Lepetit, « Espaces écrits : la géographie de l'abbé Teisserenc (1754) », dans *Mélanges Goubert*, Toulouse, Privat, 1984, vol. 2, p. 391-400. **17.** C'est par exemple Pierre-Simon Jault, *Projet d'une nouvelle nomenclature des rues de l'arrondissement de la section de Bonne-Nouvelle...* Paris, Imprimerie de la Cour des Miracles, 1793. Ou Jean-Baptiste Avril, *Rapport au Conseil général de la Commune de Paris sur quelques mesures à prendre en changeant les noms des rues...*, Paris, Imprimerie nationale, 1794. Jean-Marc Besse, « Dans les rues de la géographie. Comment faire de Paris un espace révolutionnaire (1789-1802) » dans *Naissance de la géographie moderne (1760-1860)*, Jean-Marc Besse, Hélène Blais, Isabelle Surun (dir.), Lyon, ENS Éditions, 2010, p. 263-286. **18.** Sophie Lefay, *L'Éloquence des pierres. Usages littéraires de l'inscription au XVIII*^e^ *siècle*, Paris, Classiques Garnier, 2015, p. 165. **19.** Jean-Baptiste Lemaire, *La police de Paris en 1770*, éd. Par Augustin Gazier, Paris, Société de l'histoire et de l'Ile-de-France, 1879, p. 10. Cité par M. Cicchini, « Rituel normatif et légitimité policière. L'exemple de Genève sous l'Ancien Régime », *art cit.* **20.** Antoine Prost de Royer, *Dictionnaire de jurisprudence et des arrêts*, ou *Nouvelle édition du Dictionnaire de Brillon. Tome 3*, Lyon, A. de La Roche, 1783, article « Affiche », p. 334. **21.** Manuela Albertone, « Instruction et ordre naturel : le point de vue physiocratique », *Revue d'histoire moderne et contemporaine*, 1986, p. 589-607. **22.** BNF Ms. : fr. 22085, 33. **23.** Jean Sgard, notice n° 0664 « Journal de législation », *Dictionnaire des journaux 1600-1789* [en ligne]. **24.** Jean Carbonnier, « La Passion des lois au Siècle des lumières », *Essais sur les lois*, Paris, Répertoire du notariat Defrénois, 1995 (1976), p. 123-135. **25.** *Prospectus d'un journal de Législation et de tout ce qui y a rapport, par M. Desprez, Avocat*, Paris, Imprimerie de Guillaume Desprez, 1768, p. 3. Pascal Gougeon, « Nul n'est censé ignorer la loi. La publication au Journal officiel. Genèse d'un mode d'universalisation de la puissance publique », *Politix*, 1995, n° 32, p. 66-88. Réflexion souvent attribuée à la lecture de *l'Éthique à Nicomaque* d'Aristote, livre III – chapitre premier : « Nul n'est censé ignorer la loi, surtout quand il est facile de la connaître. » **26.** BNF Ms. : fr. 22085, 34. **27.** Jacques Peuchet, *Encyclopédie méthodique. Jurisprudence, t. IX, op. cit.*, article « Affiche », p. 245. **28.** Frédéric Graber, *L'affichage administratif au XIX*^e^ *siècle. Former le consentement*, Paris, Éditions de la Sorbonne, 2023. **29.** Delphine Gardey, *Écrire, calculer, classer : comment une révolution de papier a transformé les sociétés contemporaines (1800-1940)*, Paris, La Découverte, 2008, p. 40. Jean-Philippe Heurtin, *L'Espace public parlementaire. Essai sur les raisons du législateur*, Paris, Presses universitaires de France, 1999. Sur le contexte britannique : Andrew Sparrow, *Obscure Scribblers : A History of Parliamentary Journalism*, London, Politico's,

2003. Christopher Reid, « Whose Parliament ? Political Oratory and Print Culture in the later 18th Century », *Language and Literature*, 2000, n° 9, vol. 2, p. 122-134. **30.** Katlyn Carter, *Democracy in Darkness. Secrecy and Transparency in the Age of Revolutions*, New Haven, Yale University Press, 2023. Sébastien-Yves Laurent, *État secret, État clandestin. Essai sur la transparence démocratique*, Paris, Gallimard, 2024. **31.** Claude Labrosse et Pierre Rétat, *Naissance du journal révolutionnaire*, 1789, Lyon, Presses universitaires de Lyon, 1989, p. 26. **32.** Laurent Cuvelier, « Visibilités des lois et publications des actes du pouvoir exécutif dans l'espace urbain révolutionnaire » dans *Exécuter la loi (1789-1804)*, Alexandre Guermazi, Jeanne-Laure Le Quang et Virginie Martin (dir.), Paris, Presses universitaires de la Sorbonne, 2018, p. 267-280. **33.** Philippe-Joseph-Benjamin Buchez, Prosper-Charles Roux, « Discussion sur le droit d'affiche », *Histoire parlementaire de la Révolution française ou Journal des Assemblées nationales de 1789 jusqu'en 1815*, Paris, Paulin, 1834, vol. X. *Le Moniteur universel*, volume 3, « Du jeudi 12 mai 1791 », p. 184 : « Je ne sais qui a dit : l'instruction ne se placarde pas. » **34.** Philippe-Joseph-Benjamin Buchez, Prosper-Charles Roux, « Discussion sur le droit d'affiche », *op. cit*, p. 4. **35.** Philippe-Joseph-Benjamin Buchez, Prosper-Charles Roux, « Discussion sur le droit d'affiche », *op. cit*, p. 7. **36.** *Ibid.*, p. 7. **37.** *Coll. Baudouin*, vol. 1, p. 161-162 : « Articles de Constitution sur la présentation & sanction des Lois & la forme de leur promulgation », 9 novembre 1789. *Coll. Baudouin*, vol. 8, p. 3-8 : « Décret sur la nouvelle forme des Loix, sur leur envoi aux Tribunaux & Corps administratifs, & sur la réforme de l'intitulé des promulgations usité jusqu'à ce jour », 2 novembre 1790. Constitution de 1791 – chapitre IV, section I, « De la promulgation des lois », article 3. **38.** *Coll. Baudouin*, vol. 44, p. 141-150 : « Décret sur le mode de gouvernement provisoire et révolutionnaire », 14 frimaire an II (4 décembre 1793). Jean Carbonnier, « La maxime Nul n'est censé ignorer la loi en droit français », *Journées de la société de législation comparée*, 2004, p. 321-327. **39.** *Archives Parlementaires, tome 48*, *op. cit.*, p. 245-246. **40.** Anne Simonin, « L'impression de la loi dans la collection Baudouin : l'invention de la loi législative », *Clio@Thémis*, 6, 2013, paragraphes 11 à 13 [en ligne]. Ou encore Frédéric Graber, « Le bulletin de la Convention nationale. Le rôle paradoxal d'un journal-affiche dans le recul de l'affichage des lois (1789-1803) », *Annales historiques de la Révolution française*, n° 410 (4/2022), p. 25-49 **41.** Maria Betlem Castellà i Pujols, « Métamorphoses d'un comité : le Comité des pétitions et de correspondance sous la Convention nationale », *La Révolution française. Cahiers de l'Institut d'histoire de la Révolution française*, 2012, n° 3. **42.** Louis-Sébastien Mercier, *Le Nouveau Paris*, *op. cit.*, p. 752. C'est la reprise d'un article publié dans *Le Bien informé*, n° 64, 5 novembre 1797, p. 1-2. Lucien Nouis, *De l'infini des bibliothèques au livre unique. L'archive épurée au XVIIIe siècle*, Paris, Classiques Garnier, 2013, p. 194. **43.** Cécile Robin, « La création des "bibliothèques publiques" : trois instructions pour fonder un champ d'intervention de l'État et réorganiser une profession (1789-an II) », *In Situ. Revue des patrimoines*, 2016, n° 30. Roger Chartier et Daniel Roche, « Les livres ont-ils fait la Révolution ? », dans *Livre et Révolution, Mélanges de la Bibliothèque de la Sorbonne*, Paris, Aux amateurs de livres, 1989, vol. 9, p. 18. **44.** Louis-Sébastien Mercier, *Le Nouveau Paris*, *op. cit.*, p. 752-753. **45.** *Réimpression de l'Ancien Moniteur, tome onzième*, Paris, Au Bureau Central, 1842, p. 55. **46.** Sur la notion de journal mural, voir Jean-Luc Chappey, « Placards, journaux muraux et affiches politiques sous la Révolution », dans *Affiche-Action, quand la politique s'écrit dans la rue*, Béatrice Fraenkel, Magali

Gouiran, Nathalie Jakobowicz et Valérie Tesnière (dir.), Paris, Gallimard, 2012, p. 26-31. **47.** Carla Hesse, *Publishing and Cultural Politics in Revolutionary Paris, 1789-1810*, Berkeley, University of California Press, 1991, chapter 4, « Cultural Crisis and Literary Politics ». **48.** Musée Carnavalet – AFF2681 et AFF2680. L'imprimé « Ici on s'honore du titre de citoyen » présente plusieurs modulations : collection Rothschild conservée au Waddesdon Manor, 4222.26.32, et musée de la Révolution – Château de Vizille – Numéro d'inventaire : MRF 2001-6. Notons d'ailleurs que, sur la seconde inscription, les motifs politiques laissent place au commercial, puisqu'elle se conclut par « On tient le tabac rapé ». Sur l'émergence d'un catéchisme républicain, voir Côme Simien, *Le maître d'école du village au temps des Lumières et de la Révolution*, Paris, CTHS, 2023. **49.** *Coll. Baudouin*, vol. 44, p. 141-150 : « Décret sur le mode de gouvernement provisoire et révolutionnaire », 14 frimaire an II (4 décembre 1793). **50.** *Coll. Baudouin*, vol. 66, p. 98-100 : « Décret qui détermine un mode pour l'envoi & la publication des lois », 4 vendémiaire an IV (3 octobre 1795). **51.** Carla Hesse, « La logique culturelle de la loi révolutionnaire », *Annales, Histoire, Sciences Sociales*, 2002, n° 57, vol. 4, p. 915-933. **52.** Virginie Le Torrec, « Aux frontières de la publicité parlementaire : les assemblées et leur visibilité médiatisée », *Réseaux*, 2005, n°s 129-130, vol. 1, p. 181. **53.** Pascal Gougeon, « Nul n'est censé ignorer la loi : la publication au Journal officiel : genèse d'un mode d'universalisation de la puissance publique », *Politix*, 1995, n° 32, p. 66-88. **54.** Louis-Sébastien Mercier, *Le Nouveau Paris*, *op. cit.*, p. 751. **55.** *Ibid.*, p. 756. **56.** *Ibid.* **57.** *Mercure de France*, avril 1725, p. 745-1747. **58.** Clare Haru Crowston, *Credit, Fashion, Sex. Economies of Regard in Old Regime France*, Durham ; London, Duke University Press, 2013. Antoine Lilti, « Le pouvoir du crédit au XVIIIe siècle », *Annales. Histoire, Sciences Sociales*, 2015, n° 70, vol. 4, p. 957-977. **59.** *Mercure de France*, octobre 1807, p. 53-54. **60.** Michel de Certeau, *L'invention du quotidien*, *op. cit.*, p. 49. **61.** Vincent Milliot, *Les Cris de Paris ou le peuple travesti : les représentations des petits métiers parisiens (XVIe -XVIIIe siècles)*, Paris, Publications de la Sorbonne, 1995. **62.** Louis-Sébastien Mercier, *Tableau de Paris, vol. I*, *op. cit.*, p. 471. **63.** Il tire de ce voyage un manuscrit déjà cité, présenté et annoté par Claude Bruneteau et Bernard Cottret : *Parallèle de Paris et de Londres, op. cit.* **64.** *Ibid.* **65.** *Ibid.* **66.** Jean-Baptiste Radet, François-Georges Desfontaines, Pierre-Yves Barré, *Arlequin afficheur*, Paris, Chez Brunet Libraire, 1792, p. 40. **67.** *Ibid*, p.39. **68.** Nicolas-Edmé, Rétif de La Bretonne, *Nuits de Paris, ou le Spectateur nocturne, tome VIII*, Londres, sans nom d'éditeur, 1788, p. 1802. **69.** Vincent Milliot, *Paris en bleu. Images de la ville dans la littérature de colportage (XVIe-XVIIIe siècles)*, Paris, Éditions Parigramme, 1996. Deborah Cohen, *La Nature du peuple. Les formes de l'imaginaire social, XVIIIe-XXIe siècles*, Seyssel, Champ Vallon, 2010, p. 75-78. **70.** Alain René Lesage, *Le théâtre de la foire, ou l'Opéra-comique…*, Amsterdam, chez Zacharie Chatelain, 1726, p. 227. Sur ce type de pièces, voir l'édition de sources de Paola Martinuzzi, *Les Pièces par écriteaux nel teatro francese della Foire (1710-1715). Modi di una teatralità*, Venezia, Le Bricole, 2007. **71.** Arlette Farge, *Dire et mal dire. L'opinion publique au XVIIIe siècle*, Paris, Seuil, 1992, p. 58. **72.** Amédée Doppet, *Les Numéros parisiens, ouvrage utile et nécessaire aux voyageurs à Paris*, Paris, Imprimerie de la Vérité, 1788, p. 63. **73.** *Ibid.* **74.** Louis-Sébastien Mercier, *Tableau de Paris, vol. II*, *op. cit.*, p. 47-48. **75.** BNF RES G- F- 15, vol. 13, f° 331. Maurice Lever, *Canards sanglants. Naissance du fait divers*, Paris, Fayard, 1993. **76.** François-Marie Mayeur de Saint-Paul, *Tableau du nouveau Palais-Royal*, Londres, Maradan, 1788, p. 81. **77.** Auguste Imbert,

Voyage autour du Pont-Neuf, et promenade sur le quai aux Fleurs, par Rossignol Passe-partout, Paris, A. Imbert, 1824, p. 71-72. **78.** Raffaele Carbone et Koen Vermeir, « Malebranche et les pouvoirs de l'imagination », *Rivista di Storia della Filosofia*, 2012, n° 4, p. 661-669. **79.** François-Marie Mayeur de Saint-Paul, *Tableau du nouveau Palais-Royal, op. cit.*, p. 109-110. **80.** Louis-Sébastien Mercier, *Tableau de Paris, vol. I, op. cit.*, p. 805. **81.** Antoine Furetière, *Dictionnaire universel, contenant généralement tous les mots françois tant vieux que modernes…*, La Haye, A. et R. Leers, 1690, p. 16. **82.** Daniel Droixhe, *Les Charlatans du cancer. Offre thérapeutique et presse médicale dans la France des Lumières*, Paris, Hermann, 2018. Daniel Droixhe, « Algaron. Itinéraires d'un charlatan en Bretagne au XVIIIe siècle », *Annales de Bretagne et des pays de l'Ouest*, 2017, n° 124-4, p. 83-110. **83.** Dans la mythologie grecque, rivière souterraine que les âmes des défunts traversaient sur la barque de Charon, avant d'entrer dans les Enfers. **84.** Jean de La Fontaine, *Fables choisies*, tome 2, Paris, Claude Barbin, 1678, « Le Charlatan », p. 235. **85.** Antoine Houdart de La Motte, *Fables nouvelles…*, Paris, G. Dupuis, 1719, « Apollon et Minerve, Médecins », p. 248. **86.** Johann Georg Heinzmann, *Voyage d'un Allemand à Paris et retour par la Suisse, op. cit.*, p. 279-280. **87.** Jacques Peuchet, *Encyclopédie méthodique. Jurisprudence. t. X*, Paris, chez Panckoucke ; À Liège, chez Plomteux, 1791, article « Remède », p. 709. **88.** Louis-Sébastien Mercier, *Tableau de Paris, vol. I, op. cit.*, p. 239. **89.** *Ibid*, p. 209. **90.** Antoine Lilti, *Figures publiques. L'invention de la célébrité, 1750-1850*, Paris, Fayard, 2014, p. 77. **91.** Ulrike Krampl, *Les secrets des faux sorciers : police, magie et escroquerie à Paris au XVIIIe siècle*, Paris, Éditions de l'École des hautes études en sciences sociales, 2011. Sur la notoriété acquise par un hors-la-loi au XVIIIe siècle, voir Michael Kwass, *Louis Mandrin, la mondialisation de la contrebande au siècle des Lumières*, Paris, Vendémiaire, 2016. Également Patrice Peveri, « De Cartouche à Poulailler : l'héroïsation du bandit dans le Paris du XVIIIe siècle », dans *Être Parisien*, Claude Gauvard, Jean-Louis Robert (dir.), Paris, Publications de la Sorbonne, 2004, p. 135-150. **92.** Clément Weiss, « Des coups de bourse aboliront-ils la République ? La peur des agioteurs après Thermidor », dans *La République à l'épreuve des peurs, de la Révolution à nos jours*, Jean-Claude Caron, Philippe Bourdin, Lisa Bogani, Julien Bouchet (dir.), Rennes, Presses universitaires de Rennes, 2018, p. 37-49. **93.** Anne Conchon, Virginie Martin, « Entre politiques publiques et pratiques économiques : les dynamiques de la Révolution française », dans *Les dynamiques économiques de la Révolution française. Colloque des 7 et 8 juin 2018* [en ligne], Paris, Institut de la gestion publique et du développement économique, 2021. **94.** Louis-Sébastien Mercier, *Le Nouveau Paris, op. cit.*, p. 901. **95.** Joseph Rosny, *Voyage autour du Pont-Neuf, faisant suite à la collection des voyages au long cours*, Paris, Lemarchand, 1802, p. 26-27. **96.** *Le Courrier des spectacles, ou Journal des théâtres*, 8 juin 1800, p. 2. L'« emphase » de ces imprimés affichés renvoie autant aux spectacles annoncés qu'à leur apparence graphique, comme le constate avec dérision Joseph Rosny : « [le théâtre de la Cité-Variétés] est particulièrement connu pour recourir à [des affiches] pitoyables de charlatanisme ; l'annonce comme la pièce ne parlent qu'aux yeux et nullement aux cœurs. Ces spectacles […] se piquent de mettre de la pompe jusque dans ses affiches ». Joseph Rosny, *Voyage autour du Pont-Neuf, op. cit.*, p. 28. **97.** Suzanne Rochefort, *Vies théâtrales. Le métier de comédien à Paris entre Lumières et Révolution*, Ceyzérieu, Champ Vallon, 2024. **98.** *Le Courrier des spectacles, ou Journal des théâtres*, 8 février 1797, p. 4. **99.** *Le Courrier des spectacles, ou Journal des théâtres*, 28 mai 1799, p. 2. **100.** *Le Courrier des spectacles, ou Journal des théâtres*, 8 juin

1800, p. 2. **101.** *Le Courrier des spectacles, ou Journal des théâtres*, 29 juillet 1797, p. 3-4. Alexis Lévrier, « Le courrier des lecteurs dans les “spectateurs” », dans *Nouvelles Formes du discours journalistique au XVIII*[e] *siècle*, Samuel Baudry et Denis Reynaud (dir.), Lyon, Presses universitaires de Lyon, 2018, p. 43-60. **102.** *Le Courrier des spectacles, ou Journal des théâtres*, 10 avril 1797, p. 3. **103.** *Le Courrier des spectacles, ou Journal des théâtres*, 30 avril 1807, p. 3-4. **104.** *Ibid.* **105.** Il est possible ici d'esquisser un parallèle avec les critiques de la presse contemporaines étudiées par le sociologue Cyril Lemieux, en particulier ce qu'il nomme au chapitre 8 « les reproches de tromperie ». Cyril Lemieux, *Mauvaise presse. Une sociologie compréhensive du travail journalistique et de ses critiques*, Paris, Métailié, 2000. **106.** Guillaume Pinson, « L'imaginaire médiatique. Réflexions sur les représentations du journalisme au XIXe siècle », *COnTEXTES. Revue de sociologie de la littérature*, 2012, n° 11. **107.** Sur la naissance du métier de journaliste à l'époque moderne : Marion Brétéché, *Les Compagnons de Mercure. Journalisme et politique dans l'Europe de Louis XIV*, Ceyzérieu, Champ Vallon, mai 2015. **108.** Jacques-Barthélemy Salgues, *De Paris, des mœurs, de la littérature et de la philosophie*, Paris, Dentu, 1813, p. 58-60. **109.** J.B. Salgues, *De Paris*, *op. cit.*, p. 58. **110.** *Ibid.* **111.** L'indifférence, l'apathie font alors leur apparition dans les traités de physiognomonie, science formalisée au XVIIIe siècle associant les caractères à une certaine physionomie. Colin Jones, *The Smile Revolution in Eighteenth Century Paris*, Oxford, United Kingdom, Oxford University Press, 2014, chapitre 5. **112.** Anaïs Albert, *La Vie à crédit. La consommation des classes populaires à Paris (1880-1920)*, Paris, Éditions de la Sorbonne, 2021. Manuel Charpy, *Le théâtre des objets. Espaces privés, culture matérielle et identité bourgeoise, Paris, 1830-1914*, thèse de doctorat d'histoire, université François-Rabelais de Tours, Tours, 2010. **113.** Si cette approche simpliste de la publicité est souvent attribuée à la sociologie critique et à l'École de Francfort dans les années 1960-1970 (voir Jean-Claude Daumas, *La Révolution matérielle : une histoire de la consommation en France, XIX*[e]*-XXI*[e] *siècle*, Paris, Flammarion, 2018, p. 355), il faudrait également étudier comment l'étude de la réclame et de la publicité en tant qu'objet des sciences sociales, en France notamment, s'est longtemps construite en appoint des entreprises et innovations de la « pub », voire parfois comme un simple historique rendant hommage à la geste de publicitaires célèbres. **114.** Michel de Certeau, *L'invention du quotidien. 1*, Paris, Gallimard, 1990, p. 280. **115.** Paul Metzner, *Crescendo of the Virtuoso. Spectacle, Skill, and Self-Promotion in Paris during the Age of Revolution*, Berkeley and Los Angeles, University of California Press, 1998, chapter 8 “Ballooning the self”. **116.** « There is a wonderful power in words, formed into regular propositions, and printed in capital letters, to draw the assent after them, till we have proof of their fallacy. » William Hazlitt, « On Patronage and Puffing », dans *Table Talk ; or, Original Essays on Men and Manners, vol. 2*, Londres, Colburn, 1822, p. 306. Dans Multigraph Collective (Scholarly group) (dir.), *Interacting with Print*, *op. cit.*, p. 30-31.

7. Les murs ont la parole

1. Archives de la préfecture de police de Paris (APP) – AA182 – pièce n° 311. **2.** *Ibid.* **3.** Guillaume Mazeau, « Révolution et construction de l'espace public. L'iconoclasme à Paris en 1790 », dans *Iconoclasme et révolutions*, Emmanuel Fureix (dir.), Seyssel, Champ Vallon, 2014, p. 81-93. **4.** Sur l'étude des vêtements comme signes politiques, voir Leora Auslander, *Cultural Revolutions. Everyday Life and Politics in Britain, North America, and*

France, Berkeley, University of California Press, 2009. Et Richard Wrigley, *The Politics of Appearances. Representations of Dress in Revolutionary France*, Oxford, Berg, 2002. **5.** Timothy Tackett, *Le roi s'enfuit. Varennes et l'origine de la Terreur*, Paris, La Découverte, 2004, p. 137-138. **6.** David Andress, *Massacre at the Champ De Mars. Popular Dissent and Political Culture in the French Revolution*, Suffolk, The Boydell Press, 2000. Aurélie Neusy, « Opinions et réflexions sur la loi martiale dans la presse et les pamphlets (1789-1792) », *Annales historiques de la Révolution française*, 2010, n° 360, p. 27-48. **7.** Arlette Farge, *Dire et mal dire : l'opinion publique au XVIII*[e] *siècle*, Paris, Seuil, 1992. **8.** Jérôme Lamy, « Savoirs militants. Essai de définition historique et sociologique », *Cahiers d'histoire. Revue d'histoire critique*, n° 138, 2018, p. 15-39. **9.** Georges Lefebvre, « Foules révolutionnaires », *Annales historiques de la Révolution française*, 1934, XI, p. 1-26. Albert Soboul, *Les sans-culottes parisiens en l'an II : mouvement populaire et gouvernement révolutionnaire (1793-1794)*, Paris, Seuil, 1979. Georges F. E. Rudé, *La Foule dans la Révolution française*, Paris, Maspero, 1982 (1959). **10.** Haim Burstin, *Révolutionnaires : pour une anthropologie politique de la Révolution française*, Paris, Vendémiaire, 2013, p. 17. **11.** Antoine Prost de Royer, *Dictionnaire de jurisprudence et des arrêts*, ou *Nouvelle édition du Dictionnaire de Brillon. Tome 3*, Lyon, A. de La Roche, 1783, article « Affiche », p. 333. **12.** *Ibid.* **13.** John C. Scott, *La domination et les arts de la résistance. Fragments du discours subalterne*, Paris, Amsterdam Éditions, (2008) 2019. Carole Pateman, *The Disorder of Women. Democracy, Feminism, and Political Theroy*, Stanford, Stanford University Press, *1989*. **14.** Concernant l'affaire des placards : Lucien Febvre, « L'origine des placards de 1534 », *Bibliothèque d'Humanisme et Renaissance*, 1945, VII, p. 62-75. Pour les mazarinades, Christian Jouhaud, *Mazarinades. La Fronde des mots*, Paris, Aubier, 1985. Enfin, concernant les placards jansénistes, ces derniers sont évoqués dans l'ouvrage d'Arlette Farge, *Dire et mal dire*, *op. cit.* **15.** Pierre de L'Estoile, *Registre-journal du règne de Henri III, t. 2 (1576-1578)*, Genève, Droz, 1996, p. 28. **16.** *Ibid.*, t. 5 (1585-1587), 1587, p. 191 ; *Ibid.*, t. 2 (1576-1578), 1576-1578, p. 52. **17.** Cardinal de Retz, *Mémoires, tome I*, Paris, Heuguet, 1842 (1717), p. 339. Christian Jouhaud, « Lisibilité et persuasion, les placards politiques » dans *Les usages de l'imprimé*, Roger Chartier (dir.), Paris, Fayard, 1987, p. 309-342. Et Christian Jouhaud, « Quelques réflexions sur les placards imprimés et leurs réceptions entre Ligue et Fronde », dans *Le Livre et l'Historien. Études offertes en l'honneur du Professeur Henri-Jean Martin*, Frédéric Barbier, Annie Parent-Charon, Francois Dupuigrenet Desrousilles, Claude Jolly, Dominique Varry (dir.), Genève, Droz, 1997, p. 403-413. **18.** Daniel Roche, *Le peuple de Paris. Essai sur la culture populaire au XVIII*[e] *siècle*, Paris, Fayard, 1998, p. 311. **19.** Steven L. Kaplan, *Le complot de famine : histoire d'une rumeur au XVIII*[e] *siècle*, Paris, Éditions de l'EHESS, 1982, p. 15 et p. 40. **20.** Mathieu Marais, *Journal et Mémoires, tome 3*, Paris, Firmin Didot, 1864, p. 211. **21.** *Ibid*, p. 215. **22.** René-Louis de Voyer de Paumy d'Argenson, *Journal et mémoires du marquis d'Argenson, tome 7*, Paris, Veuve de J. Renouard, 1865, p. 353-354. Sur le journal intime du marquis d'Argenson, sensible aux flots d'informations qui parcourent la ville, voir la présentation de Robert Darnton, *L'Affaire des Quatorze, poésie, police et réseaux de communication à Paris au XVIII*[e] *siècle*, Paris, Gallimard, 2014, p. 120-125. **23.** Siméon-Prosper Hardy, *Mes Loisirs ou Journal d'événemens tels qu'ils parviennent à ma connoissance (1753-1789), volume IV (1775-1776)*, Paris, Hermann, 2013, p. 269. **24.** « Lettre de Jacques Henri Bernardin de Saint-Pierre à Marguerite Charlotte Désirée de Saint-Pierre », mercredi 28 mai 1806, *Electronic Enlightenment Scholarly Edition of Correspondence*, Robert McNamee et al. (dir.), Oxford,

University of Oxford, 2017. **25.** Henri Bernardin de Saint-Pierre, *Études de la nature*, Paris, Chez Deterville, 1804, t. 3, p. 333. **26.** Nancy Fraser, « Repenser la sphère publique : une contribution à la critique de la démocratie telle qu'elle existe réellement », trad. de l'anglais par M. Valenta, *Hermès*, 31, 2001, p. 127-156. **27.** Siméon-Prosper Hardy, *Mes Loisirs ou Journal d'événemens tels qu'ils parviennent à ma connoissance (1753-1789), vol. I (1753-1770)*, Paris, Hermann, 2012, p. 235. **28.** *Ibid.*, p. 237. **29.** Sur la critique des excès des ecclésiastiques au XVIIIe siècle, voir Myriam Deniel-Ternant, *Ecclésiastiques en débauche (1700-1790)*, Ceyzérieu, Champ Vallon, 2017. **30.** Pour une chronologie de ces placards subversifs relevés par Hardy, voir graphique en annexe. **31.** Voir Nicolas Lyon-Caen, « Hardy : un janséniste face au coup Maupéou », dans Siméon-Prosper Hardy, *Mes loisirs ou journal d'événemens tels qu'ils parviennent à ma connaissance, op. cit.*, vol. II, p. 1-24. **32.** Vladimir S. Ljublinski, *La Guerre des Farines. Contribution à l'histoire de la lutte des classes en France, à la veille de la Révolution*, Grenoble, Presses universitaires de Grenoble, 1973. Steven L. Kaplan, *Le complot de famine, op. cit.*, p. 45-47. **33.** Vincent Milliot, « *L'admirable police. Tenir Paris au siècle des Lumières* », Seyssel, Champ Vallon, 2016, p. 301. **34.** Voir graphique en annexe. **35.** Nicolas Lyon-Caen, « Les marchands du temple. Les boutiques du Palais de justice de Paris aux XVIe-XVIIIe siècles », *Revue historique*, 2015, n° 674, n° 2, p. 323-352. Concernant l'espace du Palais, il est au cœur de la thèse d'Adrien Pitor, « L'espace du Palais au XVIIIe siècle », thèse d'histoire moderne sous la direction de Reynald Abad, Sorbonne Université, Paris, 2019. **36.** Edmond Jean François Barbier, *Chronique de la Régence et du règne de Louis XV (1718-1763)*, ou *Journal de Barbier, tome 7 (1758-1761)*, Paris, Charpentier, 1857, p. 89-90. Sur les usages de Barbier, voir Arlette Farge et Jacques Revel, *Logiques de la foule : l'affaire des enlèvements d'enfants, Paris, 1750*, Paris, Hachette, 1988. Et Patrice Peveri, *Techniques et pratiques du vol dans la pègre parisienne de la Régence d'après les archives du procès de Louis-Dominique Cartouche et de ses complices : une contribution à l'histoire des milieux criminels urbains de l'Ancien Régime*, thèse de doctorat d'histoire sous la direction de Jean-Louis Flandrin, EHESS, Paris, 1994. **37.** Luc-Vincent Thiéry, *Almanach du voyageur a Paris, contenant une description exacte & intéressante de tous les monumens, chefs-d'oeuvres des Arts, etablissemens utiles, & autres objets de curiosité que renferme cette Capitale : ouvrage utile aux citoyens, & indispensable pour l'etranger*, Paris, Chez Hardouin, 1784, p. 407. **38.** Edmond Jean François Barbier, *Chronique de la Régence et du règne de Louis XV, tome 7, op. cit.*, p. 92-94. **39.** BNF Ms. : fr. 6687, f° 10. **40.** François Ravaisson, *Archives de la Bastille. Documents inédits recueillis et publiés par François Ravaisson, tome 16*, Paris, A. Durand et Pedone-Lauriel, 1884, p. 426. F. Ravaisson attribue cette lettre à un jésuite anonyme. Elle aurait été transcrite par un scribe de M. d'Argenson et conservée à la bibliothèque de l'Arsenal dans les papiers de M. de Paulmy. **41.** BNF Ms. : fr. 6685, f° 250. **42.** Natacha Coquery, *L'Espace du pouvoir. De la demeure privée à l'édifice public, Paris 1700-1790*, Paris, Seli Arslan, 2000. **43.** Siméon-Prosper Hardy, *Mes Loisirs, vol. I, op. cit.*, p. 355. **44.** *Ibid.*, p. 365. **45.** Julien Puget, « From Public Garden to Public City: The Controversy Over the Housing Project at the Palais-Royal in 1781 », *French History*, 2017, n° 31, vol. 2, p. 174-193. **46.** BNF Ms. : fr. 6684, f° 8. **47.** BNF Ms. : fr. 6683, f° 490. **48.** Annie Duprat, « L'affaire Desrues ou le premier tombeau de l'Ancien Régime », *Sociétés & Représentations*, 2004/2 (n° 18), p. 123-134. **49.** BNF Ms. : fr. 6683, f° 490. **50.** Antoine Lilti, *Figures publiques. L'invention de la célébrité*, Paris,

Fayard, 2014, p. 116-117. **51.** Louis-Sébastien Mercier, *Tableau de Paris, vol. I*, Jean-Claude Bonnet (dir.), Paris, Mercure de France, 1994, p. 1318-1319. **52.** Siméon-Prosper Hardy, *Mes Loisirs, vol. IV, op. cit.*, p. 192. **53.** AN, U373, f° 331. Les observations du commis greffier Delisle nous sont parvenues grâce aux précieux conseils et au travail de transcriptions d'Isabelle Brancourt. **54.** BA, Archives de la Bastille, Ms. 11083. **55.** Edmond Jean François Barbier, *Chronique de la Régence et du règne de Louis XV, tome 2 (1727-1734), op. cit.*, p. 110. **56.** Archives nationales (AN) O[1]/361 – n°s 286, 288 et 289. **57.** BA, Archives de la Bastille, Ms. 11083, f° 294. Interrogatoire de Marie-Madelaine Moreau mené à la Bastille le 30 avril 1730. Voir chapitre 5. **58.** François Ravaisson, *Archives de la Bastille. Documents inédits recueillis et publiés par François Ravaisson, tome 14*, Paris, A. Durand et Pedone-Lauriel, 1883, p. 36. Cette arcade était probablement liée à l'église Saint-Jean-en-Grève, dont la destruction à la fin des années 1790 a été immortalisée par Hubert Robert, *La Démolition de l'église Saint-Jean-en-Grève*, peinture conservée au Musée Carnavalet, vers 1800. Julie Allard, « La généalogie d'une figure de l'angoisse : formes, pratiques et représentations de la place de Grève (Paris, 1667-1789) », thèse d'histoire moderne sous la direction d'Alain Cabantous, Paris 1, Paris, 2008. **59.** BA, Archives de la Bastille, Ms. 10905. **60.** F. Ravaisson, *Archives de la Bastille. Documents inédits recueillis et publiés par François Ravaisson, tome 14, op. cit*, p. 36. C'est d'ailleurs ce procédé qui va perdre Poleins. BA, Archives de la Bastille, Ms. 11083, f° 294. Interrogatoire de Marie-Madeleine Moreau mené à la Bastille le 30 avril 1730. Sur la traque des presses clandestines : Robert Darnton, *Édition et sédition. L'univers de la littérature clandestine au XVIIIe siècle*, Paris, Gallimard, 1991. **61.** R. Darnton, *L'affaire des Quatorze, op. cit.*, p. 61-68. **62.** D'Argenson, *Journal et mémoires du marquis d'Argenson, tome 7, op. cit.*, p. 51. **63.** BNF Ms. : fr. 6686, f°s 248-249. Siméon-Prosper Hardy, *Mes Loisirs, vol. III, op. cit.*, p. 511. **64.** Louis Petit de Bachaumont, *Mémoires secrets pour servir à l'histoire de la république des lettres en France depuis 1762 jusqu'à nos jours, ou Journal d'un observateur*, Londres, J. Adamson, 1777-1783, p. 262. **65.** Laurent Cuvelier, « L'Ancien Régime des graffitis. Contestations graphiques et ordre mural à l'époque moderne », *20 & 21. Revue d'histoire*, 2022/4, n° 156, p. 23-39. **66.** Philippe de Courcillon Dangeau, *Journal du marquis de Dangeau, tome 14*, Paris, Firmin Didot frères, 1858, p. 227. Siméon-Prosper Hardy, *Mes Loisirs, vol. I, op. cit.*, p. 365. Siméon-Prosper Hardy, *Mes Loisirs, vol. II, op. cit.*, p. 60. Pascal Bastien, « Les arrêts criminels et leurs enjeux sur l'opinion publique à Paris au XVIIIe siècle », *Revue d'histoire moderne et contemporaine*, 2006, n° 53, vol. 1, p. 34-62. **67.** Anne Béroujon, « Les marbres le diront à la postérité », *Histoire urbaine*, 2010, n° 28, vol. 2, p. 105-122. **68.** D'Argenson, *Journal et mémoires du marquis d'Argenson, tome 7, op. cit.*, p. 269. **69.** Siméon-Prosper Hardy, *Mes Loisirs, vol. II, op. cit.*, p. 70. Le libraire donne cette traduction du texte du placard : « Ce lieu qui étoit autrefois le temple de Thémis, n'est plus aujourd'hui qu'une caverne de voleurs. » **70.** D'Argenson, *Journal et mémoires du marquis d'Argenson, tome 7, op. cit.*, p. 336. **71.** *Ibid.* **72.** *Recueil Clairambault-Maurepas : chansonnier historique du XVIIIe siècle, tome VI*, Paris, A. Quantin, 1882, p. 148-149, note 2, citation d'une lettre de l'abbé Le Blanc au président Bouhier. **73.** BA, Archives de la Bastille, Ms. 10905. **74.** Edmond Jean François Barbier, *Journal historique et anecdotique du règne de Louis XV, tome I, op. cit.*, p. 424. Ici, l'affiche, comme certaines chansons circulant alors à Paris, joue sur le nom du premier président du Parlement, Antoine Portail. Voir la chanson « Le Président Portail », dans le *Recueil Clairambault-Maurepas : chansonnier historique du XVIIIe siècle, tome VI, op. cit.*, p. 18-19. **75.** BNF Ms. : fr. 6686, f° 457.

76. Edmond Jean François Barbier, *Journal historique et anecdotique du règne de Louis XV, tome I, op. cit.*, p. 32. **77.** M. Marais, *Journal et Mémoires, tome 3, op. cit.*, p. 552. **78.** Edmond Jean François Barbier, *Chronique de la Régence et du règne de Louis XV, tome 2, op. cit.*, p. 75. **79.** Mathieu Marais relate le dénouement de l'affaire, perdue par les Jésuites, dans une lettre au président Bouhier, *Correspondance littéraire du Président Bouhier, n° 10, Lettres de Mathieu Marais (1728-1730)*, Saint-Étienne, université de Saint-Étienne, 1983, p.118-119. Chanson « Les Tableaux de Tardif », dans le *Recueil Clairambault-Maurepas : chansonnier historique du XVIIIe siècle, tome V*, Paris, A. Quantin, 1881, p. 181-182. **80.** Siméon-Prosper Hardy, *Mes Loisirs, vol. II, op. cit.*, p. 70. **81.** *Ibid.*, p. 71. **82.** *Ibid.*, p. 81. **83.** Robert Darnton, *Le Diable dans un bénitier. L'art de la calomnie en France, 1650-1800*, Paris, Gallimard, 2010, p. 145. Keith M. Baker, « The Maupeou Revolution : The Transformation of French Politics at the End of the Old Regime », *Historical Reflections*, n° 18, vol. 2, 1992. **84.** Martial Poirson et Guy Spielmann, « Avant-propos au dossier sur la Société du spectacle », *Dix-Huitième siècle*, 2017, n° 41, vol. 1, p. 5-25. **85.** Edmond Jean François Barbier, *Journal historique et anecdotique du règne de Louis XV, tome I, op. cit.*, p. 396. **86.** *Ibid*, p. 463. **87.** Bibliothèque de l'Arsenal, Archives de la Bastille, Ms. 10299, f° 34. **88.** BNF Ms. : fr. 6684, f° 88. **89.** BNF Ms. : fr. 6684, f° 88. **90.** Mathieu Marais, *Journal et Mémoires, tome I*, Paris, Firmin Didot, 1863, p. 293. **91.** Siméon-Prosper Hardy, *Mes Loisirs, vol. II, op. cit.*, p. 143. Note de l'éditeur : Maquereau. **92.** Louis-Sébastien Mercier, *Le Nouveau Paris*, 1 vol., Jean-Claude Bonnet (dir.), Paris, Mercure de France, 1994, p. 531-533. **93.** Pierre Serna, « Radicalités et modérations, postures, modèles, théories. Naissance du cadre politique contemporain », *Annales historiques de la Révolution française*, 2009, n° 357, p. 3-19. **94.** · Pierre-Louis Roederer, « Analyse comparée du Livre, du Journal & du Placard », *Journal d'économie publique, de morale et de politique*, 20 novembre 1796, p. 428. **95.** Charles Walton, *La Liberté d'expression en Révolution. Les mœurs, l'honneur, la calomnie*, Rennes, Presses universitaires de Rennes, 2014. Anne Simonin, *Le Déshonneur dans la République. Une histoire de l'indignité, 1791-1958*, Paris, B. Grasset, 2008. Antoine de Baecque, « La dénonciation publique dans la presse et le pamphlet (1789-1791) », dans *The Press in the French Revolution*, Harvey Chisick (dir.), Oxford, The Voltaire Foundation, 1991, p. 261-279. **96.** *Le Creuset*, Paris, Regnault, n° 38, 12 mai 1791. **97.** APP – AA84 – pièces n° 276 à 281. **98.** *Ibid* : « Vous avez manqué à la loi lorsque vous m'avez appréhendé au…. Le Comparant allait dire au collet, lorsque tout le corps de Garde paru transporté de rage ; ils avaient compris par le mot appréhender que le comparant voulait dire que le corps de Garde avait peur de lui ; le Comparant voulu expliquer son dire, mais non, vingt ou trente hommes armés voulurent prouver qu'ils avaient du courage, et ils dirent au comparant : attends, attends, nous allons te prouver si nous t'appréhendons […] ». **99.** APP – AA84 – pièces n°s 276 à 281 **100.** *Ibid.* **101.** BNF – 8LC2 – 96 – *Mercure national et étranger*, ou *Journal politique de l'Europe* : pour faire suite aux deux journaux, connus, l'un sous le titre de *Mercure national et Révolutions de l'Europe*, l'autre sous celui de *Journal général de l'Europe*, n° XVII, mai 1791, p. 259. **102.** *Ibid.* **103.** *Opinion d'un citoyen sur une affiche intitulée « Réflexions du club des Cordeliers »*, sans lieu, sans nom, 1791. **104.** *Lettre de condoléance d'un citoyen au club des Cordeliers*, sans lieux, sans nom, 1791. **105.** APP – AA239 – pièce n° 60. **106.** Pour la sociographie de ces deux faubourgs, voir les deux thèses magistrales de Raymonde Monnier, *Le Faubourg Saint-Antoine (1789-1815)*, Paris, Société des études robespierristes, 1981, et Haïm Burstin, *Le faubourg Saint-Marcel à* *l'époque révolutionnaire. Structures économiques et composition sociale*, Paris, Société des études robespierristes, 1983. **107.** Il n'est pas impossible que cet imprimeur soit lié à l'Imprimerie d'Henri IV, réalisant les tirages de *L'Ami du Peuple* de Marat. Voir Lise Andries, « Les imprimeurs-libraires parisiens et la liberté de la presse (1789-1795) », *Dix-huitième siècle*, 1989, vol. 21, p. 247-261. **108.** APP – AA239 – pièce n° 60. **109.** APP – AA239 – pièce n° 60. **110.** *Ibid.* **111.** APP – AA206 – pièce n° 431. **112.** APP – AA156 – pièce n° 174. **113.** APP – AA156 – pièce n° 173. **114.** APP – AA157 – pièce n° 180. **115.** APP – AA87 – pièce n°s 272-273. **116.** *Ibid.* La rue des Rats correspond à l'actuelle rue de l'Hôtel-Colbert, dans le 5e arrondissement de Paris. **117.** APP – AA206 – pièce n° 358. **118.** APP – AA206 – pièce n°s 359-361. **119.** APP – AA206 – pièce n° 358. **120.** APP – AA206 – pièce n° 360. **121.** Voir H. Burstin, *Révolutionnaires, op. cit.* Voir également l'introduction du dossier sur le « protagonisme » dirigé par Quentin Deluermoz et Boris Gobille, « Protagonisme et crises politiques. Individus "ordinaires" et politisations "extraordinaires" », *Politix*, 2015, n° 112, vol. 4, p. 9-29. **122.** Jacques de Cock, *Les Cordeliers dans la Révolution française, volume 2.* Textes et documents, Lyon, Fantasques éditions, 2001, p. 763. **123.** *L'Orateur du Peuple*, vol. 5, n° 56, voir Jacques de Cock, *op. cit.*, 2001, p. 763-764. **124.** *L'Ami du Peuple*, n° 444, 1791, dans Jacques de Cock et Charlotte Goëtz (dir.), *Œuvres politiques de Marat, tome V*, Bruxelles, Pôle Nord, 1993, p. 279. **125.** *Réimpression du Moniteur*, t. 8, p. 239, 28 avril 1791. **126.** Sur ces commissaires de police : Vincent Denis, *Policiers de Paris, Les commissaires de police en Révolution (1789-1799)*, Paris, Champ Vallon, 2022. **127.** 1789-1794 : cette séquence chronologique pour le dépouillement, bien que non exhaustive pour la période révolutionnaire, intègre différentes crises politiques et correspond au moment décisif de mise en place d'un nouveau maintien de l'ordre mural hérité de la réforme du droit d'affiche en 1791. *Décret du 21 mai 1790, Archives parlementaires, tome XV, op. cit.*, p. 619-620. **128.** Michel Pertué, « Le maintien de l'ordre : questions et réflexions », dans *À Paris sous la Révolution. Nouvelles approches de la ville*, Raymonde Monnier (dir.), Paris, Publications de la Sorbonne, 2008. **129.** Simona Cerutti, « Histoire pragmatique, ou de la rencontre entre histoire sociale et histoire culturelle », *Tracés*, décembre 2008, n° 15, p. 147-168. Stéphane Van Damme et Nicolas Offenstadt, « Les pratiques historiennes au risque de la sociologie pragmatique. Trajectoires et perspectives » dans *Compétence critiques et sens de la justice. Colloque de Cerisy*, Marc Breviglieri, Claudette Lafaye, Danny Trom (dir.), Paris, Economica, 2009, p. 261-274. **130.** APP – AA89 – pièce n° 698. **131.** APP – AA200 – pièces n°s 339-340. **132.** APP – AA205 – pièce n° 207. La section des Gravilliers correspond à l'actuel quartier des Arts-et-Métiers. **133.** APP – AA88 – pièce n°684 ; AA89 – pièce n° 698 ; AA157 – pièce n° 135 ; AA72 – pièce n°20. **134.** Haïm Burstin, « Une révolution à l'œuvre : le faubourg Saint-Marcel (1789-1794). Exposé de soutenance de thèse d'État », *Annales historiques de la Révolution française*, n° 323, 2001, p. 93-101. **135.** APP – AA215 – pièce n°s 157-158 ; AA72 – pièce n° 36 ; AA200 – pièce n°324. **136.** APP – AA183 – pièce n° 339 ; AA205 – pièce n° 207. **137.** Daniel Roche (dir.), *La ville promise. Mobilité et accueil à Paris (fin XVIIe-début XIXe siècle)*, Paris, Fayard, 2000. **138.** Voir encart sur la carte dans le cahier d'images. **139.** Guillaume Mazeau, « Révolution et construction de l'espace public. L'iconoclasme à Paris en 1790 », *art cit.* **140.** Sur l'iconoclasme politique, voir Emmanuel Fureix, *L'œil blessé. Politiques de l'iconoclasme après la Révolution française*, Ceyzérieu, Champ Vallon, 2019. Pour la période révolutionnaire, voir également Richard S. Clay, *Iconoclasm in revolutionary Paris : the transformation of signs,*

Oxford, Voltaire Foundation, 2012. **141.** APP – AA157 – pièce n° 135. **142.** APP – AA183 – pièce n° 46. **143.** *Ibid.* **144.** Voir Timothy Tackett, *Anatomie de la Terreur. Le processus révolutionnaire (1787-1793)*, Paris, Seuil, 2018. Edmond Dziembowski, *La Main cachée. Une autre histoire de la Révolution française*, Paris, Perrin, 2023. **145.** T. Tackett, *Le roi s'enfuit : Varennes et l'origine de la Terreur*, *op. cit.*, p. 139-140. **146.** APP – AA84 – pièce n° 270. **147.** *Ibid.* **148.** *Ibid.* **149.** APP – AA84 – pièces n°s 286-287. **150.** *Ibid.* **151.** APP – AA205 – pièce n° 36. **152.** APP – AA88 – pièce n° 684. **153.** *Ibid.* **154.** APP – AA72 – pièce n° 20. **155.** APP – AA72 – pièce n° 36. **156.** APP – AA200 – pièces n°s 339-340. **157.** *Ibid.* **158.** APP – AA205 – pièces n°s 254-256. **159.** *Ibid.* **160.** Voir graphique en annexe. **161.** Charles Walton, *La Liberté d'expression en Révolution*, *op. cit.*, p. 172. **162.** Sur Marat journaliste, voir le chapitre 3 de Serge Bianchi, *Marat, « l'Ami du peuple »*, Paris, Belin, 2017. **163.** APP – AA184 – pièce n° 108. **164.** *Ibid.* **165.** Ces données sur l'issue de ces arrestations rejoignent les observations de Vincent Denis sur la capacité d'adaptation des commissaires élus, oscillant entre la volonté de plaire à la majorité de la population de leur section, et la nécessité de rendre des comptes sur leur action aux autorités, en particulier lors des crises politiques. Vincent Denis, *Policiers de Paris*, *op. cit.* **166.** Jean-Paul Marat, *Les Pamphlets (1790-1792)*, Paris, Fasquelle, 1911, p. 339. **167.** APP – AA84 – pièce n° 594. **168.** Dans le procès-verbal figure également l'interrogatoire d'un marchand de plumes, Pierre Bézieux, à qui Chaney aurait acheté une boîte de pains à cacheter avec un écu (dont il s'est rendu compte peu après qu'il était faux). APP – AA84 – pièce n° 594. **169.** Cette résistance visuelle a fait l'objet d'études en anthropologie sociale sur les mouvements sociaux contemporains. C'est par exemple le cas de la ville d'Oaxaca au Mexique en 2006, voir Christine Frerot, *Resistencia Visual, Oaxaca, 2006*, Paris, Loris Talmart, 2009. **170.** APP – AA153 – pièce n° 24. **171.** Virginie Martin, « La Révolution française ou "l'ère du soupçon" », *Hypothèses*, 2009, n° 12, vol. 1, p. 131-140. Également Timothy Tackett, « Dénoncer au début de la Révolution. Le cas de Bordeaux, 1791-1793 », *Annales historiques de la Révolution française*, 2018, n° 392, n° 2, p. 3-29. **172.** APP – AA206 – pièce n° 217. **173.** *Ibid.* **174.** Pour une définition de l'« acte d'écriture », voir Béatrice Fraenkel, « Actes d'écriture : quand écrire c'est faire », *Langage et société*, 2007, n°s 121-122, vol. 3, p. 101-112. **175.** Sur ce point, voir Arlette Farge et Jacques Revel, *Logiques de la foule*, *op. cit.* **176.** Anonyme, *Ordonnance aussi inepte qu'inique du département de police de Paris, du 17 mars 1791* [estampe], Paris, sans éditeur, 1791, BNF, Hennin 10921. **177.** Anonyme, *Aristocrate berné par les patriotes brabançons pour avoir déchiré des affiches* [estampe], Paris, sans éditeur, 1790, BNF, Hennin 10663. **178.** Sur le processus révolutionnaire à Bruxelles, voir Janet L. Polasky, *Revolution in Brussels, 1787-1793*, Hanover et Londres, University Press of New England, 1987. **179.** Nancy Fraser, *Qu'est-ce que la justice sociale ? Reconnaissance et redistribution*, Paris, La Découverte, 2005, p. 126-138. **180.** Quentin Deluermoz et Boris Gobille, « Énergies révolutionnaires. Une anthropologie politique de la Révolution française », *Politix*, 2015, n° 112, vol. 4, p. 167-175. **181.** H. Burstin, *Révolutionnaires*, *op. cit.* p. 202. **182.** Frédéric Graber, « Le Bulletin de la Convention Nationale. Le rôle paradoxal d'un journal-affiche dans le recul de l'affichage des lois (1789-1803) », *Annales historiques de la Révolution française*, 2022/4 (n° 410), p. 25-49. **183.** *Le Gardien de la Constitution, par Jollivet, dit Baralere*, 16 brumaire an V (8 novembre 1797). **184.** Nathalie Jakobowicz, « Les pratiques d'affichage dans l'espace public à Paris en 1830 », *Revue d'histoire du XIXe siècle*, n° 39, 2009, p. 17-36. Manuel Charpy, « "Par une main restée inconnue".

Retour sur les écrits séditieux dans le Paris des années 1872-1885 », *Revue d'histoire du XIXe siècle*, n° 65, 2022, p. 101-126. **185.** Charles Walton, *La Liberté d'expression en Révolution*, *op. cit.*, p. 247-285.

À QUI APPARTIENNENT LES MURS ?

1. Natacha Coquery, *Tenir boutique à Paris au XVIIIe siècle : luxe et demi-luxe*, Paris, Éd. du Comité des travaux historiques et scientifiques, 2011, p. 111. **2.** Walter Benjamin, *Paris, capitale du XIXe siècle*, Paris, éditions Allia, 2005 (1982), p. 8. **3.** Philippe Minard, *Typographes des Lumières suivi des Anecdotes typographiques de Nicolas Contat*, Seyssel, Champ Vallon, 1989. Roger Chartier et Daniel Roche, « Les pratiques urbaines de l'imprimé », dans *Histoire de l'édition française*, Henri-Jean Martin et Roger Chartier (dir.), Paris, Fayard/Promodis, 1990, vol. 2, p. 521-558. **4.** Michèle Fogel, *Les Cérémonies de l'information dans la France du XVIe au milieu du XVIIIe siècle*, Paris, Fayard, 1989. **5.** Anne Simonin, « L'impression de la loi dans la collection Baudouin : l'invention de la loi législative », *Clio@Themis. Revue électronique d'histoire du droit*, 2013, n° 6. **6.** Carla Hesse, « La fin de l'Ancien Régime typographique », dans *L'Affiche en Révolution*, Alan Marshall, Thierry Gouttenegre (dir.), Vizille, musée de la Révolution française, 1998, p. 65-72. Colin Jones et Rebecca Spang, « Sans-culottes, sans café, sans tabac : shifting realms of luxury and necessity in eighteenth century France », dans *Consumers and Luxury : Consumer Culture in Europe, 1650-1850*, Maxine Berg, Helen Clifford (dir.), Manchester, Manchester University Press, 1999, p. 40-53. Charles Walton, *La Liberté d'expression en Révolution. Les mœurs, l'honneur, la calomnie*, Rennes, Presses universitaires de Rennes, 2014. **7.** Antoine Français, *Coup d'œil rapide sur les mœurs, les lois, les contributions,...* Grenoble, P. Cadou et David aîné, 1797, p. 18. Frédéric Graeber, « Le Bulletin de la Convention nationale. Le rôle paradoxal d'un journal-affiche dans le recul de l'affichage des lois (1789-1803) », *Annales historiques de la Révolution française*, n° 410, 2022, p. 25-50. **8.** William H. Sewell, *Capitalism and the Emergence of Civic Equality in Eighteenth-Century* France, Chicago, Chicago University Press, 2021. Michael Kwass, *The Consumer Revolution, 1650-1800*, Cambridge, Cambridge University Press, 2022. **9.** Nicolas Lyon-Caen et Raphaël Morera, *À vos poubelles citoyens ! Environnement urbain, salubrité publique et investissement civique (Paris, XVIe- XVIIIe siècle)*, Ceyzérieu, Champ Vallon, 2020. **10.** Antoine Prost de Royer, *Dictionnaire de jurisprudence et des arrêts*, ou *Nouvelle édition du Dictionnaire de Brillon, t. 3*, Lyon, A. de La Roche, 1783, article « Affiche », p. 333. **11.** James E. McClellan et François Regourd, *The Colonial Machine. French Science and Overseas Expansion in the Old Regime*, Turnhout, Brepols, 2011, p. 456. Kenneth J. Banks, *Chasing Empire across the Sea : Communications and the State in the French Atlantic*, 1713-1763, Montreal ; Ithaca, McGill-Queen's University Press, 2002, p. 180. **12.** Romain Bertrand, Guillaume Calafat, « La microhistoire globale : affaire(s) à suivre », *Annales. Histoire, Sciences Sociales*, n° 73, vol. 1, 2018, p. 1-18. **13.** Edward P. Thompson, « The moral economy of the English crowd in the eighteenth century », *Past&Present*, 1971, n° 50, p. 76-136. **14.** Cet imaginaire a été retravaillé par les nombreuses expositions mobilisant ces affiches. Quelques exemples : Charles Perussaux, *Les Affiches de Mai 68 ou l'imagination graphique*, Paris, BNF, 1982. Philippe Artières et Éric de Chassey (dir.), *Images en lutte. La culture visuelle de l'extrême-gauche en France*, 1968-1974, Paris, Beaux-Arts de Paris Éditions, ministère de la Culture, 2018. **15.** Ludger Schwarte, *Philosophie de l'architecture*, Paris, La Découverte, (2009)

2019. **16.** Raymonde Monnier, *L'Espace public démocratique, Essai sur l'opinion à Paris de la Révolution au Directoire*, Paris, Kimé, 1994. **17.** Michelle Zancarini-Fournel, *Les Luttes et les rêves. Une histoire populaire de la France de 1685 à nos jours*, Paris, La Découverte, 2016. Collages Féminicides Paris, *Notre colère sur vos murs*, Paris, Denoël, 2021.

Liste des illustrations

Images cahiers couleurs

-Image 15 : « Débit de sel », s.l., années 1790. © Ville de Paris/ Musée Carnavalet.

-Image 16 : Nicolas-Edmé Rétif de La Bretonne, *Le Paysan perverti ou les Dangers de la ville, tome troisième* [estampe], La Haye, Chez Esprit, 1776, p. 88. © BNF Gallica.

-Image 17 : Giuseppe Maria Crespi, *La Femme à la puce*, [huile sur toile], Bologne, 1720/1730. © Grand Palais RMN (musée du Louvre).

-Image 18 : Léonard Defrance, *L'Abolition de la servitude dans les domaines du roi de France* [huile sur toile]. © Collection particulière.

-Image 19 : Pierre-Victor Olagnon, *L'Entrée à l'église* [huile sur toile], s.l., s.d. © Collection particulière.

-Image 20 : Louis-Léopold Boilly, *L'Entrée du théâtre de l'Ambigu-Comique à une représentation gratis* [huile sur toile], Salon de 1819. © Grand Palais RMN (musée du Louvre).

-Image 21 : Claude-Luis Desrais, Claude-François Fortier, *Le Sérail en boutique* [estampe], Paris, chez Basset, 1796-1798. © BNF Gallica.

-Image 22 : Léonard Defrance, *À l'égide de Minerve* [huile sur toile], 1781, Dijon, musée des Beaux-Arts.

-Image 23 : Michel Garnier, *Le Passage du ruisseau* [tableau], 1791, © Collection particulière.

-Image 24 : Anonyme, *Pièce allégorique, Le Chiffonnier* [estampe], s.l., 1805. © BNF Gallica.

-Image 25 : Demarne, *Un donneur de places* [estampe], s.l., 1822. © Ville de Paris/Musée Carnavalet

-Image 26 : Anonyme, *La Perruque enlevée* [estampe], s.l. s.d. © BNF Gallica.

-Image 27 : Anonyme, *La Désolation des filles de joie* [estampe], s.l., s.d. © BNF Gallica.

-Image 28 : Anonyme, *Exécution d'une ordonnance de police concernant les femmes débauchées* [estampe], s.d. © BNF Gallica.

-Image 29 : Anonyme, *Galeries du Palais-Royal* [dessin], s.l., s.d. © BNF Gallica.

-Image 30 : Georg-Emmanuel Opiz, *Palais-Royal. 1815. La sortie du n° 113* [dessin], s.l., 1815. © BNF Gallica.

-Image 31 : Frederick Nash, « Galeries du Palais-Royal » [dessin], dans *Picturesque Views of the City of Paris and its Environs*, Londres, James Moyes, 1820, p. 31. © BNF Gallica.

-Image 32 : « NE ME LISEZ PAS », s.d., collection Portiez de l'Oise. © Bibliothèque de l'Assemblée nationale.

-Image 33 : Victor Jean Nicolle, *Une arcade du Pont au Double* [dessin], Paris, 1779. © BNF Gallica.

-Image 34 : Louis Carrogis dit Carmontelle, *M. le Bailly de Guines* [dessin], 1770-1790. © Musée de Condé RMN.

-Image 35 : C.M. Blondel, *Un vieillard lisant avec un lorgnon…* [dessin], Paris, 1789. © BNF Gallica.

-Image 36 : Henri Fontallard, *M. d'Argentcourt dans l'embarras du choix* [estampe], s.l., s.d. © BNF Gallica.

-Image 37 : Anonyme, *Pièce allégorique* [estampe], s.l., s.d. © BNF Gallica.

Figures in-text

-Figure 1 : Anonyme, carte adresse « Beauvais », s.d. © BNF Gallica.

-Figure 2 : Anonyme, carte adresse « Au sacrifice d'Abraham », s.d. © BNF Gallica.

-Figure 3 : Placard de décès d'Agnès Regnier, Paris, Michel Lambert, 1777 © Ville de Paris/ Bibliothèque historique.

-Figure 4 : Anonyme, « Représentation du juré-crieur », s.d. © BNF Gallica.

-Figure 5 : Anonyme, *Bureau de la lotterie* [estampe], Landry, 1701. © BNF Gallica.

-Figure 6 : Anonyme, extrait de *Un homme portant sur son dos un crochet chargé de paquets* [estampe], Paris, chez Crepy, s.d. © BNF Gallica.

-Figure 7 : Louis Jacob (d'après Antoine Watteau), *Départ des Comédiens italiens* [estampe], Paris, sans éditeurs, s.d. © BNF Gallica.

-Figure 8 : Anonyme, extrait de *Le Bruit court* [estampe], Paris, Langlumé, s.d. © BNF Gallica.

-Figure 9 : Caylus, *Mémoires de l'Académie des colporteurs*, Paris, Imprimerie de l'Académie, 1748, estampe, p. 240-241. © BNF Gallica.

-Figure 10 : Martin-Dominique Fertel, *La Science pratique de l'imprimerie...*, Saint-Omer, M.-D. Fertel, 1723, p. 83. © BNF Gallica.

-Figure 11 : Pierre-Simon Fournier, *Manuel typographique*, volume 2, Paris, chez Barbou, 1764, p. 86-87 et 93. © BNF Gallica.

-Figure 12 : « Deux Maisons contigues, rue de la Harpe, a vendre », Paris, 1779. © Ville de Paris/Bibliothèque historique.

-Figures 13 et 14 : « A la vertueuse, tres vertueuse Agnes Druart », Valenciennes, 1754. © Ville de Paris/ Bibliothèque historique.

-Figure 15 : « Arrest du Conseil d'État du roi », Paris, 1759. © Ville de Paris/ Bibliothèque historique.

-Figure 16 : « Deo Favente, Imperante Ludovico XV », Paris, 1747. © Ville de Paris/ Bibliothèque historique.

-Figure 17 : « Épée trouvée », Paris, J. Lamesle, 1753. © Archives nationales.

-Figure 18 : « À la levrette », Paris, P. Fr. Gueffier, après 1783. © BNF Gallica.

-Figure 19 : « Cum Deo, Joannes Boivin », 1706. © Archives nationales.

-Figure 20 : Lettrine pour placard mortuaire. XVIIIe siècle. © Ville de Paris/ Bibliothèque historique.

-Figure 21 a : Bois d'impression, XVIIIe siècle. © Mucem.

-Figure 21 b : Lettrine pour placard mortuaire, XVIIIe siècle. © Ville de Paris/ Bibliothèque historique.

-Figure 22 : Affiche de l'Opéra, 2 février 1779. © Bibliothèque-musée de la Comédie-Française.

-Figure 23 : Affiche de la Troupe royale du Grand Scot, 1681. © Bibliothèque-musée de la Comédie-Française.

-Figure 24 : Affiche de Drury-Lane, Londres, 1788. © Oxford/ Bodleian Library.

-Figure 25 : Affiche du Ranelagh, Londres, 1790. © British Museum.

-Figure 26 : « Ours et Taureau à Mort », Paris, Lamesle, 1734. © BNF Gallica.

-Figure 27 : Albert Depreaux, *Les Affiches de recrutement du XVIIe siècle à nos jours*, Paris, J. Leroy, 1911. Planche n° 1. © BNF Gallica.

Gravure : Emmanuel De Ghendt, « J'ai sept cens ans » [gravure], 1786. © BNF Gallica.

-Figure 43 : Dessiné par Bertaux, gravé par Gleich, *Le Charlatan français* [estampe], Paris, chez Gleich, s.d. © BNF Gallica.

-Figure 44 : Anonyme, *La Curiosité* [estampe], Paris, chez Basset, s.d. © BNF Gallica.

-Figure 45 : Carl Gottlieb Guttenberg, d'après un tableau de Léonard Defrance, *Joseph der 2.te Roemischer Kaiser* [estampe], Paris, chez Guttenberg, s.d. © BNF Gallica.

-Figure 46 : Anonyme, *La Marchande de légumes et de fruits* [estampe], s.d. © BNF Gallica.

-Figure 47 : Anonyme, « Avis aux paroissiens de S. Paul », 1788. © Archives nationales.

-Figure 48 : Louis-Marin Bonnet, *Jeannot et un Clerc de Commissaire* [estampe], 1779. © BNF Gallica.

-Figure 49 : Jean-Baptiste Lallemand, *Ancienne porte du Palais avant la grille* [dessin], Paris, sans éditeur, 1783. © BNF Gallica.

-Figure 50 : Anonyme, *M. de La Jobardière chez son secrétaire* [estampe], s.l., s.d. © BNF Gallica.

-Figure 51 : Anonyme, « Vente après décès », 1754. © Archives nationales.

-Figure 52 : Anonyme, « Jolie maison, rue des Marais », 1777. © Archives nationales.

-Figure 53 : Anonyme, « Boutique, 1er appartement à louer », s.d. © Archives nationales.

-Figure 54 : Pierre-Laurent Auvray, *Une bouquetière* [dessin], s.l., s.d. © BNF Gallica.

-Figure 55 : Abraham Girardet, Claude Niquet, *Attroupement au fauxbourg St Antoine le 26 avril 1789* [estampe], Paris. © BNF Gallica.

-Figure 56 : Philibert-Louis Debucourt, *Les Courses du matin ou la porte d'un riche* [estampe], s.l., 1805. © BNF Gallica.

-Figure 57 : Anonyme, *Désespoir des pensionnaires* [estampe], s.l., s.d. © BNF Gallica.

-Figure 58 : Palimpseste de papier, 1725. © BNF Bibliothèque de l'Arsenal.

-Figure 59 : Croûte de papier, affiches superposées arrachées d'un mur, 1725. © BNF Bibliothèque de l'Arsenal.

Cartes

Tableaux et graphiques in-text

Remerciements

Cet ouvrage est issu d'une thèse préparée à Sciences-Po et à l'EHESS, sous la direction bienveillante et inspirante d'Antoine Lilti et Stéphane Van Damme. Leur soutien constant m'a permis de travailler dans les meilleures conditions et ils m'ont transmis leur goût pour une recherche historique soucieuse avant tout des enjeux et problèmes contemporains.

J'aimerais rendre hommage et exprimer ma dette intellectuelle à Roger Chartier, Béatrice Fraenkel et Daniel Roche. Leurs conseils ou la fréquentation de leurs séminaires ont profondément influencé et façonné ce travail alors qu'il n'était encore qu'au stade de projet. Natacha Coquery, Carla Hesse, Anne Simonin et Pierre Serna ont accepté de faire partie de mon jury de thèse et leurs remarques m'ont aidé à la transformer en livre. J'adresse également un grand merci à Mary Leroy et Vincenzo Terrentin de Flammarion pour leur travail d'édition.

J'ai bénéficié au cours de mes années de doctorat des nombreuses discussions et des différents enseignements dispensés à Sciences-Po et aux universités de Lille, Caen et Paris 1. Parce que ce travail sur les affiches a commencé (avec mon Mémoire) et se conclut sur la Révolution française, je voudrais également exprimer toute ma gratitude aux chercheurs de l'IHMC et de l'IHRF à l'Université Paris 1, ainsi qu'aux membres de la Société des études robespierristes. Mon travail de collecte et d'analyse aurait été absolument impossible sans l'aide et les conseils des archivistes et bibliothécaires qui m'ont permis d'identifier et d'étudier ces « affiches d'avant l'affiche ». Ce sont tout particulièrement Pauline Girard et Claire Daniélou à la Bibliothèque historique de la ville de Paris, Valérie Guillaume au Musée Carnavalet, ainsi que l'ensemble du personnel de la Bibliothèque de l'Assemblée nationale. J'aimerais également exprimer toute ma reconnaissance à Pascal Bastien et à Julien Puget de l'Université du Québec à Montréal qui m'ont permis d'approcher par les cartes la diffusion de l'information dans l'espace urbain, les itinéraires des afficheurs parisiens ou la police des affiches.

Tous mes sincères remerciements vont aussi aux chercheurs que j'ai eu la chance de rencontrer au cours de ces années. Un mot particulier pour Reynald Abad, Guillaume Mazeau, Nicolas Lyon-Caen, et Françoise Rubellin pour leurs précieuses suggestions d'archives. Du premier projet de thèse jusqu'au livre, ma dette auprès de celles et ceux, qui m'ont aidé à mener cette recherche, n'a cessé d'augmenter. Parmi les nombreux collègues à qui j'ai le plaisir de dire ma gratitude, je tiens à citer Anne Béroujon, Youri Carbonnier, Pierre Casselle, Jean-François Chanet, Robert Darnton, Constance de Font-Reaulx, Nicolas Delalande, Vincent Denis, David Do Paço, Alexandre Guermazi, Frédéric Graber, Charlotte Guichard, Hervé Leuwers, Emmanuelle Loyer, Virginie Martin, Adrien Pitor, Sophie Reculin, Christoph Streb, Jan Synowiecki, Nicolas Vidoni et Roberto Zaugg.

Merci également à celles et ceux qui ont accepté de relire une partie du manuscrit de thèse : Alice Archimbaud, Adeline Blaszkiewicz, Marine Carcanague, David Chaunu, Hugo Chausserie, Simon Dumas Primbault, Julien Garcia, Laura Godinho, Anne Jusseaume, Guillaume Lancereau, Ludmilla Lorrain, Sébastien Pautet, Antoine Plouzen, Rachel Renault, Romain Robinet, Romy Sanchez, Fabrice Sauvagnargues, Marion Schum, Hervé Siou et Clément Weiss. J'aimerais également rendre hommage à Anne Bouclier et Benoit Luciani qui m'ont aidé à corriger et perfectionner le texte. Enfin, parce qu'ils ont pris le temps de lire (et relire) une partie de ce livre alors que j'étais dans la dernière ligne droite, je tiens à remercier vivement François Ballaud, Gabriela Goldin, Sabine Juratic, Arnaud Orain, Suzanne Rochefort et Mélanie Traversier.

Ce livre doit tout à Antoine Lilti qui a accepté de l'accueillir dans sa nouvelle collection « le Présent de l'histoire ». Que ce soit en tant que directeur de recherche, éditeur, ou n°10 de la team Lumières, ses conseils et sa confiance ont été une source déterminante d'inspiration et de motivation pour mener à bien ce travail. Enfin, cet ouvrage n'aurait pu voir le jour sans les échanges et le soutien constant d'Alexandre, François, Gabriela, Suzanne et Mathilde. Ils m'ont orienté dans les chemins de traverse, m'ont soutenu dans les moments de doute, et ont été des compagnons essentiels dans la réalisation et l'écriture de ce livre. Au cours de ces années, ma famille, mes ami.e.s et mes camarades m'ont constamment épaulé et appuyé. C'est avec beaucoup d'émotions que j'aimerais leur dire toute ma reconnaissance. Un mot à part pour Alice, Michèle, Jean, Christian, et Clara ma première lectrice.

Index

Index des personnes

Index des lieux et institutions

Table

Cet ouvrage a été mis en pages par

<pixellence>

Achevé d'imprimer en septembre 2024
par Normandie Roto Impression s.a.s.
61250 Lonrai
N° d'impression : 2403601
N° d'édition : 642512-0
Dépôt légal : octobre 2024

Imprimé en France